监理（咨询）行业高质量发展 系列丛书

城市轨道交通工程

永明项目管理有限公司　何　磊　主编

中国建筑工业出版社

图书在版编目（CIP）数据

城市轨道交通工程监理要点 / 何磊主编 . —北京：中国建筑工业出版社，2022.11
（监理（咨询）行业高质量发展系列丛书）
ISBN 978-7-112-28055-1

Ⅰ.①城… Ⅱ.①何… Ⅲ.①城市铁路—铁路施工—施工监理 Ⅳ.①U239.5

中国版本图书馆 CIP 数据核字（2022）第 199871 号

责任编辑：张智芊
责任校对：孙 莹

监理（咨询）行业高质量发展系列丛书
城市轨道交通工程监理要点
永明项目管理有限公司　何　磊　主编

*

中国建筑工业出版社出版、发行（北京海淀三里河路 9 号）
各地新华书店、建筑书店经销
华之逸品书装设计制版
北京云浩印刷有限责任公司印刷

*

开本：787 毫米 ×1092 毫米　1/16　印张：26½　字数：498 千字
2024 年 2 月第一版　2024 年 2 月第一次印刷
定价：**82.00** 元
ISBN 978-7-112-28055-1
（40156）

版权所有　翻印必究
如有内容及印装质量问题，请联系本社读者服务中心退换
电话：(010)58337283　QQ：2885381756
（地址：北京海淀三里河路 9 号中国建筑工业出版社 604 室　邮政编码：100037）

本书编委会

策　　划：张　平
主　　编：何　磊
副 主 编：杨正权　孙海燕　赵晓泊
参与编制：曹恩党　冯建军
审　　核：朱序来

工程卫士 建设管家

中国建设监理协会　会长　王早生题字

序言

今年是进入全面建设社会主义现代化国家、向第二个百年奋斗目标进军新征程的重要一年，我们党召开了第二十次全国代表大会，永明项目管理有限公司作为陕西省建设监理协会先进监理（咨询）企业和西安市建设监理协会会长单位、陕西省建设监理行业党建工作共建示范点，要认真贯彻落实中央及地方关于统筹国内、国际两个大局，统筹推进"五位一体"总体布局，协调推进"四个全面"战略布局，统筹发展和安全，统筹疫情防控和经济社会发展，坚持稳中求进的工作总基调，完整、准确、全面贯彻新发展理念，加快构建新发展格局，全面深化改革开放，推动高质量发展，持续保障和改善民生，着力保持平稳健康的经济环境、国泰民安的社会环境、风清气正的政治环境，以实际行动落实党的二十大精神。

近年来，永明项目管理有限公司从数字化转型需要着手，推动和促进建设监理企业数字化转型和经济发展，不惜投入巨资建设"党建与数字化成果展示中心"，构建"筑术云"数字化全产业链，帮扶陕西省监理企业搭建数字化管控平台，对助力监理企业实现数字化转型战略目标做出了特殊贡献。同时，在西安市轨道交通基础建设中，先后承接了西安市地铁6号线、8号线、10号线、14号线工程施工监理及造价咨询，为西安市城市基础建设和社会经济稳步健康发展做出了很大贡献。同时，应用数字化、智能化为西安市智慧城市、智慧工程建设做出了创新性贡献，并带领陕西省建设监理行业实现了高质量发展。

中国建设监理协会副会长
陕西省建设监理协会会长

2023年12月

前言

近年来，为加强城市基础建设和社会经济稳步健康发展，我国各大中型城市为缓解城市交通拥堵问题，城市轨道交通工程建设逐年增多。对于城市轨道交通工程建设，工程质量安全管理显得尤为重要。

由于城市轨道交通工程建设具有投资大、施工周期长、施工项目多、施工技术复杂、不可预见风险因素多和对社会环境影响大等特点，故城市轨道交通建设是一项高风险建设工程。因其建设主要集中于城市中心区域，工程周边环境复杂，构筑物及地下管线众多，工程地质与水文地质多样和多变，易诱发施工过程中各种质量安全问题，事故和灾害等因素同步增多。随着各城市地铁建设规模不断扩大，质量安全管理工作人员不足、技术不到位等问题日益凸显。施工过程安全风险增大，隐蔽工程质量问题突出，传统管理模式已难以实现多维、准确、高效的信息传递与集成管理。

因此，作为城市轨道交通工程监理，要做好城市轨道交通工程施工过程中的质量控制和施工安全管理，确保城市轨道交通工程项目施工质量合格、安全可控。同时，应用智能信息化手段和数字化管控技术开展城市轨道交通工程质量、安全监理控制工作，是确保城市轨道交通工程质量、安全的重要保障措施，从而为业主提供优质服务。基于此，公司组织相关专家，依据国家、行业和地方相关规范、规程和管理办法进行了大量的信息收集、归纳、整理，编制出《城市轨道交通工程监理要点》一书，该书与《监理大纲编制一本通》《监理企业数字化转型》形成了"监理（咨询）行业高质量发展系列丛书"。目的是为从事城市轨道交通工程施工、监理的从业人员提供专业学习和参考，并对现场施工质量、安全管理提供便捷和技术支持。同时，也为工程管理人员在对施工、监理方案编制时提供参考和借鉴。工程管理人员在学习和现场安全管理中应以国家、行业和地方标准、规范、规程和管理办法为依据，以相关强制性条文为标准，强化对城市轨道交通工程施工质量控制和对施工安全管理，认真履行工程监理的质量安全监管职责。

由于篇幅有限，《城市轨道交通工程监理要点》主要针对施工质量、安全监理内容进行收集、归纳、整理、编制。其主要章节为监理安全管理行为，安全风险监理要点，地下水控制工作监理要点，盾构法隧道工程施工监理要点，地下空间结构安全监理要点，明挖法施工监理要点，矿山法施工监理要点，高架施工监理要点，机电、系统、设备与装修施工监理要点，地下隧道内给水排水工程监理要点，城市轨道交通工程监理工作要点，城市轨道交通通信工程质量监理要点，盾构施工质量通病的监理控制措施，地铁施工监理信息化管控要点，地铁工程安全防护监理要点，临时用电安全监理要点，机械设备安全监理要点，消防安全监理要点，地下轨道工程质量验收监理要点，站内设备安装质量监理检查要点，站台屏幕门安装质量监理验收要点，城市轨道交通工程信息资料管理，危大工程安全监理日巡视检查表，危大工程安全验收表，共24章。

正值《城市轨道交通工程监理要点》编制之时，2022年4月26日，中国建设监理协会组织编制的《城市轨道交通工程监理规程》课题成果转团体标准研究会首次在广州顺利召开。中国建设监理协会王早生会长就《城市轨道交通工程监理规程》(以下简称《规程》)课题成果转团体标准研究会议上着重强调以下几点："一是，强调《规程》的重要性。通过标准的建立，体现监理工作的专业性和监理的业务能力素养，充分发挥监理的作用和价值，提升监理的地位。二是，轨道交通工程是工程建设中非常重要的一类工程，具有技术性和专业性强、投资规模大等特点，多为政府投资，且质量安全风险防控难度大，一旦发生工程质量安全事故，社会影响面大。因此，标准的编制要高标准严要求，在原有基础上精益求精。三是，肯定了《规程》编制的专业性。监理工作具有管理与技术相融合的特点。作为管理性的标准，既要体现技术的专业性，又要体现管理的社会性。四是，要科学公正，博采众长。课题组应注意收集相关标准规范和近两年住房和城乡建设部出台的与市政、质量安全相关的文件，吸收经验，深入调研和征求业界各方意见，确保《规程》满足科学性、可行性和公正性要求。通过标准的编制，更好地发挥监理的作用，当好工程卫士和建设管家"。

基于王会长在《城市轨道交通工程监理规程》课题成果转团体标准研究会议上讲话提出的要求，收集整理相关标准规范和近两年住房和城乡建设部出台的与市政、质量安全相关文件为《城市轨道交通工程监理要点》的主要内容，确保其满足科学性、可行性和公正性要求。

近年来，习近平总书记多次阐释高质量发展的重要内涵，并对如何实现高质量发展提出要求。为贯彻习近平总书记关于新发展理念、构建新发展格局、推动高质量发展的精神，永明项目管理有限公司组织编写了"监理（咨询）行业高质量发展系列丛书"。出版发行之时，正值开启全面建设社会主义现代化新征程而奋楫扬帆之时，至此，以实际行动落实党的二十大精神。

《城市轨道交通工程监理要点》由永明项目管理有限公司董事长张平策划，总经理何磊主编，公司副董事长、信息化高级工程师、教授朱序来审核，公司技术负责人（总工程师）杨正权及项目总监理工程师孙海燕、赵晓泊为副主编，历经潜心耕作，终于完成此书编写工作。在此，特别感谢中国建设监理协会会长王早生先生的鼓励；感谢陕西省建设监理协会会长高小平先生为本书作序；感谢中国建筑工业出版社张智芊等从专业角度严格审稿、校正，淬火提炼方使得本书质量得以提升并呈现于读者面前。《城市轨道交通工程监理要点》内容虽经认真编制、反复推敲、核证，仍难免有不妥之处，诚望并万分感谢广大读者和同行提出宝贵意见和建议。

目录

| 第1章 | 监理安全管理行为 | 001 |

一、监理单位资质资格与管理体系 ········ 001
二、监理单位管理制度 ········ 001
三、监理规划与实施细则 ········ 002
四、监理审查 ········ 002
五、现场管理 ········ 003
六、协调管理 ········ 004
七、工程安全验收与安全档案管理 ········ 005

| 第2章 | 安全风险监理要点 | 006 |

一、施工阶段安全风险监理要点 ········ 006
二、隐患排查监理要点 ········ 008
三、应急监理要点 ········ 009
四、重大风险监理要点 ········ 010
五、特殊条件风险监理要点 ········ 014
六、预警预报管控监理要点 ········ 018

| 第3章 | 地下水控制工作监理要点 | 020 |

一、监理对管井与井点验收检查要点 ········ 020
二、监理对渗井验收检查要点 ········ 021
三、监理对回灌井验收检查要点 ········ 022
四、监理对集水明排验收检查要点 ········ 023
五、监理对排水管线验收检查要点 ········ 024
六、监理对降水维护验收检查要点 ········ 024

七、监理对隔水帷幕验收检查要点 025

第4章 盾构法隧道工程施工监理要点　　027

一、基本规定 027
二、施工测量监理要点 027
三、管片生产与验收监理质量要点 033
四、掘进施工监理质量控制要点 039
五、特殊地段施工监理要点 044
六、管片拼装监理要点 047
七、壁后注浆监理质量控制要点 049
八、隧道防水监理质量控制要点 049
九、施工安全与环境保护监理要点 050
十、盾构保养与维修监理要点 051
十一、施工运输监理要点 051
十二、施工监测监理要点 052
十三、成型隧道验收监理要点 055

第5章 地下空间结构安全监理要点　　057

一、地下结构施工安全监理要点 057
二、地面结构和高架结构施工安全监理要点 058
三、地下水作业安全监理要点 058
四、爆破作业安全监理要点 059
五、地下结构安全监测监理要点 060

第6章 明挖法施工监理要点　　062

一、施工准备监理工作要点 062
二、基坑支护监理要点 063
三、基坑防水施工监理要点 067
四、基坑排水施工监理要点 068
五、土方开挖施工监理要点 069
六、基坑防坍塌监理要点 070

第7章	矿山法施工监理要点	**072**
	一、施工方案的编制和审核	072
	二、降水排水监理要点	072
	三、竖井开挖及支护监理要点	074
	四、洞口工程施工监理要点	077
	五、超前支护监理要点	078
	六、开挖施工监理要点	080
	七、初期支护监理要点	083
	八、防水作业监理要点	085
	九、二次衬砌监理要点	086

第8章	高架施工监理要点	**089**
	一、施工方案的编制与审核	089
	二、桩基施工监理要点	089
	三、承台施工监理要点	091
	四、墩台帽施工监理要点	092
	五、预制梁制作与架设监理要点	093
	六、支架现浇梁施工监理要点	097
	七、悬臂连续梁施工监理要点	098
	八、钢梁架设监理要点	101
	九、桥梁附属结构施工监理要点	102
	十、高架车站施工监理要点	103
	十一、施工监测监理要点	103
	十二、防坠落安全监理管制要点	105

第9章	机电、系统、设备与装修施工监理要点	**106**
	一、监理对专项施工方案管控要点	106
	二、小型机具监理要点	106
	三、行车安全管理监理要点	107
	四、轨道工程监理要点	108
	五、二次结构及装饰装修监理要点	110
	六、机电设备安装监理要点	112

七、系统调试监理要点 ……………………………………………………… 117

第10章　地下隧道内给水排水工程监理要点　124

　　一、基本规定 ……………………………………………………………… 124

　　二、区间给水排水管道施工监理要点 …………………………………… 125

　　三、给水工程监理要点 …………………………………………………… 126

　　四、排水工程监理要点 …………………………………………………… 129

　　五、给水排水工程验收监理要点 ………………………………………… 132

第11章　城市轨道交通工程监理工作要点　135

　　一、基本规定 ……………………………………………………………… 135

　　二、施工准备阶段监理工作要点 ………………………………………… 135

　　三、施工阶段监理工作要点 ……………………………………………… 136

　　四、工程竣工阶段监理工作要点 ………………………………………… 138

第12章　城市轨道交通通信工程质量监理要点　140

　　一、基本规定 ……………………………………………………………… 140

　　二、通信管线的施工质量监理要点 ……………………………………… 140

　　三、通信线的施工质量监理要点 ………………………………………… 147

　　四、设备安装和配线施工质量监理要点 ………………………………… 154

　　五、电源系统及接地验收监理质量管控要点 …………………………… 157

　　六、传输系统网管检验监理质量控制要点 ……………………………… 163

　　七、无线通信系统施工监理质量控制要点 ……………………………… 164

　　八、视频监视系统监理控制要点 ………………………………………… 170

　　九、广播系统监理质量控制要点 ………………………………………… 174

　　十、乘客信息系统监理质量控制要点 …………………………………… 177

　　十一、时钟系统监理质量管控要点 ……………………………………… 181

　　十二、办公自动化系统监理质量管控要点 ……………………………… 184

　　十三、通信集中告警系统监理质量管控要点 …………………………… 186

　　十四、民用通信系统监理质量管控要点 ………………………………… 187

　　十五、公安通信系统监理质量管控要点 ………………………………… 188

| 第13章 | 盾构施工质量通病的监理控制措施 | **190** |

一、管片裂缝破损原因及监理控制措施 …………………………… 190

二、管片拼装引起的错台及监理控制措施 ………………………… 192

三、盾构隧道管片渗漏原因及监理控制措施 ……………………… 193

| 第14章 | 地铁施工监理信息化管控要点 | **196** |

一、基于CPS的施工风险主动控制技术的应用 …………………… 196

二、基于BIM的施工风险管控技术的应用 ………………………… 197

三、互联网+大数据管理成套技术的应用 ………………………… 198

四、盾构施工实时视频监控系统的应用 …………………………… 199

| 第15章 | 地铁工程安全防护监理要点 | **202** |

一、安全防护用品的监理要点 ……………………………………… 202

二、对临边防护安全监理要点 ……………………………………… 203

三、洞口防护安全监理要点 ………………………………………… 204

四、通道口防护安全监理要点 ……………………………………… 205

五、攀登作业安全监理要点 ………………………………………… 205

六、悬空作业安全监理要点 ………………………………………… 206

七、加强移动式操作平台安全监理要点 …………………………… 206

八、物料平台安全监理要点 ………………………………………… 207

九、悬挑钢平台安全监理要点 ……………………………………… 207

十、脚手架临边防护与通道安全监理要点 ………………………… 207

| 第16章 | 临时用电安全监理要点 | **209** |

一、用电安全监理要点 ……………………………………………… 209

二、外电防护监理要点 ……………………………………………… 209

三、接零保护系统监理检查要点 …………………………………… 210

四、配电线路监理检查要点 ………………………………………… 210

五、配电室、变配电装置监理检查要点 …………………………… 211

六、配电箱、开关箱监理检查要点 ………………………………… 211

七、现场照明监理检查要点 ………………………………………… 213

八、电器装置监理检查要点 ………………………………………… 213

九、小型用电设备监理检查要点 ………………………………… 213

第17章　机械设备安全监理要点　215

　　一、监理对关键节点条件核查要点 ……………………………… 215
　　二、塔式起重机作业安全监理要点 ……………………………… 216
　　三、龙门起重机作业安全监理要点 ……………………………… 218
　　四、物料提升机作业安全监理要点 ……………………………… 219
　　五、履带起重机作业安全监理要点 ……………………………… 220
　　六、轮胎起重机作业安全监理要点 ……………………………… 221

第18章　消防安全监理要点　222

　　一、消防防火安全监理要点 ……………………………………… 222
　　二、在建工程防火监理检查要点 ………………………………… 223
　　三、电气消防安全监理检查要点 ………………………………… 224
　　四、危化品使用安全监理检查要点 ……………………………… 224
　　五、临时用房防火安全监理检查要点 …………………………… 224

第19章　地下轨道工程质量验收监理要点　226

　　一、线路基标控制监理验收要点 ………………………………… 226
　　二、普通无砟道床施工质量监理验收要点 ……………………… 226
　　三、钢弹簧浮置板道床施工质量监理验收要点 ………………… 230
　　四、减振垫浮置板道床施工质量监理验收要点 ………………… 231
　　五、梯形轨枕道床施工质量监理验收要点 ……………………… 233
　　六、有砟道床施工质量监理验收要点 …………………………… 234
　　七、无砟道岔铺设施工质量监理验收要点 ……………………… 235
　　八、有砟道岔铺设施工质量监理验收要点 ……………………… 237
　　九、钢轨伸缩调节器铺设施工质量监理验收要点 ……………… 238
　　十、无缝线路施工质量监理验收要点 …………………………… 239
　　十一、有缝线路施工质量监理验收要点 ………………………… 242
　　十二、轨道安全设备及附属设备监理验收要点 ………………… 244

第20章　站内设备安装质量监理检查要点　246

　　一、土建交接检及井道施工质量监理检查要点 ………………… 246

二、自动扶梯与自动人行道设备进场验收监理要点 …………………… 248
　　三、电梯设备进场验收监理要点 ………………………………………… 249
　　四、楼梯升降机设备进场验收监理要点 ………………………………… 249
　　五、自动扶梯与自动人行道安装质量监理要点 ………………………… 250
　　六、楼梯升降机安装质量监理要点 ……………………………………… 256
　　七、自动扶梯与自动人行道调整试验监理要点 ………………………… 258
　　八、电梯调整试验监理要点 ……………………………………………… 259
　　九、楼梯升降机调整试验监理要点 ……………………………………… 261

第21章 站台屏幕门安装质量监理验收要点　262

　　一、站台屏蔽门下部结构安装质量监理验收要点 ……………………… 262
　　二、全高站台屏蔽门上部结构件安装质量监理验收要点 ……………… 263
　　三、门体结构安装质量监理验收要点 …………………………………… 263
　　四、全高站台屏蔽门盖板安装质量监理验收要点 ……………………… 265
　　五、半高站台屏蔽门固定侧盒安装质量监理验收要点 ………………… 265
　　六、暗敷式站台绝缘地板安装质量监理验收要点 ……………………… 266
　　七、电源、电气系统与接轨安装质量监理验收要点 …………………… 266
　　八、系统检测与调试监理要点 …………………………………………… 267

第22章 城市轨道交通工程信息资料管理　269

　　一、项目信息安全 ………………………………………………………… 269
　　二、监理信息管理措施 …………………………………………………… 269
　　三、文件归档内容及范围 ………………………………………………… 270

第23章 危大工程安全监理日巡视检查表　297

第24章 危大工程安全验收表　384

参考文献 ……………………………………………………………………… 403

第1章　监理安全管理行为

根据《城市轨道交通工程建设安全生产标准化管理技术指南》，监理单位应重点做好以下工作：

一、监理单位资质资格与管理体系

(1) 监理单位从事城市轨道交通工程监理业务，应具备相应的资质，不得转让所承担的工程监理业务。

(2) 工程监理单位实施监理时，应在施工现场派驻项目监理机构。项目监理机构的组织形式和规模，符合建设工程监理合同约定。

(3) 项目监理机构的监理人员应由总监理工程师、专业监理工程师和监理员组成，且专业配套（应该配备专职安全监理工程师）、数量应满足建设工程监理工作需要及监理合同约定。

(4) 工程监理单位在建设工程监理合同签订后，应及时将项目监理机构的组织形式、人员构成及对总监理工程师的任命以书面的形式通知建设单位。

(5) 项目总监理工程师原则上只能在一个工程项目任职，如确需同时兼任其他项目的，应征得建设单位的书面同意。工程监理单位在调换总监理工程师时，应征得建设单位的书面同意。调换专业监理工程师时，相关手续应符合合同约定并书面通知建设单位。

(6) 调换的监理人员资格不得低于更换前的人员资格等级。

二、监理单位管理制度

(1) 监理单位对工程项目的安全承担监理责任。建设工程监理实行总监理工程师负责制。

（2）项目总监理工程师应对所承担的工程项目的安全监理工作负责，建立安全的监理制度包括但不限于：监理例会制度，施工组织设计、专项施工方案审批制度，施工现场安全检查、巡视制度，施工机械验收核查制度，危险性较大工程验收制度，监理报告制度。

（3）监理安全责任制应包括法律、法规、规章、规范性文件规定的安全责任，并逐级签订落实。

（4）项目监理机构应组织开展年度安全教育培训，对受聘于本项目的监理人员开展进场培训与定期培训教育。

（5）项目监理机构应根据《建设工程监理规范》GB/T 50319-2013在《监理规划》中明确各岗位监理人员的具体职责分工。

（6）项目监理人员应按合同约定到岗履职，并建立考核机制。

三、监理规划与实施细则

（1）按规定编制监理规划、监理细则，监理规划、监理细则的针对性、操作性应符合要求，且应根据工程、法规标准的变化及时修订。

（2）专业性较强、危险性较大工程、"四新"工程应编制专项监理实施细则［如临时用电，管线保护，地下连续墙钢筋笼吊装，基坑开挖，降水排水，模板及支撑排架，起重吊装及起重机械安装拆卸，脚手架，内支撑（钢筋混凝土、钢）安装拆卸，盾构机安装拆卸，盾构始发、掘进、调头、接收等］，实施细则应明确主要危险源、重要（关键）部位/环节及其控制措施。

（3）监理实施细则应包括下列内容：专业工程特点、监理工作流程、监理工作要点、监理工作方法及措施、现场安全管控措施等。

（4）监理规划应包含工程风险的重难点分析、预防措施及工程关键节点施工前风险预控的措施。

（5）监理规划编审遵循下列程序：总监理工程师组织专业监理工程师编制，总监理工程师审核签字后由监理单位技术负责人审批；监理细则应在相关工程开工前由专业监理工程师编制，并报总监理工程师审批。

（6）监理细则应由编制人对现场监理人员及施工单位管理人员进行交底。

四、监理审查

（1）应审查施工分包单位的资格。审查应包括下列内容：企业资质、安全生产许可证、类似工程业绩、管理人员和特种作业人员的资格。

（2）按照相关规定、合同约定，审查施工总包、分包单位的项目机构与人员配备，特别是安全管理人员的专业、数量应满足需要。审查人员应持有资格证。

（3）监理人员应在现场审查特种作业人员操作资格证。

（4）应审查施工项目安全管理体系（包含应急预案）；审查现场安全生产规章制度的建立和实施情况；审查分包合同、租赁合同的安全管理责任条款。

（5）经审查的制度、合同应符合安全管理规定。

（6）主要监理人员应参加勘察、设计、工程周边环境交底、图纸会审及超过一定规模的危险性较大分部分项工程专项方案专家论证会。

（7）总监理工程师组织审查施工组织设计的安全技术措施、危险性较大分部分项工程专项方案、工程周边环境专项保护方案、监测方案，以及施工用电方案、应急预案、风险评估报告、爆破方案等。

（8）应根据安全质量强制性标准对审查的方案给出明确、具体的审查结论。

（9）按照规定对保障工程安全所需的安全防护措施费的使用计划进行审查，对于拨付情况进行检查，并审核上述费用的使用情况。

（10）重点审查危大工程施工技术措施费以及相应的安全防护文明施工措施费的使用情况。

五、现场管理

1）应定期或不定期地组织安全生产检查。总监理工程师应按规定现场带班检查。

2）参加建设单位组织的设计交底及图纸会审会议，会议前应研读设计图纸，提出图纸问题，并督促施工单位识图、审图、整理会审意见，交勘察或设计单位签字确认。

3）编制人应根据经审核批准的监理规划和监理实施细则对监理人员进行交底，明确巡视检查要点、频率及采用的巡视检查记录表，合理安排监理人员按规定开展安全生产日常巡视和检查。巡视检查的内容应符合有关规定，并在监理日志中真实、全面地进行记录。

4）对危大工程施工应实施专项巡视检查，并在监理日志中真实、全面地进行记录。

5）监理人员应定期检查施工单位应急救援物资设备的配备情况。若发现缺失或数量不足，应书面通知施工单位及时补充。

6）项目监理机构按监理方案开展监理工作，安排监理人员对重大风险源项目，如盾构始发和接收，盾构开仓换刀，盾构机吊装，盾构穿越重大风险或复杂环境，联络通道开洞门，30t以上大型构件吊装，采用非常规起重设备或方法且单件起重量为10t及以上的吊装，超过一定规模的模板支撑系统混凝土浇筑，跨越铁路或道路的预制梁架设，跨越铁路或道路的挂篮悬臂混凝土浇筑，首次架桥机安装、走行，首次铺轨（调试）行车，首次变电所启动，首次行车类设备上线，顶管施工的始发、接收，钢支撑轴力施加等施工过程开展监理工作。

7）工作内容包括：

（1）检查施工单位管理人员、作业人员是否按方案到岗，特殊工种应持证上岗；

（2）检查施工单位是否已经按施工方案进行交底；

（3）检查施工机械设备是否按方案要求到位，运转是否良好；

（4）检查材料物资准备情况（包括应急物资）；

（5）检查施工作业环境是否符合要求；

（6）监理人员发现违规、违章行为时，应及时制止，督促纠正。

8）应核查施工起重机械的安全许可验收手续及其检测报告，以及对施工起重机械安装、拆卸前的告知、安装使用的备案登记等情况进行查验。

9）监理人员按规定对大型设备（如盾构机、起重机械、架桥机、三轴搅拌桩机等）的现场安装、调试进行监理，参加验收，并在验收记录上签署意见。

10）测量监理工程师应参加监测点的验收，检查初始值的获取。

11）监理单位应定期检查施工监测点，测量控制桩的布置和保护情况；比对、分析施工监测和第三方监测数据及巡视信息。发现异常时，及时向建设、施工单位反馈，并督促施工单位采取正确的应对措施。

12）检查验收施工现场的安全防护设施。

13）监理单位受建设单位委托，依据相关制度规定和标准规范组织开展关键节点施工前的条件核查工作，通过核查方可进行关键节点的施工。

六、协调管理

（1）应定期召开监理例会，根据工程需要，不定期主持或参加专题会议，协调解决施工过程中的安全问题。

（2）按合同约定对所监理的两个以上，在同一区域作业的施工单位的安全管理进行协调。两个以上单位在同一区域进行作业的，应签订安全管理协议，明确双方责任，并督促落实。

七、工程安全验收与安全档案管理

（1）监理应组织施工单位进行危大工程分部分项验收，对于涉及结构安全的重要分部工程，应在验收前按规定进行抽样检测。

（2）建立危大工程安全监理档案，资料齐全、内容真实，资料签章完整。

（3）建立完善的监理文件资料管理制度。

（4）及时向建设单位报送安全监理报表。

（5）及时检查施工单位危大工程安全档案。

第2章 安全风险监理要点

一、施工阶段安全风险监理要点

1）监理单位的风险管控主要是在施工阶段，应定期组织开展风险管理培训，并形成培训记录。

2）施工准备期风险管理：

（1）施工准备期，监理应参加设计单位、勘察单位进行的勘察、设计交底和风险说明会议。

（2）施工准备期的风险管理主要应完成以下工作：

①周边环境核查和施工地质复查；

②风险深入识别、分析、分级调整和评估，并形成施工阶段风险清单；

③制定现场处置措施，对重大风险进行专项风险评估；

④现场风险管理体系的建立。

（3）施工单位应在环境调查成果、施工图设计文件等基础上，对工程影响范围内的周边环境进行全面核查，形成核查记录，监理单位进行审查，当核查情况与建设单位提供的环境调查结果出现差异时，应形成核查报告上报建设单位。

（4）监理单位应结合施工单位的专项施工方案，按照规定编制相应的安全风险监理实施细则，并上报建设单位备案。

（5）施工准备期，监理单位应建立健全安全风险管理体系，体系主要包括以下内容：

①安全风险管理组织机构及职责；

②安全风险管理制度和分级管理办法；

③安全风险管控相关方案编制；

④监测方案及监测预警标准；

⑤信息报送及施工期风险预警、响应和消除预警管理办法；

⑥监控量测和现场巡查管理办法；

⑦工程风险应急预案，风险抢险队伍与设备物资准备。

（6）建设单位应牵头组织成立现场风险控制小组，现场风险控制小组由建设、监理、施工、设计、勘察、第三方监测、风险咨询单位项目负责人组成，小组各方的职责分工应明确。

3）施工期风险管理：

（1）施工期的风险管理主要应完成以下工作：

①施工中的动态风险辨识和更新，施工风险动态跟踪管理；

②监理单位应定期进行现场风险巡查，并形成巡查记录；

③定期组织工程建设各方开展风险管理工作的沟通和交流，并对风险状况进行记录；

④组织工程建设各方对风险处置措施进行审定，其中重大风险的控制方案要求施工单位组织专家评审后方可实施；

⑤监督风险管理实施和风险事故处理。

（2）在施工阶段安全风险清单的基础上，监理单位应结合工程施工进度要求施工单位及时编制施工安全风险动态清单；清单中应包含现阶段的工序、实施中的风险、风险处置措施、风险检查要点等内容；施工风险动态清单应能如实反映现场动态风险，由施工单位编制，经项目负责人签字确认，上报监理单位审核后及时向工程建设各方发送。

（3）监理单位负责协查施工现场风险管理执行与督查，风险管理主要内容及职责应包括：

①负责对现场安全风险管理实施全面的监督管理，将建设风险管理纳入日常监理工作；

②确保现场监理人员及时到位；

③协助建设单位审查施工单位的施工方案，评估施工单位风险管理实施情况；

④协助建设单位对工程质量、安全和进度进行风险检查；

⑤评估监理工作内容不全或失察风险；

⑥对于施工重大风险，应在施工前检查施工单位风险预防措施，并应进行旁站监理，做好监理现场记录；

⑦对施工单位存在的风险或违反风险管理规定的行为，监理单位有责任向施工单位提出警告，不听劝阻或情节严重的，监理单位有权予以停工处置，并及时上报建设单位；

⑧对施工现场监测和第三方监测进行监理；

⑨审核施工单位上报的施工阶段风险动态清单和施工风险动态评估报告。

4）安全风险管控平台应用：

轨道交通建设自身风险和环境风险数量多、风险等级高，风险管理涵盖施工全过程，应充分运用先进适用的信息技术手段，建立完善的安全风险管理平台。可利用移动互联、LBS、卫星授时、5G、传感器等技术，结合空间分析和可视化表达，对于施工中人、机、料、法、环之间，各级管理层之间的交互方式进行改进，建立互联网协同、安全监控、数据收集、智能分析等信息化生态圈，实现安全生产的智能化和多元化。

二、隐患排查监理要点

（1）监理单位项目部应建立完善自身的隐患排查治理工作体系，编制隐患排查治理工程监理实施细则，开展隐患排查治理工作，承担监理责任；监理单位项目部还应监督检查施工单位隐患排查治理体系、工作开展情况、责任落实情况。

（2）监理单位应督促施工单位根据施工阶段风险清单以及危险源清单，根据施工工艺、设备、作业环境、施工作业工序等全面梳理事故隐患，形成隐患排查清单；施工单位编制的隐患排查清单应及时报送监理、建设单位备案。现场还应按工区设置危险源公示牌。

（3）监理单位应当督促施工单位认真做好事故隐患排查治理工作，将其列为监理工作内容，定期检查施工单位事故隐患排查治理工作情况，并定期参加建设、施工等有关单位组织的事故隐患排查治理联合检查。

（4）监理单位应定期对监理单位项目部隐患排查治理工作进行检查，确保监理单位项目部事故隐患排查体系完整、人员配备齐全。

（5）项目监理机构应当检查施工单位的安全管理体系建立及运行情况，检查施工单位安全生产管理人员的资格及配备是否符合相关规定，检查特种作业人员是否持证上岗，核查施工组织设计中的安全技术措施和专项施工方案编审是否符合相关规定。

（6）项目监理机构应当加大塔式起重机和施工升降机的安装拆卸、高大模板支撑体系和高大脚手架搭建等分部分项工程巡视检查力度，督促施工单位安全管理人员进行全程旁站监督，督促施工单位按照专项施工方案的要求进行施工。

（7）监理人员检查时，发现一般事故隐患的，应当责令施工单位限期消除，并保留相关工作记录；发现重大事故隐患的，总监理工程师应当及时签发《工程暂停令》，暂停部分或全部在施工程的施工，责令其限期消除安全隐患，并及时上报建设单位。施工单位拒不整改或者不停止施工的，项目监理机构应当及时向有关主管部门报告。

（8）重大事故隐患消除后，安全监理人员应当进行复查，总监理工程师应当在复查结果中签署意见。

（9）重大事故隐患消除完成后，项目安全生产管理部门应当将消除整改情况报施工单位安全生产管理部门及总监理工程师，经审查合格后，方可进行下一道工序施工。事故处理完毕应建立的真实、完善的隐患排查治理档案。

（10）安全隐患排查治理体系及信息化系统可消除轨道交通建设中由于现场安全质量主要管理人员配备数量和经验不足带来的安全管理问题。系统基于"互联网+"技术建立轨道交通建设工程隐患管控信息化技术平台，通过B/S方式实现系统功能，有利于提高项目各参建单位之间的协调管理，实现隐患管理的闭环留痕，可随时开展隐患信息处置与消除工作。

三、应急监理要点

1）监理单位应检查施工单位编制的综合应急预案、工程项目应急预案、现场处置方案是否完善。

2）参加建设单位组织的应急预案培训和演练。

3）监理单位的应急响应应符合下列要求：

（1）应认真履行职责，全面监督工程施工的每一个环节，保证每一个工序均符合规范、标准、设计、施工方案的要求。

（2）认真检查施工现场的各项安全防护措施的落实情况，发现事故隐患及时提出整改，并督促落实。

（3）事故发生时，积极配合现场紧急救援，提供施工过程的有关技术数据及相关资料，并做好事故发生及抢险过程的记录，履行抢险中的职责。

（4）事故或隐情发生时，立即启动事故或隐情应急预案，组织自救，并上报建设单位。

4）施工中发生重大安全险情或者安全事故时，监理单位应及时、如实上报并及时赶赴现场配合施工单位开展应急抢险工作。总监理工程师应及时赶赴现场，征得建设单位同意后及时签发工程暂停令。

四、重大风险监理要点

1.危大工程清单

（1）工程开工前，施工单位应根据国家及相关法律法规的要求，编制危大工程及超过一定规模危险性较大的工程台账。危险性较大的分部分项工程范围如表2-1所示。

危大工程清单　　　　　　　表2-1

序号	项目	规模
1	基坑工程	（1）开挖深度超过3m（含3m）的基坑（槽）的土方开挖、支护、降水工程。 （2）开挖深度虽未超过3m，但地质条件、周围环境和地下管线复杂，或影响毗邻建（构）筑物安全的基坑（槽）的土方开挖、支护、降水工程
2	模板工程及支撑体系	（1）各类工具式模板工程：包括滑模、爬模、飞模、隧道模等工程。 （2）混凝土模板支撑工程：搭设高度5m及以上，或搭设跨度10m及以上，或施工总荷载（荷载效应基本组合的设计值，以下简称"设计值"）10kN/m²及以上，或集中线荷载（设计值）15kN/m及以上，或高度大于支撑水平投影宽度且相对独立无联系构件的混凝土模板支撑工程。 （3）承重支撑体系：用于钢结构安装等满堂支撑体系
3	起重吊装及起重机械安装拆卸工程	（1）采用非常规起重设备、方法，且单件起吊重量在10kN及以上的起重吊装工程。 （2）采用起重机械进行安装的工程。 （3）起重机械安装和拆卸工程
4	脚手架工程	（1）搭设高度24m及以上的落地式钢管脚手架工程（包括采光井、电梯井脚手架）。 （2）附着式升降脚手架工程。 （3）悬挑式脚手架工程。 （4）高处作业吊篮。 （5）卸料平台、操作平台工程。 （6）异型脚手架工程
5	拆除工程	可能影响行人、交通、电力设施、通信设施或其他建（构）筑物安全的拆除工程
6	暗挖工程	采用矿山法、盾构法、顶管法施工的隧道、洞室工程
7	其他	（1）建筑幕墙安装工程。 （2）钢结构、网架和索膜结构安装工程。 （3）人工挖孔桩工程。 （4）水下作业工程。 （5）装配式建筑混凝土预制构件安装工程。 （6）采用新技术、新工艺、新材料、新设备可能影响工程施工安全，尚无国家、行业及地方技术标准的分部分项工程

（2）超过一定规模的危险性较大的分部分项工程范围如表2-2所示。

超过一定规模的危险性较大的分部分项工程范围表　　　表2-2

序号	项目	规模
1	基坑工程	开挖深度超过5m（含5m）的基坑（槽）的土方开挖、支护、降水工程
2	模板工程及支撑体系	（1）各类工具式模板工程：包括滑模、爬模、飞模、隧道模等工程。 （2）混凝土模板支撑工程：搭设高度8m及以上，或搭设跨度18m及以上，或施工总荷载（设计值）15kN/m²及以上，或集中线荷载（设计值）20kN/m及以上。 （3）承重支撑体系：用于钢结构安装等满堂支撑体系，承受单点集中荷载7kN及以上
3	起重吊装及起重机械安装拆卸工程	（1）采用非常规起重设备、方法，且单件起吊重量在100kN及以上的起重吊装工程。 （2）起重量300kN及以上，或搭设总高度200m及以上，或搭设基础标高在200m及以上的起重机械安装和拆卸工程
4	脚手架工程	（1）搭设高度50m及以上的落地式钢管脚手架工程。 （2）提升高度在150m及以上的附着式升降脚手架工程或附着式升降操作平台工程。 （3）分段架体搭设高度20m及以上的悬挑式脚手架工程
5	拆除工程	（1）码头、桥梁、高架、烟囱、水塔或拆除中容易引起有害气（液）体或粉尘扩散、易燃易爆事故发生的特殊建（构）筑物的拆除工程。 （2）文物保护建筑、优秀历史建筑或历史文化风貌区影响范围内的拆除工程
6	暗挖工程	采用矿山法、盾构法、顶管法施工的隧道、洞室工程
7	其他	（1）施工高度50m及以上的建筑幕墙安装工程。 （2）跨度36m及以上的钢结构安装工程，或跨度60m及以上的网架和索膜结构安装工程。 （3）开挖深度16m及以上的人工挖孔桩工程。 （4）水下作业工程。 （5）重量1000kN及以上的大型结构整体顶升、平移、转体等施工工艺。 （6）采用新技术、新工艺、新材料、新设备可能影响工程施工安全，尚无国家、行业及地方技术标准的分部分项工程

2.危大工程专项方案

（1）监理单位应督促施工单位在危大工程施工前组织工程技术人员编制专项施工方案。

（2）专项施工案应由施工单位技术负责人审核签字、加盖单位公章，由总监理工程师审查签字并加盖执业印章方可实施。

（3）总监理工程师审查经施工单位技术负责人审核签字并加盖单位公章的专项施工方案，参加超过一定规模的危大工程的论证会。

（4）专家论证会后，应形成论证报告，对专项施工方案提出通过、修改后通过或者不通过的一致意见。专家对论证报告负责并签字确认。

（5）专项施工方案经论证需修改后通过的，施工单位应根据论证报告修改完善后，重新履行报审程序。

（6）监理单位应结合危大工程专项施工方案编制监理实施细则，并对危大工程施工实施专项巡视检查。

（7）监理单位发现施工单位未按照专项施工方案施工的，应要求其进行整改；情节严重的，应要求其停工整改，并及时报告建设单位。施工单位拒不整改或者不停止施工的，监理单位应及时报告建设单位和工程所在地的住房和城乡建设主管部门。

（8）对于按照规定需要进行第三方监测的危大工程，建设单位应委托具有相应勘测资质的单位进行监测。

（9）监测单位应编制监测方案。监测方案由监测单位技术负责人审核签字并加盖单位公章，报送监理单位审批后方可实施。

（10）监测单位应按照监测方案开展监测，及时向建设单位报送监测成果，并对监测成果负责；发现异常时，及时向建设、设计、施工、监理单位报告，建设单位应立即组织相关单位采取处置措施。

（11）对于按照规定需要验收的危大工程，施工单位、监理单位应组织相关人员进行验收。验收合格后，经施工单位项目技术负责人及总监理工程师签字确认后，方可进入下一道工序。

（12）监理单位应按规定建立危大工程安全管理档案。

（13）监理单位应将监理实施细则、专项施工方案审查、专项巡视检查、验收及整改等相关资料纳入档案管理。

3. 关键节点识别清单

城市轨道交通工程关键节点分类清单如表2-3所示。

城市轨道交通工程关键节点分类清单表　　　　表2-3

序号	类别	关键节点名称	备注
1	明挖	深基坑开挖（车站、附属工程、风井）	降水、围护结构、地基处理等开挖准备
2			
3	暗挖	竖井开挖	首次
4		马头门开挖	开口宽度小于6m的首次；开口宽度大于6m的全部
5		多导洞施工扣拱开挖	首次
6		大断面临时支护拆除	首段
7		扩大段开挖	首循环
8		仰挖、俯挖	首循环
9		钻爆法开挖	首次

续表

序号	类别	关键节点名称	备注
10	暗挖	穿越重大风险或复杂环境	穿越既有铁路、地铁隧道、高速公路、江河湖海、密集建筑群、重要建筑物、文物
			重要管线（中压及以上的燃气管道、高压输油管及大体量雨水箱涵、大直径污水管等）、有毒有害气体地层、高架桥等
11		围岩等级突变处或穿越构造带、断裂带、风化槽等不良地质体开挖	降低2个（含）等级
12		区间联络通道开口施工	每次
13	盾构	深基坑开挖（始发井、接收井）	降水、围护结构、地基处理等开挖准备
14		盾构始发	每次
15		盾构到达	每次
16		盾构开仓	每次
17		盾构机吊装	每次
18		空推段	每次
19		穿越重大风险或复杂环境	穿越既有铁路、地铁隧道、高速公路、江河湖海、密集建筑群、重要建筑物、文物、重要管线（中压及以上的燃气管道、高压输油管及大体量雨水箱涵、大直径污水管等）、有毒有害气体地层、高架桥等
20		工程自身重大风险	叠落隧道上洞施工、覆土厚度不大于盾构直径的浅覆土层地段、平行盾构隧道净间距小于盾构直径70%的小净距地段、大坡度（大于3%）等特殊地段施工
21		区间联络通道开口施工	每次
22	高架	跨越铁路或道路的预制梁架设施工	首次
23		跨越铁路或道路的挂篮悬臂混凝土浇筑施工	首次
24		架桥机安装、走行	首次
25	起重吊装	龙门起重机、塔式起重机等起重机械的安装/拆卸（含起重量300kN及以上的其他起重设备）	首次
26		采用非常规起重设备、方法且单件起吊重量在100kN及以上的起重吊装施工（含多台起重设备协同等吊装作业）	首次
27	模板工程及支撑体系	超过一定规模的模板支撑系统混凝土浇筑	模架搭设高度8m及以上，或搭设跨度18m及以上，或施工总荷载15kN/m²及以上，或集中线荷载20kN/m及以上的混凝土浇筑

续表

序号	类别	关键节点名称	备注
28	设备安装	铺轨（调试）行车	首次
29		变电所启动	首次
30		行车类设备上线	首次
31	其他	顶管施工的始发/接收	每次
32		桩基托换	首桩
33		凿除既有运营车站主体结构	每次

4. 关键节点条件核查管控程序

（1）关键节点条件核查应由监理人员参加。

（2）施工单位应根据《关键节点分类清单》编制《关键节点识别清单》，上报监理单位审批后实施。

（3）监理单位应审批施工单位编制的《关键节点识别清单》。

（4）施工单位应对照经监理单位批准的《关键节点识别清单》，对关键节点施工前条件自评，符合要求后上报监理单位审批检查并上报建设单位。

（5）监理单位组织开展关键节点施工前条件核查，通过核查后方可进行关键节点施工。

五、特殊条件风险监理要点

1）监理单位应审查施工单位上报的《周边环境核查报告》和周边环境保护方案。

2）施工单位应对周边环境进行核查，编制周边环境核查报告，报监理审查。周边环境变化较大影响施工时，应及时上报建设单位组织重新风险识别与评估（表2-4）。

周边环境风险分类表　　　　表2-4

名称	风险分类	风险因素
工程环境风险	重要环境设施	（1）铁路、既有轨道交通线路。 （2）保护古建筑、高度超过15层（含）、基础条件较差的重点保护的建筑、水塔、油库、加油（气）站、气罐、高压线塔等。 （3）地下隧道、商业街及重要人防工程等。 （4）高架桥、立交桥的主桥等。 （5）雨污水主干管（不小于DN800）、中压以上（DN300）燃气管、不小于DN500的自来水管、军用光缆（专用）、现状状态较差的承插式混凝土管、输油管、110kV及以上电力管沟。 （6）保护古树、重要河道等。
	一般环境设施	重要设施以外的环境设施

3）施工单位应根据设计文件及环境核查资料，编制有针对性的周边环境保护方案，报监理单位审查。

4）施工中如遇不明管线，应立即报告监理、建设单位，组织管线的产权单位或管理单位现场确认，采取相应处置措施。在不能确定地下管线准确位置的情况下，施工单位应开挖探槽，探槽深度和宽度以能探明施工影响范围内的现有管线为标准。探槽应采用人工方式开挖，并采取相应安全防护措施。

5）施工作业中遇到管线被损坏时，应立即停止施工，启动应急预案。

6）对施工影响范围内需要进行安全鉴定的建（构）筑物，建设单位应按照《房屋安全鉴定指导原则》委托具有鉴定资格的单位进行安全鉴定，鉴定结果提交给设计、施工、监理等相关单位。

7）监理单位应要求施工单位根据调查情况、设计及规范要求，分析施工对建（构）筑物的影响，编制专项保护方案，对施工影响范围内的重要建（构）筑物采取专项防护措施。如需对建（构）筑物加固，应制定专项方案，并经专家评审。

8）当夯实、挤密、旋喷桩、水泥粉煤灰碎石桩、桩锤冲扩桩、注浆等方法施工可能对周边环境及建筑物产生不良影响时，应对施工过程的振动、噪声、孔隙水压力、地下管线和建筑物变形进行监测。

9）施工中应加强监测，监测内容应包括支撑轴力、基坑变形、建（构）筑物沉降、建（构）筑物附近地面沉降、建（构）筑物旁基坑围护结构变形、围护桩顶水平垂直位移、建（构）筑物附近地下水位等内容。

10）在降水工程中，应加强监测基坑外水位变化，如发现围护结构有较大漏水，引起基坑外水位下降，应立刻停止降水，对漏水部位的围护结构进行加固补强或采取坑外注水回灌的形式，减少地面沉降变形，避免不均匀沉降对建（构）筑物造成的威胁。

11）穿越建（构）筑物推进阶段的监理安全管控：

（1）穿越建（构）筑物前，施工单位应对沿线的建（构）筑物进行调查，了解现场的工况条件，记录建（构）筑物的原始状态，尤其是变形裂缝、破损及附近的地表情况。

（2）在穿越施工到达建（构）筑物影响范围之前，在建（构）筑物上设置监测点，并测得初始值，并通知第三方监测单位。

（3）对于需要加固的建（构）筑物，穿越前应完成加固工作，加固效果应检测合格。

（4）穿越前，应复核施工里程，确认穿越施工用设备与建（构）筑物的相对位置，并采取相应技术措施，控制施工设备姿态，确保穿越前的设备处于良好位置。

(5)穿越前应对施工管理人员和作业人员进行交底,熟悉穿越流程和相关应急预案。

(6)穿越前应对施工所用设备进行一次检查和保养,确保设备在良好的工况下进行穿越施工。

(7)穿越工程施工前,施工单位应做好准备工作,对穿越前条件进行自查,监理单位对自查结果进行预检查,通过后报建设单位进行正式条件核查,通过验收后方可进行穿越施工。

(8)根据穿越建(构)筑物的工况特点,将穿越建(构)筑物分为三个阶段,分别为穿越前试掘进阶段、穿越阶段和穿越后阶段。

(9)采用盾构/TBM穿越时,刀盘到达建(构)筑物影响范围前,为穿越试推进段,在试推进段主要收集推进参数,以及不同施工参数对周边环境的影响大小。试推进段施工应满足以下要求:

①在穿越试推进段,应对建(构)筑物进行监测,当监测结果的沉降值不大于预警值时,施工单位项目工程部长或以上人员至少一人在场,处理现场事务。当预警值不大于沉降值,且沉降值不大于报警值时,施工单位项目盾构副经理或项目总工至少一人在场。沉降值不小于报警值时,施工单位应立刻报告建设单位主管工程师,项目总工或项目经理至少一人在场,并采取有效措施,防止沉降进一步增大。

②在穿越试推进段,监理单位应安排监理工程师现场旁站。

③掘进速度应与进排浆流量、开挖面泥水压力、进排泥水、出土量保持平衡,并应与同步注浆速度相协调。

(10)采用盾构/TBM穿越时,刀盘到达建(构)筑物前10环至盾尾推出建(构)筑物10环后,为穿越段。穿越段施工应满足以下要求:

①应根据穿越试推进段总结的推进参数和施工数据来指导穿越施工,采用盾构/TBM施工时,主要控制施工参数包括推进速度、土压力、推进姿态、同步注浆流量、同步注浆压力等。

②施工单位在穿越施工时,应根据地层特征、地质变化、水土压力、建(构)筑物,合理设定掘进控制参数;应加强对隧道轴线两侧施工影响范围内水利设施、堤防、地上与地下建(构)筑物、管道的地表沉降观测,并应根据观测结果及时调整掘进参数与注浆量。

③在穿越段,应加强对建(构)筑物监测频率,当监测沉降值不大于预警值时,施工单位工区长或以上人员至少一人在场,及时处理现场事务;当预警值不大于沉降值,且沉降值不大于报警值时,施工单位应立刻上报建设单位主管工

程师，项目总工或项目经理至少确保一人在场，迅速采取相应处理措施，以控制沉降并避免进一步增大；当沉降值不小于报警值，项目总工和项目经理须都在场，并采取有效措施控制沉降进一步发展。

12）建设单位组织对新建轨道交通工程穿越既有线影响范围内的既有线洞体结构、洞内道床、线路、设备设施、限界等进行现状勘察、现状评估，并形成既有线评估报告，评估报告中应明确结构沉降、道床沉降、列车安全行车速度等安全控制指标。

13）设计单位依据评估报告和过轨工程对既有线的影响程度，完成既有线的防护设计。防护设计原则为：确保既有线运营安全，并最大程度上减少施工对既有线列车正常运营的影响。

14）建设单位对过轨工程的设计文件、现状勘察报告、既有线评估报告、既有线洞内的防护设计、第三方监测方案和施工方案等组织专家评审。

15）监理单位应在穿越既有线施工前，要求施工单位按防护设计和既有线施工规定实施既有线洞内的防护措施。

16）穿越可燃气体管道或有害气体地段时，在隧道和盾构机/TBM内部，应安装气体检测仪，对隧道和盾构机/TBM内部空气状况实时不间断监测。当有害气体含量超标时，应采取有效措施处置合格后方可继续掘进，应加强隧道和盾构机/TBM内部通风，应配置开挖面和舱内的可燃、有害气体有效排放转换管道。

17）穿越河道期间，应安排监测人员对河道进行24小时监测。根据沉降变化的数据及时调整施工参数。应配备足够的值班维修人员，及时处理盾构设备的故障，确保盾构推进顺利进行。

18）穿越溶洞地段施工前，应详细查明溶洞分布、数量、大小，应查明溶洞分布范围和类型，溶洞数量、大小，岩层的完整稳定程度、填充物和地下水情况，根据溶洞的具体情况采取合理、有效的预处理措施，如采取回填或注浆充填等措施。

19）大风天气来临之前，应对起重机械的附着、标准节连接、基础进行全面排查。塔身上不得悬挂标志牌，防止风载荷过大；对龙门起重机的轨道和挡块进行全面检查。停止作业时，要安装夹轨器将龙门起重机锁定在轨道上。对临时设施、临时用电、塔式起重机、龙门起重机、架桥机等防风安全措施进行全面检查，确保各项防风安全措施合格有效。

20）塔式起重机在遇到大风天气时应停止作业，并应将回转机构的制动器完全松开，起重臂应能随风转动；塔式起重机的吊钩要升起。当风力达到6级以上时，应停止起重作业，并采取防止起重机械移动、倾覆的措施。

六、预警预报管控监理要点

1）在建设项目开工前,制定工程监测监理细则,并落实专人负责监测管理和协调工作。组织施工工点的每日巡检。对于巡检发现的问题,督促施工单位整改。对于巡检中发现的现场不规范的施工行为以及突发险情,应立即上报建设单位。

2）全过程监督现场监测工作的实施,督促监测数据和巡视信息的及时上报,接受建设单位的监督和检查。

3）负责比对、分析施工监测和第三方监测的数据及巡视信息,发现监测情况异常时应及时向建设、施工单位反馈,并督促施工单位采取应对措施。当第三方与施工方监测结果不一致时,查找分析原因,并及时要求监测单位复测。

4）在监测数据或巡视出现预警时,应立即组织召开现场分析会议,对预警情况进行分析,讨论处理措施,并监督施工单位落实。

5）根据预警处置情况,审查施工单位上报的消警申请。

6）汇总、分析每周、每月预警监控情况,评估工程风险情况,并在监理周报、月报中反映。

7）施工过程中工程风险安全状态的预警分为监测预警、巡视预警和综合预警三类(表2-5)。

预警级别参考表 表2-5

预警级别	预警状态描述
黄色监测预警	"双控"指标(累计变化量、变化速率)均超过监控量测控制值(极限值)的70%时,或双控指标之一超过监控量测控制值的85%时
橙色监测预警	"双控"指标均超过监控量测控制值的85%时,或双控指标之一超过监控量测控制值时
红色监测预警	"双控"指标均超过监控量测控制值,或实测变化速率是变化速率控制值的1.5倍以上

8）监理单位对施工内容、支护结构体系及基坑、隧道周边环境等监督审查,并进行施工工艺及设备、施工组织管理及作业状态的巡视。

9）施工监测方案应由施工单位技术负责人及施工监测单位技术负责人共同审核签字并加盖公章,由总监理工程师审查签字、加盖执业印章后方可实施。涉及危险性较大的工程,施工单位需组织专家论证会,专家人数不得少于5名,专家宜涵盖测量、岩土和地下工程等相关专业。

10）施工监测在编制监测方案前,应参加由现场执行层组织的工程周边建(构)筑物首次巡查,对周边建(构)筑物的外观(包括沉降开裂、混凝土剥落、房屋破损等)、周边道路或地表的裂缝、沉陷以及河堤堤坝的开裂、渗漏等进行拍照和数据记录,并收集建筑物基础类型、结构形式、建筑年代、地下管线的埋设状况等相关信息资料,对建设单位提供的风险评估报告及周边环境调查报告进行现场核验。

11)施工监测应严格按批准的监测方案实施,当工程设计或施工情况有重大变更时,应及时调整施工监测方案,并重新履行方案报审程序。

12)施工监测应按已审批的施工监测方案、设计和相关规范要求,开展监测点(孔)埋设工作,埋设前应通知监理单位旁站,当现场条件发生变化需要调整埋设方案时,应经过监理、第三方和设计单位审批同意。监测点的埋设应牢固,标识清晰,便于观测,并采取保护措施。对破坏、损毁的监测点,应及时修复。监测点(孔)埋设完成后,应报监理单位和第三方监测单位验收。

13)基于远程无线传输自动化监测技术运用。可运用基于远程无线传输自动化监测技术,利用点对点的无线数据采集模块,根据监测数据自动化采集,及时调整施工方式方法,解决工程规模大、周边环境复杂、工程地质条件复杂、安全风险技术管控难度大的工程监测项目实时监测问题。

14)预警响应与处置:

(1)预警发生后,现场执行层在进行信息分析、报送的同时,应及时组织分析,加强监测、巡视,及时进行预警处置。不同预警级别的处置方式如下:

①黄色预警:施工单位应加强组织分析,项目技术负责人主持并组织风险处理,监理单位项目总监代表、第三方监测单位项目技术负责人、设计单位专业负责人和建设单位工程主管部门参加风险处理方案的制定和风险处理过程的监督、管理;施工单位、监理单位、第三方监测单位加强监测和巡视。

②橙色预警:施工单位应召开预警分析会议,项目经理主持并组织风险处理,监理单位总监理工程师、第三方监测单位负责人、设计单位和勘察单位的项目技术负责人及建设单位工程主管部门有关领导参与风险处理方案的制定和风险处理过程的监督、管理;建设单位工程主管部门加强督查和协调处理。

③红色预警和综合预警:施工单位应组织专家论证,启动应急预案。施工单位主管领导应主持并组织风险处理,监理单位主管领导、第三方监测单位项目负责人、设计单位和勘察单位的项目负责人、建设单位工程主管部门领导参与风险处理方案的制定和风险处理过程的监督、管理。

(2)监理单位负责比对、分析施工监测和第三方监测数据及巡视信息,发现异常及时向建设、施工单位反馈,并督促施工单位采取应对措施;依据预警情况及时召开现场分析会或专家论证会,提出针对性的处置措施,并及时跟踪落实。

第3章 地下水控制工作监理要点

依据《地下铁道工程施工质量验收标准》GB/T 50299-2018要求,监理应做好以下地下水控制验收检查工作。

一、监理对管井与井点验收检查要点

1)井底地层控制的井孔、深度应符合设计文件要求。轻型井点的井深应大于设计文件规定的深度500mm。

检验数量:全数检验。

检验方法:测绳量测和检查施工记录。

2)滤料含泥量不应大于3%,滤料级配应符合设计文件要求。

检验数量:全数检验。

检验方法:抽样送检。

3)轻型井点真空度不应小于60kPa。

检验数量:全数检验。

检验方法:真空度表量测。

4)以深度控制的井孔,深度的允许偏差应为-200～+1000mm。

检验数量:全数检验。

检验方法:测绳量测和检查施工记录。

5)井孔直径允许偏差应为±20mm。

检验数量:全数检验。

检验方法:钢尺量测。

6)管井、轻型井点的井位应符合设计文件要求,并按下列规定检查:

(1)以排桩或地下连续墙围护的明挖基坑,降水井与围护结构的净距离不应小于1.5m;

（2）以土钉支护的明挖基坑，降水井与基坑边的净距离不应小于1m；

（3）降水井与矿山法施工的初支结构之间的净距离不应小于2m。

检验数量：全数检验。

检验方法：钢尺量测。

7）钢管管井滤水管孔隙率不应小于20%，无砂水泥管管井滤水管孔隙率不应小于15%。

检验数量：全数检验。

检验方法：检查出厂质量合格证及质量证明文件。

8）管井、轻型井点的实际填料量不应小于计算量的95%。

检验数量：全数检验。

检验方法：现场称量或检查施工填料记录。

9）井管垂直度不应大于1%。

检验数量：全数检验。

检验方法：下管时垂球测量。

10）井管下管应居中，其轴线位置的允许偏差应为±5mm。

检验数量：全数检验。

检验方法：钢尺量测。

二、监理对渗井验收检查要点

1）以井底地层控制的井孔，深度应符合设计文件要求。

检验数量：全数检验。

检验方法：测绳量测和检查施工记录。

2）渗井滤料含泥量不应大于3%，滤料级配应符合设计文件要求。

检验数量：全数检验。

检验方法：抽样送检。

3）以深度控制的井孔，深度允许偏差应为-200～+1000mm。

检验数量：全数检验。

检验方法：测绳量测和检查施工记录。

4）渗井直径允许偏差应为±20mm。

检验数量：全数检验。

检验方法：钢尺量测。

5）渗井井位按下列规定检查：

（1）以排桩或地下连续墙围护的明挖基坑，降水井与围护结构的净距离不应小于1.5m；

（2）以土钉支护的明挖基坑，降水井与基坑边的净距离不应小于1.0m；

（3）降水井与矿山法施工的初支结构之间的净距离不应小于2.0m。

检验数量：全数检验。

检验方法：钢尺量测。

6）渗井滤水管孔隙率：钢管不应小于20%，无砂水泥管不应小于15%。

检验数量：全数检验。

检验方法：检查出厂质量合格证及质量证明文件。

7）渗井实际填料量不应小于计算量的95%。

检验数量：全数检验。

检验方法：现场称量或检查施工填料记录。

8）渗井滤水管垂直度不应大于1%。

检验数量：全数检验。

检验方法：下管时垂球测量。

9）渗井滤水管下管应居中，其轴线位置的允许偏差应为±100mm。

检验数量：全数检验。

检验方法：下管时钢尺量测。

三、监理对回灌井验收检查要点

1）以井底地层控制的井孔，井深应符合设计文件要求。

检验数量：全数检验。

检验方法：测绳量测和检查施工记录。

2）回灌井钢管滤水管孔隙率不应小于20%，无砂水泥管滤水管孔隙率不应小于15%。

检验数量：全数检验。

检验方法：检查出厂质量合格证及质量证明文件。

3）回灌井滤料含泥量不应大于3%，滤料级配应符合设计文件要求。

检验数量：全数检验。

检验方法：抽样送检。

4）回灌井实际填料量不应小于计算量的95%。

检验数量：全数检验。

检验方法：现场称量或检查施工填料记录。

5）回灌水质应优于回灌层水质或与其一致，毒理性指标应符合《生活饮用水卫生标准》GB 5749-2022的规定。

检验数量：全数检验。

检验方法：检查水质化验单和送样检验。

6）回灌井设备安装应符合设计文件要求，供水管路应密封。

检验数量：全数检验。

检验方法：观察检查。

7）以深度控制的井孔，井深的允许偏差应为±200mm。

检验数量：全数检验。

检验方法：测绳量测和检查施工记录。

8）回灌层与非回灌层之间封填的黏土用量不应小于计算量的95%。

检验数量：全数检验。

检验方法：检查回填黏土施工记录。

9）回灌井直径允许偏差应为±20mm。

检验数量：全数检验。

检验方法：钢尺量测。

10）回灌井垂直度不应大于1%。

检验数量：全数检验。

检验方法：垂球测量。

11）回灌井滤水管下管应居中，其轴线位置的允许偏差应为±100mm。

检验数量：全数检验。

检验方法：钢尺量测。

四、监理对集水明排验收检查要点

1）排水沟、集水井的位置距坡脚不应小于300mm。

检验数量：全数检验。

检验方法：钢尺量测。

2）排水沟坡度允许偏差宜为±2%。

检验数量：全数检验。

检验方法：高程测量、观察检查。

3）排水盲沟填料、集水井滤料应符合设计文件要求，实际填料量不应小于计算量的95%。

检验数量：全数检验。

检验方法：检查检验报告和填料施工记录。

4) 排水沟、集水井的宽度、深度的允许偏差应为±100mm。

检验数量：全数检验。

检验方法：钢尺量测。

五、监理对排水管线验收检查要点

1) 排水管线的管径应符合设计文件要求，并应满足排水量要求。

检验数量：全数检验。

检验方法：钢尺量测，观察检查。

2) 排水管线的接头不应漏水。

检验数量：全数检验。

检验方法：观察检查。

3) 排水管铺设坡度不应小于3‰，如为单井直排，排水管线可不设坡度。

检验数量：全数检验。

检验方法：水平尺、钢尺测量，检查施工记录。

六、监理对降水维护验收检查要点

1) 监理对抽排水含砂量验收应按下列规定检查：

(1) 粗砂含量应小于抽排水总重量的1/50000；

(2) 中砂含量应小于抽排水总重量的1/20000；

(3) 细砂含量应小于抽排水总重量的1/10000。

检验数量：3个月取样检验1次。

检验方法：取样送检。

2) 应进行水位观测，观测读数应读到厘米。

检验数量：全数检验。

检验方法：测绳量测。

3) 水位观测时间及频率应按下列规定检查：

(1) 降水前应统测一次自然水位；

(2) 抽水开始后，在水位未达到设计文件规定的降水深度以前，应每天观测

1次水位、水量；

（3）当水位已达到设计文件规定的降水深度且稳定时，宜每5天观测1次。

检验数量：全数检验。

检验方法：测绳量测，检查观测记录。

七、监理对隔水帷幕验收检查要点

1）连续墙隔水帷幕的质量验收应符合《地下铁道工程施工质量验收标准》GB/T 50299-2018第5.3节的规定。

2）冻结法隔水帷幕的质量验收应符合《地下铁道工程施工质量验收标准》GB/T 50299-2018第5.8节的规定。

3）隔水帷幕桩的28天试件抗压强度、搭接宽度、桩长和桩径不应小于设计文件要求。

检验数量：每20根桩检查1次。

检验方法：钢尺量测，检查试验报告。

4）注浆隔水注浆体强度应符合设计文件要求，隔水体厚度和范围不应小于设计文件要求。

检验数量：每20延米检查一处。

检验方法：钻芯取样检查，钢尺量测。

5）基坑开挖前应分别在帷幕墙内外紧邻位置设置疏干井和水位观测井，基坑内疏干井抽水时，基坑外侧观测井水位不应下降。

检验数量：每个基坑沿帷幕墙每20m设置一组，且不宜少于3组。

检验方法：垂绳和钢尺量测。

6）基坑开挖时应检查坑壁的渗漏水情况，不宜有明流水，渗漏水对帷幕外地下水位的影响不应超出设计文件规定的变幅，不应有地层颗粒被水带出。

检验数量：全数检验。

检验方法：观察检查。

7）隔水帷幕插入深度的允许偏差应为±100mm。

检验数量：全数检验。

检验方法：检查施工记录。

8）帷幕桩施工桩位偏差不应大于50mm，垂直度偏差不应大于1%。

检验数量：每20根桩检验1处。

检验方法：钢尺量测，检查施工记录。

9）帷幕桩桩径、搭接宽度的允许偏差应为 ±20mm。

检验数量：基坑开挖每层每侧数量不应少于2组。

检验方法：观察检查，钢尺量测。

第4章 盾构法隧道工程施工监理要点

一、基本规定

1）工程监理应要求实施盾构法隧道施工的施工单位建立施工质量、安全管控体系、建立质量控制和检验制度，并应采取安全和环境保护措施。

2）要求施工单位编制的《盾构施工专项施工方案》和《应急预案》应根据盾构类型、地质条件和工程实践进行制定。

3）工程监理应对施工单位进场的工程原材料、半成品和成品进行验收，质量合格后方可准予使用。

4）工程监理或施工单位在施工期间应安排专人负责监控盾构姿态。

5）工程监理或施工单位在盾构法隧道施工时应配置远程监控系统，且应满足项目参加各方共享，共同实施项目信息化管理。

6）施工期间应要求第三方监测单位对邻近的建筑物、地下管线、道路与轨道交通线路等进行监测，并应对重要或有特殊要求的建（构）筑物采取必要的技术措施。

7）工程监理所要求的质量合格指标应符合下列规定：

（1）主控项目的质量达到100%；

（2）一般项目的质量达到95%；

（3）有完整的施工质量验收依据和质量验收记录。

二、施工测量监理要点

（一）基本规定

（1）测量前，工程监理应要求施工单位对现场进行踏勘，收集相关测量资料，办理测量资料交接手续，并应对既有测量控制点进行复测和保护。

（2）施工前，工程监理应要求施工单位根据周边环境、地面控制网、盾构进入隧道方式、贯通长度和贯通精度，以及盾构配置的导向系统的精度、特点和人工测量仪器精度等，制定施工测量方案，并报送监理审核。

（3）工程监理在检查隧道贯通测量限差时应符合如表4-1所示的规定。

隧道贯通测量限差表（mm） 表4-1

隧道类型	横向贯通测量限差			高程贯通测量限差
	$L<4$	$4 \leqslant L<7$	$7 \leqslant L<10$	
地铁隧道	100	/	/	50
公路隧道	100	150	200	70
铁路隧道	100	130	160	50
水工隧道	100	150	/	75
市政隧道	100	150	200	70
油气隧道	100	150	200	70

（4）工程监理应要求施工单位对同一贯通区间内始发和接收工作井所使用的地面近井控制点间进行联测，并应与区间内的其他地面控制点构成附合路线或附合网。

（5）隧道贯通后应要求施工单位分别以始发和接收工作井的隧道内近井控制点为起算数据，采用附合路线形式，重新测设地下控制网。

（6）地面施工测量控制点应埋设在施工影响的变形区以外。当施工现场的条件有所限制时，埋设在变形区内的施工测量控制点使用前应要求施工单位进行检测。

（二）地面控制测量监理要点

1）工程监理应要求施工单位对平面和高程控制网与线路工程整体控制网进行联测，线路整体控制网应满足相关标准的要求。

2）平面控制网应分为两个等级，一等控制网宜采用全球导航卫星系统（GNSS）网，二等控制网宜采用导线网。高程控制网可采用水准测量方法一次布网。

3）施工单位设置的控制网应符合下列规定：

（1）当一等平面控制网采用GNSS布网时，测量技术要求应符合如表4-2所示的规定。

一等平面控制网（GNSS）测量技术要求表 表4-2

平均边长（km）	固定误差a（mm）	比例误差b（mm/km）	相邻点的相对点位中误差（mm）	最弱边的相对中误差
2	≤5	≤2	±10	1/100000

（2）当二等平面控制网采用导线法布网时，测量技术要求应符合如表4-3所示的规定。

二等平面控制网（导线）测量技术要求表　　　表4-3

平均边长(m)		导线长度(km)		每边测距中误差(mm)	测距相对中误差	测角中误差(")	测回数		方位角闭合差(")	全长相对闭合差	相邻点的相对点位中误差(mm)
城镇地区	平原或山岭地区	城镇地区	平原或山岭地区				DJ1	DJ2			
350	500	3	5	±4	1/60000	±2.5	4	6	±5A	1/35000	±8

（3）当施工单位设置的高程控制网采用水准法布网时，测量技术要求应符合如表4-4所示的规定。

高程控制网（水准）测量技术要求表　　　表4-4

每千米高差中数中误差(mm)		路线长度(km)	水准仪等级	水准尺	观测次数		往返较差、附合或环线闭合差	
偶然中误差	全中误差				与已知点联测	附合或环线	平地(mm)	山地(mm)
±2	±4	4	DS1	钢钢尺或条码尺	往返各一次	往返各一次	±8	±2

4）工程监理单位应要求施工单位在盾构始发和接收工作井间建立统一的施工控制测量系统，每个井口应布设不少于3个控制点。

5）当水准路线跨越水域时，应要求施工单位进行跨水域水准测量，并应符合《国家一、二等水准测量规范》GB/T 12897-2006的有关规定。

6）工程监理应要求施工单位对地面控制网进行定期复测，复测频率每年不应少于一次，当控制点不稳定时，应增加复测频率。

（三）联系测量监理要点

1）对于地面近井导线和近井高程路线，应要求施工单位采用附合路线形式，近井导线测量和近井高程测量技术要求应符合《盾构法隧道施工及验收规范》GB 50446-2017的规定。

2）要求施工单位对盾构隧道贯通前的联系测量次数不应少于3次，宜在隧道掘进至100m、1/3贯通长度和距贯通面150m前分别进行一次。当贯通长度超过1500m时，应增加联系测量次数或采用高精度联系测量方法，提高联系测量精度。当地下起始边方位角较差小于12"时，可取各次测量成果的平均值作为后续测量的起算数据指导隧道掘进与贯通。

3）要求施工单位在采用定向测量时，应依据施工现场条件选择下列方法：

(1) 联系三角形法；

(2) 陀螺全站仪（经纬仪）与垂准仪（钢丝）组合法；

(3) 两井定向法；

(4) 导线直传法；

(5) 投点定向法。

4）导入高程测量在工作井内可采用悬吊钢尺进行高程传递测量，当盾构平硐或斜井进入时，可采用水准测量方法进行高程传递测量。

5）工程监理应要求施工单位在地下埋设永久近井点，且近井导线点不应少于3个，点间边长宜大于50m。近井高程点不应少于2个。

（四）隧道内控制测量监理要点

1）对于隧道内控制测量起算点，应要求施工单位采用直接从地面通过联系测量传递到工作井下的平面和高程控制点，隧道内平面起算点不应少于3个，起算方位边不应少于2条，高程起算点不应少于2个。

2）施工单位设置的控制点应按要求埋设在稳定的隧道结构上，并应埋设强制对中装置。平面控制点应避开强光源、热源、淋水等地方，控制点间视线距隧道壁及洞内设施应大于0.5m。

3）隧道内控制网宜为支导线和支水准路线，当有联络通道时，应要求形成附合路线或结点网，长隧道宜布设成交叉双导线。

4）对于施工导线和施工水准，应要求施工单位随盾构掘进布设，当直线隧道掘进长度大于200m或到达曲线段时，应要求布设施工控制导线和控制水准。

5）施工单位在进行施工控制导线测量时，应按要求符合下列规定：

(1) 直线隧道的导线平均边长宜为150m，曲线隧道的导线平均边长宜为60m，相邻的长短边边长比不应大于3；

(2) 应采用不低于DJ2级全站仪观测，左右角应各测2测回，左、右角平均值之和与360°较差应小于6″，边长应往返观测各2测回，往返平均值较差应小于4mm，测角中误差为±2.5″，测距中误差为±3mm。

6）控制水准测量监理要点：

(1) 水准点宜按每200m间距设置1个；

(2) 水准点可利用导线点，也可单独埋设。

7）施工单位在延伸隧道内控制导线和控制水准时，应按要求对现有施工控制点进行检测，并应选择稳定点进行延伸测量。

8）要求在隧道贯通前，隧道内控制导线和控制水准测量不应少于3次，重合点坐标较差应小于30mm，高程较差应小于10mm，且应采用平均值作为测量结果。

9）当采用支导线方法布设隧道内控制网不能满足隧道贯通限差要求时，应要求施工单位采用布设导线网或加测陀螺边等方法，也可使用高精度测量仪器。

（五）掘进施工测量监理要点

1）盾构始发工作井建成后，应要求施工单位采用联系测量方法，将平面和高程测量数据传入隧道内控制点。

2）施工单位在对反力架、洞门圈和基座的安装测量时，应要求符合下列规定：

（1）应利用隧道内测量控制点采用极坐标法放样隧道中心线和盾构基座的位置、方向，应利用水准测量方法测设隧道高程控制线以及基座坡度，坐标和高程放样中误差为 ±5mm；

（2）反力架和洞门圈位置应采用三维放样方法放样，反力架安装后和洞门浇筑前应对其经过设计中心的竖直和水平位置进行复测，并应提供相应里程的坐标或与中心的距离，放样和复测中误差应为 ±10mm。

3）盾构就位后，工程监理应要求施工单位采用人工测量方法测定盾构的初始姿态。

4）当施工单位采用人工测量时，应要求符合下列规定：

（1）盾构测量标志点应牢固设置在盾构上，且不应少于3个，标志点可粘贴反射片或安置棱镜；

（2）盾构测量标志点的三维坐标应与盾构结构几何坐标建立换算关系；

（3）盾构测量标志点测量宜采用极坐标法，并宜采用双极坐标法进行检核，测量中误差为 ±3mm。

5）当施工单位采用自动导向系统测量时，应要求符合下列规定：

（1）始发前，应对输入自动导向系统的线路设计参数进行检查，确认无误后方可输入。

（2）输入自动导向系统的线路设计参数导出后应进行复核确认。

（3）隧道掘进中测量控制点迁站应符合下列规定：

①迁站前，自动导向系统应测量盾构姿态；

②迁站时，盾构应停止掘进；

③迁站后，应对使用的相邻控制点间几何关系进行检核，确认控制点位置正确；

④应利用迁站后控制点进行盾构姿态测量;

⑤迁站前后测定的盾构姿态测量较差应小于2.2m。

6)施工单位在进行盾构姿态测量时,要求符合下列规定:

(1)测量内容应包括横向偏差、竖向偏差、俯仰角、方位角、滚转角和切口里程;

(2)盾构姿态计算取位精度应符合如表4-5所示的规定;

盾构姿态计算取位精度表　　　　　　　　　表4-5

名　称	单位	计算取位精度
横向偏差	mm	
竖向偏差	mm	1
俯仰角		1
方位角		1
滚转角		1
切口里程	m	0.01

(3)当盾构始发和距接收工作井100m内时,应提高测量频率;

(4)对于盾构姿态,应要求施工单位根据测量成果及时调整。

7)管片拼装后,应要求施工单位进行盾尾间隙测量。

8)壁后注浆完成后,也要进行衬砌环测量。测量内容包括衬砌环中心坐标、底部高程、水平直径、竖直直径和前端面里程,测量中误差为±3mm。

(六)贯通测量监理要点

(1)隧道贯通后,应要求施工单位进行贯通测量,测量内容包括隧道的纵横向和高程贯通误差。

(2)贯通测量时,应要求在贯通面设置贯通相遇点。

(3)对于纵横向贯通误差,可利用隧道贯通面两侧平面控制点测定贯通相遇点的坐标闭合差加以确定,也可以利用隧道贯通面两侧中线在贯通相遇点的间距测定,隧道的纵横向贯通误差应投影到线路及其法线方向上。

(4)对于高程贯通误差,应要求利用隧道贯通面两侧高程控制点测量。

(七)竣工测量监理要点

(1)在隧道贯通后,应要求施工单位以始发和接收工作井内的控制点为起算点,对隧道内的导线点和水准点分别重新组成附合路线或附合网,测量结果作为隧道竣工测量以及后续施工测量的依据。

（2）竣工测量应包括隧道轴线平面偏差、高程偏差、衬砌环椭圆度和隧道纵横断面测量等。

（3）进行竣工测量时，可要求施工单位采用全站仪解析法、断面仪法、近景摄影测量法或三维激光扫描法。

（4）对于地铁、铁路隧道工程，应按要求在直线段每10环、曲线段每5环测量1个横断面，横断面上的测点位置、数量应按设计要求确定。对于公路、水工隧道等其他隧道，应按设计要求确定横断面间距和测点位置。

（5）横断面测量中误差应为±10mm。

（6）对施工单位的竣工测量结果应按要求归档。

三、管片生产与验收监理质量要点

（一）基本规定

（1）工程监理单位应要求管片生产单位具有健全的质量管理体系、质量控制和检验制度，并应制定安全生产和绿色生产制度。

（2）要求施工单位对管片生产操作人员进行技术培训，合格后方可上岗。特殊工种应持证上岗。

（3）工程监理应对管片生产设备和设施进行检查，检查结果应满足生产要求，并要求施工单位定期对主要设备进行检定或测试。

（4）工程监理单位应要求施工单位编制管片（生产）施工组织设计或技术方案。

（二）原材料进场验收监理质量控制要点

1）工程监理应对施工单位进场的钢筋混凝土管片原材料进行验收，验收结果应符合下列规定：

（1）应具备产品质量证明文件，并应经复检合格；

（2）混凝土骨料宜采用非碱活性骨料；当采用碱活性骨料时，混凝土中碱含量的限值应符合《混凝土结构设计规范》GB 50010-2010的规定；

（3）预埋件规格和性能应符合设计要求。

2）施工单位进场的钢管片的钢材、焊接材料、防腐涂料、稀释剂和固化剂等原材料的品种、规格和性能等应符合设计要求。

（三）钢筋混凝土管片模具验收监理质量控制要点

1）施工单位进场的模具应具有足够的承载能力、刚度、稳定性和良好的密封性能，并应满足管片尺寸和形状等质量要求。

2）工程监理对模具验收应符合下列规定：

（1）模具材料应满足质量要求，焊条材质应与被焊物的材质相适应；

（2）模具安装后应进行初验，符合设计要求后可试生产，并应在试生产的管片中随机抽取3环进行水平拼装检验，合格后方可通过验收；

（3）每套模具应有原始出厂数据；

（4）每批模具宜配备检测工具。

3）工程监理在对模具验收中，发现有下列情况之一时，应对模具进行检验，检验结果应满足钢筋混凝土管片的质量控制要求：

（1）模具每周转100次；

（2）模具受到重击或严重碰撞；

（3）钢筋混凝土管片几何尺寸不合格；

（4）模具停用超过3个月，投入生产前。

4）在合模与开模过程中，应要求施工单位按下列规定进行：

（1）合模前应清理模具各部位，内表面不应有杂物和浮锈；

（2）模具内表面应均匀涂刷薄层隔离剂，模板夹角处不应漏涂，且应无积聚、流淌现象，钢筋骨架和预埋件严禁接触隔离剂；

（3）螺栓孔预埋件、注浆孔预埋件以及其他预埋件和模具接触面应密封良好；

（4）合模与开模应按使用说明书规定操作，并应保护模具和管片；

（5）合模后应核对快速组装标记，模具接缝处不应漏浆。

5）管片出模强度应符合设计要求；当设计无要求时，应根据管片尺寸、混凝土强度设计等级、起吊方式和存放形式等因素综合确定。

（四）钢筋骨架质量监理控制要点

1）工程监理应对钢筋加工质量进行检查，并要求符合下列规定：

（1）应按钢筋下料表进行钢筋切断或弯曲；

（2）弧形钢筋加工时应防止平面翘曲，成型后表面不得有裂纹，并应验证成型尺寸；

（3）当设计允许受力钢筋设置接头时，可采用对焊连接或机械连接，接头质量应符合《钢筋焊接及验收规程》JGJ 18-2012或《钢筋机械连接技术规程》JGJ 107-2016的规定；

（4）工程监理应检查钢筋加工偏差是否符合如表4-6所示的规定。

钢筋加工允许偏差和检验方法表　　　　表4-6

序号	检验项目	允许偏差（mm）	检验工具	检验数量
1	主筋和构造筋长度	±10	钢卷尺	每班同设备生产15环同类型钢骨架，应抽检不少于5根
2	主筋折弯点位置	±10		
3	箍筋外廓尺寸	±5		

2）工程监理应对钢筋骨架连接质量进行检查，并要求符合下列规定：

（1）当钢筋骨架连接时，应按钢筋下料表核对钢筋级别、规格、长度、根数及胎具型号。

（2）焊接前应对焊接处进行检查，不应有水锈、油渍，焊接后不应有焊接缺陷。

（3）当采用焊接连接时，应根据钢筋级别、直径及焊机性能进行试焊，并应在确定焊接参数后，方可批量施焊；焊接骨架的焊点设置应符合设计要求，当设计无规定时，宜采用对称跳点焊接。

（4）同一钢筋骨架不得使用多于2根带有接头的纵向受力钢筋，且不得相邻布置。

（5）工程监理应检查钢筋骨架偏差是否符合如表4-7所示的规定。

钢筋骨架允许偏差和检验方法　　　　表4-7

序号	检验项目		允许偏差（mm）	检验工具	检验数量
1	钢筋骨架	长	+5，-10	钢卷尺	按日生产量的3%进行抽检，每日抽检数量不少于3件，且每件的每个检验项目检查4点
		宽	+5，-10		
		高	+5，-10		
2	主筋	间距	+5		
		层距	±5		
3	箍筋间距		±10		
4	分布筋间距		±5		

3）工程监理应检查钢筋骨架安装质量是否符合下列规定：

（1）骨架入模时不应对模具造成损坏，入模后骨架各部位的保护层应符合设计要求；

（2）浇筑混凝土前，应进行钢筋隐蔽工程验收。

（五）混凝土施工监理质量控制要点

1）混凝土的试验和评定应符合相关标准的规定。

2）混凝土配合比设计应符合下列规定：

（1）混凝土坍落度不宜大于120mm；

（2）混凝土中碱含量和氯离子含量应符合设计要求；当设计无要求时，应符合《混凝土结构设计规范》GB 50010-2010的规定；

（3）混凝土的各项性能应满足设计要求；

（4）特种混凝土的配合比设计尚应满足相关标准的规定。

3）混凝土生产与浇筑应符合下列规定：

（1）当混凝土生产时，应至少留置一组检验强度的试件和一组同条件养护试件；检验混凝土其他性能的试件的留置应符合《混凝土结构工程施工质量验收规范》GB 50204-2015的规定；

（2）当混凝土浇筑时，工程监理应实施全过程旁站监理；

（3）混凝土浇筑成型后，应及时要求施工人员在混凝土初凝前再次进行压面。

4）要求施工单位对浇筑完成后的混凝土及时进行养护，并应符合下列规定：

（1）混凝土浇筑成型后至开模前，应对混凝土进行保湿；

（2）当采用蒸汽养护时，应经试验确定养护制度，并应监控和记录温度变化；

（3）管片出模后要求施工单位及时进行养护。

5）在混凝土冬期施工时，工程监理应要求施工单位编制和报审混凝土冬期施工方案，并应符合《建筑工程冬期施工规程》JGJ/T 104-2011的规定。

（六）钢筋混凝土管片监理质量控制要点

1）应要求施工单位在钢筋混凝土管片内弧面角部和端侧面，标记出管片型号与编号、模具编号、生产日期和生产单位名称。

2）工程监理应检查钢筋混凝土管片质量是否符合下列规定：

（1）应按设计要求进行成品的结构性能检验，检验结果应符合设计要求。

（2）混凝土强度等级和抗渗等级等性能应符合设计要求。

（3）中心注浆孔预埋件应进行抗拉拔试验，试验结果应符合设计要求，当设计无要求时，抗拉拔力不应低于管片自重的7倍。

（4）钢筋混凝土管片外观质量不应有严重缺陷，当出现一般缺陷时，应采取技术措施进行处理。管片外观质量缺陷等级划分应符合如表4-8所示的规定。

钢筋混凝土管片外观质量缺陷等级划分表　　　表4-8

名称	缺陷描述	缺陷等级
露筋	管片内钢筋未被混凝土包裹而外露	严重缺陷
蜂窝	混凝土表面缺少水泥砂浆而形成石子外露	严重缺陷

续表

名称	缺陷描述	缺陷等级
孔洞	混凝土中出现深度和最大长度均超过保护层厚度的孔穴	严重缺陷
	混凝土中有少量深度或最大长度未超过保护层厚度的孔穴	一般缺陷
夹渣	混凝土内夹有杂物，且深度达到或超过保护层厚度	严重缺陷
	混凝土内夹有少量杂物，且深度小于保护层厚度	一般缺陷
疏松	混凝土局部不密实	严重缺陷
裂缝	从管片混凝土表面延伸至内部，且超过设计给出的允许宽度或深度的裂缝	严重缺陷
	其他少量不影响管片结构性能或使用功能的裂缝	一般缺陷
预埋部位缺陷	管片预埋件松动	严重缺陷
	预埋部位存在少量麻面、掉皮或掉角	一般缺陷
外形缺陷	外弧面混凝土破损到密封槽位置	严重缺陷
	存在少量且不影响结构性能或使用功能的棱角磕碰、翘曲不平或飞边凸肋等	一般缺陷
外表缺陷	密封槽及平面转角部位的混凝土有剥落缺损	一般缺陷
	其他部位的混凝土表面有少量麻面、掉皮、起砂或少量气泡等	一般缺陷

（5）工程监理应检查钢筋混凝土管片几何尺寸和主筋保护层厚度，允许偏差是否符合如表4-9所示的规定。

钢筋混凝土管片几何尺寸和主筋保护层厚度允许偏差表　　　表4-9

序号	项目	允许偏差（mm）
1	宽度	±1
2	弧长	±1
3	厚度	+3，−1
4	主筋保护层厚度	设计要求为−3～+5mm

（6）钢筋混凝土管片水平拼装检验允许偏差应符合如表4-10所示的规定。

钢筋混凝土管片水平拼装检验允许偏差表　　　表4-10

序号	项目名称	允许偏差（mm）
1	环向缝间隙	2
2	纵向缝间隙	2
3	成环后内径	±2
4	成环后外径	+6，−2

3）工程监理应对钢筋混凝土管片成品进行检验，看其是否符合下列规定：

（1）应逐片检查外观质量，检查结果应符合如表4-8所示（管片外观质量缺陷等级划分）的规定；

（2）每生产15环管片应抽检1环管片进行几何尺寸和主筋保护层厚度检验，检验结果应符合如表4-9所示（钢筋混凝土管片几何尺寸和主筋保护层厚度允许偏差）的规定；

（3）每生产200环管片应进行水平拼装检验1次，检验结果应符合如表4-10所示（钢筋混凝土管片水平拼装检验允许偏差）的规定。

（七）钢管片制作监理质量控制要点

1）钢管片制作监理质量控制要点：

（1）应按设计要求或制作说明制作；

（2）钢管片材质应符合设计要求，钢管片背板应采用整块钢材，严禁拼接；

（3）钢材弯曲矫正后，表面不应有明显的凹面或损伤，划痕深度不应大于0.5mm，且不得大于钢材厚度负允许偏差值的1/2；

（4）钢材焊接宜采用二氧化碳气体保护焊，并应符合《二氧化碳气体保护焊工艺规程》JB/T 9186-1999的规定，焊接时应控制变形；

（5）钢管片外露表面的防腐处理和涂层加工应符合设计要求和《钢结构工程施工质量验收标准》GB 50205-2020的规定。

2）钢管片质量监理控制要点：

（1）钢管片的外观质量和尺寸偏差应符合《盾构隧道管片质量检测技术标准》CJJ/T 164-2011的有关规定；

（2）钢管片外观应清洁，不得有裂缝、毛边或飞溅物；

（3）钢管片的螺栓孔应畅通，内圆面应平整；

（4）钢管片焊缝表面不应有焊接缺陷，焊缝和涂层质量检验应符合设计要求和《钢结构工程施工质量验收标准》GB 50205-2020的规定；

（5）钢管片表面锈蚀应符合《涂覆涂料前钢材表面处理 表面清洁度的目视评定 第1部分：未涂覆过的钢材表面和全面清除原有涂层后的钢材表面的锈蚀等级和处理等级》GB/T 8923.1-2011规定的C级及以上。

3）钢管片成品质量监理控制要点：

（1）应逐片检查外观质量；

（2）每生产15环管片应抽检1环管片进行几何尺寸检验；

（3）每生产200环管片应进行水平拼装检验1次；

(4)检验结果应符合现行行业标准《盾构隧道管片质量检测技术标准》CJJ/T 164-2011的规定。

(八)管片贮存与运输监理要点

(1)管片贮存场地应坚实平整。

(2)管片可采用内弧面向上或单片侧立的方式码放,每层管片之间应设置垫木,码放高度应经计算确定。

(3)在管片翻转、吊装和运输过程中,应采取防护措施。

(九)管片现场验收监理质量控制要点

工程监理应当对管片进行现场验收,合格的可进场使用,不合格的作退场处理。

(1)在钢筋混凝土管片进场时,工程监理应检查施工单位的混凝土试件的强度和抗渗等性能实验报告、管片结构性能检验报告和出厂合格证。看其管片混凝土强度、抗渗等级等性能和管片结构性能是否符合设计要求。

(2)全数检查钢筋混凝土管片外观质量是否有严重缺陷。观察或尺量检查。

(3)全数检查钢管片外观是否有裂缝。目测或用放大镜观察。

(4)存在一般缺陷的管片数量不得大于同期生产总数的10%;对于一般缺陷,应由生产单位按技术要求处理后重新验收。

(5)工程监理应采取每200环抽查1环的抽查比例对钢筋混凝土管片几何尺寸和主筋保护层厚度进行尺量检查,看允许偏差是否符合表4-9(钢筋混凝土管片几何尺寸和主筋保护层厚度允许偏差)的规定。

(6)查看钢管片表面锈蚀是否符合《盾构法隧道施工及验收规范》GB 50446-2017的相关要求。

(7)工程监理应对钢管片每100环抽查1环,检查钢管片几何尺寸偏差是否符合《盾构隧道管片质量检测技术标准》CJJ/T 164-2011的规定。

(8)目测或用放大镜观察钢管片焊缝是否有裂缝、咬边、亏焊、焊瘤等质量缺陷。

四、掘进施工监理质量控制要点

(一)基本规定和要求

1)在盾构现场组装完成后,工程监理应组织施工单位对各系统进行调试并验收。

2）掘进施工可划分为始发、掘进和接收阶段。施工中，工程监理应要求施工单位根据各阶段施工特点及施工安全、工程质量和环保要求采取针对性施工技术措施。

3）试掘进应在盾构起始段50～200m进行。工程监理应要求施工单位根据试掘进情况调整并确定掘进参数。

4）要求施工单位在掘进施工时应控制排土量、盾构姿态和地层变形。

5）在管片拼装时，应要求施工单位停止掘进，保持盾构姿态稳定。

6）掘进过程中，施工单位应对已成环管片与地层的间隙充填注浆。

7）掘进过程中，遇到下列情况之一时，工程监理应要求施工单位及时处理：

（1）盾构前方地层发生坍塌或遇有障碍；

（2）盾构壳体滚转角达到3°；

（3）盾构轴线偏离隧道轴线达到50mm；

（4）盾构推力与预计值相差较大；

（5）管片严重开裂或严重错台；

（6）壁后注浆系统发生故障无法注浆；

（7）盾构掘进扭矩发生异常波动；

（8）动力系统、密封系统和控制系统等发生故障。

8）在曲线段施工时，应要求施工单位采取措施减小已成环管片竖向位移和横向位移对隧道轴线的影响。

9）要求施工单位按设定的掘进参数沿隧道设计轴线进行，并应进行记录。

10）根据横向、竖向偏差和滚转角偏差，应要求施工单位采取措施调整盾构姿态，并应防止过量纠偏。

11）当停止掘进时，应要求施工单位采取措施稳定开挖面。

12）应对盾构姿态和管片状态进行复核测量。

（二）盾构组装与调试监理控制要点

工程监理应要求施工单位在组装前完成下列准备工作：

（1）根据盾构部件情况和场地条件，制定组装方案。

（2）根据部件尺寸和重量选择组装设备。

（3）核实起吊位置的地基承载力。

（4）盾构组装应按作业安全操作规程和组装方案进行。

（5）现场应配备消防设备，明火、电焊作业时，必须有专人负责。

(6)组装后,应先进行各系统的空载调试,然后应进行整机空载调试。

(三)盾构现场验收监理质量控制要点

1)工程监理应对盾构设计的主要功能及工程使用要求进行现场验收,验收项目应包括下列内容:

(1)盾构壳体;

(2)刀盘;

(3)管片拼装机;

(4)螺旋输送机(土压平衡盾构);

(5)皮带输送机(土压平衡盾构);

(6)泥水输送系统(泥水平衡盾构);

(7)泥水处理系统(泥水平衡盾构);

(8)同步注浆系统;

(9)集中润滑系统;

(10)液压系统;

(11)铰接装置;

(12)电气系统;

(13)渣土改良系统;

(14)盾尾密封系统。

2)当盾构各系统验收合格并确认正常运转后,方可开始掘进施工。

3)当盾构现场验收时,应记录运转状况和掘进情况,并应进行评估,满足技术要求后方可验收。

(四)盾构始发监理要点

(1)盾构掘进前如需破除洞门,工程监理应对节点验收后要求施工单位进行。

(2)始发掘进前,工程监理应组织施工单位对洞门外经改良后的土体进行质量检查,合格后方可始发掘进;应要求施工单位制定洞门围护结构破除方案,并应采取密封措施保证始发安全。

(3)始发掘进前,反力架应进行安全验算。

(4)始发掘进时,应对盾构姿态进行复核。

(5)当负环管片定位时,管片环面应与隧道轴线相适应,拆除前,应验算成型隧道管片与地层间的摩擦力,并应满足盾构掘进反力的要求。

(6)当分体始发掘进时,应保护盾构的各种管线,及时跟进后配套设备,并应确定管片拼装、壁后注浆、出土和材料运输等作业方式。

（7）盾尾密封刷进入洞门结构后，应进行洞门圈间隙的封堵和填充注浆。注浆完成后方可掘进。

（8）始发掘进时应控制盾构姿态和推力，加强监测，并应根据监测结果调整掘进参数。

（五）土压平衡盾构掘进监理要点

（1）开挖渣土应充满土仓，渣土形成的土仓压力应与刀盘开挖面外的水土压力平衡，并应使排土量与开挖土量相平衡。

（2）应根据隧道工程地质和水文地质条件、埋深、线路平面与坡度、地表环境、施工监测结果、盾构姿态以及始发掘进阶段的经验，设定盾构刀盘转速、掘进速度和土仓压力等掘进参数。

（3）掘进中应监测和记录盾构运转情况、掘进参数变化和排出渣土状况，并应及时分析反馈，调整掘进参数和控制盾构姿态。

（4）应根据工程地质和水文地质条件，向刀盘前方及土仓注入添加剂，渣土应处于流塑状态。

（六）泥水平衡盾构掘进监理要点

（1）泥浆压力与开挖面的水土压力应保持平衡，排出渣土量与开挖渣土量应保持平衡，并应根据掘进状况进行调整和控制。

（2）应根据工程地质条件，经试验确定泥浆参数，应对泥浆性能进行检测，并实施泥浆动态管理。

（3）应根据隧道工程地质与水文地质条件、隧道埋深、线路平面与坡度、地表环境、施工监测结果、盾构姿态和盾构始发掘进阶段的经验，设定盾构刀盘转速、掘进速度、泥水仓压力和送排泥水流量等掘进参数。

（4）泥水管路延伸和更换，应在泥水管路完全卸压后进行。

（5）泥水分离设备应满足地层粒径分离要求，处理能力应满足最大排渣量的要求，渣土的存放和运输应符合环境保护要求。

（七）盾构姿态控制监理要点

（1）应通过调整盾构掘进液压缸和铰接液压缸的行程差控制盾构姿态。

（2）应实时测量盾构里程、轴线偏差、俯仰角、方位角、滚转角和盾尾管片间隙，应根据测量数据和隧道轴线线型，选择管片型号。

(3)应对盾构姿态及管片状态进行测量和复核,并记录。

(4)纠偏时应控制单次纠偏量,应逐环和小量纠偏,不得过量纠偏。

(5)根据盾构的横向和竖向偏差及滚转角,调整盾构姿态可采取液压缸分组控制或使用仿形刀适量超挖或反转刀盘等措施。

(八)开仓作业监理要点

1)宜预先确定开仓作业的地点和方法,并应进行相关准备工作。

2)开仓作业地点宜选择在工作井、地层较稳定或地面环境保护要求低的地段。

3)开仓作业前,应对开挖面稳定性进行判定。

4)当在不稳定地层开仓作业时,应采取地层加固或压气法等措施,确保开挖面稳定。

5)气压作业前,应完成下列准备工作:

(1)应对带压开仓作业设备进行全面检查和试运行;

(2)应配置备用电源和气源,保证不间断供气;

(3)应制定专项方案与安全操作规定。

6)气压作业前,开挖仓内气压必须通过计算和试验确定。

7)气压作业监理控制要点:

(1)刀盘前方的地层、开挖仓、地层与盾构壳体间应满足气密性要求;

(2)应按施工专项方案和安全操作规定进行作业;

(3)应由专业技术人员对开挖面稳定状态和刀盘、刀具磨损状况进行检查;

(4)作业期间应保持开挖面和开挖仓通风换气,通风换气应减小气压波动范围;

(5)进仓人员作业时间应符合《空气潜水减压技术要求》GB/T 12521-2008和《盾构法开仓及气压作业技术规范》CJJ 217-2014的规定。

8)开仓作业应进行记录。

(九)盾构接收监理控制要点

(1)盾构接收可分为常规接收、钢套筒接收和水(土)中接收。

(2)盾构接收前,应对洞口段土体进行质量检查,合格后方可接收掘进。

(3)当盾构到达接收工作井100m时,应对盾构姿态进行测量和调整。

(4)当盾构到达接收工作井10m内,应控制掘进速度和土仓压力等。

(5)当盾构到达接收工作井时,应使管片环缝挤压密实,确保密封防水效果。

(6)盾构主机进入接收工作井后,应及时密封管片环与洞门间隙。

(十) 调头、过站和空推监理控制要点

1) 调头和过站前，应进行施工现场调查、编制技术方案及现场准备工作。调头和过站设备应满足安全要求。

2) 调头和过站时应有专人指挥，专人观察盾构的移动状态，避免方向偏离或碰撞。

3) 盾构空推应符合下列规定：

（1）导台或导向轨道水平和竖直方向的精度应满足设计要求；

（2）应控制盾构推力、速度和姿态，并应监测管片变形；

（3）应采取措施挤紧管片防水密封条，并应保持隧道稳定。

（十一）盾构解体监理控制要点

（1）盾构解体前，应制定解体方案，并应准备解体使用的起重设备、工具和材料等。

（2）盾构解体前，应对各部件进行检查，并应对流体系统和电气系统进行标识。

（3）对已拆卸的零部件应进行清理。

五、特殊地段施工监理要点

（一）基本规定

1) 当盾构进入下列特殊地段时，工程监理应要求施工单位严格按照审批通过的专项方案施工，并采取可靠的安全措施：

（1）覆土厚度不大于盾构直径的浅覆土层地段；

（2）小半径曲线地段；

（3）坡度大于30%的地段；

（4）地下管线和地下障碍物地段；

（5）建（构）筑物的地段；

（6）隧道净间距小于0.7倍盾构直径的地段；

（7）水域地段；

（8）地质条件复杂地段、砂卵石地段以及岩溶地段；

（9）存在有害气体地段。

2) 特殊地段施工还应符合下列规定：

（1）应查明和分析地质状况和隧道周边环境状况，并应制定专项施工技术措

施和应急预案；

（2）根据隧道所处位置与地层条件，应合理设定开挖面压力，并应控制地层变形；

（3）根据隧道所处位置与工程地质和水文地质的条件，应确定壁后注浆的材料、压力和注浆量，在施工过程中应根据量测结果及时调整；

（4）应对地表、建（构）筑物、管线等变形进行监测分析，并应根据监测结果及时调整掘进参数。

（二）施工安全监理要点

1）对于浅覆土层地段施工，应要求施工单位控制掘进参数和盾构姿态。

2）对于小半径曲线地段施工监理控制要点：

（1）应控制推进液压缸行程差、盾尾间隙等参数；

（2）应控制推进反力引起的管片环变形、移动等；

（3）当使用超挖装置时，应控制超挖量；

（4）壁后注浆应选择体积变化小、早期强度高、速凝型的注浆材料；

（5）应提高施工测量频率；

（6）应采取防止后配套设备脱轨或倾覆的措施；

（7）应采取防止管片错台或开裂的措施。

3）对于大坡度地段施工监理控制要点：

（1）当选择牵引机车时，应进行必要的计算，车辆应采取防溜车措施；

（2）上坡时，应加大盾构下半部分推力，对后配套设备应采取防脱滑措施；

（3）下坡时，应加强盾构姿态控制，可利用辅助液压缸等防止盾构栽头；

（4）壁后注浆宜采用收缩率小、早期强度高的注浆材料。

4）对于地下管线与地下障碍物地段施工监理控制要点：

（1）应查明地下管线和障碍物的类型、位置、允许变形值等，并应制定专项施工方案；

（2）对受施工影响可能产生较大变形的管线，应根据具体情况进行保护；

（3）应及时调整掘进速度和出渣量；

（4）当从地面处理地下障碍物时，应选择合理的处理方法，处理后应进行回填；

（5）当在开挖面拆除障碍物时，可选择气压作业或加固地层的施工方法，应控制地层的开挖量，并应配备所需的设备及设施。

5）建（构）筑物地段施工，监理控制要点：

(1)施工前,应对建(构)筑物地段进行详细调查,评估施工对建(构)筑物的影响,并应采取相应的保护措施,控制地表变形;

(2)根据建(构)筑物基础与结构的类型、现状和沉降控制值等,可采取加固、隔离或托换等措施;

(3)应加强地表和建(构)筑物变形监测及反馈,及时调整盾构掘进参数;

(4)壁后注浆应使用快凝早强注浆材料。

6)当隧道净间距小于0.7倍盾构直径时,应要求施工单位按下列规定执行:

(1)施工前,应分析施工对既有隧道的影响,或隧道同时掘进时的相互影响,并应采取相应的施工措施;

(2)施工时,应控制掘进速度、开挖仓压力、出渣量和注浆压力等;

(3)对既有隧道应加强监测,根据反馈调整盾构掘进参数;

(4)可采取加固隧道间的土体,在既有隧道内支设钢支撑等辅助措施控制地层和隧道变形。

7)水域地段施工监理控制要点:

(1)应查明工程地质、水文地质条件和河床状况,并应设定适当的开挖面压力,应加强开挖面管理与掘进参数控制;

(2)应配备足够的排水设备与设施;

(3)应采用快凝早强注浆材料,加强壁后同步注浆和二次注浆;

(4)穿越前,应对盾构密封系统进行全面检查和处理;

(5)应根据地层条件预测刀具和盾尾密封的磨损,制定更换方案;

(6)应采取防止对堤岸和周边建(构)筑物影响的措施。

8)地质条件复杂地段、砂卵石以及岩溶地段施工监理控制要点:

(1)应根据穿过地段的地质条件,合理选择刀盘形式和刀具形式及组合方式和数量;

(2)应在掘进中加强刀具磨损的检测,并应采取刀具保护措施;

(3)应根据地质条件、地下水状况和地表沉降控制要求等选择掘进模式,掘进模式的转换宜采用局部气压模式作为过渡模式,并应在地质条件较好地层中完成;

(4)当采用土压平衡盾构通过砂卵石地段时,应进行渣土改良;

(5)当采用泥水平衡盾构通过砂卵石地段时,应根据砾石含量和粒径确定破碎方法和泥浆配合比;

(6)当在软硬不均的地层掘进时,应采取措施控制地表变形;

(7)当在富水砂层掘进时,应加强注浆控制和渣土改良,并快速通过;

(8)当通过断层破碎带时,可采取超前加固措施,并加强对地下水的控制;

（9）当遇有大孤石影响掘进时，应采取措施处理；

（10）对掘进施工影响范围内的岩溶和洞穴，应采取注浆等措施处理。

9）存在有害气体地段施工监理控制要点：

（1）施工前应对盾构密封系统进行全面检查和处理；

（2）施工中应加强通风换气，必要时可采取提前排放等措施；

（3）应对有害气体进行监测预警；

（4）当存在易燃易爆气体地段施工时，相关设备应满足防爆要求。

六、管片拼装监理要点

（一）基本规定

1）拼装前，工程监理应对管片防水密封材料的粘贴效果进行验收，合格后方可同意进行下道工序施工。

2）管片选型监理控制要点：

（1）应根据设计要求，选择管片类型、排版方法、拼装方式和拼装位；

（2）当在曲线地段或需纠偏时，管片类型和拼装位置的选择应根据隧道设计轴线和上一环管片姿态、盾构姿态、盾尾间隙、推进油缸行程差和铰接油缸行程差等参数综合确定。

3）在拼装管片时，现场应设置警示牌，拼装机作业范围内严禁站人和穿行。

（二）拼装作业监理要点

（1）管片拼装前，应要求施工单位对上一衬砌环面清理干净。

（2）要求施工单位控制好盾构推进液压缸的压力和行程，并应保持盾构姿态和开挖面稳定。

（3）应根据管片位置和拼装顺序，逐块依次拼装成环。

（4）管片连接螺栓紧固扭矩应符合设计要求。管片拼装完成，脱出盾尾后，应要求施工单位对管片螺栓及时复紧。

（5）拼装管片时，应防止管片及防水密封条损坏。

（6）工程监理应对已拼装成环的衬砌环进行椭圆度抽查。

（7）当盾构在既有结构内空推并拼装管片时，施工单位应合理设置导台，工程监理应要求施工单位采取措施控制管片拼装质量和壁后填充效果。

（8）当在富水稳定岩层掘进时，应要求施工单位采取防止管片上浮、偏移或错台措施。

(9）当在联络通道等特殊位置拼装管片时，应根据特殊管片的设计位置，预先调整盾构姿态和盾尾间隙，管片拼装应符合设计要求。

（三）拼装质量监理控制要点

（1）管片不得有内外贯穿裂缝、宽度大于0.2mm的裂缝及混凝土剥落现象。
（2）管片防水密封质量应符合设计要求，不得缺损，粘结应牢固、平整。
（3）螺栓质量及拧紧度应符合设计要求。
（4）管片拼装过程中，应要求施工单位对隧道轴线和高程进行控制，其允许偏差和检验方法应符合表4-11规定。

隧道轴线和高程允许偏差和检验方法表（单位：mm）　　表4-11

检验项目	允许偏差						检验方法	检验数量	
	地铁隧道	公路隧道	铁路隧道	水工隧道	市政隧道	油气隧道		环数	点数
隧道轴线平面位置	±50	±75	±70	±100	±100	±100	用全站仪测中线	逐环	1点/环
隧道轴线高程	±50	±75	±70	±100	±100（隧道底高程）	±100	用水准仪测高程	逐环	

（5）施工中管片拼装允许偏差和检验方法应符合表4-12规定。

管片拼装允许偏差和检验方法表　　表4-12

检验项目	允许偏差						检验方法	检验数量	
	地铁隧道	公路隧道	铁路隧道	水工隧道	市政隧道	油气隧道		环数	点数
衬砌环椭圆度（‰）	±5	±6	±6	±8	±5	±6	断面仪、全站仪测量	每10环	
衬砌环内错台（mm）	5	6	6	8	5	8	尺量	逐环	4点/环
衬砌环间错台（mm）	6	7	7	9	6	9	尺量	逐环	

（6）粘贴管片防水密封条前应要求施工单位将管片密封槽清理干净，粘贴后的防水密封条应牢固、平整和严密，位置应正确，不得有起鼓、超长和缺口现象。

（7）螺栓孔橡胶密封圈安装应符合设计要求，不应遗漏，且不宜外露。

（8）管片嵌缝防水应符合设计要求，当无设计要求时，应符合《地下工程防水技术规范》GB 50108-2008的规定。

（四）管片修补监理控制要点

（1）工程监理应要求施工单位对已拼装完成的钢筋混凝土管片表面缺陷及时修补，修补后质量应符合验收要求。

（2）管片修补时，应要求施工单位分析管片破损原因及程度，并制定修补方案。

（3）修补材料强度不得低于管片强度。

七、壁后注浆监理质量控制要点

（一）基本规定

（1）要求施工单位根据工程地质条件、地表沉降状态、环境要求及设备性能等选择注浆方式。

（2）管片与地层间隙应填充密实。

（3）壁后注浆过程中，应要求施工单位采取减少注浆施工对周围环境影响措施。

（二）注浆作业施工监理控制要点

1）注浆前，应要求施工单位根据注浆施工要求准备拌浆、储浆、运浆和注浆设备，并应进行试运转。

2）注浆前，工程监理应组织施工单位对注浆孔、注浆管路和设备进行检查。

3）工程监理应检查浆液是否符合下列规定：

（1）浆液应按设计施工配合比拌制；

（2）浆液的相对密度、稠度、和易性、杂物最大粒径、凝结时间、凝结后强度和浆体固化收缩率均应满足工程要求；

（3）拌制后浆液应易于压注，在运输过程中不得离析和沉淀。

4）工程监理应要求施工单位在连续注浆作业完成后，及时清洗注浆设备和管路。

八、隧道防水监理质量控制要点

（一）接缝防水监理控制要点

1）防水材料应按设计要求选择，施工前，工程监理应分批进行抽检。

2）防水密封条粘贴监理控制要点：

（1）要求按管片型号选用；

（2）变形缝、柔性接头等接缝防水的处理应符合设计要求；

（3）密封条在密封槽内应套箍和粘贴牢固，不得有起鼓、超长或缺口现象，且不得歪斜、扭曲；

（4）当采用遇水膨胀橡胶密封垫时，施工单位应按设计要求粘贴；

（5）当采用嵌缝防水材料时，应要求施工单位清理管片槽缝，并应按规定进行嵌缝作业，填塞应平整、密实。

（二）特殊部位防水监理控制要点

（1）当采用注浆孔注浆时，注浆后应要求施工单位对注浆孔进行密封防水处理。

（2）注浆孔及螺栓孔处密封圈应定位准确，并应与密封槽相贴合。

（3）隧道与工作井、联络通道等附属构筑物的接缝处，施工单位应按设计要求进行防水处理。

九、施工安全与环境保护监理要点

1）施工前，应要求施工单位根据盾构设备状况、地质条件、施工方法、进度和隧道掘进长度等条件，选择通风方式、通风设备和隧道内温度控制措施。

2）应要求施工单位在隧道内作业场所设置照明和消防设施，并应配备通信设备和应急照明。

3）应要求施工单位在隧道和工作井内设置足够的排水设备。

4）应要求施工单位在隧道内作业位置与场所保证作业通道畅通。

5）当存在可燃性或有害气体时，应要求施工单位使用专用仪器进行检测，并应加强通风措施，气体浓度应控制在安全允许范围内。

6）工程监理对施工作业环境气体的检查要点：

（1）空气中氧气含量不得低于20%（按体积计）；

（2）甲烷浓度应小于0.5%（按体积计）；

（3）工程监理对有害气体容许浓度的检查要点：

①一氧化碳不应超过30mg/m³；

②二氧化碳不应超过0.5%（按体积计）；

③氮氧化物换算成二氧化氮不应超过5mg/m³；

④粉尘容许浓度，空气中含有10%及以上的游离二氧化硅的粉尘不得大于2mg/m³，空气中含有10%以下的游离二氧化硅的矿物性粉尘不得大于4mg/m³。

7）隧道内空气温度不应高于32℃。

8）隧道内噪声不应大于90dB。

9）监理对施工通风的检查要点：

（1）宜采取机械通风方式；

（2）按隧道内施工高峰期人数计，每人需供应新鲜空气不应小于3m³/min，隧道最低风速不应小于0.25m/s。

10）要求施工单位对施工中产生的废渣和废水等及时处置。

11）施工中，应要求施工单位采取措施避免施工噪声、振动、水质和土层污染及地表下沉等对周边环境造成影响。

十、盾构保养与维修监理要点

1）对于盾构的保养与维修，应要求施工单位安排专业人员负责。

2）工程监理应根据盾构相关技术文件，要求施工单位制定并实施保养与维修计划。

3）当出现下列情况之一时，应要求施工单位对盾构及时保养与维修：

（1）超过正常负荷水平长时间运行；

（2）通过特殊地段前；

（3）调头或过站期间；

（4）发生故障或运转不稳定；

（5）长时间停机或拆机储存期间。

4）工程监理应检查施工单位的保养与维修记录。

十一、施工运输监理要点

（1）隧道内水平运输可采用有轨、无轨或连续皮带机等运输方式，垂直运输宜采用门式或悬臂式起重机等运输方式。

（2）泥水平衡盾构应采用泥浆泵和管道组成的管道输送系统。

（3）根据最大起重量，应要求施工单位对提升设备能力和索具、挂钩和杆件的强度等进行检算。

（4）要求施工单位对运输设备配置防溜车或制定防坠落措施，操作、维护和保养应符合操作规程要求。

（5）要求施工单位对有轨运输的轨道保持平稳、顺直、牢固，并应进行养护。当采用卡车、内燃机车牵引时，不应对环境空气造成影响。

（6）当长距离运输时，宜在适当位置设置会车道。

(7)牵引设备的牵引能力应满足隧道最大纵坡和运输重量的要求。

(8)施工单位的车辆配置应满足出渣、进料及盾构掘进速度的要求。

(9)隧道内水平运输宜设置专用通道。

(10)施工单位采取的垂直运输方式应根据工作井深度和盾构施工速度等因素确定。

(11)检查施工单位的提升设备的提升能力是否满足出渣和进料的要求。

(12)当垂直运输时,应要求施工单位根据安全需要采取稳定措施。

(13)检查施工单位操作人员是否按指令作业,物件吊运是否平稳。

(14)要求垂直运输通道内不得有障碍物。

(15)当采用泥水平衡盾构时,工程监理应检查管道运输系统是否满足出渣和掘进速度的要求。

(16)当长距离运输时,应要求施工单位在适当距离设置管道运输接力设备。

(17)要求施工单位对输送泵和管道定期检查和维修。

十二、施工监测监理要点

(一)基本规定

(1)检查施工监测方案和应急预案是否根据设计要求,是否结合施工环境、工程地质和水文地质条件、掘进速度等制定。

(2)检查施工监测方案是否根据监测对象变形量和变形速率等进行调整,对突发的变形异常情况是否及时启动应急预案。

(3)地面和隧道内监测点宜在同一断面布设,盾构通过后,处于同一断面内的监测数据应同步采集,并应收集同期盾构掘进参数。

(4)检查施工监测仪器和设备是否满足测量精度、抗干扰性和可靠性等要求。

(5)检查施工监测项目是否符合如表4-13所示的规定。当穿越水域、建(构)筑物及其他有特殊要求地段时,是否根据设计要求确定。

施工监测项目表　　　　　　表4-13

类别	监测项目
必测项目	施工区域地表隆沉、沿线建(构)筑物和地下管线变形
	隧道结构变形
选测项目	岩土体深层水平位移和分层竖向位移
	衬砌环内力
	地层与管片的接触应力

(6）竖向位移监测可采用水准测量方法，水准基点应埋设在变形影响范围外，且不得少于3个。

(7）水平位移监测可采用边角测量或GNSS等方法，并应要求施工单位建立水平位移监测控制网，水平位移监测控制点宜采用具有强制对中装置的观测墩和照准装置。

(8）当采用物理传感器监测时，工程监理应检查传感器埋设是否符合仪器埋设规定和监测方案的规定。

(9）当竖向位移监测采用静力水准测量方法时，工程监理应检查静力水准的埋设、连接、观测、数据处理等是否符合相关标准要求，检查测量精度是否与水准测量要求相同。

(10）检查监测点是否埋设在能反映变形、便于观测、易于保存的位置。

(11）检查施工单位的监测方法和测量精度是否符合《城市轨道交通工程监测技术规范》GB 50911—2013和《城市轨道交通工程测量规范》GB/T 50308—2017的规定。

(12）检查工作井及附属结构的监测应符合《城市轨道交通工程监测技术规范》GB 50911—2013的规定。

（二）施工周边环境监测

(1）检查施工单位对施工周边环境监测对象是否包括邻近建（构）筑物、地表和地下管线等，监测项目是否符合如表4-14所示的规定。

施工周边环境监测项目表　　　　表4-14

监测对象	监测项目
建（构）筑物	高层、超高层、古建筑、危房等建筑、桥梁、市政设施、轨道交通线路等变形
地表	地面道路、地表等变形
地下管线	燃气、热力、供水、排水等主要管线变形

(2）检查施工单位有地表沉降观测点布设时是否符合《城市轨道交通工程监测技术规范》GB 50911—2013规定，特殊地段的地表沉降观测断面和观测点的设置是否编制专项方案。

(3）检查邻近建（构）筑物变形监测是否根据结构状况、重要程度和影响范围有选择地进行变形监测，监测点的布设是否反映邻近建（构）筑物的不均匀沉降及倾斜等情况。

(4）检查邻近地下管线的监测点是否直接设置在管线上，对无法直接观测的管线是否采取周边土体分层沉降代替管线沉降监测。

(5)当穿越地面建（构）筑物和地下管线等时，除应对穿越建（构）筑物监测外，宜对邻近土体进行变形监测。

(三) 隧道结构监测

(1) 检查隧道结构监测内容是否包括隧道结构竖向位移和水平位移。必要时，应进行净空收敛和应力监测。

(2) 检查应力监测元器件是否预埋在管片内相应位置。

(3) 隧道结构监测初始值宜在管片壁后注浆凝固后12h内测量。

(四) 监测频率

(1) 监测频率应根据监测对象的变形量和变形速率确定。

(2) 盾构隧道施工中的周边环境、周围岩土体和隧道结构的监测频率可按表4-15确定。

监测频率表　　　　　　　　　　　　　　　表4-15

监测部位	监测对象	开挖面与监测点或监测断面的距离	监测频率
掘进面前方	周围岩土体和周边环境	5D<8D	1次/(3～5d)
		3D<L≤5D	1次/(2d)
		L≤3D	1次/(1d)
掘进面后方	隧道结构、周围岩土体和周边环境	L≤3D	(1～2次)/(1d)
		3D<L≤8D	1次/(1～2d)
		L>8D	1次/(3～7d)

(3) 对穿越既有轨道交通、重要建（构）筑物等周边环境风险等级较高的工程，应要求施工单位提高监测频率，宜对关键监测项目进行实时监测。

(4) 施工期间应要求施工单位安排专人进行现场巡查，并要求每天不少于一次，并应进行记录，特殊情况应要求施工单位增加巡查次数。

(五) 监测控制值和预警监理要点

1) 监测预警标准和预警等级应根据工程特点、监测项目控制值及当地施工经验等确定。

2) 检查监测项目控制值是否符合《城市轨道交通工程监测技术规范》GB 50911-2013的规定。

3) 当监测数据达到预警标准或实测变形值大于允许变形的2/3时，应要求进行警情报送。

4）施工单位制定的预警管理制度应根据监测预警等级和预警标准制定，预警管理制度应包括不同预警等级的警情报送对象、时间、方式和流程。

5）当工程监理在现场巡查过程中发现下列警情之一时，应要求施工单位根据警情紧急程度、发展趋势和造成后果的严重程度按预警管理制度进行警情报送：

（1）周边地表出现突然明显沉降（隆起）或较严重的突发裂缝、坍塌；

（2）建（构）筑物等周边环境出现危害正常使用功能或结构出现过大变形、沉降、倾斜或裂缝等；

（3）周边地下管线变形明显增长或出现裂缝、泄漏等；

（4）隧道结构出现明显变形、较大裂缝、较严重漏水；

（5）根据工程经验判断可能出现的其他警情。

（六）监测成果及信息反馈

（1）工程监理应对监测数据采集、计算和处理，通过计算机管理，并应建立数据库。

（2）工程监理应组织施工单位对监测数据定期进行分析，并应绘制时态曲线图。

（3）检查监测成果是否包括现场监测资料、计算分析资料、各种曲线图表和文字报告等，资料是否完整、清晰。

（4）监测完成后，应要求施工单位及时向有关单位提供阶段性监测成果。

（5）工程竣工或监测工作完成后，应要求施工单位提供监测技术总结报告。

十三、成型隧道验收监理要点

（1）隧道成型后，工程监理应组织施工单位验收，检查施工记录，并全数检查结构表面有无贯穿性裂缝、缺棱掉角，管片接缝是否符合设计要求。

（2）检查隧道防水是否符合设计要求。

（3）检查隧道轴线平面位置和高程偏差是否符合如表4-16所示的规定。

隧道轴线平面位置和高程偏差（mm）　　　表4-16

检验项目	允许偏差						检验方法	检验数量
	地铁隧道	公路隧道	铁路隧道	水工隧道	市政隧道	油气隧道		
隧道轴线平面位置	±100	±150	±120	±150	±150	±150	用全站仪测中线	10环
隧道轴线高程	±100	±150	±120	±150	±150	±150	用水准仪测高程	10环

（4）检查隧道允许偏差是否符合如表4-17所示的规定。

隧道允许偏差表　　　　　　表4-17

检验项目	允许偏差						检验方法	检验数量	
	地铁隧道	公路隧道	铁路隧道	水工隧道	市政隧道	油气隧道			
衬砌环椭圆度（‰）	±6	±8	±6	±10	±8	±8	断面仪、全站仪测量	10环	/
衬砌环内错台（mm）	10	12	12	15	15	15	尺量	10环	4点/环
衬砌环间错台（mm）	15	17	17	20	20	20	尺量	10环	4点/环

第5章　地下空间结构安全监理要点

一、地下结构施工安全监理要点

1）在进行加载或卸载作业时，监理单位应要求施工单位验算对结构的安全影响，满足相应的结构安全控制指标值。

2）当外部作业采用钻孔、抓孔、冲孔和人工挖孔等工法时，监理应要求施工单位采取措施避免发生土体坍塌事故，并应控制地下结构周边地层的水位变化幅度。

3）在对注浆、旋喷等有压力的外部作业时，监理应要求施工单位制定安全可靠的作业方案。

4）在进行修建平行或下穿隧道作业中，当判定为非常接近或接近时，监理应要求施工单位采用安全可靠的隧道施工方案，细化施工控制参数，制定安全保护控制措施。

5）对位于地下结构正上方的基坑工程，监理应要求施工单位控制地下结构上方的覆土厚度，覆土厚度应通过安全评估确定。

6）对位于地下隧道结构侧方的基坑工程，当外部作业影响等级为特级、一级和有特殊要求时，监理应要求施工单位按下列规定实施：

（1）基坑应采用整体刚度较大的支护结构体系。

（2）基坑的拆撑、换撑应采取安全可靠的作业方案。

（3）基坑围护结构与其地下室结构侧墙之间的空隙，宜采用素混凝土回填密实，不得采用杂填土、建筑垃圾等性质较差或不稳定的材料。

7）在采取冻结法作业时，监理应要求施工单位采取措施降低地层冻胀、融沉对结构产生的不利影响。

8）当进行航道的清淤疏浚作业时，监理应要求施工单位保证地下结构上方的覆土符合设计厚度要求。

二、地面结构和高架结构施工安全监理要点

（1）在外部作业时，监理应要求施工单位制定防火灾、积水、车辆或其他物体坠入、碰撞等事件危及地下结构安全措施。

（2）在进行下穿地面结构的外部作业时，监理应要求施工单位组织专家评估其对地面结构的安全影响，实施过程中，监理应督促施工单位进行实时监测。

（3）上跨地下地面结构和高架结构的外部作业部位，与轨道的净空必须满足轨道交通行车安全的要求，监理应要求施工单位设置安全防护措施。

（4）当外部作业紧邻高架结构基础时，监理应要求施工单位组织专家评估其对高架结构基础的安全影响。

（5）当地下结构邻近高边坡、高挡墙时，应要求施工单位对于外部作业要保证高边坡、高挡墙及其基础的安全。

（6）地下结构上方进行跨线架空作业应满足《66kV及以下架空电力线路设计规范》GB 50061-2010、《110kV～750kV架空输电线路设计规范》GB 50545-2010的有关规定。

（7）与地下结构交叉的市政道路应设置限高标志和防护、防撞设施。

三、地下水作业安全监理要点

在进行外部的地下水作业时，监理应要求施工单位做好以下措施：

（1）要求施工单位采取措施避免既有结构周边地层发生流沙、管涌等渗流破坏。

（2）在进行地下水作业前，监理应要求施工单位对水位变化加强监测，掌握水位变化对地下结构的变形和沉降影响状况。

（3）监理应要求施工单位在进行地下水作业时，采用合适的排水、降水、截水或回灌等地下水控制技术措施。

（4）在地下水作业过程中，监理应要求施工单位控制好地下结构周边地层的水位变化幅度。

（5）在进行强透水地层的地下水作业时，当不能形成封闭截水系统时，应要求施工单位组织专家评估地下水作业对地下结构的安全影响。

（6）监测地下水位变化诱发地下结构发生过大的沉降量、差异沉降、水平位移。

（7）当地下结构位于欠固结地层时，地下水作业不应大面积降水。

（8）在强透水性的地层进行地下水作业，当采用落底式竖向截水帷幕难以形

成有效的封闭截水系统时，可采用悬挂式竖向截水帷幕与水平封底隔渗相结合的地下水控制措施。

（9）当地下结构下方地层存在承压水时，应验算外部作业基坑开挖土方过程中基坑突涌稳定性和地下结构的抗浮安全系数，必要时可采用钻孔降水减压措施或水平封底隔渗措施。

（10）当外部作业影响地下结构周围的水位变化时，应验算作用于地下结构上的水土压力，并应验算地下结构的安全。

（11）岩溶、土洞较发育地区的地下水作业，应避免降水诱发地层塌陷对城市轨道交通结构的使用及安全状态造成不利影响。

四、爆破作业安全监理要点

当采取爆破作业时，监理应要求施工单位做好以下安全措施：

（1）不得进行硐室爆破、深孔爆破等药量较大的爆破作业。
（2）爆破作业应进行爆破安全评估和爆破设计审查。
（3）爆破作业应满足《爆破安全规程》GB 6722-2014的规定。
（4）应对爆破作业影响范围内的城市轨道交通工程进行安全评估。
（5）爆破作业前，应制定技术方案、安全措施、安全应急预案和爆破安全监控方案。
（6）爆破安全监控应包括局部监测和宏观调查。
（7）局部监测应包括对地下结构的爆破振动监测和结构薄弱部位的应变监测。
（8）宏观调查应包括对地下结构的摄像、摄影和对既有裂缝、新生裂缝的观测记录。
（9）地下结构的安全允许振速应为2.5cm/s，对安装有精密设备的结构应满足精密设备的安全允许振速。
（10）爆破作业应做好包括爆破作业点、爆破规模、爆破参数、爆破效果及爆破有害效应等的作业记录。
（11）爆破作业前，应进行试爆作业和爆破振动监测，并应根据试爆效果及监测信息优化爆破作业。
（12）经爆破评估或试爆作业发现爆破有害效应超过规定的安全允许振速时，应优化爆破技术措施，降低爆破有害效应至安全允许振速。
（13）对采取优化爆破措施后，爆破有害效应仍不能满足地下结构的安全允许振速时，应采用静态破碎法或其他作业方法。

（14）爆破作业前，应采取安全防护措施，设立安全区，并应进行安全警戒工作。

（15）水下爆破作业方案，应通过爆破测试和专家论证后确定。

（16）爆破作业，不应在城市轨道交通的运营高峰期进行。

五、地下结构安全监测监理要点

（1）外部作业影响等级为特级、一级、二级时，应对受其影响的地下结构进行监测；根据监测数据，结合结构安全控制指标值，应对外部作业实行过程监控。

（2）地下结构的监测工作，不得影响城市轨道交通的正常运营。

（3）地下结构的监测方法，应采用仪器监测与巡视检查相结合的方法。

（4）地下结构的监测方案，应依据结构受外部作业的影响特征、结构安全保护要求及外部作业实施前所开展的安全评估成果编制。

（5）监测方案中的监测布点和频率，应根据外部作业影响等级确定。

（6）地下结构的水平位移、竖向位移测量应分别符合现行国家一级、二级变形测量技术规范的规定，其他监测项目应符合《工程测量标准》GB 50026-2020、《城市轨道交通工程测量规范》GB/T 50308-2017和《建筑变形测量规范》JGJ 8-2016的有关规定。

（7）监测项目应能及时反映外部作业对地下结构安全影响的重要变化。

（8）当外部作业需进行爆破时，应监测地下结构的振动速度。

（9）监测点布置位置应在监测对象变形和内力的关键特征点上，监测点的布置要求及监测仪器的要求应符合规定要求。地下结构曲线段监测断面的间距应加密布置。

（10）监测的技术标准、测量精度应符合《工程测量标准》GB 50026-2020中变形监测的规定。

（11）变形监测网基准点、工作基点的布设，应符合《工程测量标准》GB 50026-2020的相应规定。

（12）地下结构的监测频率，应能系统反映监测对象所测项目的重要变化过程及其变化时刻。当监测数据接近城市轨道交通结构安全控制指标值的预警值时，应提高监测频率；当发现地下结构有异常情况或外部作业有危险事故征兆时，应采用不间断实时监测。

（13）地下结构的监测周期，应从测定监测项目初始值开始，至外部作业完成且监测数据趋于稳定后结束。

（14）监测项目的初始值应在外部作业实施前测定，应取至少连续测量3次的稳定值的平均数作为初始值。

（15）监测预警等级划分及应对管理措施应符合规定要求。

（16）监测预警等级的划分，应结合城市轨道交通结构监测数据的变化速率值，当每天的变化速率值连续3天超过2mm时，监测预警等级应评定为C级。

（17）监理应及时收集地下结构的监测信息，并应及时反馈给相关单位。

第6章 明挖法施工监理要点

一、施工准备监理工作要点

1. 施工方案的编制与审核流程

（1）监理单位应在深基坑施工前，要求施工单位编制重要部位和工序（围护结构、钢筋笼吊装、降水、开挖、支撑、主体结构、脚手架、高处作业吊篮、卸料平台、操作平台、模板支架、支护拆除、周边构建筑物及管线保护、特殊季节、施工测量、监测等）专项施工方案，并经施工单位技术负责人、总监理工程师审核、签字，专项方案内容应齐全，具有针对性，可指导施工，且应符合设计、规范要求，经审核通过后方可实施。

（2）监理单位应督促施工单位对深基坑、地下连续墙钢筋笼吊装、基坑降水、基坑土方开挖、模板支架、监测等专项施工方案组织专家论证。

（3）要求施工单位编制的脚手架、模板支架等专项施工方案有其架体结构计算书，并要求严格按照方案及相关规范进行搭设。

（4）在深基坑设计变更、周边环境或施工条件发生变化时，监理单位应要求施工单位重新编制专项施工方案，并按程序报审。

2. 关键节点监理核查

深基坑开挖前，监理单位应组织施工单位对基坑开挖关键节点条件进行核查。

3. 地下管线处理

在围护结构施工前，监理单位应要求施工单位根据管线产权单位的管线交底内容，参照管线图对车站轮廓线范围内可能存在的地下管线进行探挖，确保车站范围内无市政管线影响施工。

二、基坑支护监理要点

(一)地下连续墙施工质量监理要点

(1)导墙墙趾应嵌入原状土内,其深度应满足设计要求,开挖面土质较差不能自稳时,宜采取换填等方式对土体进行改良后再施工。

(2)导墙施工期间应禁止重型机械设备停靠在导墙沟槽边缘,导墙拆模、加撑后,应及时回填、压实,防止导墙变形。

(3)地下连续墙成槽施工作业范围宜采用移动护栏设置封闭隔离区,监理单位应要求施工单位安排专人看槽,严禁无关人员靠近成槽区域。

(4)应根据成槽范围内土质合理选择泥浆黏度、相对密度等指标,防止成槽期间塌孔。

(5)地下连续墙应在吊放钢筋笼前,对槽段接头和相邻墙段混凝土面用刷槽器等方法进行清刷,清刷后槽段接头和混凝土面不得夹泥,降低接缝渗水风险。

(6)槽段成槽完毕后,应对槽段深度、垂直度、是否存在塌方、接缝处刷壁质量进行检测,并根据专项施工方案要求落实针对性的补救措施。

(二)钢筋笼吊装监理要点

(1)钢筋笼吊装方案中应对不同形式的地墙(幅宽、墙深不同)分别进行钢筋笼重量、吊点布设计算,纵、横向桁架设置数量应保证笼体有足够起吊刚度。

(2)吊点处钢筋类型选择应符合设计要求,宜选择一级圆钢。

(3)钢筋笼加工完成后,应重点检查钢筋笼吊点、纵、横向桁架、雌雄头封口钢筋、分布筋与H型钢的焊接质量,确保起吊焊点强度。

(4)钢筋笼起吊前应检查笼内杂物是否清理干净,防止吊装过程坠落伤人。

(5)钢筋笼吊装前由专职安全员向安全监理工程师进行起吊条件报验,由安全监理工程师签署吊装令后方可起吊。

(6)钢筋笼入槽4h内应开始浇灌混凝土,保证首次浇灌的混凝土方量能淹没导管下口,防止出现地下连续墙夹泥、断墙等影响结构安全的质量隐患,混凝土浇筑应连续,施工过程中若发现地下连续墙出现质量隐患、缺陷,应做好记录,并在基坑正式开挖前按照设计、规范要求处理完毕。

(三)钻孔灌注桩施工监理控制要点

(1)桩机拼装完成后应履行报验、验收程序,重点检查卷扬机设备、钢丝绳、桩机移动行走装置等，验收合格后挂设标识牌。

（2）灌注桩成孔过程应采取泥浆护壁等有效措施防止塌孔。

（3）钢筋笼宜采用分节、多点吊装，应保证钢筋笼对接时钢筋立焊焊接质量满足规范、设计要求，钢筋笼下放过程施工、监理单位人员全程旁站。

（4）包含格构柱的立柱桩应保证格构柱插入立柱桩钢筋笼的长度符合设计要求，并应与钢筋笼可靠连接，确保起吊安全。

（5）灌注水下混凝土应连续施工，每根桩的灌注时间应按初盘混凝土初凝时间控制，应控制最后一次灌注量，超灌高度宜为0.8～1.0m，凿除泛浆保证暴露的桩顶混凝土强度达到设计等级。

（四）三轴搅拌桩、SMW工法桩施工监理控制要点

（1）三轴桩机进场应严格执行检测、报验、验收程序。

（2）三轴桩机安、拆应严格执行相关规程，应确保桩机作业范围地基承载力满足要求，桩机移位、行走应有专人监护、指挥。

（3）三轴搅拌桩、SMW工法桩施工水泥规格、水灰比、水泥掺量选用应符合设计要求，水泥浆配制完成后，停滞时间不宜超过2h。

（4）三轴搅拌桩、SMW工法桩桩头下沉、提升搅拌速度应在充分考虑地层特性、喷浆速率，确保桩身完整、水泥含量均匀的前提下综合确定，并应满足设计要求。

（5）三轴搅拌桩、SMW工法桩应按照设计要求选择搭接或套打的方式施工，相邻桩施工间隔不得超过2h，若超过2h，则应采取补强措施（可在外侧补桩或采用高压旋喷桩加固），以降低基坑围护渗水风险，施工过程如遇突发情况导致提升喷浆中断，应对断面以下不小于0.5m范围内桩体进行复喷，确保桩身完整性。

（6）H型钢对接接头应采用四面45°坡口满焊，焊缝处型钢腹板两侧加焊钢板，钢板厚度及相关焊接质量应满足设计及规范要求。

（7）SMW工法桩H型钢插入宜依靠自重插入，也可借助带有液压钳的振动锤等辅助手段下沉到位，严禁采用多次重复起吊型钢并松钩下落的方法。

（8）H型钢起拔时间应满足设计、规范要求，为避免拔出H型钢后其空隙对周边建筑及地下土层、车站结构产生不利影响，应及时填充拔除型钢后的空隙。

（五）高压旋喷桩施工监理控制要点

（1）高压旋喷桩施工工艺、水泥规格、水灰比、注浆压力、转速、提升速度等选择应根据现场工程地质条件、周边环境等因素综合确定，并应满足设计要求。

（2）高压旋喷桩在含水层上下各1.5m应进行复喷。

（3）高压旋喷桩施工应评估注浆压力影响范围，防止因旋喷施工对周边环境造成不利影响。

（六）钢支撑施工监理控制要点

1）钢支撑及其构配件进场应按照设计、规范要求进行检测、验收。

2）钢支撑施工严格按照"时空效应"理论，先撑后挖，宜在土方开挖完成16h内完成相应位置的支撑架设。

3）钢支撑支护体系（含围檩）的架设、连接、防滑移、预加应力应满足设计、规范要求。

4）钢支撑支护体系（含围檩）的架设应有防坠落措施，宜采用"下托上挂"，严格按照设计图纸施工，并要求采取下列措施：

（1）当采用地下连续墙、钻孔灌注桩围护时，钢支撑防坠落钢丝绳应穿过剥离出的围护结构主筋，钢丝绳接头采用不少于3个花篮螺栓拉紧。

（2）当采用SMW工法桩围护时，钢围檩与H型钢可采用钢筋焊接进行连接，钢筋直径选择、焊接质量应满足设计及规范要求。

（3）钢支撑、围檩下托牛腿布置数量、间距、焊接质量应符合设计及专项方案的要求。

（4）钢支撑安装、拆除禁止与其他工序交叉作业，严格按照施工方案及安全技术交底内容施工。

（5）钢支撑上严禁堆载、碰撞、行走，泥土、杂物应及时清理。

（6）钢支撑架设时，应保证焊缝焊接质量，重点检查支撑牛腿仰焊、立焊焊接质量，连接螺栓应紧固，螺栓不应缺失、松动。

（7）钢支撑与钢腰梁接触面应密贴，在钢腰梁安装定位后，如有间隙，应用强度等级不小于C30的细石混凝土填充密实。

（8）对预加轴向压力的钢支撑，施加预压力施工监理控制要点：

①千斤顶压力合力点应与支撑轴线重合，千斤顶应在支撑轴线两侧对称、等距放置，且应同步施加压力，防止构件不均匀受力出现险情。

②支撑施加压力过程中，当出现焊点开裂、局部压曲变形等异常情况时，应卸除压力，在对支撑的薄弱处进行加固后，方可继续施加压力。

③当监测的支撑压力损失达到一定程度时，应及时补充预压力。

（9）可运用钢支撑轴力伺服技术解决钢支撑受温度变化、自身材料特性等因素影响，基坑支护过程出现的应力松弛现象，实时监控钢支撑轴力及基坑围护结构变形，根据轴力及变形监测数据，智能调控支撑轴力，大幅提升基坑安全性，同时对周边结构物与环境实现有效保护。

（七）钢筋混凝土支撑施工监理控制要点

（1）一级基坑的第一道支撑宜采用钢筋混凝土支撑。

（2）混凝土支撑与垫层之间宜铺设一层油毡等隔离层，防止混凝土垫层与支撑在开挖时无法分离，存在坠物安全隐患。

（3）混凝土腰梁施工前应将排桩、地下连续墙等挡土构件的连接表面清理干净，与挡土构件紧密接触，不得留有缝隙，腰梁钢筋应与挡土构件可靠连接，必要时增设上挂措施。

（八）边坡防护施工监理控制要点

（1）基坑边坡自然放坡率应符合专项施工方案和规范要求。

（2）边坡工程坡顶、坡面、坡脚的排水措施应满足暴雨、地下水的排泄要求，排水设施应先行施工，避免雨水对边坡工程产生不利影响。

（3）边坡开挖施工，应做好坡顶锁口、坡底固脚工作。

（九）土钉墙支护施工监理控制要点

1）土钉墙专项施工方案应按照设计、规范要求对边坡整体滑动稳定性及土钉承载力核算。

2）土钉墙坡度不宜大于1:0.2；当基坑较深、土的抗剪强度较低时，宜采用较小坡度。对砂土、碎石土、松散填土，确定土钉墙坡度时应考虑开挖时坡面局部自稳能力。

3）土钉施工应满足设计和规范要求，降低土体滑移风险，水平间距和竖向间距宜为1～2m，土钉倾角宜为5°～20°。

4）土钉成孔时应符合以下要求：

（1）土钉成孔范围内存在地下管线等设施时，应在查明其位置并避开后，再进行成孔作业。

（2）应根据土层的性状合理选择土钉的成孔方法，采用的成孔方法应能保证孔壁的稳定性、减少孔壁扰动。

（3）当成孔遇到不明障碍物时，应停止成孔作业。在查明障碍物的情况下，应同时采取针对性措施后方可继续成孔。

（4）成孔困难时，可采用注入水泥浆等方法进行护壁。

5）土钉成孔后应及时插入土钉杆体，遇到塌孔、缩颈时，应在处理后再插入土钉杆体。

6）应对土钉的抗拔承载力、喷射混凝土厚度进行检测，试验、检测方法应符合《建筑基坑支护技术规程》JGJ 120-2012的规定，复合土钉墙中的预应力锚杆（索）应进行拉拔试验，试验结果及相关处理措施应满足《岩土锚杆与喷射混凝土支护工程技术规范》GB 50086-2015中的规定。

（十）锚杆（索）支护施工监理控制要点

1. 边坡锚固

（1）预应力锚杆或其与非预应力锚杆、支护桩、挡墙、喷射混凝土等相结合的边坡支护应根据边坡工程要求、地质条件、规模、形状、变形破坏特征及施工条件综合考虑，确保边坡稳定。

（2）锚杆的杆体制备、钻孔、注浆和张拉锁定，边坡锚杆（索）的验收、实验与检测应符合《岩土锚杆与喷射混凝土支护工程技术规范》GB 50086-2015的规定。

2. 基坑锚固

（1）锚杆施工应满足设计和规范要求，水平间距不宜小于1.5m，多排锚杆竖向间距不宜小于2m，锚杆倾角宜取15°～45°。

（2）向坑内凸出的阳角区域应适当增加锚杆自由段长度，调整锚杆角度，将锚杆锚固段置于稳定的地层。

（3）无法设置锚杆的区域可使用支撑体系代替，但支撑两端应有可靠的约束条件。

三、基坑防水施工监理要点

1）设计单位应明确提出地下水处理措施，并对降水或止水方案引起的地面沉降、周边建（构）筑物影响进行预测分析，指出应对措施。

2）施工单位应按照设计文件要求进行现场抽水试验后，确定具体的施工参数。

3）基坑专项降水方案中应进行基坑抗突涌验算，发现坑外水位异常上涨时，及时采取坑外辅助降水，严防涌水涌砂现象。

4）基坑降水井施工应严格按照设计要求及经由专家评审论证通过的降水方案执行。

5）基坑降水井开始运行或停止运行时应报监理单位审批。

6）基坑降水效果应满足基坑开挖、安全作业及保证工程周边环境保护的相关要求。

7）基坑降水应观察出水含沙量，当含沙量超过限值时应对周边环境安全性进行评估，引发临近建（构）筑物等工程周边环境过量变形时（如地面裂缝、塌陷等），应及时采取地下水回灌或补充注浆加固措施，基坑回灌水要求如下：

（1）降水工程影响周边环境安全时应进行回灌措施。

（2）地下水回灌宜采用井灌法，其中，管井回灌适用于各种含水层，大口井回灌适用于埋藏不深、厚度不大，透水性条件较好的水层。

（3）回灌宜选用同层地下水回灌，当非同层回灌时，回灌水源的水质不应低于回灌目标含水层地下水水质；当回灌目标含水层与饮用地下水联系较紧密时，回灌水源的水质应达到饮用水标准。

8）降水期间应做好降水记录，包括出水量、含沙量、坑外水位变化量、抽水时间等。

9）至少应在基坑开挖前20天开始坑内预降水、疏干，以保证降水效果，开挖前坑内水位应降至基底面0.5m以下。

10）开挖过程应确保持续降水，做好降水设施的保护工作，降水井损坏后影响降水效果应及时修复或增补。

11）降水井封井应有专项施工方案，并严格参照实施，重点关注封井后的跟踪注浆措施。

四、基坑排水施工监理要点

1）基坑外地表排水应采取截流、导流、挡水等措施，基坑边周围地面设置截水沟和挡水墙，防止地表水流入基坑，截水沟净截面尺寸、纵向坡度应满足设计及现场排水需求。

2）坑内静态坡坡顶、坡面、坡脚宜设置防雨水冲刷措施。

3）基坑开挖期间，应分层设置排水沟和集水井，排水沟和集水坑应设置于静态坡坡脚处，基坑内明水应及时抽排，防止基坑出现积水浸泡。

4）基坑土方开挖除严格按照开挖专项施工方案相关要求进行筹备工作，正式开挖前，由监理单位组织开挖节点条件核查，验收项目如表6-1所示。

深基坑开挖施工前条件核查表   表6-1

序号	验收条件	内容	验收要点
1	主控条件	设计、勘察交底	施工现场已完成设计、勘察交底
2		围护方案评审	基坑围护施工方案通过专家评审,评审意见已给予落实或整改
3		专项方案审批	基坑开挖、围护结构缺陷处理方案已审批,已向管理层和作业层进行了交底,监理细则已通过审批和交底
4		围护及冠梁	围护及冠梁(及立柱桩)已完成,满足设计强度要求
5		地基处理	地基处理已完成,已有检测报告并达到设计要求
6		降水	降水方案已按设计要求完成并通过专家评审,现场运行,满足开挖要求
7		排水	施工现场坑外排水措施已落实
8	一般条件	周边管线	调查基坑周围的保护构筑物、管线等现有状况,并且根据实际情况制订好切实可行的保护措施
9		监测	周围环境及基坑监测控制按批准监测方案已布点,且已测取初始值
10		围护结构遗留问题	围护结构施工阶段遗留问题(如围护结构漏水、漏沙)已按要求解决或已制定相应的方案
11		潜在风险分析	对本工程潜在的风险进行辨识和分析,有针对性、可操作性的应急预案编制完成并落实抢险设备、物资、人员
12		准备工作	人员、设备、支撑都已到位,均已完成进场报验
13		分包单位	分包队伍资质、安全生产许可证等资料齐全,安全生产协议已签署,人员资格满足要求
14		质量保证资料	相应质量保证资料齐全
15		其他	设计及规范规定的其他要求

五、土方开挖施工监理要点

1)土方开挖前应按照深基坑专项应急预案的要求备足现场应急物资,经监理验收后现场备用。

2)开挖过程中,充分重视基坑监测数据,及时根据监测数据调整施工流程或方案,做到信息化指导施工。

3)土方开挖应在当支护结构构件强度达到开挖阶段的设计强度时进行,应充分考虑"时空效应",遵循"竖向分层、纵向分段、对称开挖、先撑后挖"的原则。

4)纵、横向放坡应根据地质、环境条件确定开挖时的安全坡度,开挖过程严禁掏挖,动态坡坡度比不宜大于1/2,静态坡坡度比不宜大于1/3,每层开挖深度不宜大于3m。当施工场地条件允许时,宜设置多级平台分层开挖,平台设置及边坡应当进行稳定性验算，确保边坡稳定，坡顶严禁堆土或堆载。

5) 坑内土方开挖机械回转半径区域、垂直运输可能的渣土坠落区域严禁人员靠近，土方开挖期间应避免坑内降水、支撑、监测等交叉作业，降水井井管割除时周边5m范围土体应提前挖除，且放坡应符合要求。

6) 基坑开挖过程专职安全员应对开挖方案落实情况、场内机械设备运转、人员安全状态进行安全专项巡视。

7) 基坑突发涌水涌砂处置原则：

（1）停止开挖基坑；

（2）坑内涌水涌砂区域迅速回填沙袋或土方反压；

（3）采用快凝压力注浆或灌注快凝混凝土堵住涌口；

（4）加强降水井降水能力，降低基坑周围地下水位；

（5）制止住基坑涌水涌砂后，对基坑周围地层加强注浆，固化基坑外围地层。

8) 当支护结构或基坑周边环境出现报警情况或其他险情时，应立即停止开挖，并应根据危险产生的原因和可能进一步发展的破坏形式，采取控制或加固措施。

六、基坑防坍塌监理要点

（1）基坑工程应在地质条件、地下水情况、周边环境以及地下管线情况明确的前提下进行设计工作，严禁情况不明开展设计工作。

（2）基坑施工前必须按照相关规定编制专项施工方案并经专家论证，确保按照方案组织实施，严禁擅自改变施工方案。

（3）基坑支护施工应严格按照设计图纸、施工规范及专项施工方案要求进行。

（4）基坑开挖前，应确保专项降、排水方案各项措施落实到位，确保地下水控制效果达到开挖要求。

（5）基坑开挖前，应落实基坑支护结构质量缺陷治理措施，如地下连续墙接缝夹泥、空洞、SMW工法桩桩身强度不足、灌注桩支护止水帷幕连续性不符合设计要求导致的支护结构渗水风险的补救措施。

（6）基坑开挖过程严格按照设计坡比进行分段、分层开挖，先撑后挖，禁止超挖。

（7）坑边堆载距离、堆载重量、高度应符合设计和规范要求。

（8）开挖过程应做好基坑内外降、排水工作，严防基坑突涌或坑内土体被雨水浸泡现象。

（9）深基坑施工时，应做好动态追踪和信息化施工，严格控制基坑变形和基底隆起，做好支护体系的内力和位移、地表沉降、地下水位及土体深层位移、坑内永久坡的坡顶水平及竖向位移、周边建筑物及管线监测，根据监测数据随时调整施工内容和处置措施。

（10）应按照规定制定应急预案、配备救援装备和其他应急物资，严禁事故发生后违章指挥、冒险施救。

（11）应尽量减少基坑开挖至回填前的暴露期，尽快施作结构，防止坑壁遭风雨、日晒、风化、坑边动载等作用使基坑产生位移和变形。

第7章 矿山法施工监理要点

一、施工方案的编制和审核

（1）施工单位应按规定编制专项施工方案，包括但不限于：施工临建，竖井及横通道开挖及支护，矿山法隧道开挖及支护，超前地质预报，隧道监测，隧道测量，地下水控制（降排水），地层超前支护及加固，卸料及物料平台，二次衬砌，模板工程及支撑体系，临时用电，穿越既有轨道线/建（构）筑物，联络通道，人工挖孔桩、应急救援预案等。

（2）专项施工方案安全措施全面、操作性强，应对特殊部位、工艺[特殊地质地段，有毒气体地层，穿越既有轨道线/建（构）筑物，降水、洞口、横通道、竖井或正洞连接处，非标准段高支模施工，工程周边环境保护等]明确专门措施。

（3）需要专家论证的方案包括但不限于：爆破工程；超过5m深竖井及横通道开挖及支护；矿山法隧道开挖及支护；隧道监测；搭设高度8m及以上，或搭设跨度18m及以上，或施工总荷载（设计值）15kN/m^{2}及以上，或集中线荷载（设计值）20kN/m^{2}及以上的模板工程及支撑体系；穿越既有轨道线/建（构）筑物；降排水工程；开挖深度超过16m的人工挖孔桩。

（4）施工单位应根据专家意见进行方案修改后按规定流程上报监理单位审批。

二、降水排水监理要点

（一）竖井与洞口排水监理要点

（1）竖井应设置防雨棚，井口周围应设置挡水墙。

（2）洞口应设置截水沟。

（3）竖井底或洞口应设置集水坑，并设置沉淀池，水质符合要求后通过水泵和排水管路抽排至市政管网。

(二)洞内排水监理要点

(1)矿山法隧道施工有地下水时,按照设计文件、周边环境及地质条件,采取相应的防排水措施。

(2)隧道开挖掌子面应保持无水作业。若有渗漏水时,根据现场实际情况,采取相应的防排水措施。水量较大时,宜采取超前地层注浆止水措施,地表加固注浆效果应进行试验检测,效果满足设计要求后,方可进行开挖。

(3)洞内排水设施应满足隧道中渗漏水排出的需要,在膨胀岩、围岩松软地段,应采用具有防渗漏的沟、管或槽。

(4)洞内反坡排水:宜采用集中抽排,可一次或分段接力将水排出洞外。

(5)盲沟(管)排水:布设两排时,盲沟(管)距拱(墙)脚不宜小于500mm,单排时宜在隧道最低处;盲沟(管)应顺直,不得起伏不平;接口和埋设应牢固,滤料应清洗干净;沟(管)顶应有保护措施,防止被施工设备损坏影响排水。

(6)明沟排水:明沟距拱墙脚不得小于500mm,排水沟应及时清理,避免堵塞。

(三)降水施工监理要点

(1)降水井施工严格按照设计及施工方案进行。降水井应沿基坑或暗挖隧道布设,并应形成封闭形。暗挖隧道如地面无条件布设井点时,宜在隧道内设置水平井点或采取其他隔水措施。

(2)集水井大小和数量应根据基坑涌水量和渗漏水量、积水量确定,且直径(或宽度)不宜小于0.6m,底面应比排水沟底深0.5m,间距不宜大于30m。集水井壁应有防护结构,并应设置碎石滤水层、泵端纱网。

(3)降水系统应进行试运行,试运行之前应测定各井口和地面标高、静止水位,检查抽水设备、抽水与排水系统;试运行抽水控制时间为1天,并应检查出水效果。

(4)地下水位的降低应符合开挖要求,开挖时应保证地下水位稳定在开挖面0.5m以下。

(5)降水运行阶段应有专人值班,应对降排水系统进行定期或不定期巡查,做好降水记录,防止停电或其他因素影响降排水系统正常运行。

(6)降排水应进行全过程监测,监测开始时间不应晚于降水井抽水时间,监测终止时间应为降水工程或回灌工程全部结束时间。

(7)监测点布置、信息采集的频率应符合设计文件要求;监测点应妥善保护,当监测点失效或被破坏时,应及时补充。

(8)当降水工程影响范围内的既有建(构)筑物、地下管线等对地面沉降有严格要求,或降水对地下水资源有较大影响时,宜采用回灌法控制地下水对环境的影响。如地面出现裂缝,应及时灌浆修补,防止地表水渗入。

三、竖井开挖及支护监理要点

(一)关键节点条件核查监理要点

竖井开挖及支护应进行关键节点条件核查,具体内容如表7-1所示。

竖井开挖及支护关键节点条件核查内容表　　　表7-1

序号	验收条件	内容	验收要点
1	主控条件	施工方案	专项施工方案已通过监理单位审批,专项施工方案(包括应急预案)编制、审批、专家论证、审批齐全有效
2		体系制度	工程安全保证体系及制度建设完善
3		资质资历	队伍资质、许可证等资料齐全,安全生产协议已签署,人员资格满足施工要求
4		培训教育及交底	专项施工方案已向作业层交底,各项交底已完成,岗前安全技术教育培训已完成
5		监测	监测控制点、监测点已按监测方案布置且已测取初始值,主要包括地表沉降、锁口圈梁位移、地下水位、周边建(构)筑物沉降、偏移及变形等
6		机械及设备	机械,通风设备,通信设备,特种设备及测验、测爆、测毒设备均按方案进场,并已通过检测、核验或标定且相应证书、报告及手续齐全
7		材料	根据施工进度都已到位,并已通过检测、核验或标定且相应证书、报告及手续齐全
8		周边环境调查	对周边建(构)筑物、管线等设施现有状况及其承受变形的能力完成调查,且制定了相关保护措施
9		降水、降压井	已按设计及方案要求进行了布设验收并对降水、降压效果进行了核验且满足开挖要求,排水措施已落实
10		安全防护措施	临边防护措施、边坡防护措施、进洞措施、井口加固措施等满足设计要求且均已落实
11		施工准备	提升设备已完善,环保措施等满足设计要求且已落实
12		应急救援预案	编制有针对性、可操作性的应急救援预案
13	一般条件	人员	人员配置能否满足作业要求,特种作业人员落实情况,考核,教育,作业人员应体检合格
14		应急准备	根据应急救援预案配备了应急人员、设备及物资
15		风水电	风、水、电应满足施工需求。照明设施的电压应采用不高于36V的照明灯具

(二)隔水帷幕监理要点

1)隔水帷幕应连续,强度和防渗性能通过试验检测应符合设计文件要求。

2)采用钢板桩作为隔水帷幕时,应先评估钢板桩对于周边环境的影响,应采用锁扣式构造,钢板桩锁扣应平直通顺,互相咬合。在拔除钢板桩前先用振动锤振动钢板桩,拔除后的桩孔应采用注浆回填。

3)水泥隔水帷幕施工时应保证桩径或墙厚,并确保相邻桩搭接要求,当采用高压旋喷桩作为局部隔水帷幕时,喷浆下沉或提升速度不应大于100mm/min。

4)隔水帷幕渗漏水时,可要求施工单位采取下列措施:

(1)采用遇水膨胀材料或压密注浆等方法堵漏。

(2)采用快硬早强混凝土浇筑护墙。

(3)在竖井外侧增设高压旋喷桩或水泥土搅拌桩隔水帷幕。

(4)增设坑内降水和排水设施。

(三)竖井开挖及支护监理要点

1)土石方开挖前应对围护结构、降水效果及监测情况进行检查,满足设计要求后方可开挖。

2)按照审批的方案进行竖井开挖。

3)竖井周边的施工荷载应按设计要求进行控制。

4)采用锚杆(索)支护的竖井开挖应与锚杆(索)施工配合,竖井土方挖至设计文件规定的位置下0.5m时,应进行锚杆(索)的施工。锚杆(索)未张拉锁定前,不得开挖下层土方。

5)钢腰梁与三角支架密贴,每段钢腰梁均应设置防坠落装置。

6)钢腰梁与围护结构应密贴,当存在空隙时,可用强度不低于M20砂浆先抹平围护结构面,之后再安装,也可用强度等级不低于C30细石混凝土将其缝隙填充密实。

7)应根据设计文件要求,在竖井开挖的过程中,架设内支撑,竖井开挖应与内支撑施工配合,按设计要求进行内支撑的施工。

8)内支撑上不得堆放材料或其他重物。

9)横撑及腰梁应按照主体结构施工设计要求进行,如设计无具体要求,应随主体结构施工自下而上拆除,在主体结构底板或中(顶)板强度符合设计文件要求后方可拆除,设计无要求时,混凝土强度应达到设计文件规定值的70%以上方可拆除支撑。

(四)喷射混凝土监理要点

1）喷射混凝土作业应紧跟开挖工作面。

2）爆破作业时,喷射混凝土终凝到下一循环爆破间隔的时间不得小于3h。

3）喷射混凝土强度应符合设计文件要求。

4）喷射混凝土应密实、平整,应无裂缝、脱落、漏喷、露筋、空鼓、渗漏水现象。

5）喷射混凝土厚度总平均值不应小于设计文件要求的厚度,最小厚度不得小于设计文件要求厚度的80%。

6）混凝土喷射机安全控制措施如下:

（1）作业前重点检查:管道连接紧固密封,各部密封件密封良好;安全阀灵敏可靠;电源线无破裂现象,接线牢靠;压力表指针在上、下限之间,根据输送距离,调整上限压力的极限值;喷枪水环（包括双水环）的孔眼畅通。

（2）机械操作和喷射操作人员应有联系信号,送风、加料、停料、停风以及发生堵塞时,应及时联系,密切配合处理问题。

（3）喷嘴前方严禁站人,操作人员应始终站在已喷射过的混凝土支护面以内。

（4）发生堵管时,操作人员应紧握喷嘴,严禁甩动管道伤人。当管道中有压力时,不得拆卸管接头。

（5）机械手施工放下支腿时,确认喷浆车前后桥在一条直线上,确认地面坚实可靠。

(五)垂直运输监理要点

1）竖井上、下应设联络信号,并应设专人负责,井底应能给提升司机发送紧急停车信号。

2）竖井坑底应设置集水坑、集土坑。

3）竖井口应设安全栅栏和安全门,通向井口的轨道应设阻车器。

4）竖井底吊装区域应设置隔离栏杆,进行封闭式管理,并安排专职人员值守,悬挂安全警示标牌及车辆限速标牌。

5）竖井垂直运输不得与井内施工平行作业,运输材料过程中,井下作业人员应撤离至安全地带。

6）井架、龙门架物料提升机使用过程中,严禁超额定负荷起吊、物料不得超出土斗上口,严禁斜吊平拉、骤然停车,速度升降平稳,并不得超速运行;严禁限位器作开关使用、起吊重物不得过久空悬。

(六)人行通道监理要点

1)施工现场(井上井下)实行封闭化管理,场地大门宜实行人车分流,设置门禁、监控,进出场(洞)实行登记制度管理,施工人员应实名制管理。

2)固定楼梯与竖井底间悬空段宜安装临时爬梯。爬梯应放置稳定,与接触面应进行固定;爬梯严禁两人及以上同时通行。

3)自竖井底部楼梯开始,进入隧道内宜设置专用人行通道,安装防护栏隔离设施。

4)固定楼梯的固定钢板、休息平台、步梯、防护设施等安装过程中,应采取防坠落措施。

5)固定楼梯的设计应有有效的计算书,楼梯安装完成后,应在井口醒目位置悬挂楼梯允许承重标示牌。

四、洞口工程施工监理要点

(一)关键节点条件核查监理要点

洞口工程施工前应进行关键节点条件核查,具体内容如表7-2所示。

洞口工程施工关键节点条件核查内容表　　　表7-2

序号	验收条件	内容	验收要点
1	主控条件	施工方案	专项施工方案已通过监理单位审批
2		体系制度	工程安全保证体系及制度建设完善
3		资质资历	队伍资质、许可证等资料齐全,安全生产协议已签署,人员资格满足施工要求
4		培训教育及交底	专项施工方案已向作业层交底,各项交底已完成,岗前安全技术教育培训已完成
5		监测	监测控制点、监测点已按监测方案布置且已测取初始值,主要包括地表沉降、地下水位等
6		机械及设备	机械,通风设备,通信设备,特种设备及测验、测爆、测毒设备均按方案进场,并已通过检测、核验或标定且相应证书、报告及手续齐全
7		材料	根据施工进度都已到位,并已通过检测、核验或标定且相应证书、报告及手续齐全
8		周边环境调查	对周边建(构)筑物、管线等设施现有状况及其承受变形的能力完成调查,且制定了相关保护措施

续表

序号	验收条件	内容	验收要点
9	主控条件	加固措施	设计要求的开挖加固措施已经完成,各项加固指标已经达到设计要求并有检测报告
10		应急救援预案	编制有针对性、可操作性的应急救援预案
11	一般条件	人员	人员配置能否满足作业要求,特种作业人员落实情况,考核,教育,作业人员应体检合格
12		应急准备	根据应急救援预案配备了应急人员、设备及物资
13		风水电	风、水、电应满足施工需求。照明设施的电压应采用不高于36V的照明灯具

(二)洞口工程施工监理要点

(1)洞口施工前,应先检查加固效果,检查边、仰坡稳定情况,清除悬石、处理危石。洞口边、仰坡应及早做好坡面防护,确保洞口稳定。

(2)洞口路堑及边坡、仰坡断面应自上而下开挖,按设计坡度一次开挖到位,施工人员不得上下交叉作业。

(3)洞口石方严禁采用大爆破开挖,宜采用浅孔小台阶爆破;石质地层的边、仰坡开挖应采用光面爆破法或预裂爆破法。

(4)当洞口位于断层破碎带、砂砾(卵)土、砂土时,宜采用地表注浆加固;进洞时应施作超前支护。

(5)端墙处的土石方开挖后,对松动岩层进行支护。

(6)洞口邻近有建(构)筑物时,应结合设计文件,收集掌握建(构)筑物信息、现状,开挖爆破应采用控制爆破技术,严格控制爆破振速及飞石,避免对邻近建(构)筑物造成损害;应加强对建(构)筑物的变形观测,一旦发现异常,立即停工,查找原因,必要时可采取预加固措施。

(7)竖井与横通道连接处、横通道与正洞连接处、变截面处、交叉点等部位应按设计要求实施预加固措施,经验收合格后方可开挖。

五、超前支护监理要点

(一)超前地质预报监理要点

(1)隧道开挖前必须进行超前地质预报。

(2)超前地质预报可根据不同的地质复杂程度分级,预报方法的选择与施工方法相适应。

(3)超前地质预报方法主要有地质雷达、TSP、超前探孔、加深炮孔、地质素描等。

(4)矿山法施工穿越断层破碎带、软弱围岩段或富水、浅埋、建(构)筑物或地下管线等地段时,应根据围岩情况、施工方法和机械配置,选择辅助施工方法与措施进行围岩加固。

(二)超前管棚及小导管监理控制要点

(1)超前管棚及小导管应顺直,规格、型号、壁厚、接长方式应符合设计文件要求。

(2)管棚施工前应先将工作面封闭严密、牢固,清理干净,并测出钻设位置后方可施工。

(3)钻孔的外插角允许偏差为1°,施工前应先施工导向墙,其上安装管棚导向钢管,待导向墙混凝土达到设计文件规定强度的75%后,方可进行管棚钻孔作业;钻孔应由高孔位向低孔位进行。

(4)采用钻(吹)孔施工时,其孔眼深度应大于导管长度;采用锤击或钻机顶入时,其顶入长度应不小于管长的90%。

(5)开钻前对使用的机具应详细检查,钻机钻孔时,应先检查机身、螺栓、卡套、弹簧和支架是否正常完好,管子接头是否牢固,有无漏风;钻杆有无不直、带伤以及钻孔堵塞现象。

(6)开始钻孔时应低速低压,卡钻时应用钣钳松动拔出,不可敲打钻杆。

(7)超前小导管及管棚内的注浆材料、注浆量、配合比及注浆压力应符合设计文件要求。

(8)砂卵石及风化破碎围岩管棚施工应采用套管跟进法,做到打一孔,插一孔。黄土隧道宜采用干钻成孔,并采用早强材料锚固,宜注水泥砂浆。

(三)注浆加固监理控制要点

(1)隧道内注浆宜先施工止浆墙,再进行注浆施工。

(2)注浆孔的数量、布置、间距、孔深应符合设计要求。

(3)注浆各阶段的注浆压力、注浆量、注浆时间应符合设计要求。

(4)钻机、注浆泵及高压管路必须试运转,确认机械性能和各种阀门管路、压力表、流量计完好后方准施工。每次注浆前,要认真检查安全阀、压力表的灵敏度,并调整到规定注浆压力位置。

(5)注浆过程中,禁止现场人员在注浆孔附近停留,防止密封胶、冲式阀门破裂伤人。

（6）注浆过程中应根据地质、注浆目的、注浆工艺等控制注浆压力。注浆结束后应检查其效果，注浆效果达到充满浆管及周围空隙，满足开挖要求，不合格者应补浆。

六、开挖施工监理要点

（一）关键节点条件核查监理要点

1）矿山法开挖施工应进行关键节点条件核查，具体验收内容如表7-3所示。

矿山法开挖施工关键节点条件核查内容表　　　　表7-3

序号	验收条件	内容	验收要点
1	主控条件	施工方案	专项施工方案已通过监理单位审批，专项施工方案（包括应急预案）编制、审批、专家论证、审批齐全有效
2		体系制度	工程安全保证体系及制度建设完善
3		资质资历	队伍资质、许可证等资料齐全，安全生产协议已签署，人员资格满足施工要求
4		培训教育及交底	专项施工方案已向作业层交底，各项交底已完成，岗前安全技术教育培训已完成
5		监测	监测控制点、监测点已按监测方案布置且已测取初始值，主要包括地表沉降、周边建（构）筑物监测、地下水位等
6		机械及设备	机械、通风设备，通信设备，特种设备及测验、测爆、测毒设备均按方案进场，并已通过检测、核验或标定且相应证书、报告及手续齐全
7		材料	根据施工进度都已到位，并已通过检测、核验或标定且相应证书、报告及手续齐全
8		周边环境调查	对周边建（构）筑物、管线等设施现有状况及其承受变形的能力完成调查，且制定了相关保护措施
9		加固措施	设计要求的开挖加固措施已经完成，各项加固指标已经达到设计要求并有检测报告
10		超前地质预报	资料齐全，现场实际与地勘资料相符未发现异常情况
11		应急救援预案	编制有针对性、可操作性的应急救援预案
12	一般条件	人员	人员配置能否满足作业要求，特种作业人员落实情况，考核、教育，作业人员应体检合格
13		应急准备	根据应急救援预案配备了应急人员、设备及物资
14		风水电	风、水、电应满足施工需求。照明设施的电压应采用不高于36V的照明灯具

2）矿山法开挖穿越建（构）筑物、桥梁、既有铁路或轨道线施工应进行关键节点条件核查，具体验收核查内容如表7-4所示。

矿山法开挖穿越建（构）筑物、桥梁、既有铁路或轨道线
施工关键节点条件核查内容表　　　　　　表7-4

序号	验收条件	内容	验收要点
1	主控条件	施工方案	专项施工方案已审批，专项施工方案（监测、测量及安全技术措施等）已通过监理单位审批
2		手续办理	需办理的相关手续已完善或已获得产权单位认可
3		体系制度	工程安全保证体系及制度建设完善
4		资质资历	队伍资质、许可证等资料齐全，安全生产协议已签署，人员资格满足施工要求
5		培训教育及交底	专项施工方案已向作业层交底，各项交底已完成，岗前安全技术教育培训已完成
6		监测	监测控制点、监测点已按监测方案布置且已测取初始值，主要包括地表沉降、周边建（构）筑物监测、地下水位等
7		机械及设备	机械，通风设备，通信设备，特种设备及测验、测爆、测毒设备均按方案进场，并已通过检测、核验或标定且相应证书、报告及手续齐全
8		材料	根据施工进度都已到位，并已通过检测、核验或标定且相应证书、报告及手续齐全
9		周边环境调查	对周边建（构）筑物、管线等设施现有状况及其承受变形的能力完成调查，且制定了相关保护措施
10		加固措施	设计要求的开挖加固措施已经完成，各项加固指标已经达到设计要求并有检测报告
11		超前地质预报	资料齐全，现场实际与地勘资料相符未发现异常情况
12		应急救援预案	编制有针对性、可操作性的应急救援预案
13	一般条件	人员	人员配置能否满足作业要求，特种作业人员落实情况，考核，教育，作业人员应体检合格
14		应急准备	根据应急救援预案配备了应急人员、设备及物资
15		风水电	风、水、电应满足施工需求。照明设施的电压应采用不高于36V的照明灯具

（二）开挖施工监理控制要点

1）暗挖隧道施工严格遵循"管超前、严注浆、短开挖、强支护、早封闭、勤量测"十八字方针（以下简称"十八字方针"）。

2）工程施工前应根据设计文件要求，进行安全评估，或对周边环境进行调查并制定相应保护措施。

3）在土层及不稳定岩体中，初期支护的挖、支、喷环节应紧跟；当开挖面

稳定时间不能满足初期支护施工时，应采取超前支护或注浆加固措施。

4）隧道开挖根据围岩级别按照设计及规范要求严格控制循环进尺。

5）开挖步距要求：

（1）台阶法以及CD、CRD、双侧壁导坑法的每个分部施工采用上下台阶开挖的，应采用短台阶施工，上下台阶距离为3～5m，及时封闭初期支护成环。

（2）区间暗挖工程左右线隧道，净距小于1倍隧道开挖跨度，其前后开挖面错开距离不应小于15m。

（3）CD、CRD、双侧壁导坑等工法暗挖工程，各开挖工作面前后错开距离应不小于15m。

（4）横通道施工完成进入区间正线时，大小里程均有作业面，大小里程方向作业面错开距离不应小于30m。

6）掌子面与二次衬砌距离应满足设计要求，如设计没有明确要求，Ⅰ、Ⅱ级围岩地段掌子面与二衬距离不宜大于200m，Ⅲ级围岩地段掌子面距离二衬距离不宜大于120m，Ⅳ级以上围岩地段掌子面与二衬距离不宜大于90m。

7）同一条隧道相对开挖，当掌子面相距20m时，应停止挖一端作业，并封闭掌子面，另一端单向开挖至贯通。

8）爆破施工监理控制要点

（1）钻爆法施工必须编制爆破方案，根据工程特点制定有针对性的安全技术措施，通过专家论证并上报公安部门审批，批准后方可实施。

（2）凡经公安机关审批的爆破作业项目，爆破作业单位应于施工前3天发布公告，并在作业地点张贴，施工公告内容应包括：爆破作业项目名称、委托单位、设计单位、施工单位、安全评估单位、安全监理单位、爆破作业时限等。装药前1天，应发布爆破公告并在现场张贴，内容包括：爆破地点、每次爆破时间、安全警戒范围、警戒标识、起爆信号等。

（3）爆破器材临时存储必须得到当地相关行政主管部门的许可，施工现场按要求设置火工品临时存放点并做好安全防护措施。

（4）必须制定爆破物品管理制度、动火作业制度及应急预案。

（5）爆破施工单位必须具有相应的资质、配备相应的爆破技术人员和爆破作业人员（包括爆破员、保管员、安全员等），经专门安全技术培训考核合格，并取得公安部门颁发的有效安全作业证后，持证上岗操作。

（6）爆破器材的使用及运输应符合行业标准，应按规定处置不合格及剩余的爆破器材。

（7）现场使用的起爆设备和检测仪表，应定期检查标定，确保性能良好。

(8)爆破作业人员应按爆破设计方案进行钻孔和装药,当需调整时,应征得现场技术负责人同意并做好变更记录。在装药和填塞过程中,应保护好爆破网线。

(9)现场民用爆炸物品临时存储点设置应通过公安部门验收,临时存放点外均应设置防静电球,进入的作业人员,应经泄放静电后才能进行操作。

(10)民用爆炸物品管理采用双人双锁,进行全过程视频监控。

(11)严禁钻孔与装药平行作业;严禁套打残眼;装药时采用PVC软质材料将药卷送进炮孔中,严禁采用铁质器具。

(12)在距离需保护建筑物最近爆破区域进行试验爆破,根据试验爆破的实际爆破效果及爆破振动监测数值反推爆破设计是否合理,为后续爆破提供可靠的依据,确保被保护建筑物安全。

(13)根据施工方案确定爆破警戒范围,应将爆破警戒区内的人员、机械设备、仪器仪表在规定的时间内撤离到警戒区外,对不能撤离的加以保护。为防止爆破时人员、车辆撤离不到位、躲炮不规范或清场有死角,要提前通知友邻单位或其他施工班组,爆破作业时逐项填写《爆破安全联动通知单》和《施工爆破三检表》。

(14)爆破后必须经过通风排烟才能进入工作面进行检查,间隔时间不得小于15分钟,经检查,在有害气体浓度允许值范围内,或低于允许值方可允许人员进入,避免炮烟中毒。

(15)在爆破施工中,应加大人员安全的允许距离,对被保护对象采取必要的防护措施。为了避免装药或点炮时突发照明中断,爆破应随身携带手电筒(最好塑料外壳)。禁止爆破区域内使用明火或抽烟。使用电雷管爆破时,必须加强现场电源管理,防止漏电引爆。

(16)发现"瞎炮"时,必须由原爆破人员按规定处理,在妥善处理并由安全管理人员确认安全时,方可解除警戒信号。

(17)爆破后检查掌子面有无松动岩石或浮石,并及时清除。

(18)爆破工程监测应采取仪器监测和现场调查相结合的方法,主要包括:爆破前后被保护对象的外观变化;周围的岩土裂隙、层面变化;周围设置的观测标志变化;爆破振动、飞石、有害气体、粉尘、噪声、冲击波、涌浪等对人员、生物及相关设施等造成的影响。

七、初期支护监理要点

(一)钢筋网片和钢架施工监理控制要点

(1)型钢、钢格栅、网片等支护材料及安装应符合设计及规范要求。

（2）钢架的拴接板尺寸应符合设计要求，两板面应密贴，连接螺栓孔应机械成孔，螺栓强度应进行试验检测符合设计要求，数量应满足设计要求，并连接牢固。

（3）钢架安装壁面轮廓应坚实并修理平整，每段钢架应架立在原状土（岩）上，其拱脚或墙脚应支立牢固，不能支立牢固时应进行预加固。

（4）钢架与壁面必须楔紧，每榀钢架及相邻钢架纵向必须连接牢固，连接筋间距、搭接长度及焊缝质量应符合设计及规范要求。

（二）锚杆（管）监理控制要点

（1）锚杆（管）的材质、规格、数量及花眼形式应符合设计及规范要求。

（2）抗拔锚杆应在初期支护喷射混凝土后及时安装，支撑钢架的锁脚锚杆（管）应在钢架就位后及时安装。

（3）锚杆（管）钻孔孔位、孔深和孔径等应符合设计及规范要求。

（4）安装前将孔内清理干净，孔内砂浆应灌注饱满，锚杆外露长度不应大于100mm。

（5）锚杆应与岩面垂直，锚杆垫板与孔口混凝土密贴。

（6）锁脚锚杆（管）安装后杆（管）体与钢拱架间夹角应符合设计文件要求，且应连接牢固，入孔后不得径向锤击。

（7）应按照设计要求进行锚杆（管）拉拔试验。

（三）喷射混凝土监理控制要点

（1）喷射混凝土与岩面密贴，不得有空洞。

（2）喷射混凝土操作台架应平稳，周边安装高度不小于0.8m护栏。

（3）操作人员应按要求佩戴防护用品，尤其是防尘面罩。

（四）初支背后回填注浆监理控制要点

（1）注浆孔应在初期支护结构施工时按设计要求预埋。

（2）注浆应在结构混凝土强度达到设计文件规定的强度，并尽可能封闭成环后进行。

（3）初期支护背后回填注浆完成后，应采取雷达扫描或钻孔形式检查注浆密实情况，若存在空洞应及时进行充填注浆处理。初期支护背后回填注浆压力应控制在0.3～0.5MPa。

（五）初支断面侵限处理措施

初支断面变形造成的侵限，宜采用注浆对围岩进行加固，待注浆加固满足开挖条件后进行处置，处置措施应严格按照审批后的方案实施。

八、防水作业监理要点

（一）关键节点条件核查

防水作业施工前应进行关键节点条件核查，具体核查内容如表 7-5 所示。

防水作业施工关键节点条件核查内容表　　　表 7-5

序号	验收条件	内容	验收要点
1	主控条件	施工方案	专项施工方案已通过监理审批
2		资质资历	队伍资质、许可证等资料齐全，安全生产协议已签署，人员资格满足施工要求
3		培训教育及交底	专项施工方案已向作业层交底，各项交底已完成，岗前安全技术教育培训已完成
4		材料	质量证明文件齐全，复试合格
5		基面处理	防水基面已通过验收
6	一般条件	作业平台	作业平台已搭设完成，牢固，临边防护安全可靠，通过验收
7		人员	人员配置能否满足作业要求，特种作业人员落实情况，考核，教育，作业人员应体检合格
8		应急准备	根据应急救援预案配备了应急人员、设备及物资
9		风水电	风、水、电应满足施工需求。照明设施的电压应采用不高于 36V 的照明灯具

（二）防水施工监理控制要点

（1）施工现场应配备消防器材。

（2）应做好高空作业安全防护措施。

（3）热风枪及暗钉圈射枪枪口不应对人，避免误伤。

（4）在防水板焊接前，对爬焊机和热风枪进行检查，防止漏电伤人，操作人员应戴防护手套，避免焊接过程中温度过高造成烫伤。

（5）按照动火管理要求进行作业，采取有效措施，避免电焊中的火花飞溅破坏防水板。

九、二次衬砌监理要点

(一)临时支护拆除监理控制要点

(1)临时支护拆除前应进行关键节点条件的核查,具体核查内容如表7-6所示。

临时支护拆除前关键节点条件核查内容表　　表7-6

序号	验收条件	内容	验收要点
1	主控条件	施工方案	专项施工方案已通过监理审批,专项施工方案(包括应急预案)编制、审批、专家论证、审批齐全有效
2		培训教育及交底	专项施工方案已向作业层交底,各项交底已完成,岗前安全技术教育培训已完成
3		监测	监测数据稳定,累计变化量、平均变化速率及最大变化速率等指标均能满足拆撑要求。根据方案要求完成了监测点布设
4		拆除试验	按设计及方案要求,确定拆除长度,并进行卸载试验
5	一般条件	作业环境	已完成现场警戒,操作平台满足施工要求,牢固可靠
6		人员	人员配置能否满足作业要求,特种作业人员落实情况,考核、教育,作业人员应体检合格
7		机械设备	设备满足施工要求
8		应急准备	根据应急救援预案配备了应急人员、设备及物资
9		风水电	风、水、电应满足施工需求。照明设施的电压应采用不高于36V的照明灯具

(2)严格按照审批后的方案进行拆除试验,确保拆除安全。

(3)临时支护拆除过程中,应加强监控量测,发现监测数值异常时,暂停临时支护拆除并采取加固措施。超出预警值时应立即发出警报,通知洞内人员立即撤离。

(4)拆除临时支护后,对临时支护上残留的钢筋头进行清除,以防止拆除的临时支护在运输或再利用过程中,短钢筋碰伤、划伤施工人员。

(二)钢筋工程施工监理控制要点

(1)墙、柱、梁等大结构钢筋绑扎时应采取防倾倒措施。

(2)拱部钢筋绑扎应采取防坍塌措施。

(3)预留钢筋应采取防护措施,避免损伤作业人员。

(4)高处(2m及以上)安装钢筋作业,应搭设操作平台,设置上下通道,严禁攀爬或站在钢筋骨架上。

(5)禁止在钢筋作业面上堆载。

(三)模板及支架施工监理控制要点

1)模板台车

(1)模板台车应进行专项设计,强度、刚度、稳定性满足施工要求。

(2)模板台车移动时,应有专人指挥,设备、电线、管路应在台车移动时,采取有效措施进行保护。

(3)台车上应设置人行步梯、扶手、栏杆及安全警示标识。

(4)台车安装完成后自检,监理工程师验收合格后挂设验收标识牌。

(5)台车底部钢轨安装必须平直,保证台车走形顺畅。

(6)端头模拆除应根据实际情况设置防坠网,防止坠落伤人。

2)非标准段的模板应符合隧道断面设计文件规定的尺寸;合拢段拱顶模板应设置混凝土浇筑口和排气孔;端头模安装牢固;高支模严格按照施工方案执行。

3)脚手板应铺满、铺实,外侧应设置高度不低于180mm的挡脚板及1200mm高的两道防护栏杆,防护栏杆应在立杆0.6m和1.2m的碗扣接头处搭设两道;平放在横杆上的脚手板,必须与脚手架连接牢靠,可适当加设横杆,脚手板探头长度应小于或等于150mm。

4)人行坡道坡度宜小于或等于1:3,并在坡道脚手板下增设横杆,坡道可折线上升。

5)高支模支撑体系施工前应进行关键节点条件核查,具体核查内容如表7-7所示。

高支模支撑体系施工前关键节点条件核查内容表　　　表7-7

序号	验收条件	内容	验收要点
1	主控条件	施工方案	专项施工方案已通过监理审批,专项施工方案(包括应急预案)编制、审批、专家论证、审批齐全有效
2		体系制度	工程安全保证体系及制度建设完善
3		资质资历	分包队伍资质、许可证等资料齐全,安全生产协议已签署,人员资格满足施工要求
4		培训教育及交底	专项施工方案已向作业层交底,监理细则已向施工单位进行书面交底,岗前安全技术教育培训已完成
5		监测	监测点布置符合方案要求
6		机械及设备	进场验收记录齐全有效,特种设备安全技术档案齐全。安装稳固,防护到位

续表

序号	验收条件	内容	验收要点
7	主控条件	材料	质量证明文件齐全，复试合格
8		地基处理	地基加固已通过验收
9		支撑体系及临边防护	支架支撑体系已验收合格，作业平台临边防护到位
10	一般条件	人员	人员配置能否满足作业要求，特种作业人员落实情况，考核，教育，作业人员应体检合格
11		应急准备	根据应急救援预案配备了应急人员、设备及物资
12		风水电	风、水、电应满足施工需求。照明设施的电压应采用不高于36V的照明灯具

（四）防坍塌监理控制要点

（1）应对周边环境进行详细调查，做好安全风险识别和分级管控，制定防坍塌措施，并提交监理审核，细化作业工序安全技术交底，对施工全过程要认真落实专项方案和质量安全风险管控措施，做好相关资料的记录和存档工作。

（2）加强管线调查，施工影响范围内每一条地下管线都要进行详细调查，掌握管线坐标、埋深、走向、管材、建筑年代、产权单位相关联系电话、附近阀门井位置、检查井位置等准确信息，并做好记录。

（3）应按规定进行地质预测、预报。配专人负责超前地质预报工作，隧道开挖过程中，应进行地质素描并做好记录，将超前地质预报预测纳入工序管理。地质复杂、地下水丰富及沿线地下有城市供（排）水管网区域，应在掌子面进行超前水平钻孔，探测围岩的工程地质和水文地质情况。

（4）严格按照"十八字方针"控制开挖进尺和步距，开挖后及时支护，控制爆破振速。

（5）应保证隧道初支体系施工质量。按照设计要求，确保各类锚杆（管）施做数量和施工质量。保证钢拱架纵向连接的施工质量，防止初支结构失稳。

（6）应建立完备的隧道施工监控量测系统。监控量测点必须及时埋设，保证量测数据的准确性和数据分析的及时性，用量测数据指导隧道施工。若出现监测数据超标，应立即启动预警、报警、预警预案，及时采取措施，严禁带警作业。

（7）当遇到地质与地勘提供资料的数据有差异时，应及时进行围岩变更，调整施工参数，并及时进行技术交底，督促现场按要求施工到位。

（8）做好初期支护背后的注浆工作，保证初期支护与围岩密贴，杜绝空洞。

（9）应针对隧道施工编制应急预案，并进行演练，反复总结、提高应急能力。

第8章 高架施工监理要点

一、施工方案的编制与审核

施工单位应编制重要部位/工序（基坑开挖及支护、基坑降水、现浇梁/板/柱混凝土浇筑、挂篮悬臂梁浇筑、模板支撑工程、承重支撑体系、大型起重机械安装及拆卸、预制梁架设、钢箱梁吊装、跨越铁路、道路的梁体施工、施工监测、应急预案等）的专项施工方案。其中，超过一定规模的危险性较大的分部分项工程（深基坑工程、模板工程及支撑体系、起重吊装及起重机械安装拆卸工程、钢结构安装工程等）的专项施工方案应经专家论证会论证。专项施工方案内容齐全，并具有针对性。

关键节点条件核查监理要点

关键节点条件核查工程主要包括：深基坑开挖、跨越铁路或道路的预制梁架设、跨越铁路或道路的挂篮悬臂混凝土浇筑施工、架桥机安装、架桥机走行、预制梁架设、钢箱梁吊装、模板工程及支撑体系。

二、桩基施工监理要点

（一）钻孔施工监理控制要点

（1）钻机安装时，机架应垫平，保持稳定，不得产生位移或沉陷，钻架顶端应使用缆风绳对称张拉，地锚应牢固。

（2）采用旋挖钻机钻孔时，钻渣不得堆积在孔口周围，防止坍塌，造成桩机倾覆、人员伤亡。

（3）采用冲击钻机停钻时，钻头应提出孔外安全放置，孔口应临时防护。

（4）在高压线或营业线附近施工，应设置防触电和防设备倾覆的保护措施。

(5)施工机械作业时管理人员、技术人员、设备操作、指挥人员进行相应的安全交底,作业面应增设警戒区。

(二)泥浆施工监理控制要点

(1)泥浆池选址应远离基坑、地下管线、地下构筑物等对地基影响较大的地方。

(2)泥浆池四周应设置护栏及明显的警示标志,夜间应悬挂示警红灯,防止人员误入。

(3)泥浆应根据施工机械、工艺及穿越土层情况进行配合比设计,施工过程中严格按配合比施工,防止孔口塌陷,造成桩机倾覆、人员伤亡。

(三)钢筋笼吊装监理控制要点

(1)钢筋笼吊装前,应采取固定措施防止其在起吊过程中发生过大变形、散架、坠落,从而造成人员伤亡。

(2)钢筋笼吊装前,应对吊具进行全面检查,防止钢筋笼在安装时发生倾覆。

(3)钢筋笼孔口连接时,孔内钢筋笼应固定牢靠,钢筋连接人员与起重操作人员应协调一致。

(四)水下混凝土灌注施工监理控制要点

(1)水下浇筑混凝土时,应搭设浇筑作业平台,并设孔口防护,确保施工操作人员安全。

(2)拆卸导管时,应在导管完全松开后,方可起吊移开。采用人工抬运导管时,应有防滑措施。

(五)桩头破除施工监理控制要点

(1)采用手工破除桩头时,大锤应把握牢固,扶钎人应使用夹具,不得徒手扶钎,使锤人不得与扶钎人面对面操作。

(2)使用风动工具破除桩头,应严格按操作规程进行作业,并佩戴防护用品。应及时清除拆除的碎块。

(3)桩头吊装时吊带应绑扎牢靠,吊点下方严禁站人。

三、承台施工监理要点

(一) 基坑开挖施工监理控制要点

(1) 基坑放坡开挖的坡率、降排水、坡面防护、坡体加固、开挖方法、基坑周边堆载等应符合专项施工方案及设计要求。

(2) 基坑支护开挖的支护体系架设、连接、防滑移、防坠落等应按专项施工方案和设计要求采取相应的支护措施，支护体系应及时施作，支护锚杆（索）应按照要求进行拉拔试验。

(3) 基坑开挖前应对支护体系和降水效果进行检查，满足设计要求后方可开挖。

(4) 高架车站基坑开挖作业应设置临时防护及专用通道，防护高度和牢固程度及通道的设置应符合规范要求。

(5) 承台施工过程中，应对基坑进行监测，如有异常，立即停止施工，撤离基坑内作业人员，采取有效的支护措施后方可复工。

(6) 承台施工完成，在结构强度及回迁管线满足设计要求后，应及时进行基坑回填。

(二) 钢筋吊装监理控制要点

(1) 钢筋吊装应捆扎结实，防止碰人撞物。

(2) 钢筋作业人员应佩戴安全防护用品。

(三) 模板安装监理控制要点

(1) 模板应按施工方案进行安装固定。

(2) 模板安装时，支撑应与基坑边坡（壁）顶贴密实、稳固。对拉螺杆应严格按照施工方案设置。

(四) 混凝土浇筑施工监理控制要点

(1) 混凝土应分层、对称浇筑，防止浇筑荷载不均或局部过大造成模板倾覆。

(2) 混凝土振捣时严禁碰触钢筋及模板。

(3) 混凝土浇筑过程中应加强对支撑体系及模板变形的检查。

四、墩台帽施工监理要点

(一) 脚手架及作业平台搭设监理控制要点

(1) 脚手架及作业平台应搭设牢固,不得与模板及支撑体系连接。应设置上下作业通道。周边应挂安全密目网。

(2) 高处作业上下重叠施工时,应设置安全网等防护措施。

(3) 塔式起重机基础应牢固,与桥墩进行可靠连接。

(4) 脚手架搭设前应进行受力检算,地基坚实,四周排水通畅。

(5) 脚手架搭设较高或风力较大时,应增设缆风绳并锚固牢固,必要时与墩柱拉接。

(6) 系、盖梁施工可采用抱箍式操作平台,安装抱箍时宜采用扁担式吊篮。抱箍内部用橡胶皮等软材料环包增加摩擦力。抱箍上下在墩柱部位设置定位标记并定期进行监测。操作平台主梁之间对拉连接应牢固。采用碗扣式或钢管支撑支架时,基础应水平、坚实、平整。

(7) 垫石施工宜采用框架组合型防护,安装在盖梁上部,支架高度不宜小于1.8m。组合防护采用钢丝绳或安全带悬挂方式,拉结点提前预埋。

(二) 钢筋安装施工监理控制要点

(1) 墩柱钢筋安装应采取防倾覆措施防止钢筋骨架倾覆。

(2) 在钢筋骨架上应做好电线及电缆安全防护。

(3) 钢筋安装应有可靠的固定措施。

(三) 模板安装及拆除监理控制要点

(1) 模板应进行专项设计。

(2) 拼装高度2m以上的竖向模板应搭设作业平台,安装过程中应设置临时固定设施,作业人员应走专用通道,严禁利用模板或支架上下攀登。

(3) 模板采用整体吊装时,应连接牢固。起吊安装过程中,应栓溜绳,不得碰触模板和脚手架。

(4) 模板拆除应遵循"自上而下、分块分节、先挂后拆"的原则进行。

(四) 混凝土浇筑施工监理控制要点

(1) 混凝土应分层浇筑。

(2)混凝土振捣时严禁碰触钢筋及模板。

(3)混凝土浇筑过程中应观察模板是否存在变形、跑模现象,如有异常,立即停止浇筑,采取有效加固措施后方可继续浇筑。

(五)支座施工监理控制要点

(1)支座安装前,墩顶及支座锚栓孔中的积雪、冰冻、积水和其他杂物应清理干净,并采取必要的防滑措施。支座在墩顶存放时,要固定牢固。

(2)吊运支座时,墩顶作业人员应待支座稳定后再扶正就位。人工抬运支座时,应协调一致,防止挤压手脚。

(3)上支座板与梁底预埋板间不得有间隙。支座下的灌浆强度达到20MPa后,拧紧下支座板锚栓,并拆除各支座上、下连接钢板及螺栓,再拆除临时千斤顶。

(4)共同作用的多台千斤顶应选用同一类型,并用油管并联。千斤顶、油泵、油管、压力表等使用前应分别进行试验。

(5)使用千斤顶顶梁安放支座时,应及时落梁到支座,严禁长时间用千斤顶支承梁体。

(6)顶落梁时,应有保护设施,随着顶升及时安放或撤除。两端支点不得同时起落。顶升或平移时,应缓慢平稳,各道工序派专人检查,统一指挥。

五、预制梁制作与架设监理要点

(一)预制梁制作监理控制要点

(1)制(存)梁台座地基应有足够的承载力,台座应有足够的强度、刚度和稳定性。

(2)制(存)梁台座四周应设置良好的排水系统。

(3)钢模板翼模外侧应加宽,布置人行道及栏杆。两端设置人员上下扶梯,端模处设置栏杆。

(4)钢筋骨架和箱梁内模在龙门吊整体吊装时应配备专用吊具,多吊点均匀起吊。两台吊车同时起吊时,应统一指挥,同步起吊和横移,同时配备专业起吊人员(信号工、司索工等)。

(5)预制梁混凝土浇筑完成后,抽拔预应力孔道胶管时,应清除卷扬机工作区域内障碍物,梁端附近严禁站人,防止胶管回弹伤人。

(6)混凝土浇筑后加强梁内通风(梁内环境应考虑有限空间作业安全要求),拆除内模时应缓慢匀速进行,内模内不得站人,应将已拆下的端模及侧模支撑固定。

（7）后张法制梁时，钢绞线开盘时纠正乱盘和扭结，使用砂轮机切割下料，并配置专门防护架，防止钢绞线弹出伤人。高压油管使用前应进行耐压试验，油压泵上的安全阀应调至最大工作油压下能自动打开状态。油压表、高压油管、接头安装紧密，油路畅通，不得漏油。张拉应设置专用工作平台，平台应有防护屏障，设置明显的警示标志，非工作人员禁止入内。张拉时千斤顶后面及油管接头附近不得站人，不得踩踏高压油管。张拉设备运转异常应立即停机检查维修，锚外钢绞线采用砂轮机切割，切割时不得伤害锚具，张拉后应严禁撞击锚具、钢束。

（8）先张法制梁时张拉台座应能满足直线和折线配筋的工艺要求，张拉横梁受力后的最大挠度不得大于2mm，锚板受力中心应与预应力筋合力中心一致。抗倾覆安全系数不小于1.5，抗滑移系数不小于1.3。张拉中使用的工具和锚具，在使用前进行外观检验和探伤检测，已有裂伤者严禁使用。折线配筋的先张梁，应对转辙器作外观和探伤检查。浇筑混凝土时，振捣器不得撞击钢绞线。张拉预应力时，应采取防护网、防护墙等安全防护措施，操作人员应站在千斤顶的两侧。梁体混凝土强度、弹性模量和龄期达到设计要求时放松预应力筋。采用楔块放松预应力筋时，应控制楔块同步缓慢滑出。超顶法放松预应力筋时各台千斤顶必须配备单独油路。

（9）管道压浆前，应调整好安全阀，关闭阀门时，作业人员站在侧面，戴防护眼镜。

（10）提梁时，应对吊索具进行检查。

（11）梁存放时，应采取防倾覆措施。

（二）设备安装调试监理要点

（1）提、运、架设备或其配套设备应提供合格证明文件和使用说明书。设备进场时监理单位应对设备的主要功能及使用要求组织验收。设备动力系统、液压系统、电气系统（制动系统）等安装完毕后应进行调试，并形成记录。设备组装完成后应进行试运转，并请专业检测机构进行验收，验收合格后，向项目所在地特种设备管理部门进行备案。

（2）提、运、架设备操作人员应经过技能培训，同时应取得相关部门颁发的操作证件持证上岗。所有运、架梁作业人员均应经过安全培训，熟悉运、架梁工艺过程。

（3）邀请厂家专业人员定时、定期对提、运、架设备进行周期性保养、维修。

(三）架梁条件管制要点

(1) 架桥机结构件安装位置关系应正确，线形符合设计要求，联结螺栓不得漏装、错装且未拧紧，焊接焊缝应符合设计要求。

(2) 动力装置安装位置应正确，与底架联结牢固，与工作机构的连接管路正确。

(3) 架桥机应设有接地装置、避雷设施、电气绝缘，且应符合规范要求。

(4) 应对架桥机具的液压系统进行检查，且应满足安全施工要求。

(5) 应对架桥机的运载、行走、提升、支承托架等机构进行重载试验并形成记录。

(6) 应对架桥机具进行验收或试吊检验。

(7) 应对架桥机进行周期性工作检查并记录。

(四）提、运梁及架设监理要点

(1) 预制梁装卸时吊、支点位置应符合设计要求，梁体两侧应有防止倾倒的可靠支撑和牵引保护措施。

(2) 架梁前应对架梁设备进行空载和重载试验。重载试验后应对架桥机各种螺栓复拧，并检查起升、走、行及制动系统，检查合格后方可架梁作业。

(3) 应定期对提、运、架设备进行检查，重要部位（轮、吊杆、吊钩等）应进行探伤检查。设备发生故障后应由专业人员维修处理。

(4) 提、运、架设备必须有自锁、互锁、联锁保护装置，防止误操作。

(5) 移梁前，应对提梁机进行检查调试，确保设备运转正常，并清除起重工作范围内和走行限界内的障碍物。

(6) 梁体起吊前应检查吊具连接是否可靠，调整各个吊杆，使其受力均匀后方可起吊。

(7) 起吊梁体时，应在顶板下缘吊孔处垫以钢垫板，垫板应与梁顶板底密贴。升降系统提升箱梁应缓慢、匀速进行。梁体吊离台座100～150mm后，提梁机应停车制动，检查吊杆螺栓是否紧固，起升制动是否可靠，确认良好后方可继续作业。

(8) 大雨、大雪、大雾或风力超过6级，气温低于设计容许范围时，提梁机应停止作业。台风来临或风力达到10级以上时，应将提梁机可靠锚碇。

(9) 停止作业时，应将起吊物卸下，吊钩升至规定高度。大、小车停到规定位置，并锚碇运行机构。制动器要保持在工作状态，操作杆放在空档。关闭所有操作按钮并切断电源，锁住所有操作室及电控柜，并关门上锁。

(10) 移梁前，应对移梁台车进行检查调试，确保台车系统运转正常，清除走行限界内的障碍物。

（11）移梁过程中，起梁千斤顶应设置防回油保险装置，两端移梁台车走行应保持同步，4支点不平整量不大于2mm，每个支点的实际反力与4个支点的反力平均值相差不应超过10%。

（12）运架设备通过的便道应进行专门的勘察设计，通过的桥涵、路基，特别是高填方及桥头路基，其承载力经检测合格后方可通过，必要时应采取加强措施。

（13）运架设备所经过路线的净空，坡度和转弯半径必须满足设备的性能要求。

（14）运梁车重载在已架好的梁上通过时，应通过检算确认。

（15）运梁作业时，每班至少配备两名设备操作人员，以及一名指挥引导员和一名瞭望看护员，同时应明确各自岗位责任。

（16）运梁前，应派专人负责对运梁车经过的线路进行检查，确定运输线路上无障碍物，运梁车必须严格按照规定路线行驶。

（17）运梁路面遇有冰雪或路面湿滑时，应采取防滑措施。重载运行时应匀速前进，严禁突然加速或急刹车，走行速度必须严格控制在5km/h以内。通过曲线、坡道地段走行速度控制在3km/h以内。

（18）运梁时应设专人在运梁车前方引导和观察路面情况，发现异常，立即停车。运梁车处于启动状态时，禁止操作司机离开驾驶室。

（19）架桥机支脚顶升应同步，支脚高差应符合设计规定值。运梁设备起步、刹车应缓慢平稳，严禁突然加速或刹车。

（20）接近架梁地点时应停车，得到指令后方能对位。吊梁行走应平稳，严禁碰撞架桥机支脚。

（21）架桥机过孔前应进行全面检查，确保设备各部件处于正常状态。架桥机走行过程中应安排专人监控走行速度、承载支脚受力状况。6级及以上大风不得运、架梁。

（22）架梁作业过程中，各种安全装置应全部安装牢固，且工作正常。各类限位器、吊点、吊具、电路仪表、通信设备、报警系统应定期检查、整修。

（23）操作司机应接受安全技术交底。应严格按照设计、施工方案和操作规程要求进行梁片存放和运输、梁片架设、架桥机前移。

（24）应设置防高空坠落安全设施，高空作业安全警示标志和防护措施落实到位，梁片架设完后，应及时做好临时固定。架梁作业时应设置警戒区并专人看守。

（25）架桥机架梁时，应指定专人负责架梁机运行线路的检查、加固及整修。在大坡道上停车对位、架梁时，应安放止轮器。

（26）架桥机停留地点应有人监护，严禁非工作人员进入架梁机工作区域，严禁非操作人员进入操作室。

（27）夜间作业时，应配备足够的照明设备，应使用36V及以下安全电压的工作灯具，电源箱应设有防雨、防潮措施并专人开、合电闸。

六、支架现浇梁施工监理要点

1. 支架地基处理质量控制要点

（1）支架基础应进行承载力检测，承载力应满足设计要求。

（2）地基应坚实、平整，不得出现不均匀沉降，土层地基上应设置混凝土垫层。

（3）地基场地应有排水措施，不得有积水。

2. 支架搭设与拆除监理控制要点

（1）支架搭设前应清除搭设范围内影响物。

（2）支架立杆垫板、底座应准确放置在定位线上，垫板应平整、无翘曲，不得采用已开裂的垫板，底座的轴心线应与地面垂直。

（3）模板支架每根立杆的底部应设置固定或可调底座。支架立杆底部应设置纵、横向扫地杆，架体内应按规范设置横向、纵向、水平方向剪刀撑。

（4）支架上挡脚板、防护栏杆、安全网、缆风绳、落架设施、警戒标志等安全防护措施应齐全有效，无损坏缺失。

（5）作业层上的施工荷载不得超载，不得将模板支架、模板缆风绳、混凝土输送泵管、卸料平台及大型设备的附着件等固定在架体上。

（6）应对主要构配件、架体、安全防护措施等进行检查和验收。

（7）支架应按设计荷载进行预压，预压应分级加载，分级卸载。

（8）梁体混凝土浇筑过程中，应设专人对支架和基础进行观察和观测，发现异常情况时，应立即停止施工，并应迅速撤离作业面上人员，采取安全措施后方可复工。

（9）支架应按专项方案中制定的顺序拆除，构件应传递，严禁抛掷。

3. 钢筋吊装监理控制要点

（1）起吊钢筋骨架前，吊点周围应用架立钢筋加强，梁端部底腹板钢筋、顶板钢筋接触网支柱预埋件等部位及钢筋交叉处应采用点焊加强。

（2）高空作业绑扎钢筋时，严禁在模板上集中堆料，钢筋骨架应支撑牢固，保证稳定。

4. 预应力工程监理控制要点

（1）预应力施工时应设置安全操作平台。

（2）预应力筋、锚具、夹具和连接器等产品应具有产品合格证，规格型号应符合设计要求。

（3）钢绞线下料、切割时应使用砂轮机切割，并配置专门防护架。

（4）混凝土强度达到设计要求后方可张拉，张拉区应设明显的警示标志，严禁非操作人员进入。张拉区两端应设置防护挡板，张拉人员应在侧面作业。雨天张拉时，应搭设防雨棚。

（5）高压油管使用前应进行耐压试验，不合格的不得使用。张拉过程中不得踩踏高压油管，严禁操作人员离岗。

（6）管道压浆时作业人员应站在侧面，并戴防护眼镜。

5. 混凝土浇筑监理控制要点

（1）梁体混凝土浇筑应分层对称浇筑。

（2）浇筑过程中应对模板、钢筋骨架的失稳、变形进行检查，发现异常时应停止作业并整修加固。

6. 跨越既有道路安全防护监理要点

（1）跨线施工前，应对交叉路口进行安全评估，办理施工许可相关手续。

（2）跨线施工应按专项方案设置门洞。

（3）门洞顶部应采用木板或其他硬质材料全封闭，作业区四周应设置防护栏杆和安全网，防止高空坠物。

（4）对通行机动车的洞口，门洞净空应满足既有道路通行的安全界限要求，且应按规定设置交通疏导、限高、限宽、减速、防撞等设施及标识。

七、悬臂连续梁施工监理要点

1. 悬臂浇筑挂篮施工监理控制要点

（1）挂篮应进行专项设计，挂篮制造应满足安全施工需求，挂篮出厂时应提供合格证明文件及使用说明书，并进行验收。

（2）挂篮安装前应对重点部位焊缝进行无损探伤检测，并对明显缺陷采取有效的处理措施。挂篮应委托第三方检测机构进行检测，并对不合格项目采取有效的处理措施。

（3）挂篮安装拆除应编制专项方案，经专家论证后方可实施。

（4）拼装作业时，应保证对称拼装，同时进行支腿、主梁、横联之间的连接，确保构件稳固连为一体；挂篮拼装完成后，施工单位首先进行自检，自检合格后，由监理单位组织现场验收，验收合格后，进行荷载试验，测定挂篮变形量，消除非弹性变形。预压过程中如发现局部位置变形过大，应立即停止加载，及时查找原因，采取补救措施。

（5）挂篮走行前，应对梁体强度进行检测，同时对走行、吊挂、模板系统等受力构件进行专项检查，防止挂篮倾覆。

（6）挂篮走行、混凝土浇筑应保证对称进行，施工机具和材料对称放置，防止梁体倾倒。

（7）挂篮走行到位后，后锚杆应及时锚固，锚固力调试均匀，前吊杆应均匀受力，前端限位装置应设置牢固。

（8）挂篮应对称拆除，在拆除过程中应采取有效的防护措施。

2. 悬臂浇筑 0 号块施工监理控制要点

（1）支（托）架应进行专项设计。

（2）浇筑 0 号梁段混凝土前，支（托）架应进行预压，应重点检查焊接部位质量，同时保证荷载均匀，不得出现超压、偏压现象。

（3）支架预压卸载完成后应对支架进行全面检验，局部变形过大时应及时采取加固措施，避免出现支架坍塌现象。

（4）0 号块应在永久支座两侧设置临时固结支座，防止施工过程中发生梁体倾覆事故。

3. 悬臂浇筑段施工监理控制要点

（1）悬臂段梁体施工时应在桥面两侧及端部设置安全防护措施，防止高空抛物及人员坠落。

（2）悬臂段梁体端部张拉作业时应设置临时安全作业平台。

（3）对平衡对称悬臂施工时，不平衡荷载应满足设计文件或监控文件规定。

4. 悬臂浇筑合龙段施工监理控制要点

（1）合龙段混凝土施工时应平衡施工，两侧施工荷载的实际不平衡偏差不应大于设计允许值，保证结构稳定。

（2）体系转换应严格按照专项施工方案实施。

5. 悬臂浇筑跨越铁路、道路安全防护监理要点

（1）施工时严格落实专项施工方案的安全措施，保证通行安全。

（2）挂篮兜底防护应采取全封闭式，兜底与挂篮应牢固连接，连接时不得损伤挂篮受力构件。一侧设置兜底时，应在对应的另一侧挂篮后方已浇筑梁段进行配重计算，并按照计算结果进行配重，确保梁体平衡。挂篮兜底禁止放置杂物。

（3）当跨越电气化营业线铁路施工时，挂篮防电由专业防电公司实施。

6.悬臂拼装梁段预制及运输监理控制要点

（1）梁段预制及存梁台座应符合预制梁制作有关规定。

（2）起吊梁段的吊环应符合设计要求。如无设计要求，应进行计算确定。

（3）梁段运输起吊前应对吊环部位损伤、结合面外露物、梁段上放置物品等情况进行全面检查。

（4）梁段装车、装船运输时，应使梁、车（船）的重心相吻合，并安放平稳。支承点的位置与吊点位置一致，梁段与车（船）体应拉紧固定。

7.悬臂拼装节段监理控制要点

1）应按设计要求将墩顶梁段与桥墩临时锚固。

2）悬臂吊机拼装节段控制要点：

（1）吊机的重量、支承位置及锚固方式等，应征得设计单位的同意。

（2）吊机走行和进行悬拼时的抗倾覆稳定系数不得小于1.5。

（3）吊机就位后，应重点对其位置及锚固状态进行检查，并进行起吊试验。

（4）同一结构上的两台吊机走行速度应相等、同步，距桥墩中心距离偏差按设计要求控制。滑道应铺设平顺，并设限位器。

（5）同一结构上的梁段应对称拼装。起吊时，在梁段吊离车（船）200mm左右停止提升，检查起重设备的工作状态，确定状态正常后继续提升，撤走运输车（船）。在接近安装部位时，不得碰撞已安装的梁段和其他作业设施。

8.移动支架拼装节段监理控制要点

（1）移动支架在台后拼装时，路基应平整、坚实。搭设临时支架时应安全、可靠。

（2）移梁小车、起重小车、液压系统及电控等部件，走行系统的限位和制动装置，应安全可靠。

（3）移动支架拼装完成后，按不同工况进行试运转和起吊试验，合格后方可投入使用。

（4）移动支架的抗倾覆稳定系数不得小于1.5。移位时，起重或移梁小车应退至指定位置。

（5）天气突然变化影响作业安全、卷扬机电机过热或其他机械设备出现故障时，应暂停吊运作业，并采取相应的应急避险措施。

（6）采用吊架法施工合龙段时，两端的连接装置应牢固可靠，吊架应进行全封闭防护。

八、钢梁架设监理要点

1. 钢梁杆件（节段）运输管控要点

（1）钢梁杆件（节段）的运输应使用正确吊具。装运杆件时，应捆扎牢固，不得偏载和超重。

（2）施工现场的运输道路应满足运输条件，安全标志应设置完备。

（3）杆件应分类存放，临时支垫应牢稳。横梁、纵梁多片排列存放时，应用螺栓彼此连接牢固，并设支撑。

2. 钢梁杆件（节段）架设管控要点

（1）钢梁预拼场地应平坦宽敞，路面坚实，具有良好的排水系统。预拼台座应平整、坚实，测量找平，检查时应拆除全部临时固定和拉紧装置，不得产生不均匀沉降，预拼装时不应使用大锤锤击。

（2）进行预拼装的钢构件，其质量符合设计要求及规范规定。

（3）除壳体结构为立体预拼装，并可设卡、夹具外，其他结构均为平面预拼装，预拼装构件应处于自由状态，不得强行固定。

（4）需要起吊的钢梁杆件应标明重心；吊具与杆件拐角接触处，应使用胶皮垫好。

（5）钢梁架设过程中应有防雷、防滑、防高强螺栓摩擦面污染的措施。

（6）支架拼装钢梁时支撑体系在使用过程中应定期检查，并做好沉降观测记录。拼装钢梁及紧固高强螺栓时应挂设安全操作平台，操作平台及脚手板应搭设牢固，并应设有防冻防滑措施。拼装杆件时，作业人员严禁在水平连接系上行走。

（7）纵移法架设时应检算各工况下钢梁及纵移设施的受力情况。纵移下滑道铺设应平顺，支承应牢固，接头不应有错牙，端部应设置限位装置。钢梁纵移应缓慢平稳，纵移过程中应设专人对纵移设施、设备进行检查，发现异常时立即处理。在纵移过程中，应加强钢梁中线和挠度及支墩顶位移的观测。

（8）悬臂拼装钢梁时平衡梁与悬拼钢梁的临时连接在不受力的状态下方可拆除。吊机移动前，应检查各节点的连接、走行道路，确认符合要求后，方可移动；到位后，应前支后锚，装好止轮器。主桁或其他部位的杆件按设计要求安装足够的冲钉、螺栓后，吊机方可松钩。

（9）钢梁上设人行道、避车台，上弦设人行道。纵、横向人行道均应设置栏杆和踢脚板。每桁千斤顶要保持同步，操作应缓慢进行。体系转换调整支点反力时，并联的油压千斤顶应支垫平稳；在起、卸顶时，应对称、平衡起落。

（10）结合梁架设前，应对临时支架和钢梁结构本身在不同受力状态下的强度、刚度及稳定性进行检算。钢梁节段在运输和吊装过程中，应采用专用吊具，钢梁不得扭转、翘曲和侧倾。钢梁整体吊装就位时，应轻吊轻放，支垫平稳，防止碰撞。

3. 钢结构焊接监理控制要点

（1）钢结构焊接前应进行焊接工艺评定，焊接后应进行焊缝探伤检测。

（2）焊接时应设立防风措施，箱形梁内采用CO_2气体保护焊时，应使用通风防护安全设施。

（3）焊接设备应放置稳妥，严禁对附近的作业或过往人员构成妨碍。焊接和切割区域标识明确，并且应设置警告标志。

（4）可采用超声横波斜探头钢结构焊缝检测技术对钢结构焊接裂缝、未熔合问题、未焊透问题、气孔问题进行可靠检测。本技术采用一种多晶片、多角度超声横波斜探头，该探头是将多个晶片以不同角度排列在一定形状的有机玻璃楔块上，设计相应控制程序，可以单独或同时控制晶片的激发和接收，实现探头在一个位置就能对焊缝全面覆盖。

4. 钢结构涂装监理控制要点

（1）涂装材料储存时应保持通风、干燥，防止日光直接照射。仓库及施工现场应配备消防器材。

（2）4级及以上风力时，停止涂装作业。

（3）喷砂除锈的工作场地附近，应安装防护设施和"禁止通行"的警示牌。

（4）涂装作业使用的空压机、沙箱、吊篮等应安放牢固。

（5）作业中严禁吸烟、携带易燃易爆危险品。

九、桥梁附属结构施工监理要点

（1）墩顶支座对位安装和灌浆时，墩顶应设置围护设施，操作人员拴挂安全带。

（2）支座起吊前支座上、下座板应连接可靠。

（3）栏板安装时应使结构件与预埋件加固牢固，避免安装失稳。

（4）桥面防水施工时铺设卷材所用的气瓶应安装减压器、回火防止器，设置防震圈或防护帽，及时更换老化、破损气管，气瓶宜设防晒措施，气瓶（库）与明火安全距离应符合规范要求。

（5）防撞栏杆、声屏障、桥面排水及伸缩缝施工时，桥面两侧应设临时防护栏杆。桥梁下方不得站人，应设置警示标志，作业区周围及出入口处设专人负责安全防护。

（6）高空操作人员使用的小型工具及安装用的零部件，应放入随身带的工具袋中，不得随意乱丢，避免坠落伤人。

（7）桥梁附属结构施工占用市政道路时，应在作业地点来车方向安全距离处设置安全警示标识，路面上作业人员应穿戴反光衣，起重吊装作业划定警戒区，设专人警戒。

十、高架车站施工监理要点

1. 高架车站混凝土结构施工

高架车站梁、板混凝土模板支撑工程施工前，监理应要求施工单位编制高架车站混凝土结构施工专项施工方案（包括应急预案），并经监理审批及专家论证后，按专家论证意见实施。

2. 高架车站钢结构施工

（1）钢结构焊接时，应制作专用挡风斗，对火花采取严密的处理措施，以防火灾、烫伤等事故；下雨天不得进行露天焊接作业。

（2）吊装作业应划定危险区域，挂设明显安全标志并将吊装作业区封闭，设专人加强安全警戒，防止其他人员进入吊装危险区。

（3）施工中的电焊机、空压机、气瓶、打磨机等应采取固定措施存放于平台上，不得摇晃滚动。

（4）焊接用的挂篮构造应符合设计要求，紧固螺栓应符合安全施工要求。

十一、施工监测监理要点

1. 监测项目

（1）应在施工阶段对结构本体、支护结构、周围岩土体及周边环境进行监测，在分析研究工程风险及影响工程安全的关键部位和关键工序的基础上，针对性地编制监测方案。

（2）穿越或邻近其他结构、穿越水体及不良地质条件时应编制专项监测方案。

（3）监测项目主要包括基坑监测、承台墩柱沉降观测、桥梁水平位移、垂直位移、线性及徐变监测、周围建（构）筑物位移及沉降、地下管线位移及沉降等。

（4）桥梁变形监测的精度，应根据桥梁的类型、结构、用途等因素综合确定，特大型桥梁的监测精度，不宜低于二等，大型桥梁不宜低于三等，中小型桥梁可采用四等。

（5）变形监测可采用GPS测量、极坐标法、精密测距、导线测量、前方交汇法、正垂线法、电垂直梁法、水准测量等。

2. 监测布点及频率监理要点

（1）明挖基坑边坡顶部水平位移和竖向位移监测点应沿基坑周边设置，监测等级为一级、二级时，布设间距宜为10～20m，监测等级为三级时，布设间距宜为20～30m。水平和竖向位移点宜为共用点。

（2）明挖基坑周边地表沉降沿平行基坑周边边线布设，不应少于2排，且排间距宜为3～8m，第一排监测点距基坑边缘不宜大于2m，每排监测点间距宜为10～20m。

（3）地下管线位于主要影响区时，竖向位移监测点的间距宜为5～15m，位于次要影响区时，竖向位移监测点的间距宜为15～30m。

（4）每个承台应设置2～4个垂直位移观测点，分别设于底层承台左侧小里程角，或右侧大里程角上，呈对角形式布置。

（5）桥墩的垂直位移变形观测点，宜沿桥墩的纵、横轴线布设在外边缘，也可布设在墩面上。每个桥墩的变形观测点数，视桥墩大小布设1～4个点。

（6）梁体变形观测点宜布设在顶板上，每个梁体按左、中、右分别布设三点。悬臂法浇筑梁体的变形观测点，宜沿梁体纵向轴线或两侧边缘线分别布设在每段梁体的前端和后端。支架法浇筑梁体的变形观测点，宜沿梁体纵向轴线或两侧边缘线布设在每个桥墩和墩间梁体的1/2或1/4处。每孔梁的测点数量不应少于6个，重点桥跨中部应布置徐变观测点。

（7）墩台水平位移观测点宜设在墩台中心位置，也可设在桥轴线或墩中心线上。

（8）根据施工方法、施工进度、监测对象、监测项目、地质条件等情况和特点，结合当地工程经验进行确定，当遇到特殊情况时应提高监测频率。

3. 监测数据控制措施

（1）应及时对监测资料进行整理、分析和校对，监测数据出现异常时，应分析原因，必要时应进行现场核对或复测。

（2）监测报告可分为日报、警情快报、阶段性报告和总结报告。应按照报告审核流程进行签署，并按要求通过监测信息反馈流程途径进行信息反馈。

（3）监控量测数据应包含变形监测数据的累计变化值和变化速率值；力学

监测控制值宜包含力学监测数据的最大值和最小值，必要时绘制曲线图、等值线图等。

（4）监测数据达到预警值时，根据警情紧急程度、发展趋势和造成后果的严重程度，按照预警管理制度及时向建设、设计、监理等单位报告，并根据预警预案立即采取处置措施。

十二、防坠落安全监理管制要点

（1）墩台施工时平台、步梯应设围栏，周边应悬挂密目安全网。

（2）支架施工时应有施工平台、栏杆、梯子、安全网等防护措施。

（3）挂篮作业平台应挂安全网，四周设围栏，上下应有专用扶梯。

（4）桥梁附属结构施工时，桥面两侧应设置防护栏杆。

（5）高处作业应系安全带，安全带应挂在牢固的物体上。作业人员应从专用通道或楼梯上下，严禁攀爬。

（6）雨雪天气高处作业应采取可靠防滑措施，并及时清除水、雪、冰、霜。

（7）临边作业应设置防护栏杆。

第9章 机电、系统、设备与装修施工监理要点

一、监理对专项施工方案管控要点

（1）监理单位应督促施工单位编制起重吊装、龙门吊安装拆除、钢轨非常规吊装、工程车吊装运输、轨排架轨法施工、散铺法施工、有砟轨道施工、无缝线路施工、脚手架工程、建筑幕墙工程、钢结构工程、高压送电、限界检测、冷（热）滑、综合联调等专项施工方案。

（2）专项施工方案编制内容应齐全，具有针对性，应符合设计及规范要求。编制完成后应按程序报监理工程师审查，涉及危险性较大的分部分项工程应按规定组织专家论证。监理单位应要求施工单位按照专家论证意见对专项施工方案进行修改完善，修改完善后的专项施工方案经专家签字确认后按此方案实施。

二、小型机具监理要点

（1）站后工程的小型机具包括叉车、液压车、套丝机、切割机、剪板机、放线架、卷扬机、电缆滑轮、台钻、咬边机、折方机、热熔器等应符合相关技术规定。

（2）对涉及建筑施工安全生产的主要设备，应进行进场验收，并应按各专业安全技术标准规定进行复验。

（3）特种作业人员必须持有有效特种作业操作证上岗。

（4）叉车、液压车等设备作业时，须有专人指挥，并做好安全防护。

（5）使用套丝机、切割机、台钻等高速旋转设备，使用者应正确佩戴劳动防护用品，严禁戴手套与不扣袖口操作。

（6）电缆敷设前，需对电缆放线架、卷扬机、电缆滑轮、登高设施等施工机具进行检查验收。

三、行车安全管理监理要点

1. 路况检查与行车限界

（1）轨行区应在隧道内设置限速标志。

（2）列车启动前，应确认线路状况良好，满足安全行车要求。

（3）工程车及其装载货物应满足机车车辆限界要求，避免造成轨行区内的设备设施刮擦。

（4）预留孔洞、出入口应采取防洪防汛措施，泵房应及时抽水，避免轨行区积水影响行车安全。

2. 行车管理

（1）应配备满足要求的司机及副司机共同值乘作业。

（2）工程车驾驶人员应持证上岗。司机应持有有关部门颁发的工程车司机驾驶证，负责驾驶工程车作业。

（3）工程车进场应经监理、施工等单位进行验收，并按规程保养检修。行车前应对车辆进行检查确保制动有效，车辆连接可靠。工程列车停车时应采取制动和使用铁靴防止溜车。

（4）工程车启动发动机后及运行中不得开启各种防护用的护板、护罩、孔盖等设施，不得触摸各种高温、带电、转动等零部件。

（5）应配备相应通信工具，保持通信畅通且联络信号准确。

（6）工程车在牵引或启动发动机后，司机、副司机确认前方和两侧无人员和障碍物；车辆运行3～5m后制动停车，检查制动性能及后部车辆是否连挂良好。

（7）司机、副司机共同对作业令、作业票进行复核，确认调度命令与作业票内容一致，填写行车日志。

（8）司机、副司机分别对车辆装载情况进行检查确认，确保车辆不超高、不超限、不偏载、不超重、绑扎牢固。

（9）应将视频监控推进方向画面切换为主画面，便于司机时刻观察前方线路状况，辅助司机安全驾驶。

（10）同一线路上工程车不应跟随运行。特殊情况必须跟随运行时，应保持安全距离，保证行车安全。

（11）按照信号标志行驶，控制车速，车辆不应超速行驶。

（12）接触网送电后，工程车开行前，应确认接触网断电并挂地线。

（13）车辆待机时，工程车值乘人员不应擅自离开工程车。

（14）未经允许不得登乘工程车、轨道车，或攀爬运行中车辆。人员不应在车辆间、车辆与车挡间工作和穿行。平板车不应违规搭载人。

（15）工程车辆不应偏载、超载和超限界行车。

（16）轨道端头应设车挡。

（17）车辆警示装置齐全、有效。

3. 其他轨行设备

（1）使用非机动梯车、小推车等应设置制动、防溜、防倾覆装置，标识清楚，张贴安全警示标识，经验收合格后使用。须在规定的区域和时间之内使用。

（2）施工负责人必须跟随车辆，现场指挥，并保持通信畅通。在推动过程中严禁作业人员离开车辆，以便随时采取制动措施。

（3）在使用过程中必须配备足够的随车人员以保证随时撤出线路，手推车应做好防溜措施。

（4）在信号系统启用轨道电路期间，梯车、小推车应使用绝缘轮。

4. 定位视频监控调度系统运用

可运用定位视频监控调度系统，通过后台调度指挥中心，运用车载监控装置和通信网络，查看调度轨行区人员、设备，盯控现场作业安全，规范施工和操作人员作业行为，将他控行为转变为自控行为。

四、轨道工程监理要点

1. 铺轨基地建设、基地布置

（1）基地内轨道标准、股道布置、线路平纵断面与建筑限界，应满足机车车辆的作业、停放、进出与检修要求。

（2）基地基底应满足轨道运输进场与混凝土运输等荷载对地基承载力、车站顶板承载力的要求。

（3）铺轨基地轨料存放区、轨排拼装与存放区的布置应确保轨料卸车、装车、调车作业等相互间不干扰，卸料不侵限。

（4）轨料存放参考《铁路轨道工程施工安全技术规程》TB 10305-2020的要求。

（5）轨排拼装区两旁与装卸线两侧的料具堆码整齐，不应影响拼装作业。

（6）轨排跨装与超限货物运输时，应有加固与防护措施。

（7）龙门起重机安装拆卸使用基本要求详见第3章内容。

（8）严格按照吊装方案进行轨排、钢轨等的联合吊装作业。

（9）两台及以上龙门起重机在同一轨道上作业或行走应保持安全距离，需设置防碰撞装置。

2. 轨排架轨法

（1）铺轨机施工、验收参考《起重设备安装工程施工及验收规范》GB 50278-2010。

（2）走行轨安装应按照线路中心线铺设，应有足够的强度、刚度和稳定性，走行轨两端应设置车挡。

（3）铺轨机应配备通信设施及灭火器材、防护信号用品等。

（4）铺轨机应具备变跨功能，限位装置应灵敏可靠。

（5）吊装轨排时，经试吊稳定后方可起吊。

（6）铺轨机行走过程中，应信号统一、平稳运行，停机后应有防溜措施。

（7）轨排对位与轨排下落时，手脚不得伸入轨排底及相邻轨排缝之间，防止磕碰和受压。

（8）钢轨支撑架应有足够的强度、刚度和稳定性，布置间距满足施工安全需要。钢轨支撑架在大坡度和小半径地段精调时应控制变形，防止轨排倾倒。轨排精调完成后，斜撑应支撑牢靠，做好防倾倒措施。

3. 散铺法

（1）当钢轨采用"Z"字形路线吊装，一端应与吊装设备固定，另一端应设置保护措施，固定应牢固，防止钢轨扭曲变形。

（2）吊轨卡应专门加工，满足钢轨倾斜状态不下滑的要求，经自检合格后使用。

（3）轨排立架应以单个轨排为单元，同步起道，保证平稳。

（4）轨料倒运时，应平稳运输，确保受限空间人员安全。

4. 有砟轨道

（1）应采用新型无污染锚固料，进行道钉锚固，预防职业病，保护生态环境。

（2）布砟机运行应清理线路、匀平余砟，不应偏载。

（3）起道机应稳固安放在道砟上，不应歪斜；起道机松扣下落时，手脚禁止放在钢轨下。

（4）起道机、捣固机、布砟车等设备进场，应由监理单位组织进场验收。

5. 无缝线路

（1）焊轨机、正火机等设备进场，应提供出厂合格证、质保书、准用证、年检合格证等，由监理单位组织进场验收。

（2）焊钢人员应经相关资质培训机构，培训合格后持证上岗。

（3）焊轨时钢轨抬升，应用两台压机在两侧同步抬升钢轨，防止钢轨倾斜或滑落，落轨时严禁压机突然卸载。

（4）钢轨焊接应配备防火器材，施工现场内的动火作业，应执行动火前审批制度。

（5）钢轨焊接、正火、冷却、打磨、调直、探伤等工序的温度测量应使用钢轨测温仪检测，防止钢轨高温烫伤。

（6）焊轨作业时，应配备有害气体检测装置及劳动保护用品，配备风机排风散热，确保隧道内空气流通及有害气体控制。

五、二次结构及装饰装修监理要点

1. 二次结构

（1）施工单位应编制重要部位/工序（脚手架搭设与拆除等）的专项施工方案并应经监理单位审批后方可实施。

（2）墙体砌筑时，外侧应有安全防护措施。

（3）混凝土通过管道卸料时，应注意现场成品保护，应在卸料点设置警戒线，相关作业人员应佩戴齐全安全防护用品。

（4）墙体砌筑时，每日砌筑高度应符合规范要求，以保证墙体的稳定性。

（5）砖砌体的转角处和交接处应同时砌筑，严禁无可靠措施的内外墙分砌施工。在抗震设防烈度8度及以上的地区，对不能同时砌筑而又必须留置的临时间断处应砌成斜槎。

2. 顶棚、墙面、地面

（1）施工单位应编制重要部位/工序（装饰装修脚手架搭设与拆除、卷扬机滑轨运输等）的专项施工方案并应经监理单位审批后方可实施。

（2）确保脚手架结构的稳定性，应设置连墙件与建筑结构拉结，当无法设置连墙件时，应采取设置钢丝绳张拉固定等措施。

（3）严禁模板支架、起重设备、缆风绳及材料输送管等固定在脚手架架体上；严禁拆除或移动使用中的架体安全防护设施。

（4）吊杆工序完成前，应按设计要求报检测单位进行拉拔试验，合格后方可施工转序。

（5）吊杆上部为网架、钢屋架或吊杆长度大于2.5m时应设置钢架转换层，钢架安装时下方不得站人。

（6）需要拆除临边、洞口防护的作业，施工单位在施工完成后应按照安全防护要求及时恢复临边、洞口防护。

（7）有刺激性气体挥发的地坪等系统工程施工时，作业人员应佩戴安全防护用品，现场应保持通风且严禁交叉作业。

（8）石材切割时作业人员应配戴口罩或面罩等安全防护用品，切割时应采取降尘措施。

3. 钢结构

（1）钢结构吊装作业必须编制专项施工方案并应经施工、监理等单位审批后组织实施。

（2）钢柱与钢梁之间连接高强度螺栓应由施工单位现场取样、监理见证，并送有相关资质的检测单位进行检测，合格后方可使用。

（3）吊杆、反支撑及钢结构转换层与主体钢结构的连接方式必须经主体钢结构设计单位审核批准后方可实施。

（4）钢柱吊装前应装配钢爬梯和防坠器，拧紧螺栓后方可松钩。

（5）钢梁吊装过程中，应平稳，避免撞击钢柱及吊篮。

（6）钢柱钢梁就位后，螺栓连接数量应符合方案与规范要求后方可松钩（临时螺栓连接数量不少于安装孔数量的1/3，且不少于2个）。

4. 装饰幕墙

（1）幕墙设计单位和施工单位应具备相应资质。

（2）施工单位应编制重要部位/工序（幕墙安装、吊篮等）的专项施工方案并应经监理等单位审批后方可实施。

（3）幕墙的附件应齐全并应符合设计要求，幕墙与主体结构的连接应牢固可靠，严禁结构件作为其他用途的载重。

（4）幕墙工程的材料、构件、组件及"四性"（风压变形性能、空气渗透性能、雨水渗透性能和平面内变形性能）试验结果应符合《建筑幕墙》GB/T 21086-2007的要求。

（5）幕墙工程结构硅酮胶的相容性试验和剥离黏结性试验必须符合设计和规范要求。

（6）螺栓检测应由相应资质的检测单位进行检测，合格后方可进行基层龙骨安装。

（7）钢结构基层应进行保持，充分利用钢结构自身作为防雷接地装置。

（8）构件储存架、周转架应有足够的承载能力和刚度，设置专用场地堆放，叠放时确保板块间应有隔离措施和安全保护措施。

（9）安装施工前，幕墙安装单位应检查现场情况，对脚手架和起重运输设备进行验收，确保具备幕墙施工条件。

（10）单元板吊点和挂点应符合设计要求，不应少于2个，必要时可增设吊点或加固措施并试吊。

（11）单元板就位时，应先将其挂到主体结构的挂点上，单元板未固定前，吊具不得拆除。

（12）吊篮施工要求：

①吊篮进场时供应商/出租方应提供质量、合格证明文件和使用说明书等，安装完成经验收合格后方可使用，并定期进行维修保养。

②吊篮不应作为竖向运输工具，并不得超载，且吊篮检修不应在空中进行。

③吊篮上施工人员须配系安全带，安全带应正确挂置在独立设置的专用安全绳上，禁止将安全带系挂在吊篮上。安全绳应固定在建筑物或可靠位置上，不得与吊篮任何部位连接。

（13）当幕墙安装与主体结构施工交叉作业时，主体结构的施工层下方应设置防护网。

（14）现场焊接作业时，应按照《钢结构焊接规范》GB 50661-2011规定执行且应采取防火措施。

5. 挡烟垂壁

（1）挡烟垂壁紧固件应紧固有效，防止组件掉落伤人。

（2）挡烟垂壁基层焊接时应严格按照《钢结构焊接规范》GB 50661-2011实施。

（3）挡烟垂壁安装时下方不应站人，施工单位应设置围栏或警示牌。

（4）施工过程中，门式架应有防倾覆措施且架顶应有安全防护措施。

六、机电设备安装监理要点

1. 方案要求

（1）施工单位应编制重要部位/工序（电缆敷设、设备吊装运输、限界检测、冷滑、热滑、送电、起重设备安装、吊装等系统调试等）专项施工方案，并经监理单位审批后方可实施。

（2）设计单位根据各专业施工图进行管线综合图编制；施工单位根据设计单位提供的管线综合图进行深化设计，明确支吊架具体做法及要求（应配合设计单位进行支吊架力学设计，提供每个支吊架的设计详图和计算书等）；管线综合图深化完成后，各相关专业进行会签，设计单位复核审批。

2. 支吊架及抗震支架

（1）支吊架吊装或运输时，应采取相应的防护措施，防止构件磕碰或坠落。

（2）槽钢的堆放高度不宜高于1.0m，并应有防倾覆措施和警示标牌。

(3) C型槽钢和全螺纹吊杆的切口断面处应进行防护处理，防止人员划伤。

(4) 管线安装时，不得将管线在支吊架上推送安装，造成支架扰动，影响支吊架整体结构安全。

(5) 补偿器固定支吊架及导向支架，不应使用一般支吊架替代。

(6) 水管试压加压时，应使用辅助支架，确保支吊架整体安全。

(7) 安装完成后应对各部位连接处及外观进行检查。

(8) 固定在建筑结构上的支吊架不得影响结构安全及行车安全。

(9) 综合支吊架施工安全措施除应符合现行行业标准的有关规定外，还应符合施工组织设计要求。

3. 风管制作与安装

(1) 剪板机、台钻、咬边机等小型施工机具、设施应根据施工工序及场地，合理布设，配电线路设置符合临电规范要求，并设置安全警示标识。

(2) 剪板机操作应两手扶稳钢板，用力适当，手指距离刀口应保持安全距离。刀片破损应及时停机更换。

(3) 折方作业时操作人员应互相配合，并与折方机保持安全距离，以免被翻转的钢板和配重击伤。

(4) 风管搬运时防止碰、撬、摔等机械伤害，安装时严禁攀登倚靠非金属风管。

(5) 风管内不得敷设各类管道、电线或电缆，室外立管的固定拉索严禁拉在避雷针或避雷网上。

(6) 移动平台搭设不宜超高、地面应平整、应加设扫地杆防止倾倒。

(7) 液压升降平台应定期维护保养，确保设备完好，严禁偏载、超载运行，操作人员持有效证件，专人进行监护，上层安全防护栏杆应闭合。

(8) 安装部位应无障碍物，操作场地应整洁，安全通道应畅通。

(9) 变电所及强、弱电房间内的通风空调系统送风口不应布置在电气设备正上方。

4. 水管加工与安装

(1) 使用套丝机、切割机、台钻等高速旋转设备时，应正确佩戴劳动防护用品，严禁戴手套与不扣袖口操作。

(2) 使用热熔器工作时，应避免焊头或加热板烫伤人员及财物。

(3) 管道运至轨行区后存放或安装不得影响行车安全。

5. 桥架、线管、线缆敷设

1) 线槽、桥架、管线强度应符合设计要求，防止承重变形对电缆造成挤压损伤。

2）桥架、墙面线槽的锚栓、吊架、支撑应安装牢固。

3）安装线槽、桥架、管线等高处作业应符合高处作业施工要求。

4）线管、线槽接头处不应有棱角或毛刺，避免伤人或划伤线缆。

5）桥架与配电箱（柜）连接处采取保护措施，避免线缆磨损导致绝缘损坏而漏电。

6）电缆盘应存放于坚固平整的地面上，应有防滚动措施。电缆敷设时，电缆盘支架应稳固安全。

7）桥架、线管之间应有可靠电气连接，并与主接地线连接。

8）电源线连接前，应确认极性、相位正确。

9）接触网架设：

（1）架线时，承力索、接触线、架空地线下方严禁站人。放线区段内平交道口应设专人防护。

（2）放线作业时，车辆平稳匀速运行，速度不得超过5km/h。

（3）曲线段架线与高压线下放线作业时，其两端悬挂点应采用封口滑轮，避免线缆脱槽伤人。

（4）汇流排连接板螺栓必须按设计扭矩力拧紧，汇流排线夹安装必须牢固可靠，避免掉落伤人。

（5）接触网作业车操作平台应按照操作要求进行，操作平台上人员和材料总重不得超出容许荷载值。操作平台使用过程中，不得行车。

（6）接触网作业车在接触网刚柔过度施工过程中，人员应注意避让汇流排，防止擦伤，夹伤。

（7）刚柔过度施工过程应注意接触网受力方向，曲线内侧不得站人。

10）环网电缆敷设：

（1）环网电缆敷设使用地滚滑轮时，放置应稳固安全。

（2）进入电缆井放缆前，应先通风、再检测、后进入。

（3）机械敷设电缆时，牵引绳索、转向滑轮、绳索连接环的强度应满足安全要求。

（4）牵引过程中，作业人员不应扶、摸移动中的电缆，出现异常情况应停车处理。

6.设备安装

1）设备运输

（1）设备吊装作业时，应履行吊装安全要求。

（2）受限空间运输时，需提前规划线路，确保受限空间人员安全。

（3）设备运输时需设专人指挥和安全防护，现场作业人员必须服从统一指挥。

（4）手动液压叉车运输设备时，应有防倾倒措施，确保设备平稳运输。

（5）变压器等高重设备运输过程中，倾斜角不应超过15°。

2）设备安装

（1）设备顶部进行作业时，应注意保护柜体，作业工具应轻拿轻放。

（2）绝缘设备固定时紧固螺栓扭矩不宜过大，以免损伤绝缘垫，影响绝缘效果。

（3）风机传动装置外露部位及直通大气的进、出风口，须装设防护罩、防护网或采取其他安全防护措施。

（4）整体风机的搬运和吊装，吊装绳索不应捆绑在转子、机壳上盖、轴承盖上。

（5）配电箱、柜安装过程中，禁止拆装其内部接线及电器元件、破坏内部配线绝缘。

（6）柜体开孔时，铁屑应及时清理，避免造成线路短路。

（7）UPS设备安装前应检查室内安装环境，不应有有机溶剂和腐蚀性气体。

（8）UPS蓄电池不应接近热源和火源，与变压器、电源开关或熔断器等设施保持安全距离。

（9）UPS设备与负载连接时，电路开关应断开并核对极性，严禁反极性连接。

3）通信工程

（1）光、电、漏缆穿墙、楼板或引入机柜时，应设有绝缘套管。

（2）安装有防静电要求的插板时，应戴防静电护腕。

（3）不应直视光通信设备和仪表上的激光发射端孔。

（4）通信天线杆的底座应固定牢固，室外天线应设置避雷针。

4）信号工程

（1）道岔尖轨与基本轨密贴应符合要求，确保行车安全。

（2）道岔调试时，应确保通信畅通，应设专人进行道岔区域防护。

（3）信号设备调试时，室内外试验人员须共同确认设备状态一致。

（4）应按照设备厂商提供的试验手册进行试验，试验步骤应符合要求。

（5）试验人员应听从统一指挥，各子系统之间的接口试验结束后，各方应对试验结果共同签字确认。

5）综合监控

（1）设备加电前，应测试设备电源完好，无串电现象。

（2）设备加电前，要保证设备接地电阻合格，不应在设备未接地线的情况下加电调试。

（3）测试设备内电阻应在规定的范围内，避免设备内部发生短路。

（4）临时更改配线必须在设备断电的状态下进行。

6）自动售检票

（1）压力测试应按防水线槽密封性测试方案进行。

（2）测试过程中，若发生漏气现象应停止加压，查找原因，处理完毕后重新进行测试。

7）屏蔽门工程

（1）门扇等玻璃构件装卸时应轻拿、轻放，采用起吊设备装卸时应使用柔性防护措施。

（2）屏蔽门金属构件应与轨道等电位连接，应与大地绝缘。门柱安装前对其绝缘性能进行检测，安装过程中应保护门柱的绝缘层，安装完成后，应测试门柱的绝缘性能。

（3）门体安装前，门槛应有充分的保护措施，至少2人配合安装。操控人员要随时注意工机具损坏玻璃。

（4）单机调试前，应经专业人员检查后进行送电操作。已安装完成的屏蔽门上应设有明显的警示标志。

8）电（扶）梯

（1）当作业面在2m及以上位置且间隙大于0.3m时，必须采取防坠落措施。

（2）人员进出轿顶、轿厢及底坑应遵守相关安全程序。

（3）电梯对重应采取至少两种独立的方式固定。每种固定方式必须可以单独承受电梯的重量。

（4）电梯启动运行前，应确认电梯井道内无安全隐患。

（5）自动扶梯启动运行前，应确认梯级无缺失、连接牢固，并确认上下踏板已固定。

（6）调试检修时，应确认检修开关、急停开关或其他安全回路开关位置正确。

（7）索具使用前，应进行安全检查，确保索具安全有效。

（8）电梯使用前需经有资质的检测单位检测合格并取证。

7. 场段工艺设备

1）场段工艺设备应满足设计要求。设备供应商须提供生产许可证、产品出厂合格证、质量保证书、使用说明书等证明文件，由施工单位履行报验程序，经建设单位、监理单位、设备供应商等单位验收合格后进行安装调试工作。

2）地坑式架车机安装调试：

（1）设备安装前，基坑内应安装防护网，防止人员坠入坑内。

（2）在安装减速机时，必须选用安全可靠的起吊点及绳索，设备吊装就位后应及时在其下面打上稳固可靠的木垛，防止设备坠落、翻转伤及人员。

（3）电气柜及设备接线时，确保线缆无破损，接线牢固，电气设备必须接地。

（4）严禁用脚踩压气弹簧盖板，以防止夹伤。

3）洗车机安装调试：

（1）当操作设备启动时，注意限界和人员及设备安全，小车调试时应注意端刷机构上的水管路及拖动电缆随动通畅。

（2）当水平端刷在原始（垂直）位置时，升降端刷机构防止上升顶到上部电机，注意各限位开关是否正常工作。

（3）端刷旋转时，工作半径内禁止站人，调试人员禁止乘坐升降中的端刷。

（4）调试人员在开机前，应检查电、气、水是否正常，各工位是否可靠。

4）不落轮镟床安装调试：

（1）安装与调试作业由受过培训的专业技术人员进行。

（2）在机床设备停机时，应将电源开关关闭并闭锁。

（3）在机床内部进行安装与调试工作时，断屑器应覆盖，避免工作人员踩到断屑器刀片。

（4）在进行轮对切削前，须检查并确认左、右侧压轮压紧轮对。

8.列车的运输吊装及接车

（1）电客车运输路径应在首列车运输前进行现场勘测，车辆运输路径应满足运输车辆的限高、限宽及转弯半径等相关要求，卸车场地地面承载力应满足两台汽车吊同时进行旋转起吊作业要求；

（2）电客车供应商应在勘测完成后组织编写电客车运输吊装方案并组织专家评审；

（3）电客车吊至轨道后应设置铁鞋或其他防溜措施；

（4）工程车与电客车连挂速度不应大于5km/h，连挂完成后应检查车钩连挂可靠后，方可进行牵引。

七、系统调试监理要点

1.单机单系统调试

1）调试基本要求

（1）调试区域实行通行证制度，与调试无关的人员禁止进入调试区域。

（2）设备调试应办理工作票，执行工作票制度，需要对设备停送电时，应填写停送电申请票。

(3)带电设备、线路应设置警示标识。

(4)设备、设施应重复接地。

(5)停电、验电、放电操作应按程序执行。

(6)带电操作禁止单人作业,应设专人监护。

2)管道试压

(1)管道试压前应检查管道支架、管道盲板的牢靠性。

(2)高压管道试压时,应划定危险区,并安排人员警戒,禁止无关人员进入。

(3)试压时升压和降压应缓慢进行,压力应按照设计及验收规范要求进行,发现渗漏时不应带压处理。

3)变电所调试试验

(1)施工单位应委托具有相应资质的单位对委托项目进行检验检测。检测仪表仪器应在有效期内。

(2)进行高压试验、远方传动试验时,对现场进隔离警戒,设专人防护。

(3)试验开始前,应明确临近间隔的带电部位,并详细布置试验中的安全注意事项。

(4)试验电源应稳定可靠。

(5)被试设备金属外壳应可靠接地。

(6)试验前应认真检查试验电路、接线,试验操作应符合相关规程。

(7)试验结束后,应断开试验设备电源并对试验设备进行放电、验电。

4)变电所启动送电

(1)由建设、监理、施工等单位成立送电开通机构及应急组织机构。

(2)变电所送电方案应已批准,送电告示已发布。

(3)相关图纸、资料、继电保护整定书、试验报告和继电保护整定报告应齐全。

(4)电气操作人员、变电所值班人员应具备相应资格;严格执行停、送电作业票制度。

(5)带电设备和带电房间应采取相应的隔离措施。

(6)变电所内的应配备与电压等级相匹配的接地线、验电器、绝缘靴、绝缘手套、绝缘垫等。

(7)电气操作人员作业时应防止误分误合断路器、防止带负荷拉合隔离开关或手车触头、防止带电挂(合)接地线(接地刀闸)、防止带接地线(接地刀闸)合断路器(隔离开关)、防止误入带电间隔。

(8)电力调度电话应已开通使用,通信线路可靠、通话清晰,并具备录音功能。

(9)所有启动设备的编号应与调度台编号一致,且应齐全、正确、清楚。

（10）变电所内部所有设备及电缆线路绝缘检查应合格，交、直流系统一次回路接线应正确，馈出线电缆方向及相序应正确。

（11）变电所送电前，应确认所有开关位置正确。

5）通信调试

通信系统进行调试前，应制定调试大纲和调试方案。在既有线路施工时，应按规定报批，并确保既有通信系统设备的正常使用。

设备单机调试前，应先确认已符合下列安全要求：

（1）机架安装位置和安装强度符合设计要求。单位电路板插入可靠、位置正确。

（2）设备配线已完成，检查核对无误。绕接、卡接、焊接、压接端子质量符合要求，相应的接插件装配正确且连接可靠。

（3）通信机房提供的电源符合设备使用安全技术要求，电源设备调试合格。

（4）设备已可靠接地，接地电阻符合要求。

（5）设备单机加电后运转良好，各单机显示告警状态与当前实际使用情况相符。

（6）各种业务接入时，已按设计要求和用户入网方式，分清接口类型，进行正确连接。

（7）在连接各种终端设备之前，检查接口之间（含连接线）的电气指标，符合传输频带、特性阻抗、允许衰减和耐压指标的要求。

（8）设备单机性能检测宜在设备开机通电后30min后进行。

6）信号调试

（1）室内外设备施工完毕，应首先对配线进行全面核对，做到图实相符。

（2）信号系统调试前应对相应工作人员做出安全提示，在配电盘、电源屏、机架电源端子等处应做出安全标识，粘贴电源类型标签。

（3）设备通电前，必须检查设备的接地线和接地装置是否连接牢固，并对接地装置的接地电阻值进行测试，综合接地的接地电阻值不应大于1Ω。

（4）系统调试带电作业电压大于36V时，作业人员必须穿绝缘鞋，戴绝缘手套。

（5）室内外设备连接前，应按照规定进行室内外电缆绝缘和导通测试；单项设备通电调试之前，应确认线缆连接正确，接地良好。

（6）设备单项送电调试，室内外人员必须进行沟通确认，严禁未经核实盲目送电。

（7）系统调试过程中，仪器仪表测试前，应核对仪器仪表的档位，且测试线连接良好、无绝缘破损。

7）限界检测

（1）限界检测装置经施工、监理、设计等单位验收合格后方可使用。

(2)检测车组安全性能良好,检测过程中严格按照规定车速行驶。

(3)检测作业应统一指挥,行车司机注意瞭望,有异常情况及时鸣笛减速,如遇侵限及时停车检查。

(4)检测平板车四周应搭设防护栏杆,人员不应影响司机视线。

(5)检测区段应封锁,并有专人管理。

8)冷、热滑试验

(1)冷、热滑试验由建设、监理、施工等单位组成管理机构,负责试验相关事宜。

(2)在热滑前组织相关单位对热滑区段进行安全检查。冷、热滑安全检查重点表如表9-1所示。

冷、热滑安全检查重点表　　　　表9-1

序号		检查项目	检查情况
1	冷、热滑一般要求	试验区段内有无人员施工或停留,人员、机具是否出清	
2		进入试验区段的通道是否封闭(屏蔽门、应急通道、区间联络通道等),站台端头是否有人值守	
3		人防门是否固定牢固;支架、线缆、疏散平台、消防水管、站台板等侵限问题是否处理完毕	
4		轨行区(含轨顶风道)内杂物是否清理完毕,区间有无积水	
5		上网隔离开关是否处于断开位置并已加锁,在隔离开关靠近接触网侧有无设临时接地线与可靠接地	
6		区间照明是否符合要求	
7		轨道工程是否精调完毕,进站、出站、弯道、坡道及百米标志牌是否安装完毕	
8		试验区段是否具备通信条件	
9	热滑要求	变电所内常规机电和装饰装修专业是否施工完毕,正式门、锁是否安装完成。变电所供电设备是否运行正常,电源具备馈出条件	
10		接触网是否完成冷滑工作并对缺陷进行整改销项,满足送电条件,已送电且空载运行满24小时	
11		电客车是否经过调试,具备上线低、中、高速热滑运行条件	

(3)冷滑试验前,应确保与变电所相连的隔离开关均处于断开位置,并已加锁,在隔离开关靠近接触网侧,应加设临时接地线,并可靠接地。

(4)冷滑试验前,确认试验线路上各种障碍均已拆除,满足运营车辆和受电弓安全运行要求。

(5)冷滑试验前,沿线各站出入口、轨行区出入口应张贴冷滑通告。

(6)冷滑车辆应有可靠制动设施及通信联络设施。试验车上应有紧急降弓装置。

（7）根据热滑安排，下达轨行区封锁令和接触网送电命令。

（8）热滑区段行车进路按照审批的进路图进行热滑，热滑时车上调度人员和司机应严格确认进路，严格按照限定速度行驶。

（9）需专人摇动道岔时，应按带电作业区间相关管理规定执行。

2. 列车调试

1）静态调试

（1）电客车供应商应组织编写电客车预验收大纲，经监造单位或建设单位审批后实施；

（2）库内轨道、检修作业平台、接触网、静调电源柜及安全联锁系统完成调试及验收工作，方可进行调试；

（3）调试过程中作业人员在操作带电设备时，未经验电一律视为有电，严禁带电作业；

（4）调试过程中涉及停、送电作业的，严格执行作业票制度，应由专业人员根据操作规程对所属线路进行停、送电操作。接触网未挂接地线，严禁登顶作业；

（5）电客车无电作业时，应断开蓄电池开关，并将三位置转换开关转换至接地位；

（6）放电完毕后方可作业。作业后应遵守"谁隔离，谁恢复"的原则，恢复开关原始状态；

（7）作业人员进行集控电动开关门前，应进行广播提醒；

（8）唤醒列车前应确认蓄电池电压正常、开关位置正确。

2）动态调试

（1）电客车动态调试前应对电客车进行点动试验；

（2）试车线轨道应满足车辆最大运行速度牵引及制动安全距离要求；

（3）试车线应全线封闭，两端止档、安全围挡安装完成；

（4）试车线检查坑、接触网、信号及试验控制设备等全部完成安装及调试验收工作；

（5）接触网无异物悬挂、轨道道床良好无异物、轨面清洁且黏着状态良好；

（6）作业人员、司机、调度之间通信应可靠；

（7）调试过程中出现电客车牵引、制动等异常，应立即终止调试作业，待原因查明后方可开展后续调试工作；

（8）电客车上正线前应完成静态和动态调试并签署预验收合格证明；

（9）预验收合格后应按照维护保养手册要求进行维护保养，确保车辆处于安全状态；

(10)正线调试前,接触网、轨道应完成调试及验收。设备安装符合限界要求;

(11)电客车调试不得超区域、超调试内容作业;

(12)电客车调试过程中,作业人员不得擅自开关车门及上下车。

3. 系统联调联试

1)组织架构建立

(1)应建立综合联调组织机构,明确参与联调的各方人员职责分工。

(2)综合联调组织架构一般分三级管理,包括"综合联调领导组""综合联调工作组"和"综合联调调试组(信号调试组、车辆调试组、通信调试组、供电调试组、综合监控调试组等)"三级管理组织机构。负责筹备、指挥、管理、协调、实施综合联调过程中的各项工作,确保综合联调的顺利开展。

2)管理制度制定要求

(1)应编制综合联调管理制度、会议制度、质量控制、安全管理、考核制度。

(2)综合联调管理制度内容应包括:适用范围、规范标准、组织架构及职责、会议制度、安全管理、质量控制、进度管理、考核制度、文件管理流程。

(3)应明确联调过程中文件编制、审批、发布管理流程。

3)联调方案编制要求

(1)应明确联调测试项目是否符合规范及工程相关技术文件要求,涉及安全指标的项目应明确是否符合安全要求。

(2)综合联调方案内容应包括下列技术内容:工程概况、规范标准、联调目的、联调项目、前置条件、联调范围、人员组织及分工、联调记录表格、工具器具、安全措施、应急措施等。

(3)应急预案内容应包括:应急组织体系与人员职责分工、应急响应、应急处置、应急保障等。

(4)综合联调方案应包括车辆与相关系统联调方案、供电与相关系统联调方案、信号与相关系统联调方案、通信与相关系统联调方案、ISCS与相关系统联调方案等。

4)综合联调过程人身安全

(1)设备调试、操作与检修,应遵守安全规范和相关操作规程。

(2)调试工作应服从联调现场负责人统一安排,非本专业的设备禁止操作。涉及高温高压与特种设备的调试,应由经培训合格的专业人员进行操作。

(3)金属板卡或执行机构等部件在调试过程中不得随意触碰,避免设备损坏、人员烫伤。

(4)信号系统与车辆紧急制动联调时,应提前告知车上人员。

（5）站台门安全防护调试，应使用不损伤门体的物品模拟故障，不得使用人体部位替代。

（6）水泵设备调试过程中，现场人员须注意坑洞，防止跌落。

（7）隧道风机启动时，现场测试人员应保持安全距离。

（8）吊装孔盖板应固定牢靠，防止隧道风机启动，引起盖板坠落。

5）综合联调过程设备安全

（1）因各系统的结构和特性的不同，在设备安全上有着不同的强制要求，在联调过程中操作人员应全面掌握设备的操作规范要求，应根据测试流程，在测试系统承包商指导下进行。

（2）测试连锁风机风阀时应根据逻辑先后顺序启动、关闭设备，避免因风道阻塞形成风压对风管和电机造成破坏。

（3）水泵启动运行前提条件须提前确认，无水和低水位状态下应避免启动或长时间启动水泵。水坑内异物须提前清理，防止水泵启动吸入异物造成设备损坏。

（4）联调模式测试时应避免频繁启动大型电机设备，如隧道排热风机、风阀等。启动隧道系统风机前，风道须清除建筑垃圾，避免吸入损坏叶轮。

（5）隧道内的人防门应固定牢靠，防止因隧道风机启动造成门体异动造成侵限等。

（6）弱电系统控制模块箱应采取感应电压隔离预防措施，防止控制模块因感应电压过高而烧坏。

（7）消防泵联动测试时，应检查阀门开闭是否符合要求，防止消防泵启动造成泵房漏水，人员触电和电气设备损坏。

（8）须确保通信、综合监控、信号等弱电UPS已投入使用，避免因调试过程中瞬时失电对设备板卡造成冲击损坏。停电操作前应提前通知下级用户做好失电准备。

（9）供电调试前应确认设备状态，以便调试结束后恢复设备送电，避免因为长时间失电造成UPS电源损坏；调试结束后确认接线恢复，工完场清，防止遗留物品造成短路。

（10）信号与车辆动车联调必须取得第三方信号安全认证后进行，确保信号软件版本与认证证书一致。

（11）联调过程中，如发生设备设施故障或意外情况，应中止联调并处理，恢复正常后再进行联调。

（12）对接入既有线的系统联调，须做好应急预案，若割接不成功可恢复至初始状态。

第10章 地下隧道内给水排水工程监理要点

一、基本规定

1）地下隧道内给水排水工程安装应符合《地下铁道工程施工质量验收标准》GB/T 50299-2018的规定。

2）地面、高架区间、车站及地面附属建筑给水排水工程施工，应符合《建筑给水排水及采暖工程施工质量验收规范》GB 50242-2002的规定。

3）室内、室外给水排水工程的施工应符合《给水排水管道工程施工及验收规范》GB 50268-2008的规定。

4）管道、附件及设备安装前，应检查和核对其规格、型号，管道及附件敞口处应清理干净，检查合格后方可安装。

5）管道沟槽开挖应控制基底高程，不得扰动基面，沟槽应经验收合格后方可进行管道基础施工，土方回填应在管道施工验收合格后进行。

6）管道不宜敷设在控制箱、配电箱正上方，且不宜穿越设备吊装孔。

7）当给水排水压力管道穿越结构变形缝时，应设置金属波纹伸缩节或不锈钢软管。

8）室内外直埋金属管道应采取防腐处理措施，防腐层材质和结构应符合《建筑给水排水及采暖工程施工质量验收规范》GB 50242-2002的规定。

9）当管道穿越防火墙及楼板的孔洞时，应进行防火封堵，封堵材料的耐火时间与所在部位楼板及墙体的耐火时间应相同，且立管周围应设置高出地面10～20mm的阻火圈，阻火圈的耐火等级不应低于楼板的耐火等级。

10）当管道成排安装时，直线部分应相互平行；曲线部分应与直线部分保持等距，管道曲率半径应相等。

11）管道支吊架安装应平整、牢固，间距应符合《建筑给水排水及采暖工程施工质量验收规范》GB 50242-2002的规定。当安装金属管道时，管道与支吊架、管卡之间应设置与支吊架同宽的绝缘橡胶垫隔离。

12）施工过程质量控制和为工程竣工验收准备的资料应真实、准确、完整，应包括下列主要内容：

（1）开工报告；

（2）图纸会审记录、设计变更及洽商记录；

（3）主要材料、成品、半成品、配件、器具和设备出厂合格证及进场验收单；

（4）材料及设备的说明书、合格证；

（5）隐蔽工程验收及中间试验记录；

（6）隐蔽和埋地的给水排水压力管道水压试验记录；

（7）隐蔽和埋地的重力排水管道试验记录；

（8）设备安装、试运转记录及报告；

（9）安全、卫生和使用功能检验和检测记录；

（10）检验批、分项、子分部、分部工程质量验收记录。

二、区间给水排水管道施工监理要点

1）区间给水排水管道支架安装监理要点：

（1）区间给水排水管道应采用型钢制作的热浸锌支架，支架和锚栓应结合振动、疲劳、耐久性、管道应力等因素经计算确定，型钢厚度应根据地下水位和地下水水质增加1～2mm的腐蚀余量；

（2）支架安装位置和标高应按设计要求进行放线，安装后支架不得超越所处地段直线或曲线设备限界；

（3）区间支架的锚栓应采用金属后扩底锚栓，采用双螺母加平垫片和弹垫片，且锚栓有效锚固深度应满足胀栓规格要求；

（4）管道固定支架与结构墙体之间、支架与管道之间、管卡与管道之间应增加一层5mm厚与支架同宽的三元乙丙烯橡胶隔离，管道与型钢支架、管卡间不应直接接触；

（5）立管、管道接头及阀门、金属波纹管两侧应设置支架，管道转弯处应加固处理，应安装管道支墩或设加强型接口支架。支架的形式、规格及间距应符合《建筑给水排水及采暖工程施工质量验收规范》GB 50242-2002的规定。

2）区间过轨管道两侧应设置绝缘接头。

3）区间给水管道在有明显起伏且积聚空气的位置宜安装自动排气阀，给水管网最低位置宜安装泄水阀。

4）区间给水排水管道过轨安装监理要点：

（1）应根据道床形式确定道床预留沟槽位置；过轨管道的材质、连接方式及预留槽尺寸应符合《地下铁道工程施工质量验收标准》GB/T 50299-2018的规定；

（2）过轨管道安装应满足直线及曲线段限界要求；管道安装后，管道、管件、管道支架及法兰外表面最高点距钢轨轨底净距不应小于70mm，且不得侵入设备限界；

（3）区间过轨管道两侧应设置绝缘接头，其安装部位应便于检查和检修，过轨金属管道应采取防水绝缘措施。

三、给水工程监理要点

1）室外给水管道及设施安装监理要点

（1）室外管道沟槽开挖应控制基底高程，不得扰动基面；地质条件良好、土质均匀且地下水位低于槽底时，开挖沟槽可不设支撑；

（2）当车辆基地及停车场室外给水管道穿越轨道时，应设置防护涵管或防护套管，防护套管宜采用球墨铸铁管，其安装应符合《给水排水管道工程施工及验收规范》GB 50268-2008的规定；

（3）当管道穿越地下主体结构时，应预埋防水套管；

（4）当管道采用法兰连接或卡箍连接时，连接部位宜安装在检查井或地沟内；

（5）当管道管径不大于DN450时，阀井内井壁距管道法兰或承口距离不得小于250mm；当管径大于DN450时，阀井内井壁距管道法兰或承口距离不得小于350mm。

2）室内给水管道及设施安装监理要点

（1）给水系统的材料应符合《生活饮用水卫生标准》GB 5749-2022的规定，管道应采用与管材相适应的管件，管件、配件的工作压力应与该管道系统的工作压力一致。

（2）管道的加工与安装应符合《建筑给水排水及采暖工程施工质量验收规范》GB 50242-2002的规定。

（3）当管道采用螺纹连接时，应确保无断丝，套丝扣时破坏的镀锌层表面及外露螺纹部分应采取防腐措施。

（4）管道嵌墙暗敷宜按土建预留凹槽敷设，凹槽表面宜平整，深度不应超过墙壁厚度的1/3，管道应采取固定措施。

（5）衬塑复合钢管安装监理控制：

①管内外表面应光滑平整,不应有伤痕或裂纹,内表面不应有气泡、针孔、脱皮、凹陷、色泽不均及分解变色线;

②当衬塑复合钢管管径小于DN100时,可采用螺纹连接;当管径不小于DN100时,应采用法兰连接;当衬塑复合钢管与设备、阀门、水表、水嘴连接时,应采用专用管件或过渡接头;

③安装时宜选用专用施工机具;

④不应采用重力锤击管道,切割管道不可采用挤压式切割,套丝应用水溶性切削液进行冷却切割。

(6)不应在衬塑复合钢管上焊接法兰。

3)阀门及附件安装监理要点

(1)阀门及附件安装前,应进行强度和严密性试验,试验应符合下列规定:

①应在每批阀门或附件中抽检10%,且其数量不应少于1个;

②安装在主干管上起切断作用的阀门,应逐个进行强度和严密性试验;

③强度试验压力应为公称压力的1.5倍,严密性试验压力应为公称压力的1.1倍;

④试验压力在试验持续时间内应保持不变,且壳体填料及阀瓣密封面应无渗漏。

(2)阀门应在关闭状态下安装,安装应紧固、严密,阀门及附件与管道中心应垂直;阀门应启闭灵活、传动可靠,成排阀件安装应在同一直线上,最大允许偏差应为3mm。

(3)阀门安装完毕后其手柄应易于操作。安装在管井、顶棚内的管道,凡设阀门及检查口处均应设置检修门。

(4)阀门安装位置和高度应方便检修,当安装位置高于4m时,宜设置固定爬梯和操作平台。

(5)给水户前阀、分区阀宜带PE滤网。

(6)水表应安装在便于检修,不受暴晒、污染和冻结的地方,水底部应设置独立的支托架,水表上标示的箭头方向应与水流方向一致。

(7)当安装螺翼式水表时,表前与阀门应有不小于8倍水表接口直径的直线管段,表外壳距墙表面净距应为10~30mm,水表进水口中心标高允许偏差应为±10mm。

4)水泵安装监理要点

(1)水泵基础混凝土的强度、坐标、标高、尺寸和螺栓孔位置应符合设计要求;

（2）水泵应采用适配的螺栓固定，螺杆外露部分长度不应大于螺杆直径的1/2，螺母应加平垫和弹垫；紧固件外露部分应进行防腐处理；

（3）水泵底座与基础之间应设置橡胶减振装置，且该装置应按水泵中轴线对称布置；

（4）水泵进出口的管道应从水泵开始向外安装，所有与泵连接的管道应具有独立、牢固的支承，管道与水泵连接后不得再切割或焊接；

（5）水泵进出口管道上应设置可曲挠橡胶软管接头，且应靠近水泵的一侧，不应带应力安装，水泵和软连接之间除连接法兰外不应采取其他固定措施；

（6）当水泵进水口与管道采用变径连接时，应采用上平下偏的偏心异径管；

（7）水泵试运转流量、扬程及轴承温升参数应符合设计要求。

5）水箱安装监理要点

（1）水箱内检修爬梯、水位标尺、支撑件及配件均应采用S304不锈钢材料；

（2）水箱支架或支墩应牢固平整，水箱水位应标示明确；

（3）溢流管应设置于排水设施附近，且不得与排水系统管道直接连通，应采用间接排水；溢流管上不得装设阀门，出水口处宜设置网罩；

（4）泄水管上应安装阀门，阀门下游管路可与溢流管直接连接，但不得与排水系统管道直接相连；

（5）水箱人孔盖应为加锁密封型，且高出水箱顶板面的高度不应小于100mm，通气管应采用S304不锈钢下弯管，管口宜安装S304不锈钢纱网；

（6）水箱的进水管应高于溢流管，垂直间距应大于2.5倍进水管管径；

（7）水箱使用前应进行密封性试验，开式水箱满水静置24h不得渗漏；密闭水箱应在试验压力下10min内压力不下降，不得渗漏。

6）给水管道试压、闭水试验监理要点

（1）应做水源引接及排水疏导的施工准备；

（2）对不允许参加试压的设备、仪表及管道附件，应采取隔离措施；

（3）当在冬期进行管道水压及闭水试验时，应采取防冻措施，试验完毕应及时放水；

（4）在管道灌水前，应将系统内阀门全部打开，管道灌水应从下游缓慢灌入，上游管顶及管段凸起点宜设排气阀。

7）给水系统室外管道水压试验监理要点

（1）金属及金属复合管道在强度试验压力下10min内压力降不应大于0.05MPa，当降至工作压力进行检查时，压力应保持不变，不得渗漏；

（2）塑料管道在强度试验压力下应稳压1h，压力降不应大于0.05MPa，当降至工作压力进行检查时，压力应保持不变，不得渗漏。

8）给水系统室内管道水压试验监理要点

（1）金属及金属复合管道在强度试压压力下应观测10min，压力降不得大于0.02MPa，当降至工作压力进行检查时，不得渗漏；

（2）塑料管道在强度试验压力下应稳压1h，压力降不应大于0.05MPa，当降至工作压力的1.15倍状态下应稳压2h，压力降不应大于0.03MPa，各连接处不得渗漏。

9）给水管道冲洗监理要点

（1）在给水管道冲洗前，对不允许参加冲洗的系统、设备、仪表及管道附件，应采取隔离措施；

（2）管道系统各环路阀门启闭应灵活、可靠，临时供水装置运转应正常，冲洗水宜就近接入市政排水系统；

（3）应先冲洗系统最低处干管，后冲洗水平干管、立管、支管；

（4）冲洗流速不应小于1.5m/s，冲洗至出水处水颜色、透明度与入口处目测一致方为合格；

（5）冲洗出水口处管径宜比被冲洗管道的管径小1号；

（6）冲洗出水口流速不应小于1.5m/s，且不宜大于2m/s；

（7）冲洗合格后，应填写记录，且应将拆下的管道附件复位。

10）饮用水管道消毒监理要点

（1）给水系统在管道冲洗后，在交付使用前应进行消毒；

（2）应采用浓度20～30mg/L的游离氯或0.03%高锰酸钾消毒液，灌满整个管道，静置24h后排空；

（3）应消毒后再用饮用水冲洗，出水水质应符合《生活饮用水卫生标准》GB 5749-2022的规定。

四、排水工程监理要点

1）室外排水管道及设施安装监理要点

（1）重力排水管道不应无坡或反坡；

（2）管道埋设前应进行闭水试验或闭气试验，排水应畅通、无堵塞，管道及接口应无渗漏；

（3）当安装承接插口的排水管道时，管道和管件的承口应与水流方向相反；

（4）检查井井圈应平整光滑，井盖应满足承重要求；

（5）检查井、化粪池底板及进出水管标高允许偏差应为±15mm。

2）室内管道及设施安装监理要点

（1）重力排水横管不应反坡。

（2）接入室外排水检查井的排水管，排出管管顶标高不得低于室外接户管管顶标高，室外排水管连接处的水流转角不宜小于90°。

（3）排水管道横管与立管连接，宜采用45°三通或四通、90°斜三通或四通；排水立管与排出管端部的连接，宜采用两个45°弯头或曲率半径不小于4倍管径的90°弯头。

（4）排水塑料管伸缩节间距不得大于4m。明设排水塑料管底部应设置阻火圈；当排水塑料管穿过不同防火分区隔墙或楼板时，应在管道两侧采取防止火灾贯通措施。

（5）排水塑料管道系统检查口或清扫口设置应符合设计要求，检查口位置和朝向应便于管道检修和维护。立管的检查口中心高度距操作地面宜为1m，允许偏差应为±20mm，管窿内的立管检查口宜设检修门；当横管检查口设置在吊顶内时，宜在吊顶位置设置检修门。

（6）卫生器具安装监理控制：

①坐便器应用镀锌地脚螺栓固定，螺母与洁具之间应加橡胶垫片，小便器的固定螺母底下应加橡胶垫片；

②当安装台下盆时，托架应可拆卸；托架与台下盆之间应加橡胶垫片；

③与排水横管连接的各卫生器具的受水口和立管均应采用管卡固定；管道安装完毕后，预留孔洞或套管缝隙应采用防水填料或无机填料嵌实；

④拖布池的水龙头距拖布池上边沿的距离不应大于300mm；

⑤卫生器具交工前应进行满水和通水试验，满水后各连接件不得渗漏；通水试验应按给水系统的1/3配水点同时开放，各排水点应通畅，接口处不得渗漏。

（7）排水地漏安装应低于排水表面，水封高度不得小于50mm。

（8）离壁墙内隐蔽排水管道在隐蔽前应进行灌水试验，灌水高度不应低于底层卫生器具上边缘或底层地面高度；灌满水15min水面下降后，再灌满观察5min，水面不降、管道及接口无渗漏为合格。

（9）排水主立管及水平干管均应进行通球试验，通球球径不应小于排水管道管径的2/3，通球率应达到100%。

（10）雨水系统不得与生活污水相连接。

（11）悬吊式雨水管道敷设坡度不得小于5‰。

（12）重力雨水管道安装后均应做灌水试验，灌水高度应达到每根立管上部的雨水斗。

（13）离壁墙内地漏引向轨行区的排水管道应采用型钢支架固定，不应用塑料U形卡箍固定。

（14）压力排水管宜采用金属或金属复合管材，管道应固定在承重结构上。

3）固定式潜水排污泵安装监理要点

（1）当水泵基础与底板混凝土不同时浇筑时，底板应预埋与水泵基础相连接的钢筋；

（2）固定式水泵应配备自动耦合装置，其导轨应垂直于水池底板安装，螺栓、螺母联结件应安装牢固；每台泵应配导链，且导链两端应配紧固件；

（3）水泵运行应平稳，无卡死停滞现象；

（4）泵体应能通过为泵口径5倍长的纤维物质，以及直径为泵口径50%～80%的固体球状物颗粒；

（5）水泵应能连续运行，启动次数不宜超过12次/h，整机使用寿命应大于12年。

4）密闭提升装置安装监理要点

（1）污水泵应采用干式安装，潜水电机应与泵叶轮同轴相连，且不应有锐利的棱角；

（2）污水泵应进行试运转，不应有气蚀和卡阻现象；

（3）控制箱外壳防护等级不应低于IP54，所有紧固件均应具有防腐镀层及防松脱措施；当设备出现电源故障、相序错误、过载、过热、缺相、短路液位计故障及集水箱水位过高或过低故障时，控制箱应能立即自动切断故障水泵电源并显示故障。

5）真空系统安装监理要点

（1）当安装真空机组时，地面应设置减振垫，设备与管道相连处应设置橡胶隔振器，应预埋地脚螺栓固定整个机组；

（2）真空管道应采用型钢或支架固定，系统运行时管路不应出现异常振动；压力等级要求不应低于1.6MPa，管道末端宜设置检查口；

（3）真空管道安装完毕后对管道系统进行密闭性检查时，应使用真空泵将管路内抽至真空度为0.07MPa，保持1h，真空度下降值不应超过15%；

（4）漏压点检查宜采用对被测试管道加正压、在连接点刷涂肥皂水的方法；

（5）真空系统真空度宜为-0.04～-0.07MPa，设备运行噪声应小于75dB；

（6）控制系统应具备电机温度保护、短路保护、过载保护功能，控制箱外壳防护等级不应低于IP54，真空机组运行状况、故障状况、低真空度报警和堵塞报警信号应能上传至BAS系统。

五、给水排水工程验收监理要点

1)给水排水系统竣工后,应进行工程验收,且应在验收合格后投入使用。

2)给水排水工程的检验和检测应包括下列主要内容:

(1)室内外给水干管的管中心位置及高程;

(2)管道连接点及接口的严密性及支座位置正确性和牢固性;

(3)金属管材及附件防腐、保温和防杂散电流措施;

(4)阀门启闭灵活性和仪表的灵敏度;

(5)承压管道系统和设备及阀门水压试验;

(6)给水管道通水试验及冲洗、消毒检测;

(7)水泵等设备运转性能及控制功能指标;

(8)排水管道灌水、通球及通水试验;

(9)卫生器具通水试验,具有溢流功能的器具满水试验;

(10)地漏及地面清扫口排水试验;

(11)雨水管道灌水试验。

3)室内、室外给水排水管道及设施验收应符合《建筑给水排水及采暖工程施工质量验收规范》GB 50242-2002的规定。

4)生活给水系统的材料应符合《生活饮用水卫生标准》GB5749-2022的规定。

5)给水排水工程验收应按验收批、分项工程、分部工程、单位工程的顺序进行,分部、分项工程划分应符合规范规定要求。

6)工程竣工验收资料应真实、准确、完整,应包括下列主要内容:

(1)材料及设备的说明书、合格证;

(2)图纸会审记录,变更设计及洽商单;

(3)隐蔽工程验收记录;

(4)质量评定记录;

(5)给水排水压力管道系统和设备水压试验记录,给水工程冲洗消毒冲洗记录、水质检测报告,给水排水压力管道系统绝缘法兰、加强型防水绝缘层检测报告;

(6)室内重力排水管道灌水试验和通球试验记录;

(7)室外重力排水管道闭水试验或闭气试验记录;

(8)设备试运转记录及报告;

(9)竣工报告。

7）单位工程完成后，应对单位工程实体质量和主要功能进行核查，并应按表6.1.7填写核查记录。

8）系统验收：

（1）室内、室外给水排水压力干管的管中心位置及高程，室内、室外重力排水管道管内底位置及高程应符合设计要求。

检验数量：全数检查。

检验方法：观察及仪表检测。

（2）室内、室外给水排水管道连接点及接口的严密性应符合设计要求。

检验数量：全数检查。

检验方法：观察及仪表检测。

（3）室内、室外给水排水金属管材及附件防腐、保温和防杂散电流措施应符合设计要求。

检验数量：全数检查。

检验方法：观察及仪表检测。

（4）给水系统阀门启闭应灵活，仪表灵敏度应符合设计要求。

检验数量：全数检查。

检验方法：观察。

（5）水箱密封性应符合设计要求。

检验数量：全数检查。

检验方法：观察及仪表检测。

（6）给水排水压力管道系统和设备水压试验及给水工程冲洗消毒、水质检测应符合设计要求。

检验数量：全数检查。

检验方法：观察及仪表检测。

（7）区间过轨金属管道和管道支架安装完成后，应按《建筑给水排水及采暖工程施工质量验收规范》GB 50242-2002的规定进行水压试验。

检验数量：全数检查。

检验方法：观察及对照图纸尺量检查。

（8）区间过轨金属管道如在整体道床中间设法兰或沟槽式管接头，水压试验完成后应在管道法兰和连接螺栓处涂黄油，并应采用油布包裹三层后再用PAP包裹三层，且应采用C20混凝土连接整体道床和线路排水沟。

检验数量：全数检查。

检验方法：观察。

(9) 应检测区间过轨金属管道绝缘性能，绝缘法兰电阻率应大于 1MΩ，加强型防水绝缘层电阻率应大于 5000Ω。

检验数量：全数检查。

检验方法：采用欧姆表检测。

(10) 给水排水管道水压、灌水或闭水试验后应排空管道内试验用水及管道最低点和各局部低点的积水。

检验数量：全数检查。

检验方法：观察。

(11) 中水、回用雨水等非生活饮用水管道不应与生活饮用水管道直接连接。

检验数量：全数检查。

检验方法：观察。

(12) 污水、雨污水合流管道及湿陷土、黏土、流沙地区的雨水管道，应经严密性试验合格后方可投入运行。

检验数量：全数检查。

检验方法：观察及仪表检测。

第11章　城市轨道交通工程监理工作要点

一、基本规定

（1）城市轨道交通工程施工监理应实行总监理工程师负责制。

（2）监理单位在履行委托监理合同的义务期间，应公正、独立、自主地开展监理工作，在合同约定范围内为建设管理单位提供技术、经济、法律等方面的咨询意见，全面维护建设管理单位委托项目各方的合法权益。

（3）监理单位应设立项目监理机构，对所监理工程的施工质量、进度、造价进行控制，对合同、信息进行管理，对安全生产管理进行监督，协调工程建设相关各方的关系。

（4）项目监理机构的组织形式和规模，应根据监理合同规定的服务内容及期限、工程类别及规模、技术复杂程度、工程环境等因素确定。人员配置应按专业配备，人员素质、数量应满足合同要求。监理人员调整应征得建设管理单位同意并按合同相关规定办理变更手续后方可实施。

二、施工准备阶段监理工作要点

（1）城市轨道交通建设项目应根据委托监理合同的约定，配备满足监理工作需要的常规检测设备和工具。

（2）在签订委托监理合同及收到设计文件后监理单位应编制监理规划及监理实施细则。

（3）监理单位的监理规划及监理实施细则应报送建设管理单位审查。

（4）监理单位应制订工程监理报告制度，及时处理监理报告所反映的问题。

（5）监理单位应参加勘测设计技术交底，对勘测设计技术问题提出书面意见和建议，对勘察设计技术交底会议纪要进行签认。

（6）监理单位应熟悉设计原则、设计图纸及安全、质量要求。

（7）监理单位应审查施工单位、分包单位资质和安全生产许可证，审批施工单位提出的施工组织设计、安全技术措施、施工技术方案、施工进度计划和建设风险管理措施等。审查结果应书面报送建设管理单位核准。

（8）监理单位应全面掌握现场及周边环境情况，审查地下管线建（构）筑物保护方案，对不利因素进行初步判别并督促施工单位对可能影响施工的各类地下管线、高压输电设备及其他不利因素进行核查。

（9）监理单位应及时审核施工单位编写的开工报告，检查施工现场施工条件、所需资源、安全等措施落实到位。

（10）监理单位应参加工程测量的领桩、交桩工作，组织测量工程师对工程控制桩进行校核并记录，督促施工单位落实保护措施。

（11）监理单位应监督和审批施工单位根据工程实际制订的工程检验批划分，组织施工、设计、设备集成（供货）等单位对验收标准中未包含的新设备系统或新设施进行工程验收划分，报建设管理单位核准。

（12）监理单位应根据城市轨道交通工程特点制订工程例会、专项检查等管理制度。

（13）监理单位应就施工质量、安全、进度、文明施工、档案资料、文件流转等监理控制程序和要求向施工单位等进行交底，并做好会议记录。

三、施工阶段监理工作要点

1）监理单位应指定专人通过现场巡视、检查、资料查阅等方式对项目施工进行全方位检查。

2）监理单位应重点做好下列工程质量控制工作：

（1）工程项目开工前，监理单位应及时审查施工单位报送的工程开工报审表及相关资料，具备开工条件时，由总监理工程师签发，并报建设管理单位核准。

（2）监理单位应要求施工单位按照批准的（或经过修改后重新批准的）施工组织设计（方案）组织施工。当施工单位调整、补充或变动施工组织设计时，应经专业监理工程师审查、总监理工程师签认后方可实施。

（3）监理单位应要求施工单位及时报送重点部位、关键工序的施工工艺和确保工程质量的措施，经审核同意后予以签认。

（4）监理单位应督促施工单位采用新材料、新工艺、新技术、新设备并要求对其组织专题论证，经审定后予以签认。

（5）监理单位应对施工过程中的施工测量放线成果进行复验和确认，对施工单位的自有或外委试验室进行考核，对施工单位拟进场工程材料、构配件和设备清单及其所列的规格和质量证明资料进行审核，对工程使用的材料、构件和设备质量的检查、见证取样或平行检测资料应及时、齐全。

（6）监理单位应对现场使用的施工机械设备的性能和数量进行严格把关，严格执行报审制度，严禁不合格施工机械设备进入施工现场。

（7）监理单位应安排监理人员对施工过程进行巡视和检查。对隐蔽工程的隐蔽过程、下道工序施工完成后难以检查的重点部位，应安排监理人员进行旁站。建设管理单位应对巡视、检查、旁站记录进行抽查。

（8）监理单位应组织监理人员对分项、分部、单位工程质量及时进行验评。

（9）监理单位应按合同要求对施工过程中出现的质量缺陷、重大质量隐患、可能造成质量事故或已经造成质量事故进行调查、处理，并对处理结果进行跟踪检查和验收。

3）监理单位应对城市轨道交通工程重大风险部位、关键工序节点进行检查，检查验收通过后方可进行下道工序。

4）工程施工出现工程质量安全问题或事故，需要停工处理时，总监理工程师应按照监理合同和其他有关合同的约定，在征得建设管理单位同意后签发工程暂停令，并根据停工原因的影响范围和影响程度，确定工程项目停工范围。当工程具备复工条件时，总监理工程师应及时签署工程复工报审表，指令施工单位恢复施工。

5）监理单位应重点做好以下工程投资控制方面的工作：

（1）监理单位应按施工合同约定的工程量计算规则和支付条款进行工程量计量和工程款支付。

（2）监理单位应依据施工合同有关条款、施工图，对工程项目造价目标进行风险分析，制订防范性对策。

（3）监理单位应从投资、项目的功能要求、质量和工期等方面审查工程变更方案，在工程变更实施前应与建设管理单位、施工单位协商确定工程变更的价款。

6）监理单位应重点做好下列工程进度控制方面的工作：

（1）监理单位应根据施工合同规定的期限，对施工单位编制、报送的施工总进度计划、年、季、月度施工进度计划进行审批。监理单位审批的重点应是承包单位实施计划的能力以及施工时间安排的合理性。

（2）监理单位应对进度计划实施情况进行检查、分析。当实际进度符合计划进度时,可要求施工单位编制下一期进度计划;当实际进度滞后于计划进度时,应书面通知施工单位采取纠偏措施并监督实施;当实际进度严重滞后于计划进度时,应及时与建设管理单位商定采取措施。

(3)监理单位应依据施工合同有关条款、设计文件及经过批准的施工组织设计制订进度控制方案,对进度目标进行风险分析,制订防范性对策,报送建设管理单位。

7)在安全、文明施工管理方面,监理单位必须按有关规定、条例以及建设管理单位对安全文明施工生产的要求,对整个施工过程的安全、文明施工进行检查督促,定期向建设管理单位书面报告所监理标段的安全、文明施工生产情况。监理单位应重点做好下列工作:

(1)监理单位应制订健全的安全监督机制、配备专业的安全管理人员,进行定期、不定期的安全检查,发现安全隐患应根据有关规定进行整改或停工处理。

(2)监理单位应审核承包人上报的各项施工组织设计及文明施工和环境保护方案,杜绝安全隐患、减小工程对周边环境的影响。

8)在施工过程中,监理单位应召开定期工地例会及不定期的专题会议,及时解决施工过程中的各种问题。会议纪要应由监理单位负责起草,经与会各方代表会签后存档。

四、工程竣工阶段监理工作要点

1)监理单位应对施工单位报送的竣工资料进行审查,组织工程进行初步验收,参加工程质量验收和专项验收,督促施工单位对验收存在的问题进行整改销项,检查并形成整改销项报告。

2)监理单位在验收前应做好监理竣工档案资料的整理。竣工验收时,监理单位应审查施工单位提交的交工文件、督促施工单位整理合同文件和工程档案资料,填写竣工资料监理审查意见单,按要求对监理工程档案资料进行整理。

3)在工程竣工验收阶段,监理单位应提交工程质量评估报告,参加工程竣工验收。对竣工验收中提出的整改问题,监理单位应督促施工单位进行整改。当工程质量符合要求时,总监理工程师应会同参加验收各方签署竣工验收报告。

4)工程竣工验收后,监理单位应要求施工单位按施工合同规定填报竣工结算报表,审核施工单位报送的竣工结算报表,签发竣工结算文件和最终的工程款支付证书。

5)工程缺陷责任期阶段管理措施。

（1）监理单位应对建设管理单位提出的工程质量缺陷进行检查和记录，对施工单位修复的工程质量进行验收。

（2）监理单位应协助建设管理单位对工程质量缺陷进行调查分析并确定责任归属，对非施工单位原因造成的工程质量缺陷，核实修复工程的费用，签发支付证明。缺陷责任期结束后监理单位应协助建设管理单位结算工程保修金。

（3）监理单位在收到施工单位提交的工程质量缺陷责任终止申请后，经确认符合条件，应签发或会同建设管理单位共同签发《工程质量缺陷责任终止证书》。

第12章 城市轨道交通通信工程质量监理要点

一、基本规定

1）监理单位应要求施工单位建立健全质量管理体系、施工技术标准、施工质量检验制度和综合施工质量水平评定考核制度。

2）监理对城市轨道交通通信工程施工质量验收检查要点：

（1）施工应符合工程勘察、设计文件的要求。

（2）参加工程施工质量验收的各方人员应具备规定的资格。

（3）工程质量验收均应在施工单位自检合格的基础上进行。

（4）隐蔽工程在隐蔽前应由施工单位通知监理单位进行验收，并应形成验收文件，验收合格后方可继续进行施工。

（5）涉及结构安全的试块、试件、材料等，应按规定进行见证取样检测或复验。

（6）检验批的质量应按主控项目和一般项目验收。

（7）对涉及安全和使用功能的重要分部工程应进行抽样检测。

（8）承担见证取样检测及有关结构安全检测的单位应具有相应资质。

（9）单位工程的观感质量应由验收人员通过现场检查，并应共同确认。

（10）工程采用的设备、材料应进行进场验收，不合格者不得用于工程。

（11）工序之间应进行交接检验，上道工序应符合下道工序的施工条件和技术要求；相关专业之间接口的交接检验应经监理单位检查认可，未经检查或检查不合格的，不得进行下道工序施工。

二、通信管线的施工质量监理要点

（一）支架、吊架安装

1）支架、吊架及配件到达现场应进行检查，其型号、规格和质量应符合设计要求。

检验数量：全部检查。

检验方法：对照设计文件检查出厂合格证及其他质量证明文件，并观察检查外观及形状。

2）支架、吊架安装位置及安装方式应符合设计要求，并应固定牢固；支架与吊架的各臂应连接牢固。支架、吊架安装不得侵入设备限界。

检验数量：全部检查。

检验方法：观察、尺量检查。

3）支架、吊架不应安装在具有较大振动、热源、腐蚀性液滴及排污沟道的位置，也不应安装在具有高温、高压、腐蚀性及易燃易爆等介质的工艺设备、管道及能移动的构筑物上。

检验数量：全部检查。

检验方法：观察检查。

4）区间电缆支架接地方式应符合设计要求，接地连接应可靠。

检验数量：全部检查。

检验方法：观察、使用万用表检查。

5）支架、吊架的镀锌要求和尺寸应符合设计要求；切口处不应有卷边，表面应光洁、无毛刺。

检验数量：全部检查。

检验方法：观察检查。

6）当支架、吊架安装在有坡度、弧度的建筑物构架上时，其安装坡度、弧度应与建筑物构架的坡度、弧度相同。

检验数量：全部检查。

检验方法：观察检查。

7）支架、吊架安装应横平竖直、整齐美观，安装位置偏差不宜大于50mm。在同一直线段上的支架、吊架应间距均匀，同层托臂应在同一水平面上。

检验数量：全部检查。

检验方法：观察、尺量检查。

8）安装金属线槽及保护管用的支架、吊架间距应符合设计要求。

检验数量：全部检查。

检验方法：观察检查。

9）敷设电缆用的支架、吊架间距应符合设计要求；当设计无要求时，水平敷设时宜为0.8～1.5m；垂直敷设时宜为1.0m。

检验数量：全部检查。

检验方法：观察、尺量检查。

(二) 桥架安装

1) 线槽、走线架及配件到达现场应进行检查，其型号、规格和质量应符合设计要求。

检验数量：全部检查。

检验方法：对照设计文件检查出厂合格证及其他质量证明文件，并观察检查外观及形状。

2) 线槽、走线架安装位置和安装方式应符合设计要求。检验数量：全部检查。

3) 线槽终端应进行防火、防鼠封堵。检验数量：全部检查。

4) 金属线槽焊接应牢固，内层应平整，不应有明显的变形，埋设时焊接处应进行防腐处理。金属线槽采用螺栓连接或固定时应牢固。

检验数量：全部检查。

检验方法：观察检查。

5) 线槽、走线架与机架连接处应垂直并连接牢固。

检验数量：全部检查。

检验方法：观察检查。

6) 金属线槽、走线架应接地，线槽接缝处应有连接线或跨接线。

检验数量：全部检查。

检验方法：观察、用万用表检查。

7) 预埋线槽时，线槽的连接处、出线口和分线盒，均应进行防水处理。

检验数量：全部检查。

检验方法：观察检查。

8) 当供电电缆与信号电缆在同一径路用线槽敷设时，宜分线槽敷设。当需敷设在同一线槽内时，应采用带金属隔板的线槽分开敷设。

检验数量：全部检查。

检验方法：观察检查。

9) 线槽安装在经过建筑沉降缝或伸缩缝时应预留变形间距。

检验数量：全部检查。

检验方法：观察检查。

10) 金属线槽的金属材料厚度、镀锌要求应符合设计要求。

检验数量：全部检查。

检验方法：观察检查，检查出厂合格证等质量证明文件。

11）线槽的安装应横平竖直，排列整齐。槽与槽之间、槽与设备盘（箱）之间、槽与盖之间、盖与盖之间的连接处，应对合严密。

检验数量：全部检查。

检验方法：观察、尺量检查。

12）当线槽的直线长度超过50m时，宜采取热膨胀补偿措施。

检验数量：全部检查。

检验方法：观察检查。

13）当线槽内引出电缆时，应采用缆线保护措施。

检验数量：全部检查。

检验方法：观察检查。

14）线槽的上部应留有便于操作的空间。当线槽拐直角弯时，其弯头的弯曲半径不应小于槽内最粗电缆外径的10倍。

检验数量：全部检查。

检验方法：观察检查。

（三）保护管安装

1）保护管及配件到达现场应进行检查，其型号、规格和质量应符合设计要求。

检验数量：全部检查。

检验方法：对照设计文件检查出厂合格证等质量证明文件，并观察检查外观及形状。

2）保护管煨管施工质量监理控制要点：

（1）弯成角度不应小于90°。

（2）弯曲半径不应小于管外径的6倍。

（3）弯扁度不应大于该管外径的1/10。

（4）弯曲处应无凹陷、裂缝。

（5）单根保护管的直角弯不应超过两个。

检验数量：全部检查。

检验方法：随工检查。

3）保护管管口应采用防火材料进行密封处理。

检验数量：全部检查。

检验方法：观察检查。

4）金属保护管应可靠接地，金属保护管连接后应保证整个系统的电气连通性。

检验数量：全部检查。

检验方法：用万用表检查。

5）埋入墙或混凝土内的保护管宜采用整根材料；当需连接时，应在连接处进行防水处理。预埋保护管管口应进行防护处理。

检验数量：全部检查。

检验方法：随工检查。

6）保护管安装在经过建筑沉降缝或伸缩缝时应预留变形间距。

检验数量：全部检查。

检验方法：观察检查。

7）保护管不应有变形及裂缝，管口应光滑、无锐边，内外壁应光洁、无毛刺，尺寸应准确；金属保护管的镀锌要求应符合设计要求。

检验数量：全部检查。

检验方法：观察检查。

8）保护管增设接线盒或拉线盒的位置应符合设计要求，接线盒或拉线盒开口朝向应方便施工。预埋箱、盒位置应正确，并应固定牢固。与预埋保护管连接的接线盒（底盒）的表面应与墙面平齐，误差应小于2mm。

检验数量：全部检查。

检验方法：观察检查。

9）预埋保护管施工质量监理控制要点：

（1）伸入箱、盒内的长度不应小于5mm，并应固定牢固，多根管伸入时应排列整齐。

（2）预埋的保护管引出表面时，管口宜伸出表面200mm；当从地下引入落地式盘（箱）时，宜高出盘（箱）底内面50mm。

（3）预埋的金属保护管管外不应涂漆。

（4）当预埋保护管埋入墙或混凝土内时，离表面的净距离不应小于15mm。

检验数量：全部检查。

检验方法：观察、尺量检查。

10）保护管应排列整齐、固定牢固。用管卡固定或水平吊挂安装时，管卡间距或吊杆间距应符合设计要求。

检验数量：全部检查。

检验方法：观察检查。

(四)通信管道安装

1)通信管道所用的器材在使用之前应进行检查,其型号、规格和质量应符合设计要求。

检验数量:全部检查。

检验方法:对照设计文件检查出厂合格证及其他质量证明文件,并观察检查外观及形状。

2)通信管道埋深达不到设计要求时,其包封和防护、管道倾斜度、管道弯度、段长,以及防水、防蚀、防强电干扰的要求,应符合设计要求。

检验数量:全部检查。

检验方法:对照设计文件检查。

3)通信管道应进行试通,对不能通过标准拉棒但能通过比标准拉棒直径小1mm的拉棒的孔段占试通孔段总数的比例不应大于10%。

检验数量:钢材、塑料等单孔组群的通信管道,2孔及以下试通全部管孔,3孔至6孔抽试2孔,6孔以上每增加5孔多抽试1孔。

检验方法:在直线管道使用比管孔标称直径小5mm,长900mm的拉棒试通;对弯曲半径大于36m的弯管道,使用比管孔标称直径小6mm,长900mm的拉棒试通。

4)通信管道进入建筑物、人手孔时,管孔应进行封堵。

检验数量:全部检查。

检验方法:观察检查。

5)人手孔四壁及基础表面应平整,铁件安装牢固并应符合设计要求,管道窗口处理应美观。

检验数量:全部检查。

检验方法:观察检查。

6)人手孔口圈安装质量、位置和高程应符合设计要求。

检验方法:观察、尺量检查。

7)人手孔防渗、漏水及排水功能应良好。

检验数量:全部检查。

检验方法:观察检查。

(五)缆线布放

1)监理对电源线、信号线及配套器材的进场验收控制要点:

(1) 数量、型号、规格和质量应符合设计和订货合同的要求。

(2) 合格证、质量检验报告等质量证明文件应齐全。

(3) 缆线外皮应无破损、挤压变形，缆线应无受潮、扭曲、背扣。

检验数量：全部检查。

检验方法：对照设计文件和订货合同，检查实物和质量证明文件。

2）电源线、信号线不应断线和错线，线间绝缘、组间绝缘应符合设计要求。

检验数量：全部检查。

检验方法：用万用表检查断线和错线，用兆欧表测试绝缘电阻。

3）当多层水平线槽垂直排列时，布放应按强电、弱电的顺序从上至下排列。

检验数量：全部检查。

检验方法：观察检查。

4）线槽内的电源线、信号线应排列整齐，不应扭绞、交叉及溢出线槽。

检验数量：全部检查。

检验方法：观察检查。

5）电源线、信号线在管内或线槽内不应有接头和扭结。

检验数量：全部检查。

检验方法：观察检查。

6）当采用屏蔽电缆或穿金属保护管以及在线槽内敷设时，缆线与具有强磁场和强电场的电气设备之间的净距离应大于0.8m。屏蔽线应单端接地。

检验数量：全部检查。

检验方法：观察、尺量检查。

7）电源线与信号线应分开布放；当交叉敷设时，应成直角；当平行敷设时，相互间的距离应符合设计要求。

检验数量：全部检查。

检验方法：观察检查。

8）电源线、信号线的走向及径路应符合设计要求；布线应牢固、整齐。

检验数量：全部检查。

检验方法：观察检查。

9）监理对电源线、信号线布放施工质量控制要点：

(1) 光缆弯曲半径不应小于光缆外径的15倍。

(2) 大对数对绞电缆的弯曲半径不应小于电缆外径的10倍。

(3) 同轴电缆、馈线的弯曲半径不应小于电缆外径的15倍。

检验数量：全部检查。

检验方法：尺量检查。

10）电源线、信号线布放经过伸缩缝、转接盒及缆线终端处时应进行余留。

检验数量：全部检查。

检验方法：观察检查。

11）线槽敷设截面利用率不宜大于50%，保护管敷设截面利用率不宜大于40%。

检验数量：全部检查。

检验方法：观察检查。

12）室内光缆宜在线槽中敷设；当在桥架敷设时应采取防护措施。光缆连接线两端的余留应符合工艺要求。

检验数量：全部检查。

检验方法：观察检查。

13）在垂直的线槽或爬架上敷设时，电源线、信号线应在线槽内和爬架上进行绑扎固定，其固定间距不宜大于1m。

检验数量：全部检查。

检验方法：观察检查。

三、通信线的施工质量监理要点

（一）监理管控基本要求

（1）监理人员应熟悉项目验收内容包括：区间电缆支架安装、光缆敷设、电缆敷设、光缆接续及引入、电缆接续及引入、光缆线路检测、电缆线路检测、漏泄同轴电缆（以下简称"漏缆"）敷设，漏缆连接及引入、漏缆线路检测等。

（2）在光、电缆和漏缆的线路验收前，监理人员应对径路复测情况进行确认，并复核隐蔽工程验收记录。

（3）对设计要求的光缆、电缆、漏缆的低烟、无卤、阻燃等特性，以及防雨淋和抗阳光辐射特性，应要求由具有相应资质的检测单位出具测试报告。

（4）监理单位应要求施工单位在进行光缆、电缆、漏缆敷设时，按设计和配盘要求的盘长敷设，不得任意切断光缆、电缆和漏缆增加接头。

（5）要求光、电缆的接续、测试人员，漏缆及馈线连接件制作、漏缆及天馈测试人员，应经过专业培训，并应持有上岗证。

（二）光、电缆敷设施工质量监理控制要点

1）监理对光、电缆及配套器材进场验收控制要点：

(1)型号、规格、质量应符合设计和订货合同要求。

(2)合格证、质量检验报告等质量证明文件应齐全。

(3)光、电缆应无压扁、护套损伤和表面严重划伤等缺陷。

检验数量：全部检查。

检验方法：对照设计文件和订货合同检查实物和质量证明文件。

2)监理对光、电缆单盘测试管控要点：

(1)单盘光缆长度、衰耗应符合设计和订货要求。

(2)市话通信电缆的单线电阻、绝缘电阻、电气绝缘强度等直流电性能应符合该型号规格电缆的产品技术标准的规定；单盘电缆应不断线、不混线。

(3)低频四芯组电缆的环线电阻、环阻不平衡、绝缘电阻、电气绝缘强度等直流电性能，交流对地不平衡、近/远端串音、杂音计电压等交流电性能应符合该型号规格电缆的产品技术标准的规定。

检验数量：全部检查。

检验方法：用光时域反射仪（OTDR）测试光缆；用万用表、直流电桥、兆欧表、耐压测试仪等测试电缆。

3)在通信管道和人手孔内敷设光、电缆时，监理要点：

(1)管孔运用应符合设计要求。

(2)同一根光、电缆所占各段管道的管孔宜保持一致。

(3)光、电缆在人手孔支架上的排列顺序应与光、电缆管孔运用相适应，在人手孔内应避免光、电缆相互交越、交叉，不应阻碍空闲管孔的使用。

检验数量：全部检查。

检验方法：观察检查。

4)光、电缆线路防雷设施的设置地点、数量、方式和防护措施应符合设计要求。

检验数量：全部检查。

检验方法：观察检查。

5)光、电缆线路的防蚀和防电磁设施的设置地点、数量、方式和防护措施应符合设计要求。

检验数量：全部检查。

检验方法：观察检查。

6)光、电缆外护层（套）不得有破损、变形或扭伤，接头处应密封良好。

检验数量：全部检查。

检验方法：观察检查。

7）光、电缆与其他管线、设施的间隔距离应符合设计要求。

检验数量：全部检查。

检验方法：观察、尺量检查。

8）光、电缆敷设、接续或固定安装时的弯曲半径不应小于光电缆外径的15倍。

检验数量：全部检查。

检验方法：观察检查，或检查随工检验记录。

9）光、电缆线路余留的设置位置和长度应符合设计要求。

检验数量：全部检查。

检验方法：对照设计文件检查。

10）直埋光、电缆线路标桩的埋设应符合设计要求；光电缆标桩应埋设在径路的正上方，接续标桩应埋设在接续点的正上方；标识应清楚。

检验数量：全部检查。

检验方法：观察检查，对照设计文件检查。

（三）光缆接续及引入施工质量监理控制要点

1）光缆接续施工质量监理控制要点：

（1）芯线按光纤色谱排列顺序对应接续；光纤接续部位应采用热缩加强管保护，加强管收缩应均匀、无气泡。

（2）光缆的金属外护套和加强芯应紧固在接头盒内。同一侧的金属外护套与金属加强芯在电气上应连通；两侧的金属外护套、金属加强芯应绝缘。

（3）光缆接头盒盒体安装应牢固、密封良好。

（4）光纤收容时的余长单端引入引出长度不应小于0.8m，两端引入引出长度不应小于1.2m。

（5）光纤收容时的弯曲半径不应小于40mm。

（6）光缆接头处的弯曲半径不应小于护套外径的20倍。

（7）光缆接续后宜余留2～3m长度。

检验数量：全部检查。

检验方法：随工检查、旁站监理。

2）光缆接头的固定方式、位置应符合设计要求。

检验数量：全部检查。

检验方法：观察检查。

3）光缆引入施工质量监理控制要点：

（1）光缆引入时，其室内、室外金属护层及金属加强芯应断开，并应彼此绝缘分别接地。

（2）光缆引入应在光缆配线架上或光终端盒中终端，并标识清晰。

（3）引入室内的光缆应进行固定并安装牢固。

检验数量：全部检查。

检验方法：观察、用万用表检查。

4）光缆配线架或光终端盒的安装位置及面板排列应符合设计要求。

检验数量：全部检查。

检验方法：观察检查。

5）光缆配线架的安装施工质量监理要点：

（1）光缆配线架的型号、规格和安装位置应符合设计要求，架体安装应牢固可靠，紧固件应齐全并安装牢固。

（2）光缆配线架上的标志应齐全、清晰、耐久可靠；光缆终端区光缆进、出应有标识。

（3）光纤收容盘内，光纤的盘留弯曲半径应大于40mm。

（4）裸光纤与尾纤的接续应符合规范的相关要求，其接头应加热熔保护管保护，并应按顺序排列固定。

（5）尾纤应按单元进行盘留，盘留弯曲半径应大于50mm。

检验数量：全部检查。

检验方法：本条第1、2款观察检查，第3、5款随工检查。

6）光缆及接头盒在进入人孔时，应放在人孔铁架上固定保护。

检验数量：全部检查。

检验方法：观察检查。

7）光缆引入室内、光缆配线架或光终端盒时，其型号、规格、起止点及上下行标识应清晰准确。

检验数量：全部检查。

检验方法：观察检查。

（四）电缆接续及引入施工质量监理要点

1）电缆接续施工质量监理要点：

（1）电缆接续时芯线线位应正确、连接可靠，接续完成后应检查无错线、断线，绝缘应良好。

（2）直通电缆两侧的金属护层及屏蔽钢带应有效连通。

（3）人手孔内的电缆接头应固定在托板架上，相邻接头放置应错开。

(4)电缆接头盒盒体应安装牢固、密封良好。

(5)电缆成端的弯曲半径不应小于电缆外径的15倍。

检验数量:全部检查。

检验方法:用万用表检查错线和断线,用兆欧表测试绝缘电阻。监理单位旁站。

2)电缆接头的固定方式、位置应符合设计要求。

检验数量:全部检查。

检验方法:观察检查。

3)电缆引入施工质量监理要点:

(1)电缆引入室内时,其室内、室外两侧的屏蔽钢带及金属护层应电气绝缘;外线侧的屏蔽钢带及金属护层应可靠接地;设备侧的屏蔽钢带及金属护层应悬浮。

(2)电缆引入室内应终端在配线架或分线盒上,并应标识清楚。

(3)电缆引入防护应符合设计要求。

检验数量:全部检查。

检验方法:观察、用万用表检查。

4)分歧电缆接入干线的端别应与干线端别相对应。

检验数量:全部检查。

检验方法:观察检查。

5)接线盒、分线盒和交接箱的配线应卡接牢固、排列整齐、序号正确,标识应清楚。

检验数量:全部检查。

检验方法:观察检查。

6)配线架的安装质量监理要点:

(1)配线架的型号、规格和安装位置应符合设计要求,架体安装应牢固可靠,紧固件应齐全并固定牢靠。

(2)配线架上的标志应齐全、清晰、耐久可靠,卡接模块上应有标识。

(3)接线端子应连接牢固,接触可靠。

(4)接线排上任意互不相连的两接线端子之间、任一接线端子和金属固定件之间,其绝缘电阻不应小于50MΩ。

(5)总配线架的总地线和交换机的地线应实现等电位连接,引入总配线架的用户电缆其屏蔽层在电路两端应接地,交换机侧进线应在入局界面处与室内地线总汇集排连接接地。

(6)总配线架的告警功能应符合设计要求。

检验数量：绝缘电阻抽测10%，其余项目应全部检查。

检验方法：观察、测试、试验检查；绝缘电阻用500V兆欧表测试。

7）当室内电缆分线盒、交接箱安装在墙上时，其位置及高度应符合设计要求。

检验数量：全部检查。

检验方法：观察、尺量检查。

8）当电缆引入分线盒时，从引入口到分线盒的电缆宜采用管槽保护。

检验数量：全部检查。

检验方法：观察检查。

9）接头装置宜按设计要求进行编号。

检验数量：全部检查。

检验方法：观察检查。

10）电缆引入室内及配线架时，其型号、规格、起止点及上下行标识应清晰准确。

检验数量：全部检查。

检验方法：观察检查。

（五）漏缆敷设、连接及引入施工质量监理要点

1）漏缆、馈线及配套器材进场验收质量监理要点：

(1) 型号、规格、质量应符合设计和订货合同要求。

(2) 合格证、质量检验报告等质量证明文件应齐全。

(3) 漏缆和馈线应无压扁、护套损伤、表面严重划伤等缺陷。

检验数量：全部检查。

检验方法：对照设计文件和订货合同检查实物和质量证明文件。

2）漏缆单盘检测质量监理要点：

(1) 内外导体直流电阻、绝缘介电强度、绝缘电阻等直流电气特性应符合设计要求。

(2) 特性阻抗、电压驻波比、标称耦合损耗、传输衰减等交流电气特性应符合设计和订货合同要求。

检验数量：全部检查。

检验方法：直流电气特性测试检验，交流电气特性测试检验或检查出厂检验报告。

3）**漏缆吊挂支柱安装质量监理要点：**

(1)位置、高度及埋深应符合设计要求。

(2)防雷接地应符合设计要求。

(3)基础的浇筑方式和强度应符合设计要求。

(4)漏缆吊挂支柱不得侵入设备限界。

检验数量：全部检查。

检验方法：观察、尺量检查。

4)漏缆吊挂用吊线敷设的安装方式应符合设计要求，并应吊挂牢固。

检验数量：全部检查。

检验方法：观察、尺量检查。

5)漏缆夹具的安装质量监理要点：

(1)漏缆夹具的安装位置、间隔、强度及距钢轨面的高度应符合设计要求。

(2)当漏缆夹具固定在支架上时，支架的安装位置、安装强度及距钢轨面的高度应符合设计要求。

(3)漏缆防火夹具的设置应符合设计要求。

检验数量：全部检查。

检验方法：观察、尺量检查。

6)漏缆敷设施工质量监理要点：

(1)漏缆应固定牢靠，安装件的固定间隔应符合设计要求。

(2)隧道内漏缆架挂位置、漏缆的开口方向应符合设计要求。

(3)漏缆不应急剧弯曲，弯曲半径应符合该型号规格漏缆产品的工程应用指标要求。

(4)漏缆敷设不得侵入设备限界。

检验数量：全部检查。

检验方法：观察、尺量检查。

7)漏缆固定接头应保持原漏缆结构及开槽间距不变；接头应连接可靠，装配后接头外部应按设计要求进行防护。

检验数量：全部检查。

检验方法：观察检查，用万用表检查固定接头的接续。

8)单根馈线中间不得有接头；馈线在室外与功分器、漏缆连接应可靠，接头处应进行防水处理，并应固定可靠。

检验数量：全部检查。

检验方法：观察检查。

9)隧道外区段漏缆吊挂后最大下垂幅度应在0.15~0.20m范围内。

检验数量：全部检查。

检验方法：尺量检查。

10）合路器与分路器的安装位置应符合设计要求；分路器空余端应接上相匹配的终端负载。

检验数量：全部检查。

检验方法：观察检查。

（六）漏缆线路检测质量监理要点

1）测试漏缆线路下列指标应符合设计要求：

（1）内、外导体直流电阻，绝缘电阻，绝缘介电强度。

（2）工作频段内电压驻波比和传输衰减。

检验数量：全部检查。

检验方法：用直流电桥、兆欧表、耐压测试仪、驻波比测试电桥、信号源、功率计测试检验。

2）馈线与漏缆连接后的指标应符合下列规定：

（1）馈线、漏缆连接后驻波比在工作频段内应小于1.5。

（2）按馈线、漏缆长度及合路器、分路器等部件计算的总衰减应符合设计要求。

检验数量：全部检查。

检验方法：用驻波比测试电桥、信号源、功率计测试检验。

四、设备安装和配线施工质量监理要点

（一）设备安装监理质量管控要点

1）设备进场验收监理质量管控要点：

（1）数量、型号、规格和质量应符合设计要求。

（2）图纸和说明书等技术资料，合格证和质量检验报告等质量证明文件应齐全。

（3）机柜（架）、设备及附件应无变形、表面应无损伤，镀层、漆饰应完整无脱落，铭牌、标识应完整清晰。

（4）机柜（架）、设备内的部件应完好，连接应无松动；应无受潮、发霉和锈蚀。

检验数量：全部检查。

检验方法：对照设计文件和订货合同，检查实物和质量证明文件。

2）机柜（架）安装监理质量管控要点：

（1）机柜（架）的安装位置及安装方式应符合设计要求。

（2）机柜（架）底座应对地加固。

（3）机柜（架）安装应稳定牢固。

检验数量：全部检查。

检验方法：观察检查。

3）壁挂式设备安装位置和方式应符合设计要求，并应安装牢固可靠。

检验数量：全部检查。

检验方法：观察检查。

4）子架或机盘安装监理质量管控要点：

（1）子架或机盘安装位置应符合设备技术文件或设计要求。

（2）子架或机盘应整齐一致，接触应良好。

检验数量：全部检查。

检验方法：观察检查。

5）金属机柜（架）、基础型钢应保持电气连接，并应可靠接地。

检验数量：全部检查。

检验方法：用万用表检查。

6）设备应排列整齐、漆饰完好，铭牌和标记应清楚准确。

检验数量：全部检查。

检验方法：观察检查。

7）机柜（架）应垂直，倾斜度偏差应小于机柜（架）高度的1‰；相邻机柜（架）间隙不应大于3mm；相邻机柜（架）正立面应平齐。

检验数量：全部检查。

检验方法：观察、尺量检查。

8）各类工作台布局应符合设计要求。

检验数量：全部检查。

检验方法：观察检查。

（二）设备配线监理质量管控要点

1）设备配线光电缆及配套器材进场验收监理要点：

（1）数量、型号、规格和质量应符合设计和订货合同的要求。

（2）合格证、质量检验报告等质量证明文件应齐全。

(3) 缆线外皮应无破损、挤压变形，缆线应无受潮、扭曲和背扣。

检验数量：全部检查。

检验方法：对照设计文件和订货合同，检查实物和质量证明文件。

2) 配线电缆、光跳线的芯线应无错线或断线、混线，中间不得有接头。

检验数量：全部检查。

检验方法：用万用表、对号器等检查断线、混线。

3) 光缆尾纤应按标定的纤序连接设备。光跳线应单独布放，并应采用垫衬固定，不得挤压和扭曲。

检验数量：全部检查。

检验方法：对照设计文件检查光缆尾纤纤序，并观察检查。

4) 设备电源配线中间不得有接头，电源端子接线应正确，配线两端的标志应齐全。

检验数量：全部检查。

检验方法：观察检查。

5) 接插件、连接器的组装应符合相应的工艺要求。应配件齐全、线位正确、装配可靠、连接牢固。

检验数量：全部检查。

检验方法：观察检查、测试检验。

6) 机柜（架）应可靠接地。

检验数量：全部检查。

检验方法：用万用表检查。

7) 配线电缆的屏蔽护套应可靠接地。

检验数量：全部检查。

检验方法：用万用表检查。

8) 各种缆线在防静电地板下、走线架或槽道内、机柜（架）内应均匀绑扎固定、松紧适度，其中软光纤应加套管或线槽保护。

检验数量：全部检查。

检验方法：观察检查。

9) 缆线两端的标签，其型号、序号、长度及起止设备名称等标识信息应准确。

检验数量：全部检查。

检验方法：观察检查。

10) 当缆线接入设备或配线架时，应留有余长。

检验数量：全部检查。

检验方法：观察检查。

11）当设备配线采用焊接时，焊接后芯线绝缘层应无烫伤、开裂及后缩现象，绝缘层离开端子边缘露铜不宜大于1mm。

检验数量：全部检查。

检验方法：观察检查，并用对号器检查端子。

12）当设备配线采用卡接时，电缆芯线的卡接端子应接触牢固。

检验数量：全部检查。

检验方法：观察检查，并用对号器检查卡接端子。

13）配线电缆和电源线应分开布放，间距不应小于50mm。交流配线和直流配线应分开绑扎。

检验数量：全部检查。

检验方法：观察检查。

五、电源系统及接地验收监理质量管控要点

（一）电源设备安装监理质量管控要点

1）电源设备、防雷器件的进场验收应符合下列规定：

（1）数量、型号、规格和质量应符合设计要求。

（2）图纸和说明书等技术资料、合格证和质量检验报告等质量证明文件应齐全。

（3）机柜（架）、设备及附件应无变形，表面应无损伤，镀层和漆饰应完整无脱落，铭牌和标识应完整清晰。

（4）机柜（架）、设备内的部件应完好、连接无松动；应无受潮、发霉、锈蚀。

检验数量：全部检查。

检验方法：对照设计文件和订货合同，检查实物和质量证明文件。

2）电源设备的安装位置、机柜（架）的加固方式应符合设计要求。

检验数量：全部检查。

检验方法：对照设计文件观察检查。

3）配电设备的进出线配电开关及保护装置的数量、规格应符合设计要求。

检验数量：全部检查。

检验方法：对照设计文件观察检查。

4）蓄电池架（柜）的加工形式、规格尺寸和平面布置、抗震加固方式应符合设计要求。

检验数量：全部检查。

检验方法：对照设计文件观察检查。

5）蓄电池连接应可靠，接点和连接条应经过防腐处理。

检验数量：全部检查。

检验方法：观察检查。

6）交直流电源柜各单元应插接良好，电气触点应接触可靠、连接紧密；输入电源的相线和零线不得接错，其零线不得虚接或断开。

检验数量：全部检查。

检验方法：观察检查。

7）电源设备的防雷等级、防雷器件的安装位置及数量应符合设计要求。

检验数量：全部检查。

检验方法：对照设计文件检查。

8）电源系统接地保护或接零保护应可靠，且应有标识。

检验数量：全部检查。

检验方法：观察、用万用表检查。

9）直流电源工作地应采用单点接地方式，并应就近从地线盘上引入。

检验数量：全部检查。

检验方法：观察检查。

10）电源设备机柜安装的垂直偏差应小于1.5%。

检验数量：全部检查。

检验方法：观察、尺量检查。

11）电源架（柜）各种零件不得脱落或碰坏，各种标志应准确、清晰、齐全，机柜漆面应完好、漆色一致。

检验数量：全部检查。

检验方法：观察检查。

12）蓄电池柜（架）水平及垂直度应符合设计要求，漆面应完好，螺栓、螺母应经过防腐处理。

检验数量：全部检查。

检验方法：观察、尺量检查。

13）蓄电池安装应排列整齐，距离应均匀一致。

检验数量：全部检查。

检验方法：观察、尺量检查。

（二）电源设备配线监理质量管控要点

1）电源设备配线线缆进场验收质量监理要点：

（1）数量、型号、规格和质量应符合设计和订货合同的要求。

（2）合格证和质量检验报告等质量证明文件应齐全。

（3）缆线外皮应无破损、挤压变形，缆线应无受潮、扭曲和背扣。

检验数量：全部检查。

检验方法：对照设计文件和订货合同，检查实物和质量证明文件。

2）电源设备配线用电源线应采用整段线料，配线中间不得有接头。

检验数量：全部检查。

检验方法：观察检查。

3）连接柜（箱）面板上的电器及控制板等可动部位的电源线应采用多股铜芯软电源线，敷设长度应有适当余留。

检验数量：全部检查。

检验方法：观察检查。

4）引入引出交流不间断电源装置的电源线和控制线应分开敷设，在电缆支架上平行敷设时间距不应小于150mm。

检验数量：全部检查。

检验方法：观察、尺量检查。

5）电源线颜色的配置或标识监理质量管控要点：

（1）对交流电源线，A相应为黄色，B相应为绿色，C相应为红色，零线应为天蓝色或黑色，保护地线应为黄绿双色。

（2）对直流电源线，正极应为红色，负极应为蓝色。

检验数量：全部检查。

检验方法：观察检查。

6）电源设备配线端子接线应准确、连接牢固，配线两端的标志应齐全、正确。

检验数量：全部检查。

检验方法：对照设计文件，观察检查。

7）电源设备的输出电源线应成束绑扎，不同电压等级，交流线、直流线及控制线应分别绑扎并有标识。通信设备接地线与交流配电设备的接地线宜分开敷设。

检验数量：全部检查。

检验方法：观察检查。

8）电源设备配线的布放应平直整齐，不得有急剧转弯和起伏不平，应无扭绞和交叉。所有电源设备线、缆绑扎固定后不应妨碍手动开关或抽出式部件的拉出或推入。

检验数量：全部检查。

检验方法：观察检查。

（三）接地安装监理质量管控要点

1）接地装置及材料应进行进场验收，其数量、型号、规格和质量应符合设计要求。

检验数量：全部检查。

检验方法：对照设计文件和订货合同检查实物和质量证明文件，并检查外观、形状及标识。

2）接地装置的安装位置、安装方式及引入方式应符合设计要求。

检验数量：全部检查。

检验方法：对照设计文件观察检查。

3）接地装置的接地电阻监理要点应符合设计要求。

（1）独立设置接地装置的接地电阻值应符合设计要求。

（2）室外综合接地体接地电阻不应大于1Ω。

检验数量：全部检查。

检验方法：用接地电阻测试仪测试检验。

4）接地装置的焊接方式应符合设计要求；焊接工艺应符合相应的工艺技术要求；焊接处应进行防腐处理。

检验数量：全部检查。

检验方法：观察检查。

5）地线盘（箱）、接地铜排安装监理质量管控要点：

（1）接地铜排和螺栓应结合紧密、导电性能良好。

（2）接地铜排端子分配应符合设计要求。

（3）地线盘（箱）端子应连接紧密。

检验数量：全部检查。

检验方法：观察、用万用表检查。

（四）电源系统性能检测监理质量管控要点

1）电源设备的绝缘性能检验监理质量管控要点：

（1）电源设备的带电部分与金属外壳间的绝缘电阻不应小于$5M\Omega$。

（2）电源配线的芯线间和芯线对地绝缘电阻不应小于1MΩ。

检验数量：全部检查。

检验方法：用兆欧表测试检验。

2）接地系统的接地电阻应符合设计要求。

检验数量：全部检查。

检验方法：用接地电阻测试仪测试。

3）交流输入电压相线与相线、每相相线与零线之间的电压应符合设计要求。

检验数量：全部检查。

检验方法：用电压表测试检验。

4）高频开关电源的配置容量、蓄电池的后备时间等性能指标应符合设计要求。

检验数量：全部检查。

检验方法：对照设计文件检查实际配置。

5）48V高频开关电源的性能指标：

（1）直流输出电压应在-57～-40V范围内。

（2）直流输出的杂音电平应符合规范规定。

检验数量：全部检查。

检验方法：测试检验，或检查出厂检验报告。

6）不间断电源（UPS）下列性能指标：

（1）输入交流电压额定值、频率额定值。

（2）输出电压额定值、频率额定值、电压精度、瞬态电压恢复时间、频率精度。

（3）UPS电池后备时间。

检验数量：全部检查。

检验方法：测试检验，或检查出厂检验报告。

7）蓄电池组的性能指标：

（1）常温时蓄电池浮充充电电压应为（2.20～2.27V）/单体。

（2）蓄电池均衡充电单体电压应为2.30～2.40V。

（3）单体蓄电池和由若干个单体组成一体的组合蓄电池，其各电池间的开路电压最高与最低差值不应大于20mV（2V）、50mV（6V）。

（4）蓄电池进入浮充状态24h后，各蓄电池之间的端电压差应符合下列规定：蓄电池组由不多于24只2V蓄电池组成时，各蓄电池之间的端电压差不应大于90mV；蓄电池组由多于24只2V蓄电池组成时，各蓄电池之间的端电压差不应大于200mV；6V蓄电池组成时不应大于240mV；12V蓄电池组成时不应大于480mV。

(5)蓄电池容量按I10(A)(10h率放电电流)或L(A)(3h率放电电流)进行测试,2V单体放电终止电压不应小于1.80V。

(6)蓄电池最大充电电流不大于0.25I10(A)时,最大补充充电电压不大于2.40V/单体时,各项指标应正常。

检验数量:本条第5款容量测试按车站数量的10%抽测,不少于1站,并应包含不同规格型号。其余项目全部检查。

检验方法:测试检验。

8)交流配电柜(箱)自动切换装置的延时性能应符合设计要求。

检验数量:全部检查。

检验方法:测试检验。

(五)电源系统功能检验监理质量管控要点

1)不间断电源UPS的功能检验监理质量管控要点:

(1)当输入电源过高、过低,输出电压过高、过低、过流、欠流,UPS设备过载、短路,蓄电池欠压或熔断器熔断时,UPS的自动动作应准确,声光告警应正常。

(2)旁路功能应正常。

(3)手动与自动转换功能、自动稳压及稳流功能应符合设计要求。

(4)交流监控模块或本地监控单元应能对交流电源设备进行监控和维护,对UPS的参数设置、故障告警及电池管理功能正常。

(5)本地及远端监控接口性能应正常。

(6)备用冗余UPS与并联冗余UPS功能应符合设计要求。

检验数量:全部检查。

检验方法:试验检验,或检查出厂检验报告。

2)高频开关电源设备的下列功能应符合要求:

(1)当交流输入过压、欠压、缺相,直流输出过压、欠压、过流、欠流,蓄电池欠压,充电过流,负载过流,输出开路、短路或熔断器熔断时,高频开关电源的自动保护动作应准确,声光告警应正常。

(2)浮充、均充方式能自动转换,输出能自动稳压、稳流。

(3)本地及远端监控接口性能应正常。

(4)整流模块热备份功能应符合设计要求。

检验数量:全部检查。

检验方法:试验检验,或检查出厂检验报告。

3)交流配电柜(箱)的机械电气双重连锁、手动切换功能应符合设计要求。

检验数量：全部检查。

检验方法：测试检验。

六、传输系统网管检验监理质量控制要点

（1）传输系统网管的系统接入方式、安全可靠性、软件管理、数据管理、软件技术、用户界面、系统性能、北向接口等通用功能应符合设计要求。

检验数量：全部检查。

检验方法：通过网管进行试验检验。

（2）传输系统网管的告警类型、告警严重级别、告警状态、业务告警、告警报告收集与显示、告警严重等级分配、告警屏蔽、告警相关性抑制和故障定位、告警查询与统计、告警确认、告警清除、告警显示过滤、告警同步等故障管理功能应符合设计要求。

检验数量：全部检查。

检验方法：通过网管进行试验检验。

（3）传输系统网管的SDH性能参数、以太网业务性能参数、低速数据等其他业务性能参数、性能参数收集方式、设定性能监测参数、查询/修改性能监测参数、性能数据上报管理、性能门限管理、性能数据查询、性能数据存储等性能管理功能应符合设计要求。

检验数量：全部检查。

检验方法：通过网管进行试验检验。

（4）传输系统网管的拓扑管理、数据配置管理、网元配置管理等配置管理功能应符合设计要求。

检验数量：全部检查。

检验方法：通过网管进行试验检验。

（5）传输系统网管的用户等级划分、用户管理、操作日志管理、查询操作日志、备份操作日志、删除操作日志等安全管理功能应符合设计要求。

检验数量：全部检查。

检验方法：通过网管进行试验检验。

七、无线通信系统施工监理质量控制要点

(一) 无线通信系统的施工质量验收一般规定

1) 无线通信系统的施工场所应包括控制中心、车辆基地、车站、区间等。无线通信系统验收应包括天线杆（塔）安装、天馈安装、无线通信设备安装、无线通信设备配线、无线通信系统性能检测、无线通信系统功能检验、无线通信系统网管检验。

2) 无线通信系统验收，监理应检查施工前的复测资料；应按设计文件及复测资料确认天线杆（塔）、直放站、机房的位置，确认漏缆架挂位置及长度。

3) 无线通信系统验收前，监理应检查确认下列条件：

(1) 通信线路、传输系统和电源系统验收合格。

(2) 无线通信系统网管数据配置符合设计规定。

(3) 系统场强覆盖检测前应确认外部电磁环境满足系统验收要求。

(4) 单呼、组呼通话质量模拟测试前应对场强覆盖进行检测。

4) 检查确认天线杆（塔）安装作业人员应经过专业培训，持证上岗。

(二) 天线杆（塔）安装质量监理控制要点

1) 天线杆（塔）设备和材料进场验收质量监理控制要点：

(1) 数量、型号、规格和质量应符合设计和订货合同的要求。

(2) 合格证、质量检验报告等质量证明文件应齐全。

(3) 铁塔构件的镀锌层应均匀光滑、不翘皮、无锈蚀。

(4) 混凝土天线杆杆体裂纹应符合相关标准的规定。

检验数量：全部检查。

检验方法：对照设计文件和订货合同，检查实物和质量证明文件，并观察检查外观及形状。

2) 天线杆（塔）基础深度、标高及塔靴安装位置应符合设计要求。

检验数量：全部检查。

检验方法：观察、尺量检查。

3) 天线杆（塔）基础混凝土的强度等级、所用原材料的规格应符合设计要求。

检验数量：全部检查。

检验方法：按《混凝土结构工程施工质量验收规范》GB 50204-2015的有关规定。

4）天线杆（塔）地基与基础部分的验收，应按《建筑地基基础工程施工质量验收标准》GB 50202-2018、《混凝土结构工程施工质量验收规范》GB 50204-2015 的要求进行。

5）天线杆（塔）塔靴安装质量监理控制要点：

（1）塔靴安装位置应正确，各塔靴的中心间距允许偏差不应大于3mm。

（2）各塔靴的高度允许偏差不应大于3mm。

（3）塔靴紧固螺栓应具有防腐措施。

检验数量：全部检查。

检验方法：观察、尺量检查。

6）天线杆（塔）的高度、垂直度应符合设计要求。

检验数量：全部检查。

检验方法：用经纬仪测试检验。

7）铁塔安装质量监理控制要点：

（1）铁塔塔靴与基础预埋螺栓连接应牢固，紧固度应符合设计

（2）要求。铁塔全部连接螺栓应进行防松处理。

（3）自立式铁塔塔身各横截面应成相似多边形，同一横截面上对角线或边的长度偏差不应大于5mm。

（4）所有焊接部位应牢固、无虚焊、漏焊等缺陷。

（5）铁塔塔身与基础连接螺栓应采取防盗措施。

检验数量：全部检查。

检验方法：观察、尺量检查。用力矩扳手试验检查螺栓紧固度。其中螺栓紧固度的检查应在塔身上、中、下三部分抽验。

8）天线加挂支柱高度及方位、平台位置及尺寸、爬梯的设置方式应符合设计要求，安装应牢固可靠。

检验数量：全部检查。

检验方法：对照设计文件观察、测试检验。

9）天线杆（塔）防雷质量监理控制要点：

（1）线杆（塔）避雷针、防雷装置、接地引下线的安装位置及方式应符合设计要求。

（2）铁塔塔体的接地电阻应符合设计要求，塔体金属构件间应保证电气连通。

（3）避雷针安装应牢固可靠。

检验数量：全部检查。

检验方法：观察、测试检验。用接地电阻测试仪测试铁塔塔体的接地电阻，

用万用表检查电气连通性。

10）屋顶天线杆安装质量监理控制要点：

（1）天线杆强度和安装方式应符合承重抗风要求以及设计要求。

（2）天线杆底座应与建筑物避雷网用避雷引下线连通。

（3）天线杆如不在建筑物防雷系统保护范围内，应安装避雷针，并应确保天线在避雷针保护区域LPZOb范围内。

（4）屋顶天线底座及其与屋顶面连接的膨胀螺栓应采用混凝土覆盖保护。

检验数量：全部检查。

检验方法：对照设计文件检查出厂质量证明文件，并观察检查。

11）铁塔构件的热镀锌层应均匀光滑，无漏镀，不得出现返锈现象。

检验数量：全部检查。

检验方法：观察检查。

（三）天线、馈线安装质量监理控制要点

1）天线、馈线及附件材料进场验收应符合下列规定：

（1）数量、型号、规格和质量应符合设计和订货合同的要求。

（2）图纸和说明书等技术资料，合格证和质量检验报告等质量证明文件应齐全。

（3）天线的外观应无凹凸、破损、断裂等现象，驻波比应符合设计要求。

（4）馈线包装应无破损，外表应无压扁损坏。

检验数量：全部检查。

检验方法：对照设计文件和订货合同，检查实物和质量证明文件。

2）天线安装质量监理控制要点：

（1）天线的安装高度、安装方式应符合设计要求。

（2）天线馈电点应朝下，护套顶端应与支架主杆顶部齐平或略高出支架主杆顶部。

检验数量：全部检查。

检验方法：对照设计文件观察检查。用罗盘仪、天线倾角仪测试检验。

3）馈线安装质量监理控制要点：

（1）施工单位采取的馈线导入室内方式应符合设计要求。

（2）馈线引入机房前，在墙洞入口处应做滴水弯；馈线引入室内应采取防火封堵措施。

（3）馈线布放应路由合理、路径最短，拐弯最少。

（4）馈线固定方式应符合设计要求，弯曲半径应符合所用馈线的产品要求。

（5）馈线中间不应有接头。

检验数量：全部检查。

检验方法：观察、尺量检查。

4）天线、馈线防雷质量监理控制要点：

（1）馈线进入机房与设备连接前应安装馈线避雷器，接地端子应就近引接到接地线上。

（2）馈线在室外部分的外防护层应有不少于3点的外防护层接地连接，外防护层的接地位置应在天线与馈线连接处，馈线引入机房应在馈线洞外处。

检验数量：全部检查。

检验方法：对照设计文件观察检查，用万用表检查。

5）天馈系统的电压驻波比不应大于1.5。

检验数量：全部检查。

检验方法：用驻波比测试仪测试检验。

6）天线与跳线接头处应制作滴水弯，并应进行防水密封处理。

检验数量：全部检查。

检验方法：观察检查。

7）天线、馈线避雷地线接地体与连接线等焊接处应进行防腐处理。

检验数量：全部检查。

检验方法：观察检查。

（四）无线通信设备安装和配线质量监理控制要点

1）基站和直放站的避雷器安装应串接于天线、馈线和室内同轴馈线之间。避雷装置安装应符合设计要求。

检验数量：全部检查。

检验方法：观察检查。

2）高架及地面区间直放站的地线设置及接地电阻应符合设计要求。

检验数量：全部检查。

检验方法：用接地电阻测试仪测接地电阻。

3）直放站的安装方式及防护等级应符合设计要求。

检验数量：全部检查。

检验方法：观察检查。

4）无线通信系统区间设备安装不得侵入设备限界。

检验数量：全部检查。

检验方法：观察、尺量检查。

5）基站及直放站配线质量监理控制要点：

(1) 配线应走向合理并绑扎牢固，与设备连接应可靠。

(2) 出线部分应采取适当的防护措施。

检验数量：全部检查。

检验方法：观察检查。

6）无线通信车载设备的安装、布线，以及防振、防电磁干扰等要求应符合设计和车辆专业的要求。车载设备安装不得超出车辆限界。

检验数量：全部检查。

检验方法：观察、尺量检查。

（五）无线通信系统性能检测监理控制要点

1）基站设备射频输出功率、发射频偏、调制矢量误差、接收灵敏度指标应符合设计要求。

检验数量：全部检查。

检验方法：用无线综合测试仪测试检验。接收灵敏度可检查出厂检验报告。

2）直放站设备射频输出功率、输入输出光功率、光接收动态范围、增益指标应符合设计要求。

检验数量：全部检查。

检验方法：用功率计测试检验。

3）手持台和车载台的射频输出功率、发射频偏指标应符合设计要求。

检验数量：按型号规格各批次抽验1台。

检验方法：用无线综合测试仪测试检验。

4）无线通信系统空间波覆盖的时间地点概率不应小于90%，漏泄同轴电缆辐射电波的时间地点概率不应小于95%。

检验数量：全部检查。

检验方法：用场强仪测试检验。

5）单呼和组呼的接通率、掉话率、语音质量、平均呼叫建立时延、切换失败率等通话质量模拟测试指标应符合设计要求。

检验数量：全部检查。

检验方法：用专用测试系统测试检验。

（六）无线通信系统功能检验监理控制要点

1）无线交换控制设备移动用户的数量管理、调度台数量管理、基站数量管理和冗余备份功能应符合设计要求。

  检验数量：全部检查。

  检验方法：试验检验或检查出厂检验报告。

2）基站设备的冗余备份功能应符合设计要求。

  检验数量：全部检查。

  检验方法：试验检验或检查出厂检验报告。

3）直放站设备冗余备份、断电恢复功能应符合设计要求。

  检验数量：全部检查。

  检验方法：试验检验或检查出厂检验报告。

4）车载台设备语音呼叫、数据传输和二次开发功能应符合设计要求。

  检验数量：全部检查。

  检验方法：试验检验或检查出厂检验报告。

5）调度台设备的显示功能、语音呼叫、数据传输、转接强拆强插功能和冗余备份功能应符合设计要求。

  检验数量：全部检查。

  检验方法：试验检验或检查质量检验报告。

6）系统的用户终端业务、承载业务、呼叫种类、区域选择、优化呼叫、预占优先呼叫、滞后进入、动态重组、自动重发、限时通话、超出服务区指示、呼叫显示、主叫被叫显示限制、呼叫提示、讲话方识别显示、无条件呼叫转移、遇忙呼叫转移、用户不可及时呼叫转移、无应答呼叫转移、缩位寻址、至忙用户的呼叫完成、至无应答用户的呼叫完成、呼叫限制、移动台遥毙/复活、业务信道全忙时信令信道可作为业务信道使用、故障弱化、虚拟专网、鉴权、空中接口加密、端到端加密、直通工作方式、二次开发功能和录音功能等应符合设计要求。

  检验数量：全部检查。

  检验方法：试验检验。

（七）无线通信系统网管检验监理控制要点

1）无线通信系统网管的故障管理、性能管理、配置管理、用户管理和安全管理功能应符合设计要求。

  检验数量：全部检查。

检验方法：通过网管进行试验检验。

2）直放站网管的故障管理、性能管理、配置管理和安全管理功能应符合设计要求。

检验数量：全部检查。

检验方法：通过网管进行试验检验。

3）二次开发网管功能应符合设计要求。

检验数量：全部检查。

检验方法：通过网管进行试验检验。

八、视频监视系统监理控制要点

（一）视频监视系统验收一般规定

（1）视频监视系统的施工场所应包括控制中心、车辆基地、车站、区间、主变电站等。视频监视系统验收包括视频监视设备安装、视频监视设备配线、视频监视系统性能检测、视频监视系统功能检验、视频监视系统网管检验。

（2）视频监视系统验收应在通信线路、传输系统、电源系统验收合格，视频监视系统网管数据配置、承载网络传输质量、网络带宽符合设计要求的情况下进行。

（二）视频监视设备安装和配线施工质量监理控制要点

1）摄像机安装位置、监视目标应符合设计要求。

检验数量：全部检查。

检验方法：对照设计文件，观察、试验检查。

2）摄像机支架应稳固，摄像机及前端设备安装应牢固，云镜转动应正常。

检验数量：全部检查。

检验方法：观察、试验检查。

3）室外摄像机支柱（杆）的安装应符合设计要求。

（1）高度、埋深。

（2）防雷接地。

（3）基础的浇筑方式和强度。

检验数量：全部检查。

检验方法：观察、测试检验。

4）室外摄像机的安装质量监理控制要点。

（1）安装方式应符合设计要求，安装应牢固可靠。

（2）云台水平、垂直转动角度符合设计要求。

（3）防雷接地符合设计要求。

（4）在接触网等高压带电设备附近架设摄像机时，安全防护距离符合设计要求。

（5）防护罩安装牢固，防护性能符合设计要求。

检验数量：全部检查。

检验方法：观察、尺量检查，试验检验。

5）室外机箱的安装高度、防护功能、防雷接地应符合设计要求，并应安装牢固。

检验数量：全部检查。

检验方法：观察、尺量检查，试验检验。

6）视频监视区间设备安装不得侵入设备限界。

检验数量：全部检查。

检验方法：观察、尺量检查。

7）摄像机配线监理质量控制要点：

（1）配线应走向合理并绑扎牢固、与设备连接可靠。

（2）布线应符合规范的相关规定。

（3）从摄像机引出的电缆宜留余量，不得影响摄像机的转动。

（4）摄像机的电缆和电源线应固定，不应用插头承受电缆的自重。

（5）摄像机出线部分应采取防护措施。

检验数量：全部检查。

检验方法：观察检查。

8）视频监视系统车载设备的安装和布线，以及防振和防电磁干扰等要求应符合设计和车辆专业要求。车载设备安装不得超出车辆限界。

检验数量：全部检查。

检验方法：观察、尺量检查。

9）监视器的安装位置应使屏幕不受外来光直射。当有不可避免的光时，宜加遮光罩遮挡。

检验数量：全部检查。

检验方法：观察检查。

（三）视频监视系统性能检测监理控制要点

1）摄像机的清晰度、最低照度、信噪比、灰度等级指标应符合设计要求。

检验数量：全部检查。

检验方法：测试检验，或检查出厂检验报告。

2）显示设备的分辨率、灰度等级指标应符合设计要求。

检验数量：全部检查。

检验方法：测试检验，或检查出厂检验报告。

3）在摄像机标准照度下，模拟电视系统的图像质量应符合下列规定：

（1）采用五级损伤制主观评定，图像质量评价不应低于4分。

（2）图像水平清晰度不应低于400线。

（3）图像画面的灰度不应低于8级。

（4）系统的各路视频信号输出电平应为$1Vp-p \pm 3dB$。

（5）当监视画面为可用图像时，系统信噪比不应小于25dB。

检验数量：全部检查。

检验方法：用视频信号发生器、视频综合分析仪测试检验。

4）在摄像机标准照度下，系统的数字电视图像质量应符合下列规定：

（1）采用五级损伤制主观评定，图像质量评价不应低于4分。

（2）峰值信噪比（PSNR）不应小于32dB。

（3）图像水平清晰度不应低于400线。

（4）图像画面的灰度不应低于8级。

（5）经智能处理的图像质量应符合设计要求。

检验数量：全部检查。

检验方法：用视频信号发生器、视频综合分析仪测试检验。

5）当采用IP网络承载业务时，视频监视系统的时延、抖动、丢包率等网络性能指标应符合设计要求。

检验数量：全部检查。

检验方法：用网络性能测试仪测试检验。

6）中心级与车站级的视频实时调用时延、PTZ控制时延、历史图像检索响应时延、图像间切换时延等操作响应时延应符合设计要求。

检验数量：全部检查。

检验方法：测试检验。

（四）视频监视系统功能检验监理质量控制要点

1）中心与车站级视频控制系统的下列功能应符合设计要求：

（1）云台操控（PTZ）控制功能。

(2)自动光圈调节、调焦、变倍等图像参数调整功能。

(3)图像间自由切换与多画面功能。

(4)字符叠加功能。

(5)时间同步功能。

(6)镜头预置位及恢复功能。

(7)图像轮巡功能。

(8)报警功能。

(9)控制中心画面选择的优先级功能。

检验数量：全部检查。

检验方法：试验检验。

2)视频监视系统的录像功能应符合下列规定：

(1)实时图像连续存储功能，或根据设定的事件、时间、地点有条件存储功能应正常。

(2)按不同的安全等级采用不同图像分辨率存储功能应正常。

(3)存储图像内容应完整。

(4)存储容量或时间应符合设计要求。

(5)对不同视频流可以分别设置存储空间，并能支持循环存储。

检验数量：全部检查。

检验方法：试验检验。

3)视频监视系统的录像回放功能应符合下列规定：

(1)支持用户根据时间、地点、事件等多种条件进行检索和回放功能应正常。

(2)支持多用户同时调用和检索历史图像功能应正常。

(3)支持本地回放历史图像和远程直接回放历史图像功能应正常。

(4)回放时正常播放、倒放、快进、快退、拖拽、暂停等操作应正常。

检验数量：全部检查。

检验方法：试验检验。

4)视频监视系统控制中心大屏的图像分割、图像拼接功能应符合设计要求。

检验数量：全部检查。

检验方法：试验检验。

5)视频监视系统与其他系统间联动功能应符合设计要求。

检验数量：全部检查。

检验方法：试验检验。

6)视频监视系统智能分析功能应符合设计要求。

检验数量：全部检查。

检验方法：试验检验。

7）当视频监视系统采用IP网络承载业务时，其抗攻击和防病毒能力应符合设计要求。

检验数量：全部检查。

检验方法：试验检验。

（五）视频监视系统网管检验监理质量控制要点

（1）视频监视系统的用户管理、配置管理、性能管理、故障管理、安全管理、日志管理等网管功能应符合设计要求。

检验数量：全部检查。

检验方法：通过网管进行试验检验。

（2）视频监视系统各车站网管设备和控制中心网管设备的数据通信功能应符合设计要求。

检验数量：全部检查。

检验方法：通过网管进行试验检验。

（3）视频监视系统网管的人机交互功能应符合设计要求。

检验数量：全部检查。

检验方法：通过网管进行试验检验。

九、广播系统监理质量控制要点

（一）广播系统验收的一般规定

（1）广播系统的施工场所应包括控制中心、车辆基地、车站、主变电所等。广播系统验收应包括广播设备安装、广播设备配线、广播系统性能检测、广播系统功能检验、广播系统网管检验。

（2）广播系统验收应在通信线路、传输系统、电源系统验收合格，广播系统网管数据配置符合设计规定的情况下进行。

（二）广播设备安装和配线监理质量控制要点

1）控制中心和车站广播的负载区数量应符合设计要求。

检验数量：全部检查。

检验方法：对照设计文件观察检查。

2）外场扬声器安装位置、安装方式应符合设计要求。

检验数量：全部检查。

检验方法：对照设计文件观察检查。

3）当扩音馈线为地下电缆时，所用电缆盒和线间变压器盒的端子绝缘电阻，应符合产品技术条件规定。

检验数量：全部检查。

检验方法：用兆欧表测试检验。

4）当露天扬声器馈线引入室内时，应装设真空保安器。

检验数量：全部检查。

检验方法：观察检查。

5）广播系统区间设备安装不得侵入设备限界。

检验数量：全部检查。

检验方法：观察、尺量检查。

6）扬声器配线监理质量控制要点。

（1）配线走向应合理，并应绑扎牢固，与设备连接应可靠。

（2）扬声器出线部分应采取适当的防护措施。

检验数量：全部检查。

检验方法：观察检查。

（三）广播系统性能检测监理要点

（1）播音控制盒的输入输出电平、频率响应、谐波失真、信噪比指标应符合设计要求。

检验数量：全部检查。

检验方法：检查出厂检验报告。

（2）功率放大器的额定输出电压、输出功率、频率响应、谐波失真、信噪比、输出电压调整率、输入过激励抑制能力、输入灵敏度指标应符合设计要求。

检验数量：全部检查。

检验方法：检查出厂检验报告。

（3）语音合成器的频率响应、谐波失真、信噪比、输出电平、回放时间、播放通道等指标应符合设计要求。

检验数量：全部检查。

检验方法：检查出厂检验报告。

（4）扬声器和音柱的额定功率、输入电压、频率响应、灵敏度指标应符合设计要求。

检验数量：全部检查。

检验方法：检查出厂检验报告。

（5）广播系统的最大声压级指标应符合设计要求。

检验数量：全部检查。

检验方法：用声强计测试检验。

（6）广播系统的声场不均匀度指标应符合设计要求。

检验数量：全部检查。

检验方法：用声强计测试检验。

（四）广播系统功能检验监理质量控制要点

（1）车站播音控制盒的播音功能、监听功能、故障显示功能应符合设计要求。

检验数量：全部检查。

检验方法：验证检验。

（2）车站广播设备的优先级功能、分区分路广播功能、多路平行广播功能、自动手动紧急三种不同播音方式、车站接收列车运行信息并自动播音功能、噪声探测及控制功能、功放自动检测倒换功能、状态查询功能、负载功放主要技术指标测量功能应符合设计要求。

检验数量：全部检查。

检验方法：验证检验。

（3）控制中心广播设备的全选单选组选车站和各广播区的功能、优先级功能、多路平行广播功能、监听功能应符合设计要求。

检验数量：全部检查。

检验方法：验证检验。

（4）广播系统的广播切换、编程广播、预录及语音合成广播、噪声检测、消防广播、列车广播、时间同步、集中维护管理、录音功能应符合设计要求。

检验数量：全部检查。

检验方法：验证检验。

（五）广播系统网管检验监理质量控制要点

（1）广播系统网管对各车站的预录音进行集中管理、维护、发布功能，对系统的优先级设置功能，以及音源音量、负载音量、频率均衡等参数设置等配置管理功能应符合设计要求。

检验数量：全部检查。

检验方法：通过网管进行试验检验。

（2）广播系统网管对各车站的播音控制盒、功能模块、功放等设备运行状态的监测功能，对各车站的负载区开路或短路、功放的功率和频率响应等性能数据的采集、诊断、分析等性能管理功能应符合设计要求。

检验数量：全部检查。

检验方法：通过网管进行试验检验。

（3）广播系统网管的故障监测和诊断、故障恢复、故障记录和显示告警等故障管理功能应符合设计要求。

检验数量：全部检查。

检验方法：通过网管进行试验检验。

（4）广播系统网管的用户操作记录、操作历史记录、调度广播操作记录及录音等日志管理功能应符合设计要求。

检验数量：全部检查。

检验方法：通过网管进行试验检验。

十、乘客信息系统监理质量控制要点

（一）乘客信息系统验收一般规定

（1）乘客信息系统的施工场所应包括控制中心、停车场、车辆段、车站、区间及列车等。乘客信息系统验收应包括乘客信息系统设备安装、乘客信息系统设备配线、乘客信息系统性能检测、乘客信息系统功能检验、乘客信息系统网管检验。

（2）乘客信息系统验收应在通信线路、传输系统、电源系统验收合格，乘客信息系统网管数据配置符合设计规定的情况下进行。

（二）乘客信息系统设备安装和配线监理质量控制要点

1）乘客信息系统终端设备的安装位置与安装方式应符合设计要求。

检验数量：全部检查。

检验方法：观察检查。

2）显示终端的支架安装应牢固、稳定。

检验数量：全部检查。

检验方法：观察检查。

3）显示终端安装在地面、高架站台时，其防水、防尘要求应符合设计要求。

检验数量：全部检查。

检验方法：观察检测。

4）显示终端配线监理要点应符合设计要求。

（1）配线走向应合理，并应绑扎牢固，与设备连接应可靠。

（2）显示器出线部分应采取机械防护措施。

检验数量：全部检查。

检验方法：观察检查。

5）乘客信息系统区间车地无线设备的安装位置和安装方式应符合设计要求，安装应牢固。乘客信息系统区间设备安装不得侵入设备限界。

检验数量：全部检查。

检验方法：观察、尺量检查。

6）乘客信息系统车地无线设备的布线及天馈线敷设监理要点：

（1）区间设备箱内的各种配线及终接、天馈线的敷设和连接，应符合安装及布线要求。

（2）区间车地无线设备及天馈线的接地应符合设计要求。

检验数量：全部检查。

检验方法：观察、用万用表检查。

7）乘客信息系统车载设备的安装、布线，以及防振、防电磁干扰等要求应符合设计和车辆专业的要求。乘客信息系统车载设备安装不得超出车辆限界。

检验数量：全部检查。

检验方法：观察、尺量检查。

（三）乘客信息系统性能检测监理控制要点

1）乘客信息系统显示设备的显示分辨率、屏幕亮度、可视角度、响应时间和功耗应符合设计要求。

检验数量：全部检查。

检验方法：检查出厂检验报告。

2）多媒体查询机的屏幕显示分辨率、屏幕触控分辨率、定位精度应符合设计要求。

检验数量：检查。

检验方法：检查出厂检验报告。

3）乘客信息系统网络子系统主干网的吞吐量、丢包率和时延应符合设计要求。

检验数量：全部检查。

检验方法：用网络性能测试仪测试检验。

4）乘客信息系统网络子系统车地网的无线信号覆盖强度、漫游切换时延、吞吐量、丢包率和时延应符合设计要求。

检验数量：全部检查。

检验方法：用场强仪、网络性能测试仪测试检验。

5）乘客信息系统网络子系统车载网的吞吐量、丢包率、时延和环网切换响应时间应符合设计要求。

检验数量：全部检查。

检验方法：用网络性能测试仪测试检验。

6）乘客信息系统地面、车载图像质量均应符合设计要求。

检验数量：全部检查。

检验方法：用视频信号发生器、视频综合分析仪或专用测试系统测试检验。

（四）乘客信息系统功能检验监理质量控制要点

1）信息显示设备支持的下列功能应符合设计要求。

（1）文本信息的显示内容，文本信息的显示方式。

（2）图形信息的显示内容，支持的图形信息格式。

（3）多媒体视频信息显示内容，以及视频节目的格式。

（4）字幕叠加功能。

（5）分区、分路显示功能。

检验数量：全部检查。

检验方法：试验检验。

2）车站子系统的下列功能应符合设计要求。

（1）收发及播放控制功能：

①接收中心下发的控制命令、各类信息内容、系统参数，并存储功能；

②本站显示终端播放控制。

（2）车站紧急消息发布功能。

（3）收发内容日志记录功能。

（4）查询机信息查询功能。

（5）时间显示及同步功能。

（6）接口功能。

（7）车站设备监控、管理、故障显示、告警功能。

检验数量：全部检查。

检验方法：试验检验。

3）控制中心的下列功能应符合设计要求。

（1）播控功能：

①媒体素材信息的编辑、审核、发布；

②预定义运营信息库的统一编辑、审核和下发功能；

③对车站信息显示屏的播表和版式的统一编辑、预览、审核、发布；

④查询机显示界面和查询内容统一编辑和发布。

（2）全选、单选、组选车站和各显示区的显示功能。

（3）显示优先级设置功能。

（4）应急预案编制、播放控制功能。

（5）时间显示及同步功能。

（6）接口功能。

检验数量：全部检查。

检验方法：试验检验。

4）乘客信息系统采用IP网络承载业务时，其抗攻击和防病毒能力应符合设计要求。

检验数量：全部检查。

检验方法：试验检验。

（五）乘客信息系统网管检验监理质量控制要点

1）乘客信息系统网管的用户管理、优先级设定、播放内容监视等功能应符合设计要求。

检验数量：全部检查。

检验方法：通过网管进行试验检验。

2）乘客信息系统网管的设备监控及运营状态监视、系统设备认证、设备编码、IP地址分配、车站显示屏远程开关机、设备故障信息的统计和分析、故障修复日志等设备管理功能应符合设计要求。

检验数量：全部检查。

检验方法：通过网管进行试验检验。

3）乘客信息系统网管的日志及报表管理、参数管理、素材管理、磁盘空间管理等功能应符合设计要求。

检验数量：全部检查。

检验方法：通过网管进行试验检验。

十一、时钟系统监理质量管控要点

(一)时钟系统验收的一般规定

(1)时钟系统的施工场所应包括控制中心、车辆基地、车站、主变电站等。时钟系统验收应包括时钟设备安装、时钟设备配线、时钟系统性能检测、时钟系统功能检验、时钟系统网管检验。

(2)时钟系统验收应在通信线路、传输系统、电源系统验收合格,时钟系统网管数据配置符合设计规定的情况下进行。

(二)时钟系统设备安装和配线监理质量控制要点

1)卫星接收天线安装位置、安装方式应符合设计要求,系统应能稳定接收导航卫星的信号。

检验数量:全部检查。

检验方法:观察检查,检查系统接收卫星数量和信号强度。

2)天线支撑架以及由室外引入室内的馈线应加装防雷器,应安装在接近进楼前处;防雷器接地应可靠。

检验数量:全部检查。

检验方法:观察、用万用表检查。

3)子钟安装监理要点。

(1)安装的安装位置和安装方式应符合设计要求。

(2)支架及子钟安装应平稳牢固。

(3)子钟安装应远离防火自动喷淋系统的喷头。

检验数量:全部检查。

检验方法:观察检查。

4)子钟设备安装不得侵入设备限界,不得影响人身与行车安全。

检验数量:全部检查。

检验方法:观察、尺量检查。

5)卫星接收天线的馈线安装监理要点。

(1)馈线弯曲半径应符合所用电缆的技术要求。

(2)馈线应通过密封窗导入室内。

(3)馈线接头应经良好防水处理。

检验数量:全部检查。

检验方法：观察检查。

6）子钟配线应符合下列规定。

（1）配线走向应合理，并应绑扎牢固，与设备连接应可靠。

（2）子钟设备出线部分应采取防护措施。

检验数量：全部检查。

检验方法：观察检查。

7）当时钟系统采用不同的时间同步信号时，各类接口之间布线的长度应小于系统传输距离的要求。

检验数量：全部检查。

检验方法：观察、尺量检查。

（三）时钟系统性能检测监理质量控制要点

（1）卫星接收设备的接收载波频率、接收灵敏度、可同时跟踪卫星颗数、冷热启动捕获时间、定时准确度应符合设计要求。

检验数量：全部检查。

检验方法：试验检验，并检查出厂检验报告。

（2）时间显示设备显示发光强度应符合设计要求，显示应清晰；自走时累计误差应符合设计和技术标准的规定。

检验数量：全部检查。

检验方法：观察、试验检查。

（3）时钟系统的绝对跟踪准确度、相对守时准确度、NTP方式下的时钟设备的同步周期、NTP接口处理能力应符合设计要求。

检验数量：全部检查。

检验方法：用时间综合测试仪测试检验。

（四）时钟系统功能检验监理质量控制要点

1）当卫星接收设备处于跟踪状态时，应能对本地设备时间进行校准。

检验数量：全部检查。

检验方法：试验检验。

2）时间显示设备功能应符合下列规定：

（1）当上级母钟发生故障时，下级母钟或时间显示设备应能独立运行。

（2）母钟及子钟应能自动校时。

（3）显示内容格式应符合相关设计要求。

(4)应具有故障告警功能,并能将故障告警信号送至接入的母钟及网管系统。

(5)显示设备的防护等级应符合设计要求。

检验数量:全部检查。

检验方法:试验检验。

3)时钟系统的告警功能、通过人工或自动进行多时间源输入处理功能、自动选择可用时间源功能、时延补偿功能和NTP方式下的授时功能应正常。

检验数量:全部检查。

检验方法:试验检验。

4)卫星接收设备、母钟、子钟和电源等冗余热备份功能应符合设计要求。

检验数量:全部检查。

检验方法:试验检验。

(五)时钟系统网管检验监理质量控制要点

1)时钟系统网管的告警监测、告警自动上报、告警清除、告警查询等告警管理功能应符合设计要求。

检验数量:全部检查。

检验方法:通过网管进行试验检验。

2)时钟系统网管的性能管理功能应符合下列规定。

(1)应能监测时间同步设备的性能参数。

(2)应能以曲线或表格形式显示结果,并能显示母钟及标准时间信号接收单元的运行状态,循环检测下级母钟运行状态,以及本级母钟所控的显示设备的运行状态。

检验数量:全部检查。

检验方法:通过网管进行试验检验。

3)时间与同步系统网管的配置管理功能应符合下列规定。

(1)应能对系统和设备运行参数进行配置和修改。

(2)应能对时间同步设备进行增加/删除网元、修改网元的属性配置数据、设置输入信号的各种门限、定时查看通信链路状况、时延补偿参数和设备校时参数、系统的时间同步管理等操作。

检验数量:全部检查。

检验方法:通过网管进行试验检验。

4)时间与同步系统网管的数据统计分析功能应符合设计要求。

检验数量:全部检查。

检验方法：通过网管进行试验检验。

5）时间与同步系统网管的安全管理功能应符合设计要求。

检验数量：全部检查。

检验方法：通过网管进行试验检验。

十二、办公自动化系统监理质量管控要点

（一）办公自动化系统验收的一般规定

（1）办公自动化系统的施工场所应包括控制中心、车辆基地、车站，以及与轨道交通运营相关的设置数据网络用户终端设备的办公场所等。办公自动化系统验收应包括数据网络设备安装、数据网络设备配线、综合布线、数据网络性能检测、数据网络功能检验、数据网网管检验。

（2）办公自动化系统验收应在通信线路、传输系统、电源系统验收合格，数据网网管数据配置符合设计规定的情况下进行。

（二）数据网络性能检测监理要点

（1）以太网交换机的吞吐量、丢包率、吞吐量下的转发时延指标应符合设计要求。

检验数量：全部检查。

检验方法：用数据网络测试仪测试检验。

（2）路由器的吞吐量、丢包率、吞吐量下的包转发时延指标应符合设计要求。

检验数量：全部检查。

检验方法：用数据网络测试仪测试检验。

（3）防火墙的时延、吞吐量、丢包率和并发连接数应符合设计要求。

检验数量：全部检查。

检验方法：用数据网络测试仪测试检验。

（4）数据网业务端到端的吞吐量、时延、丢包率指标应符合设计要求。

检验数量：全部检查。

检验方法：用数据网络测试仪测试检验。

（三）数据网络功能检验监理要点

（1）以太网交换机的流量控制功能、MAC地址学习功能、MAC地址学习时间老化功能、组播功能、地址过滤功能、VLAN功能和ACL访问控制列表功能

应符合设计要求，交换机所支持的 VLAN 数量不应小于交换机端口数量。

检验数量：全部检查。

检验方法：试验检验。

（2）以太网交换机的电源、系统处理器热备份功能应符合设计要求；设备接口卡应具有热插拔功能；当现场软件版本更新时，设备应能正常工作。

检验数量：全部检查。

检验方法：试验检验。

（3）路由器的 QoS 策略、ACL 访问控制列表功能应符合设计要求；以最小的发送间隔发送数据流量时，背对背的缓存能力应能保证数据转发无丢包。

检验数量：全部检查。

检验方法：试验检验。

（4）路由器的电源、系统处理器热备份功能，应符合设计要求；设备接口卡应具有热插拔功能；当现场软件版本更新时，设备应能正常工作。

检验数量：全部检查。

检验方法：试验检验。

（5）防火墙的冗余配置、负载均衡功能、包过滤功能、信息内容过滤、防范扫描窥探功能、支持 VPN、基于代理技术的安全认证、网络地址转化（NAT）、流量检测抗攻击和系统管理功能应符合相关设计要求。

检验数量：全部检查。

检验方法：试验检验。

（6）数据网的路由策略设置 VLAN 功能、MPLSVPN、路由收敛功能及收敛时间、QoS 策略、安全功能和可靠性应符合相关设计要求。

检验数量：全部检查。

检验方法：试验检验。

（四）数据网网管检验监理要点

数据网网管的配置管理、拓扑管理、故障管理、性能管理、路由管理、QoS 管理、信息发布、报表统计、VPN 管理、流量采集分析功能、安全管理功能应符合设计要求。

检验数量：全部检查。

检验方法：通过网管进行试验检验。

十三、通信集中告警系统监理质量管控要点

(一)通信集中告警系统验收的一般规定

(1)通信集中告警系统的施工场所应包括控制中心、车辆基地、车站等。通信集中告警系统验收应包括集中告警设备安装、集中告警设备配线、集中告警系统性能检测、集中告警系统功能检验、集中告警系统网管检验。

(2)通信集中告警系统验收应在通信各子系统验收合格,告警网络通道传输正常、网管数据配置符合设计规定的情况下进行。

(二)通信集中告警系统性能检测监理要点

1)通信集中告警系统下列响应性能应符合设计要求。
(1)告警响应时间。
(2)操作响应时间。
①简单操作及普通数据查询操作界面响应时间。
②大数据量报表数据查询操作界面响应时间。
检验数量:全部检查。
检验方法:测试检验。

2)通信集中告警系统对采集后数据的处理准确性应符合相关设计要求。
检验数量:全部检查。
检验方法:测试检验。

3)通信集中告警系统存储能力和存储时间应符合相关设计要求。
检验数量:全部检查。
检验方法:测试检验。

4)通信集中告警系统的数据检索响应时延应符合相关设计要求。
检验数量:全部检查。
检验方法:测试检验。

(三)通信集中告警系统功能检验监理要点

1)通信集中告警系统采集内容和范围应符合相关设计要求。
检验数量:全部检查。
检验方法:试验检验。

2)通信集中告警系统的显示、告警、存储、检索功能应符合设计要求。

检验数量：全部检查。

检验方法：试验检验。

3）通信集中告警系统应与时钟系统时间同步，并对采集到的告警信息统一加注时间。

检验数量：全部检查。

检验方法：试验检验。

4）通信集中告警系统的系统设备冗余、系统设备掉电重启恢复、系统网络通道冗余、软件系统备份恢复等可靠性功能应符合相关设计要求。

检验数量：全部检查。

检验方法：试验检验。

（四）通信集中告警网管检验监理要点

通信集中告警系统网管的拓扑管理、告警管理、数据管理和安全管理功能应符合设计要求。

检验数量：全部检查。

检验方法：通过网管进行试验检验。

十四、民用通信系统监理质量管控要点

（一）民用通信引入线路安装监理质量管控要点

1）民用通信引入采用的光缆、电缆、漏缆等成品线缆的低烟、无卤、阻燃、绝缘、防腐防鼠等特性，应符合《地铁设计规范》GB 50157-2013要求，并应由具有相应资质的检测单位出具检测报告。

检验数量：全部检查。

检验方法：对照设计文件、订货合同检查实物及检测报告。

2）支架、托架、吊架、夹具等其他材料、构配件，其材质、物理机械性能应符合设计要求。

检验数量：全部检查。

检验方法：对照设计文件、订货合同检查实物及检测报告。

3）民用通信引入预埋管线、预留孔洞的使用应符合设计要求。

检验数量：全部检查。

检验方法：对照设计文件观察检查。

4）民用通信引入出入机房的沟、槽、管、孔，应进行防火防鼠封堵。

检验数量：全部检查。

检验方法：观察检查。

5）民用通信引入线路光缆、电缆、漏缆敷设位置应符合设计要求，并固定牢靠。区间光缆、电缆、漏缆的敷设，不得侵入设备限界。

检验数量：全部检查。

检验方法：观察、尺量检查。

6）民用通信引入缆线在经过人防门时应符合设计及人防专业的要求。

检验数量：全部检查。

检验方法：观察检查。

7）民用通信引入区间设备的安装应符合设计要求，并固定牢靠，不得侵入设备限界。

检验数量：全部检查。

检验方法：观察、尺量检查。

（二）民用通信引入系统性能及功能验收监理要点

1）民用通信引入的系统性能和功能应符合设计要求。

检验数量：全部检查。

检验方法：测试、试验检验。

2）民用通信的引入不得影响城市轨道交通通信系统的正常使用，其杂散发射指标应符合《无线电设备杂散发射技术要求和测量方法》YD/T 1483-2016 的要求。

检验数量：全部检查。

检验方法：测试、试验检验。

十五、公安通信系统监理质量管控要点

1）公安通信的施工场所应包括控制中心、车辆基地、车站、区间、地铁公安分局、派出所等。公安通信验收应包括公安通信线路、公安电源系统、公安数据网络、公安无线通信引入、公安视频监视系统等。

2）公安无线通信的验收，应在设备安装验收合格、网管数据配置正确的情况下进行。

3）公安通信线路验收应包括光缆敷设、电缆敷设、光缆接续及引入、电缆接续及引入、光缆线路检测、电缆线路检测、漏缆敷设、漏缆连接及引入、漏缆线路检测等。

4）公安通信线路区间光缆、电缆、漏缆的敷设，不得侵入设备限界。

5）公安电源系统验收应包括电源设备安装、电源设备配线、接地安装、电源系统性能检测、电源系统功能检验、电源集中监控系统检验。

6）公安数据网络验收应包括数据网络设备安装、数据网络设备配线、数据网络综合布线、数据网络系统检验和数据网络网管检验。

7）公安数据网络综合布线应符合《综合布线系统工程验收规范》GB/T 50312—2016的规定。

8）公安无线通信引入验收应包括天线和馈线安装、无线通信引入设备安装、无线通信引入设备配线、无线通信引入性能检测和无线通信引入功能检验。

9）公安无线通信引入的下列性能应符合设计要求。

（1）基站设备的射频输出功率、发射频偏、调制矢量误差、接收灵敏度等。

（2）直放站设备的射频输出功率、输入光功率、输出光功率、光接收动态范围、增益等。

（3）POI设备的插入损耗、带内波动、隔离度、驻波比等。

（4）系统场强覆盖。

检验数量：全部检查。

检验方法：用无线综合测试仪、矢量网络分析仪、场强仪测试检验。接收灵敏度可检查出厂检验报告。

10）公安无线通信引入的下列功能应符合设计要求。

（1）网管设备的故障管理、性能管理、配置管理、用户管理、安全管理等。

（2）系统的呼叫功能、数据功能、多优先级功能、故障弱化功能、漫游切换功能、与既有系统互联互通功能等。

检验数量：全部检查。

检验方法：验证检验。

第13章 盾构施工质量通病的监理控制措施

盾构工法是作为我国大多数城市地铁隧道中应用最广泛的工法之一,采用盾构法具有明显优点,近年来发展很快,但盾构施工的质量问题仍有一些未得到很好的解决,如管片的裂缝、渗漏、裂纹、错台等。

一、管片裂缝破损原因及监理控制措施

(一)裂缝破损产生的原因分析

近年来,随着盾构工程的施工越来越多以及运营线路的增加,各级工程技术人员和管理人员认识到混凝土管片质量的重要。尤其在地下水具有腐蚀的地区,裂缝改变了结构的整体性和受力状态,威胁到耐久性。管片之所以产生裂缝和破损都是因为管片在制作、运输、拼装阶段造成的。

1. 管片生产过程产生的裂缝及破损

管片生产过程的裂缝及破损分为两个阶段,首先是管片脱模过程中的裂缝,以及后续的养护阶段,此阶段产生的裂缝主要以表面裂缝为主,且能目测;其次是管片完成28天后在出厂运输、吊卸及管片在洞内拼装过程中发现的微细裂纹及缺棱掉角、局部破损、吊装孔破裂,这种裂纹出厂检查不能轻易目测到,但一遇到集中荷载作用下,裂纹就会迅速扩展,对后续使用会存在一定的质量隐患;盾构管片的破损、缺棱掉角、吊装孔破裂修补质量会引起色差、脱落等问题对后续区间运营会造成一定的隐患,严重情况下会直接影响运营安全。

2. 盾构施工过程产生的开裂

(1)管片拼装前,盾尾清理不干净,使得管片环缝加有泥沙,从而造成整环管片的环面不平整,盾构掘进时因其不均匀受力而产生局部裂缝及甚至破损。

(2)拼装过程中环面不够平整,导致已拼管片受力不均匀产生裂缝及破损。

(3)盾构在地质变化段(砂卵石底层)不均匀地层中掘进,因推力过大或推

力不均匀导致管片出现裂缝及破损。

（4）管片补浆时，压力控制过高导致管片裂缝。

（5）姿态较难控制时，纠偏过快使得盾尾间隙过小或推力不均匀导致管片裂缝及破损。

（二）管片裂缝及破损监理控制措施

1. 管片生产及运输过程中的监理管控措施

（1）通过监理驻场，加强过程管控，特别是脱模、养护阶段的质量控制，采用巡视加验收的质量控制手段，定期组织管片厂人员进行专项检查，召开专题会议，对存在问题督促整改。

（2）通过驻场监理对管片施工原材料进行管控，重点控制混凝土原材，混凝土和易性、坍落度等，确保管片生产质量。

（3）管片厂内倒运过程中，加大巡视频率，要求对工人进行班前讲话和安全技术交底等措施控制因运输造成的裂缝及破损。

（4）加强现场管片生产过程钢筋绑扎、保护层厚度、模具脱模剂、预埋件位置及固定的质量检查和验收，将问题控制在生产前。

（5）加强现场盾构管片养护时间的检查，加强台账管理，确保养护周期。

（6）强化出厂验收，每环装车管片需经管片厂、施工单位及驻场监理验收合格后方可装车运输至施工现场；到场后现场监理组织项目共同验收，验收合格盖章后方可卸车使用。

2. 盾构施工过程中监理管控措施

（1）盾构在拼装过程中督促施工单位及时清理盾尾，定期巡视、测量环面平整度，调整千斤顶，确保管片受力均匀，不因管理因素造成盾构管片产生的裂缝和破损。

（2）在曲线段及地质变化段加强现场巡视，对盾构掘进指令、现场落实情况进行检查，并召开专题会议，现场督促严格按照指令进行掘进，并确保慢进尺、小推力，从而防止管片产生裂缝和破损。

（3）盾构管片在成型后进行二次注浆时，监理工程师进行旁站控制，严格控制注浆压力，防止因注浆压力过高导致管片产生裂缝。

（4）盾构机姿态发生变化时，严禁过快纠偏，并及时召开专题会议，调整盾构施工参数，确保缓慢纠偏，防止纠偏过快使得盾尾间隙过小或推力不均匀导致管片裂缝及破损，纠偏过程中加强巡视、旁站和现场的平行检查。

二、管片拼装引起的错台及监理控制措施

(一)引起管片错台的原因

(1)壁后注浆不及时充实、填充不密实或者注浆压力过大多会造成成型隧道管片的错台。

(2)盾构机在不均匀地层中掘进,会导致千斤顶对管片的作用力不均匀而产生错台,在曲线段因千斤顶不对称作用力而产生的偏心力也容易导致错台发生。

(3)隧道二次补浆的压力过大也会导致错台的出现;拼装过程中管片的连接螺栓未拧紧或未及时进行复紧;在地质变化段且处于曲线段掘进时,姿态调整过急过猛容易导致错台现象。

(4)当管片脱出盾尾后,由于浮力的作用,就与在盾壳内的管片形成错台,随着掘进的进行,错台会缓慢和逐渐地发生,有时左右两侧连续几环都会出现这种现象。

(二)管片错台监理控制措施

(1)盾构机掘进过程中要求施工单位严格控制同步注浆压力及注浆量,定期检查同步注浆数据,定期检查盾尾密封性,防止因漏浆引起的注浆不密实而导致管片错台;对数据发生异常后及时组织召开会议分析原因,制定措施及责任人,加强巡视检查力度。

(2)在地质突变及曲线段掘进前做好各项技术准备工作,加强交底检查和执行情况,调整盾构掘进参数,加强盾构掘进指令执行情况检查,从技术上保障盾构成型隧道质量。在曲线段掘进时做好管片选型,既要保障满足设计曲线半径,也要防止盾构机姿态超出变化范围后,因纠偏引起管片的错台。

(3)加强成型隧道的检查力度,对管片拼装过程中的螺栓复紧加强巡视,对二次注浆全过程进行旁站,通过监理措施的落实,督促施工单位增强质量意识,加强工人交底和教育,确保工程质量。

(4)掘进前根据水文地质情况充分考虑水浮力引起的管片隆起,熟悉掌握水文地质情况,合理选取参数,在验收前及时检查、复测成型隧道管片错台、上浮量,总结数据,选取合理施工参数,防止因浮力引起的管片错台。

三、盾构隧道管片渗漏原因及监理控制措施

（一）引起盾构隧道渗漏的原因

1. 管片自防水

（1）管片预制前，需要先选定混凝土的配合比、水泥用量、入模温度、浇捣工艺、养护时间和方法以及外加剂掺量等。为提高盾构管片密实性和强度不能暂时提高混凝土的强度等级和抗渗等级，因为混凝土强度等级越高，水泥用量越多，水化热越高，收缩量越大，容易导致裂纹的产生，从而影响管片自防水。

（2）采用高精度管片磨具来提高管片精度是一个重要环节，如果管片制作精度差，加上管片拼装累计的误差，将会导致管片接缝不密贴而出现较大的缝隙，此时如果接缝防水材料的弹性变形量不能适应缝隙要求就会出现漏水。管片二次注浆孔处在管片制作过程中的质量也是引起渗漏水的原因之一。

2. 管片接缝防水

管片接缝防水材料性能会极大影响接缝的防水效果，尤其是对防水功能的耐久性，要确保密封垫能够长时间地保持接触面的压应力不松弛；止水条的制作安装误差和粘贴密合程度也会影响防水效果；在管片拼装过程中，止水条粘贴槽外缘附近很容易产生应力集中，从而使该范围内素混凝土产生破裂，对管片受力状态、防腐、防水均有不利影响；另外，在止水条与管片间粘结不牢固的情况下，管片拼装时的错动容易使止水条被挤到管片外侧。

3. 壁后注浆和注浆孔封堵

（1）浆体材料的质量、注浆的及时性和注浆的饱满密实性的好与坏，直接影响盾构隧道的施工质量，虽然它主要用来控制地面沉降，但客观上是隧道防水的第一道防水防线，同时，由于注浆量不足也会引起隧道后期产生较大沉降变形而漏水。

（2）注浆孔的渗漏水是盾构隧道防水中的一个薄弱环节，注浆孔封堵的质量直接决定了盾构区间隧道渗漏水的质量控制。

4. 姿态控制不当引起漏水

若盾构机掘进过程中的姿态控制不好，会影响管片的拼装质量，造成管片间错位，相邻管片止水带不能正常吻合压紧，从而引起漏水；若掘进过程中推力不均匀，会造成管片受力不均匀从而产生裂纹、贯穿性断裂等渗漏水；在掘进困难时推力过大也会造成管片产生裂纹，从而导致漏水。

5. 其他操作原因

(1) 盾构机掘进过程中，油缸行程不足，导致封顶块插入困难，从而引起止水条破坏而漏水。

(2) 连接螺栓没有拧紧，在一定程度上会引起接缝的扩大，使得管片在掘进停止后呈松弛状态，也易引起管片接缝渗漏。

(3) 千斤顶撑靴在顶至管片时摆放不正，使得止水带损坏从而导致漏水。

(4) 管片在运输和吊运过程中造成掉角损边等。

(二) 盾构隧道渗漏的监理控制措施

(1) 在管片生产前提前介入，对配合比验证做好控制；管片制作过程中加强质量控制，做好细节管理，加强预制管片使用混凝土原材增加抽检频率，对施工配合比进行检查，控制混凝土入模温度、浇捣工艺、养护时间和方法以及外加剂掺量等；在管片制作过程中重点控制预埋吊装孔、注浆孔质量，通过检查位置、振捣密实度确保吊装孔、注浆孔处细部处理，确保管片制作质量。

(2) 要确保生产出高精度的管片就要有一个高精度的钢模，根据经验，通常生产400～500环管片后就应对钢模进行必要的检修和保养，从而确保管片精度，减少缝隙，防止后期渗漏。

(3) 对使用的止水条严格按照要求进行见证取样和独立抽检，并做好试验参数的选择，把住源头管，确保防止盾构隧道防水工程质量；管片下井前，现场监理工程师做好验收工作，对止水条、密封垫的安装误差和粘贴密合度进行检查，确保下井前管片防水构造质量符合要求。

(4) 管片拼装过程中定期加强工人交底和教育，提高工人质量意识，并加大巡视检查力度，防止管片拼装时的错动容易使止水条被挤到管片外侧，从而影响管片防水效果；建议在止水条上涂抹一定量的润滑剂，以防止拉脱，但要注意使用的润滑剂不得对止水条的性能产生改变。

(5) 在技术准备阶段就选定合适的注浆材料，通过试掘进取得注浆参数，确保注浆饱满、密实，为盾构隧道提供第一道防水；加强注浆材料进场的质量控制，按照规范要求做好见证取样和独立抽检，保证使用材料符合要求；浆液拌制工程做好配比验证和施工配比的检查，确保使用浆液能达到防止沉降和止水效果。

(6) 为有效封堵注浆孔处的渗漏水，后续建议在封堵塞前端增设一道遇水膨胀条沟槽，在管片所有补压浆结束后并确认不再拆卸堵头后，将遇水膨胀橡胶止水条安装上，止水条的材质与管片止水条相同。

（7）加强施工过程中盾构机掘进参数控制，防止因盾构机姿态变化引起的拼装质量导致管片缝隙过大，甚至破裂而引起的漏水；掘进过程中油缸行程达到拼装条件后，先量宽度是否足够，是否需要调整，否则封顶块不得强行插入；在掘进过程中要及时对后续几环进行螺栓的复紧。

第14章 地铁施工监理信息化管控要点

一、基于CPS的施工风险主动控制技术的应用

基于CPS的施工风险主动控制技术,监理应当熟悉、掌握和应用CPS的施工风险主动控制技术,对施工现场风险进行主动控制。

(1)地铁机械失稳智能检测及便携式感控一体化装备的应用:通过物联网技术建立盾构施工的感、传、知、控一体化智能检测平台,可远程在线实时分析盾构掘进引起的地层失稳、沉降超限等一系列安全风险;通过盾构掘进失稳智能检测方法与拼装质量智能CT诊断技术,现场应用吊装便携式智能感控一体化装备,可实现地铁施工机械稳定性精准感知与智能控制。

(2)地铁施工结构及环境的泛场景快速建模及安全演化解析技术的应用:通过复杂空间条件下工地场景快速自动建模与匹配标定方法,可完成地铁车站、隧道等施工工地的数字孪生快速自动化建模并生成BIM模型;通过基于IFC与工程语义的安全状态属性动态扩展与解析技术,实现对结构环境安全风险演化规律的精确定量描述。

(3)地铁施工不安全行为自动侦测技术与智能识别设备的应用:利用地铁施工不安全行为自动侦测算法,可有效智能识别地铁施工现场不戴安全帽、机械距离过近、进入危险区域等不安全行为;通过施工人员行为的智能识别嵌入式系统及设备进行矫正和培训,可以大幅降低地铁施工工地的不安全行为发生率。

(4)大数据驱动的地铁施工安全综合控制集成平台的应用:通过部署实施"互联网+地铁质量安全"大数据决策支持与服务平台,汇集进度、成本、质量、安全、合同以及工程资料等各类工程大数据,提供科学分析决策,形成地铁工程质量安全的六道监管防线资源整合,有效保障地铁施工全要素、全过程、全主体安全。

二、基于BIM的施工风险管控技术的应用

基于BIM的施工风险管控技术，监理应当熟悉、掌握和应用BIM的施工风险管控技术，实施地铁施工安全风险全过程管控。

（1）基于BIM+GIS的风险源可视化管理：基于3D-GIS和BIM模型，标识场站、线路等工点及场地、周边环境中的各类风险源，实现风险信息的图、文一体化管理和双向互查，便于检索、挖掘。该技术能可视化地展现给相关人员，实现实时共享和动态评估，通过多种数据接口、自动分析和预警、问题库和预案库、对风险处置措施和消警的闭环跟踪监管等功能，使相关数据得到集中管理，风险管理流程更加高效、落到实处。促进施工安全风险得到及时、有效、协同的管理和控制。

（2）基于施工进度的风险源动态管理：结合施工计划建立4D-BIM模型，随着施工实际进度或模拟进度，展现土方开挖、基坑支护、主体结构施工、区间隧道施工的进展，直观提示需要相应关注或监测的风险源，向监测人员发送当天应监测项目和监测频率、巡视线路和巡视内容。

（3）巡视管理：可视化地制定巡视线路和巡视工作内容，结合监测点、风险源、二维码等，自动跟踪判断巡视任务的执行完成情况，进行考核评价。巡视过程中发现的问题可通过移动端实时上报，常见问题可利用缺陷库直接获得标准化的缺陷定义、缺陷描述以及安全状态评价，简化录入工作并统一用语。

（4）监测管理：可视化地布置监测点和设置监测类型，设置相应的监测值报警条件；也可导入监测点布置方案。通过接口导入监测数据，并与监测点自动关联。集中统一地完成监测数据的录入、存储、计算和分析工作。

（5）风险预警管理：包括巡视预警、监测预警、综合预警。巡视预警是根据现场风险状况及相应的巡视预警标准发布预警信息；监测预警是根据监测数据与预设的报警条件进行比对后自动发布预警；综合预警是综合考虑监测预警和巡视预警情况而发布。支持虚拟警戒设置，提供对预警处置情况的记录管理及消警设置；随着实际施工进度，自动调整主要监测点、监测频率，自动发出三级预警，结合巡视预警情况综合判定风险源的安全状态。

（6）风险状态评价：根据施工进度以及监测数据和巡视情况，基于综合评估规则自动判定风险源是否处于安全状态，并由施工安全风险管理人员进行审核，通过调取风险源的监测数据详情综合判定。

（7）综合分析和管理：建立沉降区域等高线图，依据颜色渐变趋势带来的视

觉直观性协助分析沉降概况和趋势；辅助生成和管理风险报告、监测报告、巡视报告、预警报告、沉降区域等高线图、变形曲线图等；针对风险变化，风险趋势建立参数化的族库，支持警戒带、道路封闭等标志牌的三维显示，建立虚拟警戒区，辅助管理人员判断施工人员是否可以作业，指导现场人员设置警戒区；结合施工进度调整风险监测方案或处置措施。通过移动端和现场安装的显示屏实时显示风险状态、预警信息及警戒区，辅助管理人员决策、指导施工人员作业。

（8）移动协同管理：在手机等智能移动终端上查看场地与模型、风险数据、巡视和监测数据、风险预警信息等，并结合即时消息推送、人性化提醒，及时处理各种待办事务，与桌面端实现协同。

（9）后期维护管理：城市轨道交通工程验收合格后，将各阶段验收形成的专项验收情况、设备系统联合调试数据、试运行数据等验收信息和资料附加或关联到4D-BIM模型中，形成竣工验收模型，分别向政府管理部门和运营单位移交，在后期的维护和管理中，能够更加便利地发现问题，解决问题。

三、互联网+大数据管理成套技术的应用

地铁工程施工质量安全大数据管理成套技术，是基于物联网、云计算、大数据、人工智能等新一代信息化技术，监理应当熟悉和掌握这一成套技术，实施地铁施工质量安全风险全过程管控。

（1）基于"一张图、一块屏、一张网"的信息决策支持模块的应用：基于质量安全"一张图"，集成化展示工程施工多维数据；基于工程监控"一块屏"，实现质量安全管理多终端同步工作；基于有形的工程物联"一张网"，形成了全域范围无形的网——质量安全管控大网，形成了大数据综合决策支持的功能模块。

（2）基于人工智能图像识别的地铁工地视频监控模块的应用：对各工点的主要施工作业面，特别是风险较大的部位进行全覆盖无死角监控，跟踪并记录施工过程，基于机器视觉和人工智能算法，研发了地铁工程施工不安全行为和重大危险区域的智能感知与自动侦测技术，实现复杂环境下的施工行为智能分析与自动报警处理。

（3）基于移动终端的施工质量安全隐患排查治理模块的应用：各参建方可以在Web端和移动互联网终端随时开展相应隐患排查治理的信息采集、上报、审核及整改等质量安全管理工作，大大缩短隐患排查治理全过程的时间，提高隐患治理的效率与效果；同时通过信息库记录管理，实现"有据可查，抓铁有痕"的效果。

（4）基于信息物理系统（CPS）的施工风险预警与主动控制模块的应用：基于信息物理系统（CPS）地铁施工安全风险识别与预警为核心，从风险识别、预警到控制的复杂环境下地铁施工安全控制技术体系，包括施工前安全风险自动识别、施工中风险时空演化耦合分析与预警、特殊区段施工安全控制等关键技术，实现复杂环境下地铁施工全过程安全动态主动控制。该模块将施工监测、风险识别与分析、风险评估与预警技术相融合，形成了复杂环境下地铁施工安全风险自动识别与预警，同时支持与BIM、施工物联网、自动连续监测等技术集成。

（5）基于智能GIS的应急救援指挥调度模块的应用：基于平台的大数据库，集中存储与动态管理市域范围内所有工点的应急救援组织人员、应急物资和应急救援预案等信息，并研发了基于智能GIS的应急救援指挥调度功能模块。

（6）其他辅助模块的应用：辅助模块包括质量取证管控、盾构作业支持、现场考勤视频会商、基础大数据云平台等。

四、盾构施工实时视频监控系统的应用

基于盾构施工实时视频监控系统，监理应当熟悉、掌握和应用盾构施工实时视频监控系统，实施可视化全过程管控。

1. 系统分类及功能应用

盾构施工远程监控系统分为数据采集监视系统和施工分析系统。数据采集系统的主要功能是利用盾构内部的传感器获取实时的施工数据。数据采集计算机一般为两台：一台在井下，一台在地面上监理项目部控制室。这两台机器和另一台装有施工分析系统的计算机通过HUB相连，组成了一个对等网，实现施工数据的共享。施工分析系统主要有三大功能：将实时数据和报表数据及时传递至监理项目部和公司总部；具有数据查询、报表制作、图形绘制等基本功能；对现场数据和施工情况进行自动分析，提出施工参数的控制方案。

2. 数据库建立

（1）分布式数据库是在分布式管理模式下，通过视频监控系统使项目工程数据信息均存放在本地，平时可独立操作使用；同时定期通过远程通信线路，将本地的所有数据信息或汇总数据信息发送到公司总部；总部接收到数据后再将其恢复到总部的数据库服务器中，以满足总部对项目工程数据管理与决策的需要。

（2）施工现场的数据库主要包括盾构施工参数表、施工进度记录表、施工大事记录表、盾构姿态参数表、管片姿态参数表、沉降情况表、工程基本概况、地

面测点布置、沿线地质资料、沿线重要设施情况等表。

3. 数据传输

(1) 从系统的数据来源可分为两个部分：一部分是有传感器传送来的盾构的各类运行参数，另一部分则是有人工定期输入的量测数据、情况记录等数据。前者数据要求很强的实时性，需要随时与公司总部的数据同步，而后者的数据只需要定期更新即可。因此对这两类数据采用了不同的数据传送方法。

(2) 对于实时施工数据，由于每个盾构的生产厂商和型号的不同，因此获取的施工数据方式和数据内容都不相同，为此通过一个Read程序，将不同数据采集系统获取的数据转换到施工现场的标准数据库中，而与此同时将此数据片段加密后通过互联网传送至监理项目部及公司总部，公司总部的服务器将其解密等处理后，放置到总部的服务器中。

(3) 在数据的传递过程中，采用了双向FTP不间断进行片段数据传输，采用这种方式原因在于实施非常灵活，可靠性和安全性都比较高。

(4) 对于其他需要定期传送的数据，采用了SQL Sever中的数据转换服务（DTS）的方法完成。

4. 数据发布

(1) 当施工现场数据进入公司总部的数据库后，通过WindowsXP的Internet信息服务（IIS）进行发布，对于实时的监控数据通过Flash的网页进行实时图形显示，历史数据和其他数据采用ASP技术以EXCEL数据表格方式显示，而报表的订阅定时群发功能则通过Windows提供的计划管理完成。

(2) 为了保证系统的安全性，采用安全模式的用户登录方式，即用户名和密码经过加密以后才在互联网通过安全套接字层连接后发送，保证了密码的安全性。同时，为了方便使用，用户还在自己的权限范围可以自行授权子用户。

5. 数据分析

(1) 通过视频监控系统，除了能为技术人员同步提供详尽、准确的施工数据以外，施工数据的分析也是一个非常重要的方面。施工数据的分析分为两个方面：一个方面是在施工现场提供快速有效的地面沉降的预测和施工参数的设定，另一方面，是对各工程历史数据进行分析计算，找出规律。

(2) 施工现场的数据分析设计是用人工神经网络进行系统的数学模型建立的，可扩展原有的输入量，如增加注浆压力、注浆方量等原来很难及时获取的数据，同时从原来的每一环一组数据，变成每推进0.2m生成一组数据，使系统的响应速度加快，如果发现预测结果与实际情况误差增大，系统将自动加大数据获取量。例如，网络训练数据为每推进0.1m生成一组数据，使系统尽快适应变化的模型。

(3) 除了施工现场的数据分析外，公司总部对历史数据的分析也至关重要。由于数据量非常大，且数据的实时性要求高，因此在总部的数据分析系统，应采用有限元和混沌神经网络进行数据分析。

6. 应用视频监控系统解决施工现场实际问题

(1) 公司领导通过总部指挥中心实施可视化三级管理：无论在办公室或出差在外都可以随时了解工地施工现场的工程项目施工质量与安全方面的情况，通过视频可与工程项目监理及时沟通和解决项目施工质量、安全方面的问题。

(2) 在线专家可通过视频监控图像与语音录像系统，随时了解并及时解决项目施工中出现的疑难问题。

7. 对安全生产与重大危险源的监控

1) 重大危险源监控

项目监理人员可通过视频监控系统对工程项目施工中的重大危险源：①深基坑支护；②人工挖孔桩施工；③现场高支模施工作业；④外墙脚手架的搭设与施工；⑤大型施工用起重机械（塔吊、施工电梯与施工井架）等具有危险性较大的大型工程机械的拆装、加节、提升等施工和使用情况进行重点监控，能及时掌握与了解危险性较大工程的施工进度和安全状态，对监控中发现的安全隐患或其他违规行为，可责令施工现场立即进行整改。

2) 施工现场安全防护情况监控

(1) 对深基坑土方开挖工程施工时出现超挖施工等未按施工方案进行施工的违法违规行为，如深基坑坑边荷载堆载过大、临边防护未设置栏杆，深基坑支护结构出现明显开裂、渗漏等异常情况，深基坑支护工程未做完即进行基坑内的施工作业等情况进行实时监控。

(2) 对高大模板工程和外墙脚手架工程的搭设与施工过程作业等情况进行实时监控。

(3) 对大型施工用起重机械（塔式起重机、施工电梯与施工井架）等具有危险性较大的大型工程机械的拆装、加节、提升等施工和使用、防护等情况进行重点的实时监控。

(4) 对高空危险作业人员不按要求使用安全带、施工现场人员未戴安全帽的，或未在施工现场入口处、施工起重机械、临时用电设施、脚手架、出入通道口、基坑边沿设置明显的安全警示标志，以及施工现场乱接、乱拉或电线、电缆随意拖地等情况，应进行实时监控。

第15章 地铁工程安全防护监理要点

一、安全防护用品的监理要点

1）监理应督促施工单位根据《煤矿职业安全卫生个体防护用品配备标准》AQ1051-2008及《用人单位劳动防护用品配备规范》DB44/T 1846-2016制定安全防护与职业卫生用品管理制度；落实对施工单位的劳动防护用品的管理；要求施工单位制定保障劳动者的职业安全与健康、预防和消除职业危害措施。

2）要求施工单位为从业人员提供和配备合格的劳动防护用品。

3）加强对进场施工人员安全帽管理：

（1）安全帽材质应符合《头部防护 安全帽》GB 2811-2019规定，性能满足耐冲击、耐穿透、耐低温性能、侧向刚性等技术规范标准。帽壳上应有永久性标志。

（2）加强对安全帽的检查，要求不得使用缺衬、缺带或破损的安全帽。

4）加强对安全带的管理：

（1）要求高处作业（高度不小于2m）人员按规定正确佩戴安全带，高挂低用，后备绳的挂钩锁扣点要安全牢固，超过3m应加装缓冲器。在施工场所安全带无固定挂处时，要求施工单位事前设置适当强度的钢丝绳或采取其他方法，严禁安全带挂在不牢固的物件上。

（2）安全带应符合《坠落防护 安全带》GB 6095-2021标准，并有产品检验合格证明。材质应符合《坠落防护 安全带系统性能测试方法》GB/T 6096-2020。安全带寿命一般为3～5年，使用2年后应督促施工单位做批量抽检。

5）加强对安全网的管理：

（1）安全网的规格、材质应符合国家标准，力学性能试验符合产品要求。应使用合格的并通过安检主管部门认可"三证一标志"（生产制造许可证、产品合格证、安全鉴定证、安全标志）的产品。

（2）应要求施工单位对在建工程外侧使用密目式安全网封闭，对高架桥面边等临边防护挂设安全网,对钢结构、屋面设置安全平网,经监理验收合格后挂牌使用。

(3)要求现场洞口使用全封闭安全网。规格有两种:ML1.8m×6m或ML1.5m×6m的密目网重量大于或等于3kg/m²。加强对施工单位进场的安全网外观、尺寸、重量、目数检查,并要做贯穿试验、冲击试验,合格后方可使用。

(4)要求施工单位对施工过程中的安全网进行检查、维护,并保持常态化。

6)加强对电气作业防护用品的管理

(1)要求电焊人员、设备调试人员穿戴安全防护用品(戴绝缘手套、绝缘鞋、防护服、护目镜和面罩)。

(2)根据《施工企业安全生产管理规范》GB 50656-2011的要求,不同工种应配备不同的劳动防护用品。

7)加强对防尘防毒用品管理:

(1)要求钻孔、注浆、喷混凝土、切割、打磨及其他扬尘作业等人员正确佩戴防尘口罩和面罩等特定的劳动防护用品。

(2)进入密闭/有限空间作业,应要求施工单位先进行通风和检测有害气体,并做好环境实时监测;要求作业人员配备防毒防窒息等个体防护装备。

二、对临边防护安全监理要点

1)工作面、上下通道、基坑、沟、槽、竖井、高架桥、屋面、建筑阳台、楼板、站台、车站中板、顶板临边等部位应督促施工单位设置防护栏杆。

(1)用防护栏杆时应设置两道横杆,上杆距地面高度应为1.2m,下杆应在上杆和挡脚板中间设置。防护栏杆间距不应大于2m,内侧满挂密目安全网,下设不小于180mm高挡脚板。

(2)基坑临边立杆与基坑边坡的距离不应小于500mm,基坑周边应督促施工单位根据城市防汛要求高度,砌筑满足防汛要求的挡水墙。

(3)坡面大于1:2.2的屋面临边时,防护栏杆上杆离防护面高度不低于1500mm,并增设一道横杆,横杆间距不应大于600mm,满挂密目安全网。

(4)防护栏杆内侧应满挂密目安全网,防护栏杆及挡脚板应刷红白警示漆。

(5)防护栏杆的设置,固定及连接应牢固,任何部位均能承受任意方向的最小1kN外力作用。

2)在站台公共区靠轨行区临边或轨行区入口,要求施工单位必须设置轨行区防护栏。

3）要求施工单位制定的防护措施、设施采用定型化、工具化杆件，杆件的规格及连接固定方式应符合规范要求。

4）对于施工作业高于2.0m的爬梯，监理应要求施工单位设置防护笼，并经过专项设计验算，安装完成经验收合格后方可投入使用，梯笼安放位置的地基应具备相应承载力，且具有防倾倒措施。

5）要求施工单位在临边作业时，应设置满足施工安全需要的防护栏杆等防护设施，确需在防护设施外从事施工作业或设置防护设施仍无法满足作业中安全生产需要时，施工作业人员应配置和使用安全带、安全绳等个人安全防护用品，危险部位还应有专人指挥和值守。

6）对于基坑的水平通道，应要求施工单位利用第一道混凝土支撑，在基坑开挖前完成，根据混凝土支撑设计情况应间隔40～60m设一道水平通道；通道两侧须设置临边防护，并保证防护设施的强度、刚度及稳定性；水平通道防护宜采用钢管围栏防护，设两道横杆，上横杆离地高度应不小于1.2m，下横杆离地高度应为0.6m，立杆间距不宜大于1.8m，挡脚板高度不应低于180mm，并挂设安全网及安全警示牌，涂刷警示漆。通道内不得存放任何物品及机具设备，并保证通道通畅。主要做法详见中国建筑工业出版社出版的《城市轨道交通工程施工现场标准化实施指南》一书。

三、洞口防护安全监理要点

1）在建工程的预留洞口、楼梯口、电梯井口、风井口等按其大小和性质，应要求施工单位分别设置牢固的盖板、防护栏杆、安全网或其他防坠落的防护设施。

（1）现场预留孔洞边长小于500mm时，可采用洞口上部铺木楞，上盖厚木胶合板，用铁钉钉牢，木楞侧面与地面之间的缝隙应密封严实，面层涂刷安全警示色。

（2）边长在500～1500mm（含1500mm）的预留孔洞，可采用盖板覆盖的方式进行防护，覆盖必须有可靠的固定措施，防止挪动移位，面层涂刷安全警告色，洞口周边设置防护栏杆，并悬挂安全标志。

（3）现场预留孔洞边长大于1500mm时，四周应设置防护栏杆，洞口下张设安全平网，并悬挂安全标识标牌。

2）电梯井口设防护栏或固定栅门与工具式栅门，电梯井内每隔两层（不大于10m）设一道安全平网。

3）防护措施、设施应符合相关规范要求，应要求施工单位使用定型化、工具化的防护构件。

（4）施工现场通道附近的各类洞口与坑槽等处，除设防护设施与安全标志外，还应要求施工单位在夜间作业时设置红灯警示。

四、通道口防护安全监理要点

（1）要求施工单位编制防护棚搭设专项方案，方案应符合规范和安全要求。

（2）要求施工单位在通道口搭设防护棚，防护棚两侧应采取封闭措施。

（3）通道口防护应严密、牢固。

（4）防护棚宽度应和通道口宽度匹配，长度满足防护安全要求。

（5）当建筑物高度大于24m时，应要求施工单位搭设双层安全棚。双层防护的层间距不应小于700mm，防护棚高度不应小于4m。

（6）防护棚搭设材质应符合安全规范和要求，经监理验收合格后方可挂牌使用。

（7）当临街通道、场内通道、出入建筑物通道在坠落半径内或起重机起重臂回转范围内时，应要求施工单位设置防护棚及防护通道。

（8）各类（安全通道防护棚、工具式安全防护棚、施工电梯防护棚、工具式钢筋加工防护棚、工具式木工加工防护棚）防护棚应有单独的支撑体系，固定可靠安全。

五、攀登作业安全监理要点

（1）移动式梯子的梯脚底部应坚实，有可靠的立足点，禁止垫高使用。

（2）一字梯的梯面与水平面应不小于75°夹角，上部挂靠伸出长度应不小于600mm。

（3）折梯（人字梯）使用时上部夹角宜为35°～45°，折梯应设置可靠的锁定撑杆。

（4）梯子的制作质量和材质应符合规范和安全要求。

（5）杆上作业攀登脚扣质量标准应符合《国家电网公司电力安全工作规程线路部分》Q/GDW 1799.2-2013要求。

（6）同一梯子上不得两人同时作业。在通道处使用梯子作业时，应要求施工单位安排专人监护或设置围栏，脚手架操作层上严禁搭设梯子作业。

（7）从角度、斜度、宽度、高度、连接措施、拉攀措施和受力性能等方面选择攀登作业使用的梯架；梯架选择应符合《便携式金属梯安全要求》GB 12142-2007和《便携式木折梯安全要求》GB 7059-2007的规定。

（8）在深基坑施工（盾构下井通道宜使用钢扶梯）时，应要求施工单位设置经过验算的扶梯或梯笼，入坑踏步及专用载人设备或斜道等设施。

六、悬空作业安全监理要点

（1）悬空作业立足处的防护设置应牢固，并应配置登高和防坠落装置和设施。

（2）悬空作业时，应要求施工单位设置防护栏杆或其他可靠的安全措施，悬空作业人员应系挂安全带、佩戴工具袋。

（3）悬空作业所使用的索具、吊具、料具等设备应经过第三方技术鉴定和监理验收合格。

（4）严禁施工人员在未固定、无防护设施的构件及管道上进行作业或通行。

七、加强移动式操作平台安全监理要点

（1）要求施工单位依据规范、设计要求，编制移动式操作平台专项施工方案，并报监理审批。

（2）移动式操作平台的高度不宜超过5m，面积不宜超过10m^2，荷载不宜超过1.5kN/m^2，并进行稳定性验算，严禁操作平台的面积或高度超过规定值。

（3）操作平台架体四个立面应设置剪刀撑，轮子与平台的连接应牢固可靠，立柱底端离地面不得大于80mm，行走轮和导向轮应配有制动器或刹车闸等制动措施。

（4）操作平台的架体结构采用钢管、型钢及其他等效性能材料组装，应符合《钢结构设计标准》GB 50017-2017及有关脚手架标准的规定。

（5）平台面铺设的钢、木或竹胶合板等材质的脚手板，应符合材质和承载力要求，并应平整满铺及可靠固定。

（6）操作平台的临边应设置防护栏杆，单独设置的操作平台应设置供人上下、踏步间距不大于400mm的扶梯。

（7）操作平台的材质和构造应满足相关标准的规定，搭设完成经监理验收合格后方可挂牌使用，并要求施工单位安排专人检查、维护。

（8）要求施工单位对移动式操作平台优先选用合格的装配式（定制化）门式脚手架，并对其整体稳定性、防护完整性及行走脚轮、导向脚轮的制动有效性进行验收，经监理验收合格后方可悬挂验收合格牌。

（9）移动式操作平台移动时，操作平台上不得站人。

八、物料平台安全监理要点

（1）要求施工单位依据规范、设计要求，编制物料平台专项施工方案，并报监理审批。

（2）物料平台应按专项方案搭设，应与工程结构进行刚性连接或加设防倾措施，不得与脚手架连接，立杆间距和布距应符合设计要求，立杆下部设置底座或垫板，纵向与横向扫地杆、外侧剪刀撑或斜撑等应符合规范要求。

（3）平台台面铺板应平整严密，下方按规范设置安全平网，临边设置防护栏杆。

（4）物料平台搭设材质应符合规范和方案要求，搭设完成后经监理验收合格后挂牌使用。在使用过程中，应要求施工单位安排专人检查、维护。

（5）物料平台应在明显位置设置限定荷载标牌，严禁堆物超载。

九、悬挑钢平台安全监理要点

（1）要求施工单位编制悬挑式钢平台应专项施工方案，并报监理审批。

（2）监理应要求施工单位按专项施工方案搭设悬挑式钢平台，搁支点和拉结点应设置在建筑物结构上并牢固连接，台面两侧应设置两道斜拉杆或钢丝绳。

（3）钢平台外侧应略高于内侧，设置固定的防护栏杆和挡脚板或栏板，台面铺板和与建筑物之间应平整严密。

（4）严禁将钢平台设置在临时设施上，进入施工现场人员不得在悬挑钢平台吊运、安装时上下。

（5）要求施工单位在钢平台明显位置设置限定荷载标牌，严禁堆物超载，搭设完成后经监理验收合格挂牌使用；在使用过程中要求施工单位安排专人检查、维护。

十、脚手架临边防护与通道安全监理要点

1）施工单位搭设的扣件式钢管脚手架临边防护与通道，应符合《建筑施工扣件式钢管脚手架安全技术规范》JGJ 130-2011的规定。

（1）栏杆和挡脚板均应搭设在外立杆的内侧，上栏杆上皮高度为1.2m，挡脚板高度不应小于180mm，中栏杆居中设置。脚手板铺满、铺稳，离墙面的距离不应大于150mm。

(2)架体水平防护作业层脚手板应铺满,绑扎牢固。脚手架每隔两层且高度不超过10m设水平防护,作业层脚手板下采用安全平网兜底。

(3)架体立面防护脚手架立杆应分布均匀,跨距为1500mm,纵向水平杆应保持水平,步距为1800mm(脚手架材料的实际管壁厚度、直径各地不统一,跨距、步距根据材质检测情况及受力验算确定),作业层应设置栏腰杆,上栏杆上皮高度1.2m,中栏杆居中设置。脚手架外立面用阻燃性能的密目式安全网封闭,安全网应张紧、无破损。

(4)架体设置人员上下专用通道,通道的材料、结构、安装应符合国家规范和方案要求。

2)施工单位搭设的碗扣式钢管脚手架临边防护与通道,应符合《建筑施工碗扣式钢管脚手架安全技术规范》JGJ 166-2016的规定。

(1)架体外侧采用密目式安全网封闭,网间连接严密。防护栏杆应在立杆0.6m和1.2m的碗扣接头处搭设两道。

(2)架体设置人员上下专用通道,人行通道坡度小于或等于1:3,并在通道脚手板下增设横杆,通道可折线上升。通道的设置应符合《建筑施工碗扣式钢管脚手架安全技术规范》JGJ 166-2016的规定。

3)施工单位搭设的承插型盘扣式钢管脚手架临边防护与通道,应符合《建筑施工承插型盘扣式钢管脚手架安全技术标准》JGJ/T 231-2021的规定。

(1)架体外侧设置密目式安全网封闭,网间连接严密,作业层的脚手架架体外侧应设挡脚板、防护栏杆。

(2)作业层防护栏杆设置应符合要求,上栏杆设置离作业层高度1000mm处,防护中栏杆设置离作业层高度500mm处。

(3)作业层外侧设置高度不少于180mm的挡脚板。每隔两层且高度不超过10m设水平防护,作业层脚手板下采用安全平网兜底。

(4)架体设置人员上下专用通道,按照规范和方案要求使用定型化钢架扶梯,设置脚手板及扶手杆。

第16章 临时用电安全监理要点

一、用电安全监理要点

(1)依据法律法规规定,总包单位与分包单位应签订临时用电协议,明确双方的权利和义务。

(2)要求施工单位组织编制临时用电组织设计及外电防护专项方案,经企业技术负责人审核,监理单位审批同意后组织实施。

(3)临时用电系统投入使用前应经施工、监理、建设单位共同验收,合格后方可投入使用。

(4)要求施工单位根据工程位置进行现场勘探,对场地布置、临时搭建、电源等提出可行性方案,设定临时用电平面布置,外电防护距离,确保临时用电组织设计及外电防护方案有针对性和实用性。

(5)要求施工单位按照规定进行接地电阻、绝缘电阻测试(每月1次)和漏电保护器(每月不少于两次)检测,雷雨天过后进行复测,并派人监督,测试时穿戴好防护用品,认真填写测试记录。

二、外电防护监理要点

(1)外电线路与在建工程及脚手架、起重机械、场内机动车道的安全距离应符合规范要求。

(2)防护设施与外电线路的安全距离应符合规范要求,并应坚固、稳定,对外电线路的隔离防护应达到IP30级。

(3)现场临时设施规划、建筑起重机械安装位置等应避开有外电线路一侧。外电架空线路正下方不得进行起重作业施工,搭设临时设施(堆物)。

(4)未经建设单位或其他单位同意,禁止从运营或其他的车站、隧道供电线路接线。

三、接零保护系统监理检查要点

（1）检查施工现场专用的电源中性点直接接地的低压配电系统是否采用TN-S接零保护系统。

（2）检查专用保护零线引出位置（电源进线零线重复接地处或总漏电保护器电源侧进线零线处）、材质（绝缘铜线）、设置（重复接地不少于3处，重复接地电阻不大于10Ω）、颜色标识（PE线绿/黄双色绝缘线）等是否符合规范要求。

（3）检查重复接地与工作接地的设置、安装、材料、接地装置是否符合要求。接地线应采用2根及以上导体，在不同点与接地体做电气连接。接地体应采用角钢、钢管或光面圆钢、不得采用螺纹钢材，工作接地电阻不大于4Ω，重复接地电阻不大于10Ω。

（4）检查电气设备的金属外壳是否与专用保护零线连接，保护系统是否符合规范要求。

（5）检查施工现场内的突出设施（起重机、井字架、龙门架、活动板房等设施）是否按规范设置防雷措施，防雷装置的冲击接地电阻值不得大于30Ω。

四、配电线路监理检查要点

（1）检查电缆中是否包含全部工作芯线和用作保护零线或保护线的芯线。

（2）检查电缆线路采用埋地或架空敷设时，跨越铁路、公路、河流电力线路挡距内是否有接头，埋地电缆的接头是否设在地面上的接线盒内，接线盒是否能够防水、防尘、防机械损伤，是否远离易燃、易爆、易腐蚀场所。

（3）检查线路的设施、材料及相序排列、挡距与邻近线路或固定物的距离是否符合《施工现场临时用电安全技术规范》JGJ 46-2005要求。电缆禁止沿地面明设、沿脚手架、树木等敷设。

（4）检查施工单位是否安排有专人负责对配电线进行维护管理、对破皮线路及时绝缘包扎、严重不合格及老化线路进行更换。

（5）要求明敷主干线距地面高度不得小于2.5m，明敷设线路不得悬空乱拉。

（6）要求外电线路防护用木、竹或其他绝缘材料增设屏障、遮拦、围栏、保护网等防护设施实行强制性绝缘隔离，悬挂醒目的警告标示牌，禁止出现乱拉乱接或架空缆线上吊挂物品现象。

（7）要求盾构机使用的高压电缆从变压器到盾构井口采用埋地敷设，从井口到车站、隧道内均采用架空敷设，电缆架空高度不应小于2.5m，设置电缆支架做绝缘胶套，高压电缆利用绝缘扎带规范绑扎，做好相应保护措施。

（8）要求明敷主干线距地面高度小于2.5m的暗挖隧道架空线路高压回路、低压回路均沿隧道布设，采用在已初支或二衬的钢筋混凝土钻孔支架固定线路的方法，并且线路沿开挖或二衬好的隧道逐步铺设，在隧道内敷设电缆，必须用绝缘子和支架沿墙敷设，需要直埋时，必须用钢管（做绝缘）套在电缆外，再埋地敷设。

五、配电室、变配电装置监理检查要点

（1）检查配电室、配电箱外侧是否安装防雨棚，并设在灰尘少、潮气少、振动小、无腐蚀介质、无易燃易爆物及道路畅通的地方，门窗加装挡板和密目钢丝网，接线施工结束或间断及时封堵孔洞，是否采取防鼠等措施，并要求施工单位定期检查防小动物设施是否完好。

（2）要求配电室、配电箱的门向外开启，相邻房间应能双向开启或者向低压方向开启，要求施工单位安排专人进行管理。

（3）检查配电室建筑、室内电气设备布设是否符合《施工现场临时用电安全技术规范》JGJ 46-2005规定。

（4）检查配电室、配电箱、开关等场所是否设置"当心触电""闲人莫入"等警示标识，配电室内是否张贴消防设施布置图和工地供电平面图、系统图。

（5）检查变配电室变压器、高压开关柜、低压开关柜操作面地面是否符合《配电室安全管理规范》DB11/T 527-2021要求铺设绝缘垫。

（6）检查发电机组电源是否与外电线路电源连锁，严禁并列运行。

（7）检查发电机组是否采用电源中性点直接接地的三相四线制供电系统和独立设置TN-S接零保护系统。

（8）检查移动式发电机发电是否设置两级保护后供电，配置双掷开关，严格执行"TN-S系统"。

（9）检查配电装置中的仪表、电气元件设置是否符合规范要求，禁止使用劣质、易损用电器具。

六、配电箱、开关箱监理检查要点

（1）检查施工现场临时用电是否采取"TN-S系统"，符合"三级配电、二级

漏电保护"，是否达到"一箱、一机、一闸、一锁、一漏保"的要求。

（2）检查开关箱内是否装设隔离开关、断路器或熔断器，以及漏电保护器，避免直接用漏电保护器兼做电器控制开关和漏电保护装置失灵的现象。

（3）检查配电箱和开关箱的金属箱体、金属电器安装板以及电器正常不带电的金属底座、外壳等是否通过PE线端子板与PE线进行电气连接，金属箱门与金属箱体是否采用编织软铜线做电气连接。

（4）检查配电箱、开关箱内的闸具（熔断器、漏电保护器等）、垫板（金属或非木质阻燃绝缘电器安装板）材质是否符合规范要求。

（5）检查配电箱、开关箱箱内结构、材料、箱内电器元件设置是否符合《施工现场临时用电安全技术规范》JGJ 46-2005的要求。

（6）要求每台用电设备配置一个开关箱，开关箱内设置可见分段点的隔离开关，配置符合要求的额定漏电动作电流、时间的漏电保护器，执行"一箱、一机、一闸、一锁、一漏保"管理。

（7）要求总配电箱、分配电箱、开关箱中，装设隔离开关，对用电设备实行电源隔离。隔离开关采用分断时具有可见断开点，能同时断开电源所有极的隔离电器，并设置于电源进线端。

（8）检查总配电箱是否设在靠近电源的区域，分配电箱是否设在用电设备或负荷相对集中的区域，安装位置是否合理。周围不得有灌木、杂草、杂物等。

（9）检查配电箱、开关箱的进、出布线是否规范，加绝缘护套，配置固定线卡，成束卡固在箱体上，不得与箱体直接接触。

（10）检查配电箱、开关箱是否有编号，标明其名称、用途、维修电工姓名，箱内是否有系统接线图及分路标记。

（11）要求开关箱中漏电保护器的额定漏电动作电流不大于30mA，额定漏电动作时间不大于0.1S，检测试应灵敏可靠。

（12）检查配电箱、开关箱装设是否端正、牢固。固定式配电箱、开关箱的中心点与地面的垂直距离为1.4~1.6m。移动式配电箱、开关箱是否装设在坚固的支架上。其中心点与地面的垂直距离为0.8~1.6m。配电箱侧面的维护通道宽度不小于1m。

（13）要求分配电箱与开关箱之间的距离不得超过30m，设备开关箱与其控制的固定用电设备的水平距离不超过3m。

七、现场照明监理检查要点

（1）检查现场照明用电是否与动力用电分设。

（2）检查照明变压器是否使用双绕组型安全隔离变压器，严禁使用自耦变压器。

（3）检查照明专用回路是否设置漏电保护器。

（4）要求地下暗挖、潮湿和易触及带电体特殊场所的照明，电源电压不得大于24V。特别潮湿的场所、导电良好的地面、金属容器内的照明，电源电压不得大于12V，盾构隧道宜使用LED灯带或LED光源照明。

（5）检查照明线路和安全电压线路的架设是否符合《施工现场临时用电安全技术规范》JGJ 46-2005要求。

（6）检查照明灯具的金属外壳是否与PE线相连接。

（7）要求阴暗作业场所、通道口应设置照明、应急疏散灯、疏散标识等，保证照明因故停电时，应急照明电源能自动切换。

八、电器装置监理检查要点

（1）检查不同电压等级需要的最小安全距离（电气间距和爬电距离）是否符合《音视频、信息技术和通信技术设备 第1部分：安全要求》GB 4943.1-2022规定。

（2）检查配电箱的电器（闸具）是否具备电源隔离，正常接通与分断电路，以及短路、过载、漏电保护功能。

（3）检查熔断器中的熔丝是否由特殊材料根据额定参数做成的，其他金属丝不能代替熔丝，否则在回路故障时金属丝不能断开回路。

（4）检查配电箱、开关箱内的电器是否可靠、完好，严禁使用破损、不合格的电器，杜绝使用国家已淘汰的电器产品。

（5）要求施工单位安排专人对用电器具进行检查、维护，发现损坏的电器装置立即停止使用并进行更换。

九、小型用电设备监理检查要点

（1）检查接地是否符合《施工现场临时用电安全技术规范》JGJ 46-2005要求，运行时产生振动的设备的金属基座、外壳PE线的连接点不少于两处。

（2）检查电动机械和手持式电动工具的负荷线是否按其计算负荷选用无接头的橡皮护套铜芯软电缆，其性能应符合《额定电压450/750V及以下橡皮绝缘电缆 第1部分：一般要求》GB/T 5013.1-2008的要求。

（3）检查正反向运转控制装置中的控制电器是否采用接触器、继电器等自动控制电器，不得采用手动双向转换开关作为控制电器。

（4）检查手持式电动工具的外壳、手柄、插头、开关、负荷线等是否完好无损，使用前是否做绝缘检查和空载检查，要求在绝缘合格、空载运转正常后方可使用。

第17章 机械设备安全监理要点

一、监理对关键节点条件核查要点

（1）监理对采用非常规起重设备、方法，且单件起吊重量在10kN及以上的起重吊装工程，应要求施工单位依据规范要求编制起重吊装专项施工方案，并由施工单位技术负责人签字后报监理审批。

（2）监理对采用起重机械进行安装的工程或起重机械安装和拆卸工程，应要求施工单位依据规范要求编制安装、拆卸施工专项方案，并由施工单位技术负责人签字后报监理审批。

（3）监理对采用非常规起重设备、方法，且单件起吊重量在100kN及以上的起重吊装工程或起重量300kN及以上，或搭设总高度200m及以上，或搭设基础标高在200m及以上的起重机械安装和拆卸工程，应要求施工单位对专项方案进行专家论证，依据专家意见完善方案并对未采纳的意见进行说明。

（4）监理应要求施工单位项目技术负责人向施工现场管理人员进行方案交底。施工现场管理人员向作业人员进行安全技术交底，并由双方和项目专职安全生产管理人员共同签字确认。

（5）对于按照规定需要验收的危大工程，监理单位应当组织施工单位相关人员进行验收。验收合格的，经施工单位项目技术负责人及总监理工程师签字确认后，方可进入下一道工序。

（6）当施工现场有多台设备协同或存在交叉作业时，监理应依据规范要求施工单位编制防碰撞专项施工方案，并由施工单位技术负责人签字报监理审批后实施。

二、塔式起重机作业安全监理要点

1. 对塔式起重机安装拆卸监理检查要点

（1）监理应要求施工单位在设备进场时提供生产（制造）许可证、起重机械设备产品合格证和使用说明书，建立设备档案。

（2）监理应对塔式起重机安装单位资质等级进行审查：安拆单位应具有建设行政主管部门颁发的相应资质，安全生产许可证应在有效期内，安拆人员应持特种作业人员操作证上岗。

（3）监理应在安装、拆卸作业前，要求安拆单位向当地安全监督机构办理告知手续：四方验收责任人签字确认，经第三方单位检测合格后，在安全监督机构办理备案、登记手续，取得准用证书。

（4）监理应要求塔式起重机安拆单位按照批准的施工专项方案、规范、操作规程等要求进行，对安拆全程进行旁站监理。

（5）监理应要求安装、拆卸现场设置警戒隔离区域，防止无关人员进入。要求安拆单位的塔式起重机指挥人员使用明确的指挥信号进行指挥。

（6）在顶升作业时，监理应要求安拆单位有专人指挥，电源、液压系统有专人操纵；安装时风速不得超过说明书规定，一般不大于6m/s。

（7）监理应要求安拆单位在拆卸时，先降节、后拆除附着装置，并遵循后装先拆，严禁采用停电的方法使塔身自然放倒。

2. 监理对基础检查要点

（1）混凝土基础是否按标准和使用说明书规定要求进行设计、检测、验收，强度等级不低于C30。

（2）基础是否有排水设施，不得积水，四周是否安装定型式护栏进行围护。

3. 监理对限载、限位及保护装置检查要点

（1）塔式起重机的起重量限制器、力矩限制器、起升高度限位器、幅度限位器或回转限位器、行走限位器等安全保护装置是否完好齐全、灵敏可靠，查看施工单位在施工过程中的定期检查记录。

（2）起升高度限位器的安全越程是否符合《建筑施工起重吊装工程安全技术规范》JGJ 276-2012要求。

（3）小车变幅的塔式起重机是否安装断绳保护和断轴保护装置，保护装置是否符合规范要求。

（4）行走及小车变幅的轨道行程末端是否按规范要求安装缓冲器或止挡装置。

（5）起重臂根部绞点高度大于50m的塔式起重机是否安装风速仪且应灵敏有效。

（6）塔式起重机顶部高度大于30m且高于周围建筑物时是否安装有红色障碍灯。

4. 监理对吊钩、滑轮、卷筒与钢丝绳检查要点

（1）吊钩、滑轮与卷筒是否安装钢丝绳防脱钩装置且是否符合《建筑施工起重吊装工程安全技术规范》JGJ 276-2012要求。

（2）吊钩是否已磨损、变形、疲劳裂纹达到报废标准时应要求更换。

（3）滑轮及卷筒裂纹、磨损达到报废标准时应要求更换。

（4）钢丝绳磨损、变形、锈蚀达到报废标准时应要求更换，其规格、固定、缠绕是否符合使用说明书及《建筑施工起重吊装工程安全技术规范》JGJ 276-2012要求。

5. 监理对结构设施与附着装置检查要点

（1）主要结构件的变形、开焊、裂纹、锈蚀超过规范要求时是否进行处理。

（2）平台、走道、梯子、栏杆等是否符合《塔式起重机安全规程》GB 5144-2006要求设置。

（3）高强螺栓、销轴、紧固件等主要受力构件的紧固、连接是否符合《塔式起重机设计规范》GB/T 13752-2017要求。

（4）塔式起重机高度超过规定是否安装附着装置。

（5）附着装置水平距离或间距是否满足说明书要求，是否进行设计计算和审批。

（6）安装内爬式塔式起重机的建筑承载结构是否进行受力计算。

（7）附着装置安装是否符合说明书及《建筑机械使用安全技术规程》JGJ 33-2012要求。

（8）附着前和附着后塔身垂直度是否符合《建筑机械使用安全技术规程》JGJ 33-2012要求。

（9）监理应对附着装置安装后进行验收。

6. 监理对多塔作业与周边安全检查要点

（1）任意两台塔式起重机之间的最小架设距离是否符合《建筑机械使用安全技术规程》JGJ 33-2012要求。

（2）动臂式和尚未附着的自升式塔式起重机，塔身上方是否违规悬挂标示牌。

（3）塔式起重机作业覆盖公共设施是否制定专项安全防护措施（方案），防护措施是否符合要求。

三、龙门起重机作业安全监理要点

1. 安装与拆卸监理要点

（1）监理应督促施工单位编制龙门起重机安装、拆卸施工专项方案，并要求按流程报批。方案应明确基坑边安装龙门起重机的结构安全验算。

（2）监理应要求龙门起重机制造或租赁符合行业监管部门规定要求，设备进场应提供生产（制造）许可证、起重机械设备产品合格证和使用说明书，并将建立的设备档案报监理收存。

（3）审查安拆单位是否具有建设行政主管部门颁发的起重设备安装工程承包资质，审查安拆人员特种作业人员操作证书，并要求持证上岗。

（4）监理应要求安拆单位在安装、拆卸作业前，向当地安全监督机构办理告知手续，经四方验收责任人签字及第三方单位检测合格后，到安全监督机构办理备案、登记手续，取得准用证书后方可作业。

（5）监理应检查龙门起重机安拆作业人员是否按照施工专项方案、规范、操作规程等要求作业，施工作业时监理工程师、设备工程师、安全工程师应全程旁站监督。

（6）安装、拆卸现场地锚、缆风绳等重要保护措施是否符合方案要求，作业时是否设置警戒隔离区域。

2. 轨道与结构设施安全监理检查要点

（1）轨道基础是否满足承载力要求，不得变形或破损；检查轨道两侧是否设有缓冲器和止挡装置，防止龙门起重机侵限侵覆。

（2）轨道与基础间固定方式、轨道跨距偏差、弯曲偏差与轨道接头处高低偏差是否符合要求。

（3）轨道接头处间隙、扭度、轨顶面磨损量是否未超标。

（4）轨道钉、紧固螺栓、挡块、压板、弹条等扣件是否未松脱。

（5）起重机是否设夹轨钳等锚定装置。

（6）当遇风速大于10.8m/s大风时，是否停止作业并锁紧夹轨钳。

（7）轨道上是否堆积杂物影响安全运行。

（8）主要结构件的变形、开焊、裂纹、锈蚀是否符合规范要求。

（9）起重机的平台、走道、栏杆、梯子的设置是否符合《起重机械安全规程 第1部分：总则》GB/T 6067.1—2010要求。

（10）高强螺栓、销轴、紧固件等主要受力构件的紧固、连接是否符合《钢结构高强度螺栓连接技术规程》JGJ 82-2011要求。

3.保险与电气装置安全监理检查要点

（1）起重机的起升高度限位器、行走限位器、起重量限制器等安全保护装置是否完好齐全、灵敏可靠。

（2）是否按要求设置紧急断电开关。

（3）吊钩是否有防脱落装置。

（4）上人爬梯是否设有护笼、安全门是否设置应符合要求。

（5）起重机轨道之间接头处是否设置电气连接线，轨道两端是否设置接地装置。

（6）电缆盘是否保护完整防止损坏。

（7）避雷装置是否符合《起重机械安全规程 第1部分：总则》GB/T 6067.1-2010要求。

（8）操作室是否配置磷酸铵盐干粉、碳酸氢钠干粉、卤代烷或二氧化碳等灭火器。

四、物料提升机作业安全监理要点

1.安全装置与防护设施安全监理检查要点

（1）是否安装起重量限制器、渐进式防坠安全器是否在有效期内。

（2）安全停层装置是否符合规范要求。

（3）是否安装自动复位型上、下限位开关且灵敏有效，安全越程是否符合《建筑施工起重吊装工程安全技术规范》JGJ 276-2012要求。

（4）自动停层、语音及影像信号等装置是否齐全有效。

（5）是否按规范要求设置防护围栏与进料口防护棚。

（6）停层平台两侧是否设置防护栏杆、挡脚板且符合《龙门架及井架物料提升机安全技术规范》JGJ 88-2010要求，脚手板是否铺设牢固、严密。

（7）是否按规范要求安装定型化平台门。

（8）吊笼门是否安装机电联锁装置且灵敏可靠。

2.附墙架、缆风绳与吊篮安全监理要点

（1）附墙架结构、材质、间距是否符合产品说明书和规范要求且与建筑结构可靠连接。

（2）缆风绳设置数量、位置与使用的钢丝绳规格应符合《龙门架及井架物料提升机安全技术规范》JGJ 88-2010 要求。

（3）地锚设置应符合《龙门架及井架物料提升机安全技术规范》JGJ 88-2010

要求。

（4）吊篮应设有安全门且应定型化、工具化。

（5）高架提升机应使用吊笼，禁止人员乘坐吊篮上下。

3. 钢丝绳、滑轮与基础、导轨架安全监理要点

（1）钢丝绳的规格、固定形式是否符合产品说明书及《龙门架及井架物料提升机安全技术规范》JGJ 88-2010 要求，达到报废标准应更换。

（2）钢丝绳夹设置是否符合《龙门架及井架物料提升机安全技术规范》JGJ 88-2010 要求。

（3）吊笼处于最低位置时，卷筒上钢丝绳不得少于3圈，钢丝绳是否设置过路保护且禁止钢丝绳拖地。

（4）基础承载力、平整度是否符合《龙门架及井架物料提升机安全技术规范》JGJ 88-2010 要求。

（5）基础周边是否设有排水设施。

（6）井架停层平台通道处的结构是否采取加强措施。

4. 动力与传动运行安全监理检查要点

（1）卷扬机、曳引机安装是否牢固。

（2）卷筒与导轨架底部导向轮的距离小于20倍卷筒宽度，是否设置排绳器且钢丝绳在卷筒上是否排列整齐。

（3）滑轮与导轨架、吊笼是否采用刚性连接且与钢丝绳匹配。

（4）卷筒、滑轮是否设置防止钢丝绳脱出装置，曳引钢丝绳为2根及以上时，是否设置曳引力平衡装置。

（5）卷扬机、曳引机是否设有防雨防护棚。

5. 操作棚与避雷装置安全监理要点

（1）卷扬机是否设置操作棚。

（2）操作棚（防护、可视性等）是否符合《龙门架及井架物料提升机安全技术规范》JGJ 88-2010 要求。

（3）位于其他防雷保护范围以外时，是否按要求设置避雷装置且符合《龙门架及井架物料提升机安全技术规范》JGJ 88-2010 要求。

五、履带起重机作业安全监理要点

（1）安拆人员（持证上岗）是否严格按照安拆方案和使用说明书相关规定进行作业，监理工程师、设备工程师、安全工程师是否在场监督。

（2）安装自检合格后是否经第三方检测单位检测并出具报告。

（3）是否对设备资料（合格证、保修证、使用和维修证明书、维修合格证、保险单等）、结构外观、钢丝绳、安全装置等进行验收，是否报监理单位审批后使用。

（4）操作人员和起重指挥人员是否持有特种作业操作证。

（5）起重作业场地是否符合机械使用说明书要求，如地面松软，应夯实后用枕木横向垫于履带下方；工作、行驶与停放时，是否与沟渠、基坑保持安全距离。

六、轮胎起重机作业安全监理要点

（1）是否对设备进场报验手续进行审核（审核资料包括：设备合格证、行驶证本、机动车检验合格证、安全检验合格证、特种作业操作证、铭牌复印件、带有汽车号码的全车照片复印件、车辆保险等）。

（2）起重机操作人员是否持有特种作业操作证。

（3）吊车吊索具、安全保险装置是否可靠有效。

（4）周边是否存在高压线等危险因素。

（5）是否设置警戒隔离区域，是否有专人看护。

（6）大雨、大雾、六级以上大风等恶劣天气条件，禁止室外吊装作业。

（7）起重机工作场地是否保持平坦坚实，地面应硬化，支腿应用加箍垫板（厚度不小于300mm）垫实。

第18章 消防安全监理要点

一、消防防火安全监理要点

1）监理应督促施工单位针对施工现场可能导致火灾发生的施工作业及其他活动，制订消防安全管理制度。消防安全管理制度应包括下列主要内容：

（1）消防安全教育与培训制度；

（2）可燃及易燃易爆危险品管理制度；

（3）用火、用电、用气管理制度；

（4）消防安全检查制度；

（5）应急预案演练制度。

2）监理应在施工作业前，要求施工单位管理人员向作业人员进行消防安全技术交底。消防安全技术交底应包括下列主要内容：

（1）施工过程中可能发生火灾的部位或环节；

（2）施工过程应采取的防火措施及应配备的临时消防设施；

（3）初起火灾的扑救方法及注意事项；

（4）逃生方法及路线。

3）监理应在项目施工过程中，定期组织施工单位对施工现场的消防安全进行检查。消防安全检查应包括下列主要内容：

（1）可燃物及易燃易爆危险品的管理是否落实；

（2）动火作业的防火措施是否落实；

（3）用火、用电、用气是否存在违章操作，电、气焊及保温防水施工是否执行操作规程；

（4）临时消防设施是否完好有效；

（5）临时消防车道及临时疏散设施是否畅通。

4）监理单位应编制和督促施工单位编制消防应急疏散预案。消防应急疏散预案应包括下列主要内容：

(1) 应急灭火处置机构及各级人员应急处置职责；

(2) 报警、接警处置的程序和通信联络的方式；

(3) 扑救初起火灾的程序和措施；

(4) 应急疏散及救援的程序和措施；

(5) 依据消防应急疏散预案，监理应督促施工单位定期开展消防应急疏散的演练且会正确使用灭火器。

二、在建工程防火监理检查要点

1）动火作业区域的划分方案是否经项目技术负责人审核和报监理批准。

2）进行电、气焊作业的人员是否经相关部门考核合格，特种作业人员是否持操作资格证书上岗作业。作业时氧气瓶、乙炔瓶工作间距应不小于5m，气瓶与明火作业距离应不小于10m。

3）动火申请是否按规定办理动火审批手续。

4）动火作业现场是否安排有专人监护。

5）施工现场配备的灭火器材数量是否符合要求。

6）作业场所是否设置明显的疏散指示标志。

7）易燃可燃材料堆场、仓库、生活区、施工区等重点防火部位或区域是否设置明显的防火警示标志。

8）防水涂料、涂料稀释剂、用作防水卷材烘烤的液化气、酒精等易燃、易爆材料储存、运输、施工过程是否有防爆、防火管理措施。

9）施工现场是否设置临时室外消防给水系统，并符合下列要求：

(1) 在建工程是否在施工现场设置临时贮水池；

(2) 临时室外消防给水干管的管径应依据施工现场临时消防用水量和干管内水流速度进行计算确定，且不应小于DN100；

(3) 室外消火栓应沿在建工程临时用房、可燃材料堆场及其加工场均匀布置，距离在建工程临时用房、可燃材料堆场及其加工场的外边线不应小于5m；

(4) 消火栓的间距不应大于120m；

(5) 消火栓的最大保护半径不应大于150m。

10）严寒和寒冷地区的施工现场用水及临时消防给水系统，是否采取防冻措施。

三、电气消防安全监理检查要点

（1）电器产品、燃气用具的安装、使用及其线路、管路的设计、敷设、维护保养、检测，是否符合消防技术标准和管理规定。

（2）架空线、室内配线导线截面是否满足用电设备荷载要求，是否符合《施工现场临时用电安全技术规范》JGJ 46-2005的规定。

（3）每台电气设备的开关箱内是否装设过载、短路、漏电保护电器，是否符合《施工现场临时用电安全技术规范》JGJ 46-2005要求装设隔离开关或具有可见分断点的断路器。

（4）现场照明是否采用高光效、长寿命的照明光源，严禁使用碘钨灯、金属卤化灯、钠灯等大功率、高热量灯具。

（5）易燃物质储存、使用场所或可燃气体潜在场所是否采取防爆型电气设备。

（6）监理应定期组织施工单位对电气设备、输电线、设备之间的电气接头进行检查，并督促施工单位对检查发现的接头发热或损坏及时进行排除更换。

四、危化品使用安全监理检查要点

（1）存放于库房内的可燃材料是否采用不燃或难燃材料覆盖；

（2）易燃易爆危险品是否分类专库储存，库房内通风是否良好，是否设置"严禁明火"标志；

（3）可燃材料库房应使用低热灯具，易燃易爆危险品库房内应使用防爆灯具；

（4）施工现场常用瓶装氧气、乙炔、液化气等，储装、运输、存储、使用是否符合规范要求。

五、临时用房防火安全监理检查要点

1）临时设施办公及宿舍区域内是否按规定设置消防器材；锅炉房、食堂等重点防火区域是否单独设置灭火器材。

2）宿舍内是否符合严禁使用煤气灶、煤油炉、电饭锅、电炒锅、热得快、电炉、电热毯等大功率器具及使用明火的规定。

3）临时设施办公及宿舍区域内是否按规定设有消防通道，消防通道宽度不得小于4m，并保持通道畅通不得占用堵塞，临时用房的醒目位置应设置安全疏散示意图。

4）临时设施办公及宿舍区域是否设置临时室外消防给水系统，并符合下列要求：

（1）室外消火栓应沿临时用房均匀布置，距离临时用房的外边线不应小于5m；

（2）消火栓的间距不应大于120m。

5）当外部消防水源不能满足施工现场的临时消防用水量要求时，是否在临时设施办公及宿舍区域设置临时贮水池。临时贮水池宜设置在便于消防车取水的部位，其有效容积不应小于施工现场火灾延续时间内一次灭火的全部消防用水量。

6）严寒和寒冷地区的施工现场、办公及宿舍区域用水、临时消防给水系统，是否采取防冻措施。

第19章 地下轨道工程质量验收监理要点

依据《地下铁道工程施工质量验收标准》GB/T 50299-2018要求，监理应做好以下地下轨道工程施工质量检查验收工作。

一、线路基标控制监理验收要点

（1）基标的形式、设置位置及数量应符合设计文件要求。

检验数量：全部检查。

检验方法：观察检查。

（2）铺轨控制基标及加密基标的测设精度应符合《城市轨道交通工程测量规范》GB/T 50308-2017的规定。

检验数量：全部检查。

检验方法：仪器测量。

（3）基标标志应设置牢固。

检验数量：全部检查。

检验方法：观察检查。

（4）基标标示应设置齐全、清晰完整。

检验数量：全部检查。

检验方法：观察检查。

二、普通无砟道床施工质量监理验收要点

（1）钢轨、轨枕、扣件及其连接配件进场时，应对其类型、规格、外观进行验收，其质量应符合设计文件要求。

检验数量：全部检查。

检验方法：核对设计文件，查验产品合格证、质量证明文件，观察检查。

（2）轨枕螺旋道钉抗拔力应符合设计文件要求。

检验数量：每千米抽检3个道钉。

检验方法：抗拔力试验。

（3）轨道采用的钢轨、轨枕、扣件铺设的类型、位置及数量应符合设计文件要求。

检验数量：全部检查。

检验方法：对照设计文件观察检查。

（4）轨道上个别插入的短轨，正线轨道不应小于6m，配线不应小于4.5m。道岔间插入的短轨应符合设计文件要求。

检验数量：全部检查。

检验方法：观察检查，钢尺量测。

（5）在信号机处的两钢轨绝缘接头应为相对式，绝缘轨缝宜设于两轨枕之间，距轨枕边缘不应小于100mm，轨缝不应小于6mm，位置应符合设计文件要求。

检验数量：全部检查。

检验方法：观察检查，钢尺量测。

（6）钢筋进场时，力学性能和重量偏差检验应符合《混凝土结构工程施工质量验收规范》GB 50204-2015的规定。

检验数量：按进场的批次和产品的抽样检验方案确定。

检验方法：检查产品合格证、出厂检验报告和进场复验报告。

（7）钢筋品种、级别、规格和数量应符合设计文件要求。

检验数量：全部检查。

检验方法：对照设计文件观察检查。

（8）道床混凝土浇筑前轨排铺设允许偏差应符合如表19-1、表19-2所示的规定。

无砟道床混凝土浇筑前轨排铺设允许偏差表　　　　表19-1

检查项目	允许偏差
轨距	-1～+2mm，变化率不应大于1‰
水平	2mm
轨向	直线不应大于2mm/10m弦
高低	直线不应大于2mm/10m弦
中线	5mm
高程	±5mm
轨底坡	1/25-1/35（设计文件为1/30时）；1/35～1/45（设计文件为1/40时）

轨道曲线正矢（20m弦量）调整允许偏差表　　　表19-2

曲线半径（m）	缓和曲线正矢与计算正矢差（mm）	圆曲线正矢连续差（mm）	圆曲线正矢最大与最小值差（mm）
R≤250	4	6	9
250<R≤350	3	5	7
350<R≤450	2	4	5
450<R≤650	2	3	4
R>650	1	2	3

检验数量：每施工段检查10个测点，曲线正矢全部检查。

检验方法：钢尺量测。

（9）道床混凝土的强度应符合相关设计文件的要求。

检验数量：一次浇筑段不超过100m时取样不应少于一次。

检验方法：检查产品质量证明文件和试验报告。

（10）混凝土应采用预拌混凝土，混凝土的施工检验应符合《混凝土结构工程施工质量验收规范》GB 50204-2015的规定。

（11）轨枕间距允许偏差应为±10mm。

检验数量：每施工段检查10个测点。

检验方法：钢尺量测。

（12）扣件螺栓、垫板同轨枕连接螺栓的扭矩应符合设计文件要求。

检验数量：全部检查。

检验方法：测力扳手检测。

（13）钢筋的加工、安装、连接应符合《混凝土结构工程施工质量验收规范》GB 50204-2015的规定。

（14）钢筋安装位置应符合设计文件要求，允许偏差应符合如表19-3所示的规定。

钢筋安装位置允许偏差表　　　表19-3

项目		允许偏差（mm）
钢筋间距		±20
钢筋保护层厚度	设计文件要求值不小于30mm时	0～+10
	设计文件要求值小于30mm时	0～+5

检验数量：每施工段抽检10处。

检验方法：钢尺量测。

（15）道床钢筋安装时，钢筋网的焊接、端子引出应符合设计文件要求。

检验数量：全部检查。

检验方法：观察检查，钢尺量测。

(16) 模板安装应符合《地下铁道工程施工质量验收标准》GB/T 50299-2018 的规定。

检验数量：全部检查。

检验方法：观察检查。

(17) 道床变形缝宜设于两轨枕中间，距轨枕边缘不应小于100mm。

检验数量：每施工段检查10个测点。

检验方法：钢尺量测。

(18) 道床模板安装允许偏差应符合如表19-4所示的规定。

道床模板安装允许偏差表　　　　表19-4

项目		允许偏差（mm）	备注
地下线	水沟位置	±10	以临近钢轨中心线为基准
	水沟宽度	±5	/
非地下线	宽度	±5	以钢轨中心线为基准，单侧允许偏差
	长度（沿线路方向）	±5	/
	模板平整度	2	用1m靠尺检查

检验数量：每施工段抽检10处。

检验方法：钢尺量测。

(19) 混凝土结构应密实、表面应平整、颜色均匀，不应有裂缝、露筋、蜂窝、麻面、空洞、疏松和缺棱角等缺陷。

检验数量：全部检查。

检验方法：观察检查。

(20) 道床外形尺寸允许偏差应符合如表19-5所示的规定。

道床外形尺寸允许偏差表　　　　表19-5

项目		允许偏差（mm）
地下线	水沟位置	±20
	水沟宽度	±10
非地下线	宽度	±10
	长度（沿线路方向）	±10
道床顶面与承轨台面相对高差		-5～0
平整度		3/1000

检验数量：每施工段抽检10处。

检验方法：钢尺量测，1m靠尺。

三、钢弹簧浮置板道床施工质量监理验收要点

（1）钢轨、轨枕、扣件及其连接配件进场检验应符合《地下铁道工程施工质量验收标准》GB/T 50299-2018的规定。

（2）隔振器进场时，应对其规格、型号、外观进行验收，其质量应符合设计文件要求及产品标准规定。

检验数量：全部检查。

检验方法：查验产品合格证、质量证明文件，观察检查。

（3）钢筋进场检验、安装规格、型号等应符合《地下铁道工程施工质量验收标准》GB/T 50299-2018的规定。

（4）浮置板基底标高允许偏差应为±5mm。

检验数量：每基标检查一处。

检验方法：测量检查。

（5）道床混凝土浇筑前轨排铺设精度应符合《地下铁道工程施工质量验收标准》GB/T 50299-2018的规定。

（6）道床混凝土的强度、混凝土施工应符合《地下铁道工程施工质量验收标准》GB/T 50299-2018的规定。

（7）钢弹簧浮置板道床与其他类型道床连接的过渡段应符合设计文件要求。

检验数量：全部检验。

检验方法：对照设计文件观察检查，钢尺量测。

（8）浮置板顶升高度应符合设计文件要求。

检验数量：全部检查。

检验方法：用仪器测量。

（9）轨枕间距、扣件螺栓扭矩应符合《地下铁道工程施工质量验收标准》GB/T 50299-2018的规定。

（10）钢筋的加工、安装、连接、安装位置应符合《地下铁道工程施工质量验收标准》GB/T 50299-2018的规定。

（11）隔离层应铺贴平整，无破损，接缝处搭接应严密不漏浆，两侧应高出设计文件道床面20cm，并应固定在结构边墙上。

检验数量：全部检查。

检验方法：观察检查。

（12）隔振器套筒应按设计文件要求的位置进行定位测量，隔振器套筒位置允许偏差应为±5mm，放置隔振器套筒的位置表面应平整，允许偏差应为±2mm/m²。

检验数量：全部检查。

检验方法：仪器测量检查，钢尺量测。

（13）当使用钢筋笼轨排法进行浮置板施工时，钢筋笼中心与线路中心偏差不应超过10mm。

检验数量：每个基标点检查。

检验方法：钢尺量测。

（14）浮置板安装弹簧时，应检查是否漏浆，并应将隔振器套筒内清理干净。浮置板顶升作业前应将浮置板道床及端模板清理干净，道床面周边的缝隙及预留孔洞应进行密封。

检验数量：全部检查。

检验方法：观察检查。

（15）道床模板安装应符合《地下铁道工程施工质量验收标准》GB/T 50299-2018的规定。

（16）道床混凝土浇筑质量、外形尺寸应符合《地下铁道工程施工质量验收标准》GB/T 50299-2018的规定。

（17）浮置板道床长度允许偏差应为±20mm。

检验数量：全部检查。

检验方法：钢尺量测。

四、减振垫浮置板道床施工质量监理验收要点

（1）钢轨、轨枕轨道部件进场检验应符合《地下铁道工程施工质量验收标准》GB/T 50299-2018的规定。

（2）减振垫进场时，应对其规格、型号、外观进行验收，其质量应符合设计文件要求。

检验数量：全部检查。

检验方法：核对设计文件，查验产品合格证、质量证明文件，观察检查。

（3）钢筋进场检验、安装规格、型号应符合《地下铁道工程施工质量验收标准》GB/T 50299-2018的规定。

（4）减振垫道床限位凸台（凹槽）设置应按符合文件要求。

检验数量：全部检查。

检验方法：对照设计文件检查。

（5）减振垫铺设应平整，搭接应牢固、密封。

检验数量：全部检查。

检验方法：观察检查。

（6）减振垫道床与其他类型道床连接的过渡段应符合设计文件要求。

检验数量：全部检验。

检验方法：对照设计文件观察检查，钢尺量测。

（7）道床混凝土浇筑前轨排铺设精度应符合的规定。

（8）道床混凝土的强度、混凝土施工应符合《地下铁道工程施工质量验收标准》GB/T 50299-2018的规定。

（9）减振垫道床基底标高允许偏差应为-5～+10mm，平整度允许偏差应为5mm，限位凸台（凹槽）允许偏差应符合如表19-6所示的规定。

基底限位凸台（凹槽）允许偏差表   表19-6

项目	允许偏差（mm）
宽度	±5
长度	±5
局度	±5

检验数量：每基标检查一处。

检验方法：测量检查。

（10）限位凸台（凹槽）隔离层的设置应符合设计文件要求，密封严实。

检验数量：全部检查。

检验方法：观察检查。

（11）减振垫道床两侧密封应符合设计文件要求。

检验数量：全部检查。

检验方法：对照设计文件检查。

（12）轨枕间距、扣件螺栓扭矩应符合《地下铁道工程施工质量验收标准》GB/T 50299-2018的规定。

（13）钢筋的加工、安装、连接、安装位置应符合《地下铁道工程施工质量验收标准》GB/T 50299-2018的规定。

（14）道床模板安装应符合《地下铁道工程施工质量验收标准》GB/T 50299-

2018的规定。

(15) 道床混凝土浇筑质量、外形尺寸应符合《地下铁道工程施工质量验收标准》GB/T 50299-2018的规定。

五、梯形轨枕道床施工质量监理验收要点

(1) 钢轨、扣件轨道部件进场检验应符合《地下铁道工程施工质量验收标准》GB/T 50299-2018的规定。

(2) 梯形轨枕进场时,应对其型号、外观、数量进行验收,减振垫层及缓冲垫层应粘贴牢固、无缺失,连接杆件表面保护层应完好,外贴辅助材料应完整。

检验数量:全部检查。

检验方法:查验产品合格证和质量证明文件,观察检查。

(3) 钢筋进场检验、规格、型号应符合《地下铁道工程施工质量验收标准》GB/T 50299-2018的规定。

(4) 道床混凝土浇筑前轨排铺设精度应符合《地下铁道工程施工质量验收标准》GB/T 50299-2018的规定。

(5) 道床混凝土的强度、混凝土施工应符合《地下铁道工程施工质量验收标准》GB/T 50299-2018的规定。

(6) 梯形轨枕道床与其他类型道床连接的过渡段应符合设计文件要求。

检验数量:全部检验。

检验方法:对照设计文件观察检查,钢尺量测。

(7) 梯形(纵向)轨枕纵向间距允许偏差应为±10mm。

检验数量:全部检查。

检验方法:钢尺量测。

(8) 台座表面与梯形(纵向)轨枕间的隔离空隙不应小于10mm。

检验数量:全部检查。

检验方法:观察检查,钢尺量测。

(9) 扣件螺栓扭矩应符合《地下铁道工程施工质量验收标准》GB/T 50299-2018的规定。

(10) 钢筋的加工、安装、连接、安装位置应符合《地下铁道工程施工质量验收标准》GB/T 50299-2018的规定。

(11) 道床模板安装应符合《地下铁道工程施工质量验收标准》GB/T 50299-2018的规定。

（12）道床混凝土浇筑质量、外形尺寸应符合《地下铁道工程施工质量验收标准》GB/T 50299-2018的规定。

（13）竖曲线、缓和曲线、圆曲线前后超高顺接段扣件的调整应符合设计文件要求。

检验数量：全部检查。

检验方法：对照设计文件检查。

六、有砟道床施工质量监理验收要点

（1）底碴进场时应对其品种、外观等进行验收，其质量应符合现行行业标准《铁路碎石道床底碴》TB/T 2897-1998的规定。

检验数量：全部检查。

检验方法：检查生产及出厂检验报告和产品合格证。

（2）道砟进场时应对其材质、品种、级别、外观等进行验收，其质量应符合《铁路碎石道砟》TB/T 2140-2008的规定①。

检验数量：全部检查。

检验方法：检查生产检验报告和产品合格证。

（3）道砟进场时应对其粒径级配、颗粒形状及清洁度进行检验，其质量应符合《铁路碎石道砟》TB/T 2140-2008的规定。

检验数量：同一产地级别且连续进场的道砟，每5000m³为一批，不足5000m³时按一批计。每批抽检一次。

检验方法：每批等距间隔4处取样，每次35kg拌和均匀，分别进行粒径级配、针状指数、片状指数和杂质含量试验。

（4）钢轨、轨枕轨道部件进场检验应符合《地下铁道工程施工质量验收标准》GB/T 50299-2018的规定。

（5）螺旋道钉锚固时，抗拔力不应小于60kN。

检验数量：每千米抽检3个道钉。

检验方法：进行抗拔试验。

（6）底砟厚度允许偏差应为±50mm，半宽允许偏差应为0～+50mm。

检验数量：每500m抽检1处。

检验方法：钢尺量测。

---

① 因标准细化，又新出另一标准《铁路碎石道砟 第2部分：试验方法》TB/T 2140.2-2018。

(7)正线道床压实密度不应小于1.7g/cm³。

检验数量：压实密度每5km抽检5处，每处测1个点位。

检验方法：试验检测。

(8)道床整理碎肩宽度允许偏差应为0~+50mm，厚度允许偏差应为±50mm。

检验数量：正线每2km各抽检10个测点；站线每股道各抽检5个测点。

检验方法：钢尺量测。

(9)铺轨时，扣件安装应符合设计文件要求。

检验数量：每2km抽检2个轨排，各检查5个扣件；站线每股道抽检10个扣件。

检验方法：观察检查，扭力扳手检测。

(10)整道后的线路、道岔应道床饱满、捣固密实。

检验数量：全部检查。

检验方法：观察检查。

(11)无缝线路整道后轨道几何尺寸应符合《地下铁道工程施工质量验收标准》GB/T 50299-2018的规定。

(12)有缝线路整道后轨道几何尺寸应符合《地下铁道工程施工质量验收标准》GB/T 50299-2018的规定。

七、无砟道岔铺设施工质量监理验收要点

1）道岔及岔枕的类型、规格和质量应符合设计文件要求。

检验数量：全部检查。

检验方法：查验产品合格证和质量证明文件，观察检查。

2）螺旋道钉抗拔力应符合设计文件要求。

检验数量：每组道岔抽检3个道钉。

检验方法：进行抗拔力试验。

3）查照间隔（辙叉心作用面至护轨头部外侧的距离）不应小于1391mm；护背距离（翼轨作用面至护轨头部外侧的距离）不应大于1348mm。测量位置应符合设计文件要求。

检验数量：全部检查。

检验方法：钢尺量测。

4）导曲线不应有反超高。

检验数量：全部检查。

检验方法：万能道尺量测。

5）基本轨应落槽，滑床板应平正，轨撑与轨头下颚和垫板挡间应密贴，钢轨接头、尖轨尖端、根部、辙叉心等部位不应有空吊板，其他部位不应有连续空吊板，空吊板率不应大于8%。

检验数量：全部检查。

检验方法：观察检查、锤击检查。

6）道岔辙叉及尖轨安装监理应按下列规定检查：

（1）尖轨应无损伤，尖轨顶面宽50mm及以上断面处，不应低于基本轨顶面2mm；

（2）在静止状态下，尖轨尖端至第一牵引点应与基本轨密贴，间隙应小于0.5mm；其他地段应小于1.0mm。

检验数量：全部检查。

检验方法：观察检查，钢尺量测，仪器检查。

7）钢筋进场检验、规格、型号应符合《地下铁道工程施工质量验收标准》GB/T 50299-2018的规定。

8）道岔道床混凝土浇筑前道岔精调允许偏差应符合如表19-7所示的规定。

道岔道床混凝土浇筑前道岔精调允许偏差表　　　　表19-7

检查项目	允许偏差
水平	2 mm
轨向	2mm/10m 弦
高低	2mm/10m 弦
中线	5 mm
高程	±5mm

9）道床混凝土的强度、混凝土施工应符合《地下铁道工程施工质量验收标准》GB/T 50299-2018第14.3.9条和第14.3.10条的规定。

10）扣件螺栓、接头螺栓、铁垫板螺栓的扭矩应符合设计文件要求，并应涂油。

检验数量：每组道岔抽检扣件、接头、铁垫板螺栓各5个，涂油全部检查。

检验方法：扭力扳手检测，观察检查。

11）钢筋的加工、安装、连接、安装位置应符合《地下铁道工程施工质量验收标准》GB/T 50299-2018第14.3.13条～第14.3.15条的规定。

12）道床模板安装应符合《地下铁道工程施工质量验收标准》GB/T 50299-

2018第14.3.16条～第14.3.18条的规定。

13）有缝道岔铺设允许偏差应符合如表19-8所示的规定。

有缝道岔铺设允许偏差表　　　　　　表19-8

检验项目		允许偏差（mm）	
		正线	车场线
方向	直线（10m弦量）(mm)	4	6
	导曲线支距（mm）	±2	
检验项目		允许偏差（mm）	
		正线	车场线
高低（10m弦量）		4	6
水平（10m弦量）		4	6
轨距	尖轨尖端（mm）	±1	
	其他部位（mm）	-2～+3	
顶铁与尖轨轨腰的间隙		≤1	
滑床板与尖轨间隙（mm）		缝隙小于1.0mm，且大于或等于1.0mm缝隙 不应连续出现	≤2（每侧允许一处大于2mm）
轨缘槽宽度（mm）		平直段 -0.5～+1；其余 ±2.0	-1～+3
接头	错牙、错台（mm）	≤1	≤2
	头尾接头相错量（mm）	≤15	≤20
	轨缝实测平均值与设计文件规定值差（mm）	±2	
岔枕间距、偏斜（mm）		±10	±20
尖轨尖端相错量（mm）		≤10	

检验数量：全部检查。

检验方法：钢尺量测。

八、有砟道岔铺设施工质量监理验收要点

（1）道岔及岔枕的类型、规格和质量应符合设计文件要求。

检验数量：全部检查。

检验方法：查验产品合格证和质量证明文件，观察检查。

（2）螺旋道钉抗拔力应符合设计文件要求。

检验数量：每组道岔抽检3个道钉。

检验方法：进行抗拔力试验。

(3)道岔组装质量应符合《地下铁道工程施工质量验收标准》GB/T 50299-2018的规定。

(4)道砟的材质、品种、级别、外观、级配、颗粒形状及清洁度应符合《地下铁道工程施工质量验收标准》GB/T 50299-2018的规定。

(5)整道后的道岔应道床饱满、捣固密实。

检验数量：全部检查。

检验方法：观察检查。

(6)有缝道岔铺设允许偏差应符合《地下铁道工程施工质量验收标准》GB/T 50299-2018的规定。

(7)道床整理砟肩宽度允许偏差应为0~+50mm，厚度允许偏差应为±50mm。

检验数量：每组道岔测5个测点。

检验方法：钢尺量测。

九、钢轨伸缩调节器铺设施工质量监理验收要点

1）钢轨伸缩调节器种类、型号及技术条件应符合设计文件要求。

检验数量：全部检查。

检验方法：查验产品合格证和质量证明文件，观察检查。

2）钢轨伸缩调节器铺设位置及方向应符合设计文件要求。

检验数量：全部检查。

检验方法：对照设计文件，钢尺量测。

3）钢轨伸缩调节器铺设后，应做好伸缩零点标志。

检验数量：全部检查。

检验方法：轨温计测量，钢尺量测。

4）钢轨伸缩调节器的尖轨刨切范围内应与基本轨密贴，尖轨尖端至其后400mm处，缝隙不应大于0.5mm，其余部分不应大于1.0mm。

检验数量：全部检查。

检验方法：钢尺量测，塞尺量测。

5）钢轨伸缩调节器铺设调整后，应达到基本轨伸缩无障碍，尖轨锁定不应爬行。

检验数量：全部检查。

检验方法：观察检查。

6）钢轨伸缩调节器区段的无砟道床施工应符合《地下铁道工程施工质量验收标准》GB/T 50299-2018的规定。

7）钢轨伸缩调节器铺设监理应按下列规定检查：

（1）垫板、轨撑及螺栓安装齐全，螺栓的扭矩应符合设计文件要求。

（2）伸缩调节器两端、尖轨尖端、尖轨轨头刨切起点处，轨距允许偏差均应为±1mm。

检测数量：全部检查。

检验方法：钢尺量测，塞尺量测，测力扳手检测。

8）钢轨伸缩调节器整道监理应按下列规定检查：

（1）轨向：单向调节器用12.5m弦、双向调节器用25m弦测量，每隔1m检查一处，尖轨尖端至尖轨顶宽5mm处范围内空线应小于4mm，其余范围内空线应小于2mm，不应有抗线。

检验数量：每组全部检查。

检验方法：观察检查，钢尺量测。

（2）轨面前后高低：用12.5m弦测量不应大于4mm。

检验数量：每组抽检3处。

检验方法：钢尺量测。

（3）左右股钢轨水平差不应大于4mm。

检验数量：每组抽检3处。

检验方法：钢尺量测。

（4）在6.25m测量基线内，轨面扭曲不应大于4mm。

检验数量：每组全部检查。

检验方法：观察检查，钢尺量测。

9）钢轨伸缩调节器区段的无砟道床施工应符合《地下铁道工程施工质量验收标准》GB/T 50299-2018的规定。

十、无缝线路施工质量监理验收要点

（1）待焊钢轨的类型、规格、质量应符合设计文件要求。

检验数量：全部检查。

检验方法：查验产品合格证、质量证明文件，观察检查。

（2）钢轨焊接接头的型式检验和周期性生产检验应符合《钢轨焊接》TB/T 1632.1～TB/T 1632.4的规定。

检验数量：按《钢轨焊接》TB/T 1632.1～TB/T 1632.4规定的数量检验。

检验方法：按《钢轨焊接》TB/T 1632.1～TB/T 1632.4规定的方法进行检验。

（3）钢轨焊头应进行探伤检查。焊头不应有未焊透、过烧、裂纹、气孔夹渣等有害缺陷。

检验数量：全部检查。

检验方法：观察检查，超声波探伤仪检查。

（4）钢轨焊缝两侧各100mm范围内不应有明显压痕、碰痕、划伤等缺陷，焊头不应有电击伤。

检验数量：全部检查。

检验方法：观察检查。

（5）轨底上表面焊缝两侧各150mm范围内及距两侧轨底角边缘各35mm范围内应打磨平整，不应打亏。

检验数量：全部检查。

检验方法：钢尺量测。

（6）钢轨焊接接头应纵向打磨平顺，不应有低接头，钢轨焊接接头平直度允许偏差应符合如表19-9所示的规定。

钢轨焊接接头平直度允许偏差表　　　　表19-9

项目	允许偏差（mm）
轨顶面	0～+0.3
轨头内侧工作面	±0.3
轨底（焊筋）	0～+0.5

检验数量：全部检查。

检验方法：用1m直尺测量。

（7）钢轨冻结接头的类型、规格、质量应符合设计文件要求。

检验数量：全部检查。

检验方法：查验产品合格证，观察检查。

（8）钢轨冻结接头的安装应符合设计文件要求及产品规格的规定。

检验数量：全部检查。

检验方法：观察检查，扭力扳手检测。

（9）单元轨节锁定前应按设计文件要求设置好钢轨位移观测桩，位移观测桩应设置齐全、牢固、不易损坏并易于观测。

检验数量：全部检查。

检验方法：观察检查。

（10）线路锁定轨温应在设计文件锁定轨温范围内。

检验数量：全部检查。

检验方法：用轨温计测定并记录。

（11）左右两股钢轨及相邻单元轨节的锁定轨温差均不应大于5℃。

检验数量：全部检查。

检验方法：用轨温计测定并记录。

（12）线路锁定后，应及时在钢轨上设置纵向位移观测的"零点"标记。定期观测钢轨位移量并做好记录。任何一个位移观测桩处位移量不应超过20mm。

检验数量：全部检查。

检验方法：钢尺量测。

（13）钢轨及焊接接头编号标记应齐全，字迹应清楚，记录应完整。

检验数量：全部检查。

检验方法：检查记录，观察检查。

（14）位移观测桩应编号，每对位移观测桩基准点连线与线路中线应垂直。

检验数量：每单元轨节抽检2对位移观测桩。

检验方法：观察检查。

（15）缓冲区的钢轨接头螺栓扭矩应达到900N·m，接头处钢轨面高低差及轨距线错牙偏差不应超过1mm。接头轨缝应按设计文件要求预留。

检验数量：全部检查。

检验方法：扭力扳手检测，钢尺量测。

（16）有砟轨道整理作业后，轨道静态几何尺寸允许偏差符合如表19-10所示的规定。

轨道静态几何尺寸允许偏差表　　表19-10

检查项目	允许偏差
轨距	−2～+4mm，变化率不应大于1‰
水平	4mm
轨向	直线不应大于4mm/10m弦
高低	直线不应大于4mm/10m弦
中线	10mm
高程	±10mm
轨底坡	1/20～1/40（设计文件为1/30时）； 1/30～1/50（设计文件为1/40时）

(17)"轨向"为曲线时应符合如表 19-11 所示的规定。

轨道曲线正矢（20m 弦量）允许偏差值表　　　　表 19-11

曲线半径（m）	缓和曲线正矢与计算正矢差（mm）	圆曲线正矢连续差（mm）	圆曲线正矢最大最小值差（mm）
R≤250	6	12	18
250＜R≤350	5	10	15
350＜R≤450	4	8	12
450＜R≤650	3	6	9
R＞650	3	6	9

检验数量：每 1km 抽检一处，每处抽检 10 个测点，曲线正矢全部检查。

检验方法：钢尺量测。

(18)无砟轨道整理作业后，轨距允许偏差应为 -2～+3mm。

十一、有缝线路施工质量监理验收要点

(1)钢轨、轨枕轨道部件进场检验应符合《地下铁道工程施工质量验收标准》GB/T 50299-2018 的规定。

(2)钢轨绝缘接头的类型、规格、质量应符合设计文件要求。

检验数量：全部检查。

检验方法：查验产品合格证，观察检查。

(3)钢轨绝缘接头的安装应符合设计文件要求。

检验数量：全部检查。

检验方法：核对设计文件，观察检查、扭力扳手检测。

(4)绝缘接头轨缝不应小于 6mm。

检验数量：全部检查。

检验方法：钢尺量测。

(5)有缝线路钢轨普通（绝缘）接缝宜设于两轨枕中间，距扣件垫板边缘不应小于 100mm。

检验数量：全部检查。

检验方法：钢尺量测。

(6)轨枕间距、扣件螺栓扭矩应符合《地下铁道工程施工质量验收标准》GB/T 50299-2018 的规定。

(7)有缝线路钢轨接头轨顶及工作边应平顺,正线错台、错牙允许偏差不应大于1mm,车场线错台、错牙允许偏差不应大于2mm。

检验数量:每1km测10个点。

检验方法:钢尺量测。

(8)有缝线路轨道,每检查段内实际轨缝的平均值,应以计算轨缝值为标准,允许偏差应为±2mm,不应出现最大构造轨缝。轨温小于当地历史最高轨温时,不应有连续3个及以上的瞎缝。

检验数量:每施工段检查10个测点。

检验方法:钢尺量测。

(9)有缝线路轨道整理作业后,轨道静态几何尺寸允许偏差和检验方法应符合如表19-12所示的规定。

有缝线路轨道静态几何尺寸允许偏差表　　　　　表19-12

检查项目	正线	车场线
轨距	-2mm～+4mm,变化率不应大于1‰	-2～+6mm,变化率不应大于1‰
水平	4mm	5mm
轨向	直线不应大于4mm/10m弦	直线不应大于5mm/10m弦
高低	直线不应大于4mm/10m弦	直线不应大于4mm/10m弦
中线	10mm	10mm
高程	±10mm	±10mm

(10)"轨向"为曲线时应符合如表19-13所示的规定。

轨道曲线正矢(20m弦量)调整允许偏差值表　　　　　表19-13

项目	缓和曲线正矢与计算正矢差(mm)		圆曲线正矢连续差(mm)		圆曲线正矢最大与最小值差(mm)	
曲线半径(m)	正线	车场线	正线	车场线	正线	车场线
R≤250	6	8	12	16	18	24
250<R≤350	5	7	10	14	15	21
350<R≤450	4	6	8	12	12	18
450<R≤650	3	5	6	10	9	15
R>650	3	4	6	8	9	12

检验数量:每1km抽检一处,每处抽检10个测点,曲线正矢全部检查。

检验方法:钢尺量测。

十二、轨道安全设备及附属设备监理验收要点

(1) 防脱护轨及连接配件、扣件的规格、型号、质量应符合设计文件要求。

检验数量：全部检查。

检验方法：查验产品合格证，观察检查。

(2) 防脱护轨铺设位置及长度应符合设计文件要求。

检验数量：全部检查。

检验方法：观察检查。

(3) 防脱护轨应在轨道整理达标后方能进行安装，其安装尺寸应符合设计文件要求。

检验数量：全部检查。

检验方法：观察检查，钢尺量测。

(4) 护轨支架及绝缘缓冲垫片安装位置应符合设计文件要求。

检验数量：全部检查。

检验方法：观察检查。

(5) 线路、信号标志的材质、规格、图案字样均应符合设计文件要求。

检验数量：全部检查。

检验方法：对照设计文件观察检查，钢尺量测。

(6) 标志的数量、位置、高度应符合设计文件要求。

检验数量：全部检查。

检验方法：对照设计文件，点数、观察检查，钢尺量测。

(7) 标志设置应牢固，标示方向应正确。

检验数量：全部检查。

检验方法：观察检查。

(8) 车挡及连接配件的规格、型号、质量应符合设计文件要求。

检验数量：全部检查。

检验方法：查验产品合格证，观察检查。

(9) 护轨方向平顺，接头螺栓应涂油拧紧。

检验数量：全部检查。

检验方法：观察检查。

(10) 护轨与基本轨头部间距应符合设计文件要求，其允许偏差不应大于5mm。

检验数量：全部检查。

检验方法：钢尺量测。

（11）各种标志应设置端正，涂料应均匀、色泽鲜明，图像字迹应清晰完整。

检验数量：全部检查。

检验方法：观察检查。

（12）车挡安装位置、固定螺栓扭矩应符合设计文件要求。

检验数量：全部检查。

检验方法：钢尺量测，扭力扳手检测。

第20章　站内设备安装质量监理检查要点

一、土建交接检及井道施工质量监理检查要点

1）土建结构尺寸与站内客运设备尺寸应符合设计文件要求，并应对应一致。

2）电梯机房内部、井道土建（钢架）结构及布置应符合电梯土建布置图的要求。

检验数量：全部检查。

检验方法：观察检查。

3）监理应对主电源开关按下列规定要求检查：

（1）每台电梯应单独装设主开关，主开关应易于接近和操作。

（2）主开关不应切断下列供电电路：

① 轿厢照明和通风供电电路；

② 机房（机器设备间）照明和电源插座供电电路；

③ 轿顶与底坑的电源插座供电电路；

④ 电梯井道照明供电电路；

⑤ 报警装置的供电电路。

（3）主开关应具有稳定的断开和闭合位置，且在断开位置时应锁住。

（4）不同电梯的部件共用一个机房时，则每台电梯的主开关应与驱动主机、控制柜、限速器等采用单独的标志。

（5）无机房电梯的主开关应设置在井道外工作人员方便接近的地方，且应有必要的安全防护措施。

（6）电源零线和接地线应分开，机房内接地装置的接地电阻值不应大于4Ω。

检验数量：全部检查。

检验方法：观察检查，接地电阻测量。

4）电梯井道应符合《电梯工程施工质量验收规范》GB 50310-2002的规定。

5）井道顶部的通风口面积不应小于井道截面积的1%。

检验数量：全部检查。

检验方法：测量检查。

6）楼梯升降机运载装置的任何部分或边缘与固定件的最小安全距离应符合设计文件要求。

检验数量：全部检查。

检验方法：测量检查，钢尺量测。

7）自动扶梯与自动人行道的土建交接应符合《电梯工程施工质量验收规范》GB 50310—2002的规定。

8）在安装之前，土建施工单位应提供水平基准线及轴线基准线标识。

检验数量：全部检查。

检验方法：观察检查。

9）底坑不应有积水，排水坡度及排水口应符合设计文件要求。

检验数量：全部检查。

检验方法：观察检查。

10）电梯机房应符合《电梯工程施工质量验收规范》GB 50310—2002的规定。

11）监理应对电梯机房通道与通道门按下列规定要求检查：

（1）通往机房的梯子安装是否符合下列规定：

①通往机房或者机器设备区间的通道不应高出楼梯所到平面4m；

②通往机房的梯子应固定在通道上；

③通往机房的梯子高度超过1.50m时，其与水平方向的夹角应在65°～75°之间，并不易滑动或翻转；

④通往机房的梯子净宽度不应小于0.35m，其踏板深度不应小于25mm；对于垂直设置的梯子，踏板与梯子后面墙的距离不应小于0.15m；踏板的载荷应为1500N，并应符合设计文件要求；

⑤靠近通往机房的梯子顶端应设置把手；

⑥通往机房的梯子周围1.50m水平距离内，应有防止梯子上方坠落物的措施。

（2）通道应设置永久性电气照明。

（3）机房通道门是否符合下列规定：

①宽度不应小于0.60m，高度不应小于1.80m；

②不应向房内开启；

③应装有带钥匙的锁，且从机房内不用钥匙应能打开；

④门外侧应标明"机房重地，闲人免进"或符合《城市轨道交通设备房标

识》CJ/T 387-2012的规定。

检验数量：全部检查。

检验方法：观察检查。

12）自动扶梯与自动人行道井道应符合《电梯工程施工质量验收规范》GB 50310-2012的规定。

13）无机房曳引电梯，井道顶部应设置吊钩，吊钩承重载荷及布置应符合设计文件要求。

检验数量：全部检查。

检验方法：查验质量证明文件及施工记录。

14）监理对照明与插座应按下列规定要求检查：

（1）机房应设置永久性电气照明；在机房内靠近入口（或多个入口）处的适当高度应设置一个开关，控制机房照明；

（2）机房应设置"2P+PE"型电源插座；

（3）应在主开关旁设置控制井道照明、轿厢照明和插座电路电源的开关。

检验数量：全部检查。

检验方法：观察检查。

二、自动扶梯与自动人行道设备进场验收监理要点

1）自动扶梯与自动人行道设备进场验收应符合《电梯工程施工质量验收规范》GB 50310-2012的规定。

2）设备进场应提供以下资料：

（1）技术资料为复印件时，应经电梯整机制造单位加盖公章或检验合格章；对于进口电梯，应有国内代理商的公章。

（2）随机文件应包含下列资料：

①土建布置图；

②产品出厂合格证。

检验数量：全部检查。

检验方法：检查相关资料。

③室外型自动扶梯及自动人行道机械、电气防护等级应符合设计文件要求。

检验数量：全部检查。

检验方法：检查相关资料。

三、电梯设备进场验收监理要点

检查电梯制造单位提供的以下用中文描述的出厂随机文件是否齐全:

1)产品质量证明文件应注有制造许可证明文件编号、该电梯的产品出厂编号、主要技术参数,门锁装置、限速器、安全钳、缓冲器、含有电子元件的安全电路(如果有)、轿厢上行超速保护装置、驱动主机、控制柜等安全保护装置应注有主要部件的型号、编号内容和出厂日期。

2)安全保护装置和部件的型式试验合格证应包括:

(1)门锁装置型式试验合格证;

(2)限速器型式试验合格证;

(3)安全钳型式试验合格证;

(4)缓冲器型式试验合格证;

(5)含有电子元件的安全电路(如果有)型式试验合格证;

(6)轿厢上行超速保护装置(如果有)型式试验合格证;

(7)控制柜型式试验合格证等。

3)制造许可证明文件,其范围应覆盖所提供电梯的技术参数。

4)电梯整机型式试验合格证书或报告书,其内容应覆盖所提供电梯的技术参数。

5)机房或者机器设备间及井道布置图,其顶层高度、底坑深度、楼层间距、井道内防护、安全距离、井道下方人可以进入的空间应符合产品安装设计文件的要求。

6)电气原理图,应包括动力电路和连接电气安全装置的电路。

7)安装使用维护说明书,应包括安装、使用、日常维护保养和应急救援等方面操作说明的内容。

8)装箱单。

9)进口设备的原文。

检验数量:全部检查。

检验方法:检查上述相关资料。

四、楼梯升降机设备进场验收监理要点

1)检查楼梯升降机进场设备随机文件是否包括下列资料:

(1) 土建布置图；

(2) 产品出厂合格证；

(3) 限速器型式试验证书复印件；

(4) 安装、使用和维护说明书；

(5) 动力电路和安全电路的电气原理图；

(6) 装箱单；

(7) 进口设备的原文安装、使用维护说明书；

(8) 动力电路和安全电路的电气原理图。

检验数量：全部检查。

检验方法：检查相关资料。

2) 防腐应符合设计文件要求，外观应完好。

检验数量：全部检查。

检验方法：观察检查。

3) 室外楼梯升降机的电气防护等级应符合设计文件要求。

检验数量：全部检查。

检验方法：观察检查。

五、自动扶梯与自动人行道安装质量监理要点

1) 桁架两端支承角钢与混凝土基础的连接、固定应符合设计文件要求和设备技术文件的规定。

检验数量：全部检查。

检验方法：观察检查，核对设计文件。

2) 桁架拼接时，采用10.9s级高强度螺栓的力矩值应符合设计文件要求。

检验数量：全部检查。

检验方法：拧紧力矩值测量。

3) 扶手带开口处与导轨或扶手支架之间的距离应小于8mm。

检验数量：全部检查。

检验方法：钢尺量测。

4) 梯级安装应按下列规定要求检查：

(1) 梯级或踏板偏离其导向系统的侧向位移在任何一侧不应大于4mm，两侧总和不应大于7mm。对于垂直位移，梯级和踏板不应大于4mm，胶带不应大于6mm。

（2）梳齿板梳齿与踏板面齿槽的啮合深度不应小于6mm，间隙不应大于4mm。

检验数量：全部检查。

检验方法：钢尺量测。

5）供电电源应单独敷设，动力和控制线路应分别敷设。

检验数量：全部检查。

检验方法：观察检查。

6）桁架和电气设备金属外壳应与保护地线（PE线）连接。

检验数量：全部检查。

检验方法：观察检查。

7）自动扶梯与自动人行道各种安全装置的调整固定应设计文件要求。

检验数量：全部检查。

检验方法：观察检查。

8）各种安全保护开关应接线正确，标志清晰，动作灵活，准确可靠。

检验数量：全部检查。

检验方法：操作检查。

9）检查自动扶梯与自动人行道有下列情况之一时，是否自动停止运行并发出报警信号：

（1）无控制电压；

（2）电路接地故障；

（3）运行速度超过额定速度的1.2倍；

（4）控制装置在超速和运行方向非操纵逆转下动作；

（5）驱动链、牵引链和扶手带的断链与断带保护开关动作；

（6）附加制动器动作；

（7）梯级进入梳齿板处有异物卡住导致梳齿开关动作；

（8）扶手带入口保护装置动作；

（9）梯级下陷保护开关动作；

（10）安全电路的断电器和保护电动机的断路器动作；

（11）多台连续且无中间出口的自动扶梯（自动人行道）中的一台停止运行或自动扶梯（自动人行道）出口建筑物（例如：闸门、防火门）阻挡；

（12）梯级或踏板缺失；

（13）扶手带速度偏离梯级、踏板或胶带的实际速度超过15%且持续时间超过15s；

（14）打开桁架区域的检修盖板、移去或打开楼层板；

（15）装上可拆卸的手动盘车装置。

检验数量：全部检查。

检验方法：操作检查。

10）检查自动扶梯和自动人行道的外盖板防爬装置是否符合下列规定要求：

（1）防爬装置应位于地面上方1000mm，安装位置允许偏差应为±50mm；

（2）下部与外盖板相交，平行于外盖板方向上的延伸长度应大于1000mm，并应在此长度范围内无踩脚处；

（3）防爬装置的高度应与扶手带表面齐平，扶手带外缘与墙壁或其他障碍物之间的水平距离在任何情况下均不应小于80mm；

（4）扶手带下缘与墙壁或其他障碍物之间的垂直距离不应小于25mm，且不应大于150mm。

检验数量：全部检查。

检验方法：观察检查，钢尺量测。

11）检查自动扶梯和自动人行道相邻布设时的外盖板两端是否设阻挡装置，并要符合下列规定：

（1）自动扶梯或自动人行道与墙相邻，且外盖板的宽度超过125mm时，在上、下端部应安装阻挡装置防止人员进入外盖板区域；

（2）自动扶梯或自动人行道为相邻平行布置，且共用外盖板的宽度超过125mm时，应安装阻挡装置防止人员进入共用外盖板区域；

（3）该装置高度应位于扶手带下缘25～150mm。

检验数量：全部检查。

检验方法：观察检查，钢尺量测。

12）检查防滑行装置安装是否符合下列规定要求：

（1）自动扶梯或倾斜式自动人行道和相邻的墙之间装有接近扶手带高度的扶手盖板，且建筑物或墙与扶手带中心线之间的距离大于300mm时，应在扶手盖板上装设防滑行装置；

（2）对相邻自动扶梯或倾斜式自动人行道，扶手带中心线之间的距离大于400mm时，应在扶手盖板上装设防滑行装置。

检验数量：全部检查。

检验方法：观察检查，钢尺量测。

13）检查垂直防护挡板安装是否符合下列规定要求：

（1）自动扶梯或自动人行道扶手带外缘与任何障碍物之间距离小于或等于

400mm时，与楼板交叉处以及各交叉设置的自动扶梯或自动人行道之间，在楼板处以及自动扶梯或自动人行道桁架上应装设防垂直防护挡板；

（2）在扶手带上方设置一个无锐利边缘的垂直防护挡板，其高度不应小于0.3m，且应延伸至扶手带下缘25mm处。

检验数量：全部检查。

检验方法：观察检查，钢尺量测。

14）检修通道内人易于靠近的旋转部位应加保护网，网孔应符合《机械安全 防止上下肢触及危险区的安全距离》GB 23821-2022的规定。

检验数量：全部检查。

检验方法：测量检查，钢尺量测。

15）检修通道出入口处应设置急停开关。

检验数量：全部检查。

检验方法：观察检查。

16）自动扶梯与人行道桁架各段连接应平直，连接处安装允许偏差应小于1mm。

检验数量：全部检查。

检验方法：钢尺量测。

17）检查制动器安装是否符合下列规定要求：

（1）机电式制动器在制动电路断开时，应立即制动；

（2）手动盘车装置应操作方便、安全可靠；

（3）工作制动器的飞轮与制动盘外侧面应漆成黄色，飞轮上是否有与运行方向对应的标志。

检验数量：全部检查。

检验方法：观察检查，操作检查。

18）扶手带表面应无伤痕。

检验数量：全部检查。

检验方法：观察检查。

19）检查梯级安装是否符合下列规定要求：

（1）主滚轮转动应灵活；

（2）扶梯出入口水平梯级导向段长度应符合相关设计要求；

（3）梯级踏板表面在工作区段内应水平；

（4）在水平段内，相邻两个梯级的高度允许偏差不应大于4mm；

（5）在工作区内的任何位置，从踏面测得的两个相邻梯级或两个相邻踏板之间的间隙不应超过6mm；

（6）在自动人行道过渡曲线区段，踏板的前缘和相邻踏板的后缘啮合，其间隙允许偏差应小于8mm；

（7）梯级运行应平稳，横向应无明显游动。

检验数量：全部检查。

检验方法：观察检查，操作检查，钢尺量测。

20）检查梯级的两个侧边、前边（主轮上方）是否有黄色警示边框。

检验数量：全部检查。

检验方法：观察检查。

21）围裙板、内外盖板和外装饰板应无孔洞或破边，安装时接头应对接，接缝应直顺、平整、光滑。

检验数量：全部检查。

检验方法：观察检查。

22）护壁板安装应平整，两护壁板之间的缝隙不应大于4mm，其边缘应呈圆角或倒角。

检验数量：全部检查。

检验方法：观察检查，钢尺量测。

23）油箱、油泵、油位开关、压力开关油管、油刷、油路分配器安装应符合设计文件要求。

检验数量：全部检查。

检验方法：观察检查。

24）应控制滴油时间，储油量宜满足15天的供应量。

检验数量：全部检查。

检验方法：观察检查，操作检查。

25）动力回路和电气安全回路的绝缘电阻不应小于0.5MΩ。

检验数量：全部检查。

检验方法：电阻值检测。

26）检查电线槽安装是否符合下列规定要求：

（1）每根电线槽固定点不应少于2个点，并应固定牢固；

（2）电线槽接口应严密、槽盖平整，出线口应无毛刺。

检验数量：全部检查。

检验方法：观察检查。

27）接线箱或接线盒安装应牢固、端正。埋入墙内的盒口不应突出墙面，进入墙面内的深度不应大于10mm。盒面板应与墙面密贴。

　　检验数量：全部检查。

　　检验方法：观察检查，钢尺量测。

28）检查配线是否符合下列规定要求：

（1）导线的规格、型号应符合设计文件要求；

（2）电线槽内敷设导线的总截面积（包括绝缘层），不应大于槽内截面积的60%；电线管内敷设导线的总截面积（包括绝缘层），不应大于管内截面积的40%；

（3）截面积10mm^{2}及以下单股铜芯导线和截面积为2.5mm^{2}及以下的多股铜芯导线与电气设备端子可直接连接，多股铜芯导线应拧紧并搪锡；

（4）截面积大于2.5mm^{2}的多股铜芯线与设备端子的连接应采用焊接，或压接接线端子后应再连接。

　　检验数量：全部检查。

　　检验方法：观察检查。

29）地下站出入口及高架站自动扶梯，上机房及梳齿板加热装置的电源线应与加热体保护外壳接触。

　　检验数量：全部检查。

　　检验方法：观察检查。

30）对平行或交叉设置的自动扶梯，扶手带之间的距离不应小于160mm。

　　检验数量：全部检查。

　　检验方法：钢尺量测。

31）钥匙开关、急停开关、停止按钮等安全开关和维修、照明等专用插座旁应有开关功能、操作方向永久性中文标志。

　　检验数量：全部检查。

　　检验方法：观察检查。

32）外装饰板应有足够的强度和刚度，在其表面任何部位，垂直施加一个250N的力（非冲击力）于25cm^{2}的面积上，不应出现深度大于4mm的凹陷或永久变形。

　　检验数量：全部检查。

　　检验方法：观察检查。

33）外装饰板内不应用木板或其他可燃材料支撑或加固。

　　检验数量：全部检查。

　　检验方法：观察检查。

34）外装饰板龙骨应采用镀锌材料。

检验数量：全部检查。

检验方法：观察检查。

35）配电箱、照明灯具、照明插座、单相检修插座防水等级应符合设计文件要求。

检验数量：全部检查。

检验方法：观察检查。

六、楼梯升降机安装质量监理要点

1）采用对螺杆螺母驱动的楼梯升降机，螺母的螺纹端头应涂防松胶。

检验数量：全部检查。

检验方法：观察检查。

2）楼梯升降机防护臂安装高度的允许范围应为900～1200mm。

检验数量：全部检查。

检验方法：钢尺量测。

3）检查轮椅平台安装是否符合下列规定要求：

（1）轮椅平台入口边缘坡板打开后的上表面边缘距层站地面的垂直高度不应大于15mm；

（2）坡板处于抬起位置时，坡板上边缘高出轮椅车平台地面不应小于100mm；

（3）在轮椅车平台的非入口边缘处应设置防滚离挡板，其上边缘距轮椅车平台不应小于75mm。

检验数量：全部检查。

检验方法：钢尺量测。

4）检查安全钳与限速器安装是否符合下列规定要求：

（1）安全钳动作后座椅式楼道升降机的倾斜不应大于10°；

（2）限速器在运载速度大于0.3m/s前，其机械装置应触发安全钳动作。

检验数量：全部检查。

检验方法：观察检查，操作检查。

5）检查上下端站保护装置安装是否符合下列规定要求：

（1）端站限位开关动作后，楼梯升降机应只向相反方向运行；

（2）端站极限开关动作后，楼梯升降机应在两个方向均不能运行，直至被人工复位。

检验数量：全部检查。

检验方法：操作检查。

6）限速器轮旋转停止，旋转检测装置应在10s或1m行程内断开驱动电动机和制动器的供电。

检验数量：全部检查。

检验方法：操作检查。

7）承载螺母失效时，电气安全装置应动作，应切断电动机和制动器电源。

检验数量：全部检查。

检验方法：操作检查。

8）制动器应平稳制停125％的额定载重量，并应保持停止状态。满载时制动距离不应大于20mm。

检验数量：全部检查。

检验方法：操作检查。

9）钢丝绳应保持在槽内，不应与滑轮或卷筒挤夹在一起。

检验数量：全部检查。

检验方法：操作检查。

10）驱动电动机的保护应设置过载保护。

检验数量：全部检查。

检验方法：操作检查。

11）检查感知边和感知面安装是否符合下列规定要求：

（1）感知边动作所需的平均作用力不大于30N时，测量点应设在两端和中心点上；

（2）感知面动作所需的平均作用力不大于50N时，测量点应设在两条对角线的两端和中心线上，表面面积不应大于$0.15mm^2$。

检验数量：全部检查。

检验方法：测量检查，操作检查。

12）正常不带电的金属外壳、金属构件应接地连接，接地电阻应小于1Ω。

检验数量：全部检查。

检验方法：观察检查，电阻值检测。

13）电源和安全电路导线截面积不应小于$1.5mm^2$。

检验数量：全部检查。

检验方法：观察检查，卡尺量测。

七、自动扶梯与自动人行道调整试验监理要点

1) 监理应组织施工单位在设备调试前进行检查，并要求符合下列规定：

（1）机房及设备应清洁无杂物；

（2）应无漏装零件，紧固件应无松动；

（3）润滑部位应注入润滑油；

（4）电气控制及机械保护装置动作应正确可靠。

检验数量：全部检查。

检验方法：观察检查。

2) 检查调整试验是否符合下列规定要求：

（1）驱动机构运行平稳，应无振颤和异常声响，减速机不应漏油，空载运行时在高于上端梳齿板1m处所测得的噪声值不应大于65dB（A）；

（2）在额定电压下，空载运行速度与额定速度允许偏差应为±5%；

（3）扶手带在正常运行中不应卡阻和脱离导轨，其运行速度相对于梯级运行速度的允许偏差应为0～+2%；

（4）各类链条运行应符合设计文件要求；

（5）制动器制动时，停车应平稳，空载和负载的向下制动距离范围应符合如表20-1和表20-2所示的规定。

自动扶梯空载和负载向下制动距离范围　　　表20-1

名义速度	制动距离范围
0.50m/s	0.20～1.00m
0.65m/s	0.30～1.30m

自动人行道空载和负载制动距离　　　表20-2

名义速度	制动距离范围
0.50m/s	0.20～1.00m
0.65m/s	0.30～1.30m

（6）试运转中，操纵、制动等各种安全保护装置动作应准确可靠。

检验数量：全部检查。

检验方法：观察检查，操作检查。

3) 操纵开关标志应与扶梯的实际动作一致；制动装置制动时梯级应平稳。

检验数量：全部检查。

检验方法：操作检查。

4）扶梯应进行正、反两个方向的空载和负载运转。应在空载运转合格后进行负载运转，并应进行测试记录。

检验数量：全部检查。

检验方法：操作检查。

5）扶梯接到火警信号，与疏散方向一致的扶梯应继续运行，与疏散方向相反的扶梯应停止运行。

检验数量：全部检查。

检验方法：操作检查。

6）扶梯上下方向运行、停止、锁梯、一般故障、紧急故障信号应正确。

检验数量：全部检查。

检验方法：操作检查。

7）扶梯试运转时间：空载不应少于4h；负载不应少于2h。

检验数量：全部检查。

检验方法：观察检查，操作检查。

八、电梯调整试验监理要点

1）监理应组织施工单位进行轿厢上行超速保护装置试验，并要求符合下列规定：

（1）当轿厢上行速度失控时，轿厢上行超速保护装置应当动作，使轿厢制停或应使其速度降低至对重缓冲器的设计文件要求范围；

（2）该装置动作时，应使一个电气安全装置动作。

检验数量：全部检查。

检验方法：观察检查，操作检查。

2）监理应组织施工单位进行耗能缓冲器试验，并要求符合下列规定：

（1）缓冲器动作后，应回复至其正常伸长位置电梯才能正常运行；

（2）缓冲器完全复位的最大时间限度应为120s。

检验数量：全部检查。

检验方法：操作检查。

3）轿厢应装有下行载荷，以检修速度下行，进行限速器安全钳联动试验，限速器、安全钳动作应可靠。

检验数量：全部检查。

检验方法：操作检查。

4）监理应组织施工单位进行对重限速器—安全钳联动试验，轿厢空载，以检修速度上行，限速器、安全钳动作应可靠。

检验数量：全部检查。

检验方法：操作检查。

5）监理应组织施工单位进行平衡系数试验，曳引电梯的平衡系数应在0.40～0.50之间，或符合制造、改造单位的设计文件要求值。

检验数量：全部检查。

检验方法：测量检查，钢尺量测。

6）监理应组织施工单位进行运行试验，轿厢分别空载、满载，以正常运行速度上、下运行，呼梯、楼层显示等信号系统功能应有效、指示正确、动作无误，轿厢应平层良好。

检验数量：全部检查。

检验方法：操作检查。

7）监理应组织施工单位进行消防返回功能试验，并要求符合下列规定：

（1）消防开关应设在基站或者撤离层，防护玻璃应完好，且应标有"消防"字样；

（2）消防功能启动后，电梯不应响应外呼和内选信号，轿厢应直接返回指定撤离层，开门待命。

检验数量：全部检查。

检验方法：操作检查。

8）监理应组织施工单位进行电梯速度试验，当电源为额定频率，电动机施以额定电压时，轿厢承载0.5倍额定载重量，向下运行至行程中段（除去加速和减速段）时的速度，不应大于额定速度的105%，不宜小于额定速度的92%。

检验数量：全部检查。

检验方法：操作检查。

9）监理应组织施工单位进行上行制动试验，轿厢空载以正常运行速度上行时，切断电动机与制动器供电，轿厢应完全停止，且应无变形和损坏。

检验数量：全部检查。

检验方法：观察检查，操作检查。

10）监理应组织施工单位进行下行制动试验，轿厢装载1.25倍额定载重量，以额定速度下行至行程下部，切断电动机与制动器供电，曳引机应停止运转，轿厢应完全停止，且应无变形和损坏。

检验数量：全部检查。

检验方法：观察检查，操作检查。

11）监理应组织施工单位进行静态曳引试验，对于轿厢面积超过相应规定的电梯，以轿厢实际面积所对应的1.25倍额定载重量进行静态曳引试验，历时10min，曳引绳是否存在打滑现象。

检验数量：全部检查。

检验方法：观察检查，操作检查。

九、楼梯升降机调整试验监理要点

1）监理应组织施工单位进行超速保护装置试验，当平台失控时，超速保护装置应动作，限速器应在运载速度大于0.3m/s前机械装置动作；该装置动作时，应使超速保护装置的安全装置动作。

检验数量：全部检查。

检验方法：操作检查。

2）应进行楼梯升降机速度试验，当电源为额定频率，电动机施以额定电压时，承载0.5倍额定载重量，向下运行至行程中段（除去加速和减速段）时的速度，不应大于额定速度的105%，不宜小于额定速度的92%。

检验数量：全部检查。

检验方法：操作检查。

3）应进行下行制动试验，平台装载1.25倍额定载重量，以正常运行速度下行，切断电动机与制动器供电，曳引机应停止运转，平台应完全停止，且不应变形和损坏。

检验数量：全部检查。

检验方法：观察检查，操作检查。

4）监理应组织施工单位分别进行空载、满载运行试验，以额定速度上、下运行，呼梯、运行等信号系统功能应有效、指示正确、动作无误，平台应平层良好，应无异常现象发生。

检验数量：全部检查。

检验方法：操作检查。

5）监理应组织施工单位进行静态曳引试验，以1.5倍额定载重量做静态试验，历时10min，制动器应可靠制动，并保持停止状态，轮与绳应没有打滑现象。

检验数量：全部检查。

检验方法：观察检查，操作检查。

第21章 站台屏幕门安装质量监理验收要点

一、站台屏蔽门下部结构安装质量监理验收要点

（1）检查门体与站台结构的连接螺栓扭力值是否符合设计文件要求。

检验数量：全部检查。

检验方法：用扭力扳手测量。

（2）检查下部结构是否有侵入轨道设备限界现象。

检验数量：全部检查。

检验方法：测量仪器检查。

（3）检查下部结构绝缘是否符合设计文件要求。

检验数量：全部检查。

检验方法：用绝缘电阻测试仪测量。

（4）门槛到轨道中心线的水平距离允许偏差应为+10mm，门槛垂直距离轨道面的高差应符合设计文件要求，允许偏差应为±2mm，门槛沿站台纵向的累积误差不应超过10mm。

检验数量：全部检查。

检验方法：测量仪器检查。

（5）门槛支撑件位置的水平方向允许偏差不应大于2mm。

检验数量：全部检查。

检验方法：测量仪器检查。

（6）相邻门槛间的错边不应大于1mm。

检验数量：全部检查。

检验方法：测量仪器检查。

二、全高站台屏蔽门上部结构件安装质量监理验收要点

（1）上部结构下表面与导轨面的垂直距离允许偏差应为 ±3mm。

检验数量：全部检查。

检验方法：测量仪器检查。

（2）检查上部结构绝缘是否符合设计文件要求。

检验数量：全部检查。

检验方法：绝缘电阻测试仪测量。

（3）检查上部结构件紧固是否符合设计文件要求。

检验数量：全部检查。

检验方法：扭力扳手测量。

三、门体结构安装质量监理验收要点

（1）门机导轨中心线对于门槛面的平行度允许偏差应为1%。

检验数量：全部检查。

检验方法：测量仪器检查。

（2）立柱与门槛面垂直度允许偏差应为2%。

检验数量：全部检查。

检验方法：挂线用钢尺量测。

（3）门体立柱间距允许偏差应为 ±2mm。

检验数量：全部检查。

检验方法：钢尺量测。

（4）门机梁到轨道中心线距离允许偏差应为0～+10mm。

检验数量：全部检查。

检验方法：测量仪器检查。

（5）滑动门、应急门、固定门、端头门等门体与门槛面垂直度的允许偏差应为0～+2mm，各门体平面度允许偏差应为2mm，其周边缝隙应均匀、一致。

检验数量：全部检查。

检验方法：测量仪器检查。

（6）滑动门两侧与立柱之间间隙，应上下均匀一致，其允许偏差应为 ±1.5mm；滑动门顶部及底部间隙应均匀平直，允许偏差应为2mm。

检验数量：全部检查。

检验方法：钢尺量测。

(7) 应急门安装完成后，周边间隙应均匀、平直，且相邻两扇门的玻璃面的平面度允许偏差应为±1mm。

检验数量：全部检查。

检验方法：测量仪器检查。

(8) 端头门结构到端墙装修完成面缝隙不应大于20mm，端头门结构应与正线门体结构绝缘安装，且应与等电位连接。

检验数量：全部检查。

检验方法：用绝缘电阻测试仪及万用表测量。

(9) 滑动门、应急门、端头门门锁装置在门体关闭情况下应处于关闭且锁紧状态；解锁机构应灵活、可靠。

检验数量：全部检查。

检验方法：操作检查。

(10) 应急门、端头门安装完成后，其门扇与立柱、门扇上端与门楣、门扇下端与门槛、门扇下端与地面应无刮碰现象。

检验数量：全部检查。

检验方法：操作检查。

(11) 站台屏蔽门端头门结构与端墙的密封收口是否符合设计文件要求。

检验数量：全部检查。

检验方法：观察检查。

(12) 门体结构等电位连接电缆是否可靠、紧固。

检验数量：全部检查。

检验方法：观察检查。

(13) 门体结构表面防锈漆或镀锌层是否完整；门体玻璃应无划痕、无破损。

检验数量：全部检查。

检验方法：观察检查。

(14) 滑动门、应急门、端头门、固定门安装是否牢固，外表清洁。

检验数量：全部检查。

检验方法：观察检查。

(15) 门扇与立柱、门扇上端与门楣、门扇下端与门槛、门扇下端与地面之间的间隙在整个长度上是否一致。

检验数量：全部检查。

检验方法：观察检查，拉线用钢尺量测。

四、全高站台屏蔽门盖板安装质量监理验收要点

（1）监理应站台屏蔽门顶箱后盖板、固定盖板安装是否牢固，并要求有防松措施，活动盖板安装是否平整，其开启角度不应小于70°，并要求在最大开启角度定位。

检验数量：全部检查。

检验方法：操作检查。

（2）顶箱前盖板盖板锁功能是否正常。

检验数量：全部检查。

检验方法：操作检查。

（3）检查盖板与门体结构是否有可靠电气连接，是否符合《低压配电设计规范》GB 50054-2011的规定。

检验数量：全部检查。

检验方法：观察检查、操作检查。

（4）盖板平面是否平整、相邻盖板的间距允许偏差为1mm。

检验数量：全部检查。

检验方法：观察检查。

（5）相邻盖板应平整、外观良好。

检验数量：全部检查。

检验方法：观察检查。

（6）活动盖板的支撑构件、密封胶、毛刷安装应符合设计文件要求。

检验数量：全部检查。

检验方法：观察检查，操作检查。

五、半高站台屏蔽门固定侧盒安装质量监理验收要点

（1）检查固定侧盒立柱是否符合设计文件要求，是否存在往轨道一侧倾斜现象，是否存在侵入结构限界现象。

检验数量：全部检查。

检验方法：观察检查，测量仪器检查。

（2）检查固定侧盒底板安装是否可靠，紧固。

检验数量：全部检查。

检验方法：观察检查。

六、暗敷式站台绝缘地板安装质量监理验收要点

（1）地面绝缘层区域内任一点，其对地绝缘电阻值都不应小于0.5MΩ。

检验数量：全部检查。

检验方法：用500V兆欧表测量。

（2）检查站台绝缘层各接口设置是否美观、可靠。

检验数量：全部检查。

检验方法：观察检查。

七、电源、电气系统与接轨安装质量监理验收要点

（1）驱动电源应设置UPS电源，当供电电源失电时，UPS的储能应满足30min内完成开/关滑动门的三次循环。

检验数量：全部检查。

检验方法：操作检查。

（2）当采用钢轨作为回流轨时，站台屏蔽门应与钢轨进行可靠的等电位连接。

检验数量：全部检查。

检验方法：测试仪器测量检查。

（3）站台屏蔽门系统在站台区域的不带电外露金属部分应进行等电位连接，单侧站台屏蔽门整体电阻值不应大于0.4Ω。

检验数量：全部检查。

检验方法：测试仪器测量检查。

（4）站台屏蔽门与建筑结构应绝缘，单侧站台屏蔽门体在500VDC下进行测试时，绝缘电阻应大于0.5MΩ。

检验数量：全部检查。

检验方法：测试仪器测量检查。

（5）检查站台屏蔽门线槽安装是否符合《低压配电设计规范》GB 50054-2011的规定。

检验数量：全部检查。

检验方法：观察检查。

八、系统检测与调试监理要点

（1）手动打开滑动门单边动作力不应大于133N。

检验数量：全部检查。

检验方法：操作检查。

（2）在关门至行程的1/3后测量，阻止滑动门关闭的力不应大于150N。

检验数量：全部检查。

检验方法：操作检查。

（3）滑动门、应急门、端头门的手动解锁力不应大于67N。

检验数量：全部检查。

检验方法：操作检查。

（4）应急门应向站台侧旋转，开启角度不应小于90°，并应在90°定位。

检验数量：全部检查。

检验方法：操作检查。

（5）端头门开启角度小于90°时应自动关闭，不小于90°时应在90°保持定位。

检验数量：全部检查。

检验方法：操作检查。

（6）滑动门应有障碍物探测功能，探测障碍物厚度不应小于5mm，并应在距离门槛完成面40cm高度的位置进行检查。当探测到障碍物时，门应立即停止滑动，且应卸力。上述过程超过三次后，滑动门应打开并报警。

检验数量：全部检查。

检验方法：操作检查。

（7）站台屏蔽门应具有系统级、站台级和手动操作三级控制方式。其中手动操作优先级应最高，系统级应最低。各系统级功能应正确可靠。

检验数量：全部检查。

检验方法：操作检查。

（8）滑动门、应急门关闭的电气安全开关应动作正确。

检验数量：全部检查。

检验方法：操作检查。

（9）检查滑动门开关门时间是否符合设计文件要求。

检验数量：全部检查。

检验方法：操作检查。

（10）检查信号、监控等接口接线是否正确，当进行接口电气测试时，站台屏蔽门应动作正常，并应符合设计文件要求。

检验数量：全部检查。

检验方法：操作检查。

（11）站台屏蔽门安装后每个单元应进行运行试验和功能测试；一侧完整的站台屏蔽门应连续进行5000次运行检测，检测期间站台屏蔽门应运行平稳、无故障。

检验数量：全部检查。

检验方法：操作检查。

（12）在列车正常运行状况下，站台屏蔽门不宜产生因风压差引起的风哨声。站台屏蔽门顶箱或固定侧盒关闭时，在站台侧距离站台屏蔽门1m离地1.5m处检测站台屏蔽门运行时噪声应小于70dB(A)。

检验数量：全部检查。

检验方法：使用噪声测试仪测量。

（13）站台屏蔽门的外观表面应平整、无破损、无刮花。轨道侧手动把手和推杆应有清晰的操作标识，透明部件上应有清晰的防撞标识。

检验数量：全部检查。

检验方法：观察检查。

（14）设备房、顶箱、门体和门槛等部位应保持清洁。

检验数量：全部检查。

检验方法：观察检查。

第22章　城市轨道交通工程信息资料管理

一、项目信息安全

（1）监理单位应制订城市轨道交通建设项目信息安全制度和信息保密制度。

（2）监理单位在信息管理和项目建设过程中，应同步做好信息安全保护工作，采取可靠的方式储存信息。信息管理系统使用前应进行安全测试。

（3）监理单位信息管理部门、信息管理人员应有明确的职责和信息处置权限。投入的信息设备和软件应安全可靠。

二、监理信息管理措施

（1）监理单位应根据城市轨道交通建设项目信息特点、信息管理状况、工程建设目标、单位组织机构、建设管理模式、内部和外部可用资源，制订项目信息管理目标。

（2）监理单位应根据信息管理目标制订信息管理方案。

（3）信息管理方案内容应包括信息管理目标分析、信息需求分析、信息编码体系、信息来源、内容、标准、时间要求、传递途径、反馈范围、信息流程、信息管理制度、信息管理人员职责、工作程序。

三、文件归档内容及范围

文件归档内容及范围如表 22-1 和表 22-2 所示。

城市轨道交通工程文件归档内容及范围　　　　表 22-1

序号	归档文件	保管单位				
		建设单位	施工单位	设计单位	监理单位	城建档案馆
一	工程准备阶段文件					
(一)	立项文件					
1	项目建议书和批复文件	●				●
2	可行性研究报告和批复文件	●				●
3	关于立项的会议纪要及领导批示	●				●
4	专家建议文件	●				●
5	项目评估研究资料	●				●
6	调查资料(环境影响报告书、劳工安全评价报告、建设用地地质灾害危险性评估报告、环境噪声监测报告、客流预测报告、地震安全性评价报告等)	●		○		●
(二)	建设用地、征地、拆迁文件					
1	选址申请及选址规划意见通知书	●				●
2	用地申请报告及建设用地批准书	●				●
3	拆迁安置意见、协议、方案等	●				●
4	建设用地规划许可证、许可证附件	●				●
5	征用土地数量一览表	●				●
6	国有土地使用证	●				●
(三)	勘测、设计文件					
1	工程地质勘测报告	●		●		●
2	水文地质勘测报告	●		●		●
3	建筑用地钉桩通知单	●	●			
4	地形测量和拨地测量成果报告	●		●		●
5	定、验线报告单	●				
6	申报的规划设计条件和规划设计条件通知书	●		●		●
7	初步设计图纸及说明	●		●		
8	审定设计方案通知书及审查意见	●				
9	有关行政主管部门(人防、环保、消防、交通、园林、市政、文物、通信、保密、河湖、卫生、教育等部门)的审查意见和要求取得的有关协议	●		●		

续表

序号	归档文件	保管单位				
		建设单位	施工单位	设计单位	监理单位	城建档案馆
10	施工图设计及说明、设计计算书	●		●		●
11	政府有关部门对施工图设计文件的审批意见	●		●		●
(四)	工程招标投标文件、合同					
1	测量、物探、勘测、设计招标投标文件	●		●		
2	测量、物探、勘测、设计中标通知书及合同	●		●		●
3	施工招标投标文件	●	●		●	
4	施工中标通知书及施工合同	●	●			●
5	监理招标投标文件	●			●	
6	监理中标通知书及监理合同	●			●	●
7	材料、设备采购招标投标文件	●				
8	材料、设备采购中标通知书及采购合同	●				●
9	其他招标投标文件	●				
10	其他中标通知书及合同	●				●
(五)	建设项目开工审批文件					
1	建设项目列入年度计划的申报文件	●				●
2	建设项目列入年度计划的批复文件或年度计划项目表	●				●
3	规划审批申报表及报送的文件和图纸	●				
4	建设工程规划许可证及其附件	●			●	●
5	建设工程开工审查表	●				
6	建设工程施工许可证	●				●
7	投资许可证、审计证明、缴纳绿化建设费等证明	●				
8	工程质量、安全监督手续文件	●			●	●
(六)	设备采购文件					
1	设备购置(进口)相关文件	●				
2	购置(进口)设备申请、评估报告、项目计划、批复文件	●				
3	与外商签订的合同、外商谈判情况汇报记录等	●				
4	进口设备免税文件、设备订购清单等	●				
5	进口单据、装箱单、商检证明文件	●				
(七)	财务文件					
1	工程投资估算材料	●				

续表

序号	归档文件	保管单位				
		建设单位	施工单位	设计单位	监理单位	城建档案馆
2	工程设计概算材料	●				
3	施工图预算材料	●				
4	施工预算	●				
(八)	建设施工监理机构及负责人					
1	项目管理组织机构(项目经理部)及负责人名单	●				●
2	工程项目监理组织机构(项目监理部)及负责人名单	●			●	●
3	工程项目施工组织机构(施工项目经理部)及负责人名单	●	●			●
二	监理文件					
(一)	施工管理					
1	总监理工程师授权通知书、合同总监办人员配置(调整)通知书	●			●	●
2	监理规划、监理实施细则	●			●	
3	涉及施工安全、质量或重要事项的会议纪要	●	●		●	
4	监理工程师通知单及回复	●	●		●	
5	监理工作联系单	●	●		●	
6	监理月报	●			●	
7	监理日志				●	
(二)	施工安全控制					
1	专项安全实施方案报批表	○	●		●	
2	安全事故报告及处理资料	●	●		●	
(三)	施工质量控制					
1	监理抽查原材料及各种分项工程试验报告	●			●	
2	监理抽查各分项工程检查记录	○			●	
3	施工放样测量复核	●	●			
4	监理旁站记录	○			●	
5	中间交工证书、缺陷责任终止证书	●	●		●	
6	质量事故报告及处理资料	●	●		●	
(四)	施工进度控制					
1	施工进度计划报审表	○				
2	工程开工报审表、停工令、复工令、工程延期申请表	●	●		●	●

续表

序号	归档文件	保管单位				
		建设单位	施工单位	设计单位	监理单位	城建档案馆
(五)	造价控制					
1	设计变更、洽商报审与签认资料	●	●		●	
2	工程变更通知单及变更令	●	●		●	
3	中间计量表、中间计量支付汇总表	●	●			
4	工程竣工决算审核资料	●	●		●	●
(六)	合同管理文件					
1	工程量清单	●	●		●	
2	工程分包一览表	●	●			
3	费用索赔申请表及审批表、索赔评估报告	●	●		●	
(七)	验收资料					
1	单位工程竣工预验收报验单	○	●		●	
2	竣工移交证书	○	●		●	●
3	监理竣工总结	●				
4	工程质量评估报告	●	●		●	●
三	土建及附属工程施工文件					
(一)	工程管理与工程质量检查验收资料					
1	建设工程质量事故调(勘)查笔录	●	●		●	
2	建设工程质量事故报告	●	●		●	●
3	室内(车站内)环境检测报告	●	●			
4	单位(子单位)工程质量竣工验收记录	●	●		●	●
5	单位(子单位)工程质量控制资料核查记录	●	●		●	●
6	单位(子单位)工程安全和功能检查资料核查及主要功能抽查记录	●	●		●	●
7	单位(子单位)工程观感质量检查记录	●	●		●	●
8	施工总结	●	●			●
9	设计、勘察工作质量报告	●	●			
(二)	施工管理资料					
1	施工现场质量管理检查记录		●		●	
2	企业资质证书及相关专业人员岗位证书		●			
3	见证记录		●		●	
4	施工日志		●			
5	施工大事记	●	●			

续表

序号	归档文件	保管单位				
		建设单位	施工单位	设计单位	监理单位	城建档案馆
（三）	施工技术资料					
1	施工组织设计及施工方案	●	●			
2	设计交底记录	●	●	●	●	●
3	技术交底记录		●			
4	图纸会审记录	●	●	●	●	●
5	设计变更通知单	●	●	●	●	●
6	工程洽商记录	●	●	●	●	●
（四）	施工测量及监控量测记录					
1	施工测量记录					
（1）	工程测量交接桩记录	●	●		●	●
（2）	工程定位测量记录	●	●		●	●
（3）	基槽验线记录	●	●			●
（4）	平面放线记录		●			
（5）	标高抄测记录		●			
（6）	建（构）筑物垂直度、标高测量记录	●	●		●	●
（7）	初期支护净空测量记录	○	●		●	
（8）	车站/隧道净空测量记录	○	●		●	●
（9）	测量复核记录		●		●	
（10）	竣工测量资料及记录	●	●		●	●
2	监控量测记录					
（1）	基坑支护变形监测记录	●	●		●	
（2）	地面沉降观测记录	●	●		●	
（3）	掌子面地质及支护状况观察记录	●	●		●	
（4）	结构净空收敛观测记录	●	●		●	●
（5）	拱顶下沉观测记录	●	●		●	
（6）	地中位移观测记录	●	●		●	
（7）	建（构）筑物/地下管线变形和破坏监测记录	●	●		●	
（8）	车站、区间结构沉降监测记录	●	●		●	
（9）	车站、区间渗漏点监测	●	●		●	
（五）	施工材料资料					
1	建筑与结构工程					
（1）	材料、构配件进场检验记录	●	●			

续表

序号	归档文件	保管单位					
		建设单位	施工单位	设计单位	监理单位	城建档案馆
(2)	材料、构配件出厂质量证明文件（钢筋、预制混凝土、管片、桥梁支座等）	●	●			
(3)	检测报告					
1)	钢材性能检测报告	●	●			
2)	水泥性能检测报告	●	●			
3)	外加剂性能检测报告	●	●			
4)	防水材料性能检测报告	●	●			
5)	砖（砌块）性能检测报告	●	●			
6)	门、窗性能检测报告（建筑外窗应有三性检测报告）	●	●			
7)	饰面材料性能检测报告	●	●			
8)	涂料性能检测报告	●	●			
9)	玻璃性能检测报告（安全玻璃应有安全检测报告）	●	●			
10)	壁纸、墙布防火、阻燃性能检测报告	●	●			
11)	装修用胶粘剂性能检测报告	●	●			
12)	防火涂料性能检测报告	●	●			
13)	隔声/隔热/阻燃/防潮材料特殊性能检测报告	●	●			
14)	钢结构用焊接材料检测报告	●	●			
15)	高强度六角头螺栓连接副扭矩系数检测报告	●	●			
16)	扭剪型高强度螺栓连接副预拉力检测报告	●	●			
17)	木结构材料检测报告（含水率、木构件、钢件）	●	●			
18)	幕墙性能检测报告（三性试验）	●	●			
19)	幕墙用材料检测报告	●	●			
20)	材料污染物含量检测报告（执行 GB 50325-2020）	●	●			
(4)	复试报告					
1)	钢材试验报告	●	●			
2)	水泥试验报告	●	●			
3)	砂试验报告	●	●			
4)	碎（卵）石试验报告	●	●			
5)	外加剂试验报告	●	●			
6)	掺和料试验报告	●	●			
7)	防水材料试验报告	●	●			

续表

序号	归档文件	保管单位				
		建设单位	施工单位	设计单位	监理单位	城建档案馆
8)	砖(砌块)试验报告	●	●			
9)	轻集料试验报告	●	●			
10)	盾构管片密封垫试验报告	●	●			
11)	预应力筋复试报告	●	●			
12)	预应力锚具、夹具和连接器复试报告	●	●			
13)	装饰装修用材料复试报告	●	●			
14)	钢结构金相试验报告	●	●			
15)	钢结构用材料复试报告	●	●			
16)	木结构材料复试报告	●	●			
17)	幕墙用材料复试报告	●	●			
(5)	设备开箱检验记录	●	●			
2	建筑电气工程					
(1)	材料、构配件进场检验记录	●	●			
(2)	主要设备、材料、构配件出厂质量证明文件[低压成套配电柜、动力、照明配电箱、电力变压器、柴油发电机组、高压成套配电柜、蓄电池柜、不间断电源柜、控制柜(屏、台)照明灯具、开关、插座、风扇及附件、电线、电缆等]	●	●			
(3)	主要设备安装技术文件	●	●			
(4)	设备开箱检验记录	●	●			
3	智能建筑系统工程(执行相关标准、规范)					
4	轨道工程					
(1)	原材料出厂质量证明文件、检验报告(原材料包括螺母罩、螺母、螺栓、垫圈、扣板、道钉、绝缘垫、垫板、胶板、胶垫、轨距垫、橡胶套靴、鱼尾板、尼龙套管、挡板、挡板座、塑料垫片、车挡、钢轨、尖轨、异型轨、护轨装置、钢轨伸缩调节器、道岔、道岔塑料件、短轨枕、枕木等原材)					
(2)	钢轨焊接型式检验报告	●	●			
(3)	钢轨焊接周期性检验报告	●	●			
5	声屏障					
(1)	材料、构配件进场检验记录	●	●			
(2)	主要设备、原材料、构配件质量证明文件	●	●			

续表

序号	归档文件	保管单位				
		建设单位	施工单位	设计单位	监理单位	城建档案馆
(3)	检测报告					
1)	钢材试验报告	●	●			
2)	隔声板检验报告	●	●			
3)	吸声板检测报告	●	●			
6	其他附属工程（执行相关标准、规范）					
(六)	施工记录					
1	地面及高架车站工程					
(1)	桩（地）基施工记录	●	●			●
(2)	地基验槽检查记录	●	●			●
(3)	地基处理记录	●	●			●
(4)	地基钎探记录（应附图）	●	●			●
(5)	构件吊装记录		●			
(6)	地下工程防水效果检查记录	●	●			●
(7)	防水工程试水检查记录	●	●			●
(8)	预应力筋张拉记录	●	●			
(9)	有粘结预应力结构灌浆记录	●	●			●
(10)	混凝土养护（包括测温）记录		●			
(11)	混凝土浇筑记录	●	●			●
(12)	钢结构施工记录	●	●			●
(13)	网架（索膜）施工记录		●			
(14)	木结构施工记录		●			
(15)	幕墙注胶检查记录		●			
(16)	隐蔽工程检查验收记录	●	●			●
2	地下车站工程					
(1)	施工降水记录	●	●			
(2)	钻孔桩钻进记录（冲击钻）	●	●			●
(3)	钻孔桩钻进记录（旋转钻）	●	●			●
(4)	钻孔桩混凝土灌注前检查记录	●	●			
(5)	钻孔桩水下混凝土浇筑记录	●	●			
(6)	旋喷桩施工记录	●	●			●
(7)	SMW施工记录	●	●			●
(8)	桩顶冠梁施工检查记录	○	●			

续表

序号	归档文件	保管单位				
		建设单位	施工单位	设计单位	监理单位	城建档案馆
(9)	地下连续墙挖槽施工记录	○	●			
(10)	地下连续墙护壁泥浆质量检查记录	○	●			
(11)	地下连续墙接头施工检查记录	○	●			
(12)	地下连续墙混凝土浇筑记录	●	●			
(13)	土方开挖施工记录		●			
(14)	土钉墙施工记录		●			
(15)	锚杆(索)成孔记录		●			
(16)	锚杆(索)安装记录	●	●			
(17)	锚杆(索)注浆记录		●			
(18)	锚杆(索)张拉锁定记录	●	●			
(19)	桩间喷射混凝土施工记录		●			
(20)	钢管柱加工验收记录	●	●			
(21)	钢管柱定位器安装检查记录		●			
(22)	钢管柱与桩基连接施工记录	●	●			●
(23)	钢管柱施工检查记录	●	●			
(24)	梁板柱节点施工检查记录	●	●			
(25)	铺盖安装检查记录	●	●			
(26)	盖挖逆筑法土模施工记录		●			
(27)	大管棚施工记录		●			
(28)	夯管帷幕施工检查记录		●			
(29)	小导管注浆检查记录	●	●			
(30)	波形钢瓦超前支护施工记录	●	●			
(31)	冻结测温记录		●			
(32)	暗挖开挖施工记录	●	●			●
(33)	钢格栅验收记录	●	●			●
(34)	初期支护检查记录	●	●			
(35)	锁脚锚管(杆)施工检查记录		●			
(36)	喷射混凝土配合比通知单		●			
(37)	二衬背后注浆施工记录	●	●			●
(38)	钢围檩安装检查记录		●			
(39)	钢支撑架设施工记录	○	●			
(40)	钢支撑预加力施加与锁定记录	○	●			

续表

序号	归档文件	保管单位				
		建设单位	施工单位	设计单位	监理单位	城建档案馆
(41)	防水基面处理检查记录		●			
(42)	防水层施工检查记录	●	●			●
(43)	细部构造(施工缝、变形缝、后浇带)防水施工检查记录	●	●			●
(44)	暗挖隧道模板台车施工检查记录		●			
(45)	混凝土养护(包括测温)记录		●			
(46)	构件吊装记录		●			
(47)	混凝土浇筑记录	●	●			●
(48)	隐蔽工程检查验收记录	●	●			●
3	明挖法区间隧道工程(包括区间U形槽工程)					
(1)	施工降水记录	●	●			
(2)	钻孔桩钻进记录(冲击钻)	●	●			●
(3)	钻孔桩钻进记录(旋转钻)	●	●			●
(4)	人工挖孔桩挖孔记录	●	●			
(5)	钻孔桩混凝土灌注前检查记录	●	●			●
(6)	钻孔桩水下混凝土浇筑记录	●	●			
(7)	旋喷桩施工记录	●	●			
(8)	SMW施工记录	●	●			●
(9)	桩顶冠梁施工检查记录	○	●			
(10)	地下连续墙挖槽施工记录	○	●			
(11)	地下连续墙护壁泥浆质量检查记录	○	●			
(12)	地下连续墙接头施工检查记录	○	●			
(13)	地下连续墙混凝土浇筑记录	●	●			
(14)	土方开挖施工记录		●			
(15)	土钉墙施工记录		●			
(16)	锚杆(索)成孔记录		●			
(17)	锚杆(索)安装记录	●				
(18)	锚杆(索)注浆记录	●				
(19)	锚杆(索)张拉锁定记录	●				
(20)	桩间喷射混凝土施工记录		●			
(21)	钢支撑、钢围檩进场检查记录		●			
(22)	钢围檩安装检查记录		●			

续表

序号	归档文件	保管单位				
		建设单位	施工单位	设计单位	监理单位	城建档案馆
(23)	钢支撑架设施工记录	○	●			
(24)	钢支撑预加力施加与锁定记录	○	●			
(25)	钢支撑拆除施工记录		●			
(26)	防水基面处理检查记录	●	●			●
(27)	防水层施工检查记录	●	●			●
(28)	细部构造(施工缝、变形缝、后浇带)防水施工记录	●	●			●
(29)	混凝土养护(包括测温)记录		●			
(30)	混凝土浇筑记录	●	●			●
(31)	隐蔽工程检查验收记录	●	●			
4	暗挖法区间隧道工程					
(1)	施工降水记录	●	●			
(2)	大管棚施工记录		●			
(3)	小导管注浆检查记录		●			
(4)	冻结测温记录		●			
(5)	旋喷桩施工记录	●	●			●
(6)	暗挖开挖施工记录		●			
(7)	钢格栅验收记录	●	●			
(8)	初期支护检查记录	●	●			
(9)	锁脚锚管(杆)施工检查记录		●			
(10)	喷射混凝土配合比通知单		●			
(11)	初支背后注浆施工记录		●			
(12)	防水基面处理检查记录	●	●			●
(13)	防水层施工检查记录	●	●			●
(14)	细部构造(施工缝、变形缝)防水施工检查记录	●	●			●
(15)	暗挖隧道模板台车施工检查记录		●			
(16)	混凝土养护(包括测温)记录		●			
(17)	混凝土浇筑记录	●	●			●
(18)	隐蔽工程检查验收记录	●	●			
5	盾构法隧道工程					
(1)	盾构隧道掘进施工记录		●			
(2)	盾构隧道管片拼装记录	●	●			●

续表

序号	归档文件	保管单位				
		建设单位	施工单位	设计单位	监理单位	城建档案馆
(3)	盾构隧道注浆检查记录	●	●			●
(4)	隐蔽工程检查验收记录	●	●			●
6	路基及小桥涵工程					
(1)	桩(地)基施工记录	●	●			●
(2)	地基验槽检查记录	●	●			●
(3)	地基处理记录	●	●			●
(4)	地基钎探记录(应附图)	●	●			●
(5)	钻孔桩钻进记录(冲击钻)	●	●			●
(6)	钻孔桩钻进记录(旋转钻)	●	●			●
(7)	人工挖孔桩挖孔记录	●	●			●
(8)	钻孔桩混凝土灌注前检查记录	●	●			●
(9)	钻孔桩水下混凝土浇筑记录		●			
(10)	旋喷桩施工记录	●	●			●
(11)	土方开挖施工记录		●			
(12)	土钉墙施工记录		●			
(13)	锚杆(索)成孔记录		●			
(14)	锚杆(索)安装记录		●			
(15)	锚杆(索)注浆记录		●			
(16)	锚杆(索)张拉锁定记录		●			
(17)	沉入桩施工检查记录	●	●			●
(18)	箱涵顶进施工记录	●	●			●
(19)	路基护坡喷射混凝土施工记录		●			
(20)	挡墙砌筑施工记录		●			
(21)	预制挡墙安装施工记录		●			
(22)	路基压实施工检查记录		●			
(23)	混凝土养护(包括测温)记录		●			
(24)	混凝土浇筑记录	●	●			●
(25)	构件吊装施工记录		●			
(26)	预应力筋张拉记录	●	●			
(27)	有粘结预应力结构灌浆记录	●	●			●
(28)	隐蔽工程检查验收记录	●	●			●

续表

序号	归档文件	保管单位				
		建设单位	施工单位	设计单位	监理单位	城建档案馆
7	高架桥区间工程					
(1)	桩(地)基施工记录	●	●			●
(2)	地基验槽检查记录	●	●			●
(3)	地基处理记录	●	●			●
(4)	地基钎探记录(应附图)	●	●			●
(5)	钻孔桩钻进记录(冲击钻)	●	●			●
(6)	钻孔桩钻进记录(旋转钻)	●	●			●
(7)	钻孔桩混凝土灌注前检查记录	●	●			
(8)	钻孔桩水下混凝土浇筑记录		●			
(9)	混凝土养护(包括测温)记录		●			
(10)	混凝土浇筑记录	●	●			●
(11)	构件吊装施工记录		●			
(12)	焊接材料烘焙记录		●			
(13)	预应力筋张拉记录	●	●			●
(14)	预应力张拉孔道压浆记录	●	●			●
(15)	桥面防水施工记录	●	●			
(16)	桥梁支座安装记录	●	●			●
(17)	钢箱梁安装检查记录	●	●			
(18)	高强螺栓连接检查记录	●	●			
(19)	焊缝综合质量记录	●	●			
(20)	斜拉索安装张拉记录	●	●			
(21)	人行道板安装记录		●			
(22)	架桥机架桥施工记录		●			
(23)	隐蔽工程检查验收记录	●	●			●
8	车辆段与综合基地工程					
(1)	基坑支护变形监测记录		●			
(2)	桩(地)基施工记录	●	●			
(3)	地基验槽检查记录	●	●			
(4)	地基处理记录	●	●			
(5)	地基钎探记录(应附图)	●	●			●
(6)	构件吊装安装记录		●			
(7)	焊接材料烘焙记录		●			

续表

序号	归档文件	建设单位	施工单位	设计单位	监理单位	城建档案馆
(8)	地下工程防水效果检查记录	●	●			●
(9)	防水工程试水检查记录	●	●			●
(10)	预应力筋张拉记录	●	●			
(11)	有粘结预应力结构灌浆记录	●	●			●
(12)	混凝土养护（包括测温）记录		●			
(13)	混凝土浇筑记录	●	●			●
(14)	车辆段检查坑施工记录		●			
(15)	钢结构施工记录	●	●			●
(16)	网架（索膜）施工记录	●	●			
(17)	木结构施工记录	●	●			
(18)	幕墙注胶检查记录	●	●			
(19)	隐蔽工程检查验收记录	●	●			●
9	轨道工程					
(1)	橡胶套靴安装检查记录	●	●			
(2)	承轨台混凝土浇筑记录	●	●			●
(3)	短轨枕式整体道床施工记录	●	●			
(4)	碎石道床轨道底层道坪摊铺上渣记录	●	●			
(5)	碎石道床有砟轨道铺轨、上碴整道、道岔铺设记录	●	●			
(6)	支撑块整体道床工程检查记录	●	●			●
(7)	铺轨、轨道整理、钢轨打磨工程检查记录	●	●			
(8)	道床线路锁定、伸缩调节器、道岔铺设施工记录	●	●			
(9)	无缝线路锁定轨温、锁定日期记录	●	●			
(10)	单元轨节应力放散及锁定记录	●	●			
(11)	移动气压焊钢轨焊接工程检查记录	●	●			
(12)	移动闪光接触焊钢轨焊接工程检查记录	●	●			
(13)	钢轨基地接触焊钢轨焊接检查记录	●	●			
(14)	接触焊正火参数记录	●	●			
(15)	铝热焊焊接记录	●	●			
(16)	加道岔、交叉度线安装检查记录	●	●			
10	声屏障					
(1)	钢结构焊接记录	●	●			

续表

序号	归档文件	保管单位				
		建设单位	施工单位	设计单位	监理单位	城建档案馆
(2)	立柱安装记录	●	●			
(3)	钢结构组装、紧固件连接记录	●	●			
(4)	吸声、隔声板安装记录	●	●			
(5)	人行步道板安装记录	●	●			
(6)	护栏安装记录	●	●			
11	其他附属工程（执行国家相关标准、规范）					
(七)	施工试验记录					
1	建筑与结构工程					
(1)	锚杆、土钉锁定力（抗拔力）试验报告	●	●			
(2)	地基承载力检验报告	●	●			●
(3)	桩检测报告	●	●			●
(4)	锚索张拉力检验报告	●	●			
(5)	土壤压实度试验记录（环刀法）	●	●			
(6)	压实度试验记录（灌砂法）	●	●			
(7)	钢筋机械连接型式检验报告	●	●			
(8)	钢筋连接工艺检验（评定）报告	●	●			
(9)	钢筋连接试验报告	●	●			●
(10)	砂浆配合比通知单		●			
(11)	砂浆抗压强度试验报告	●	●			●
(12)	砌筑砂浆试块强度统计、评定记录	●	●			
(13)	混凝土配合比通知单		●			
(14)	混凝土抗压强度试验报告	●	●			●
(15)	混凝土试块强度统计、评定记录	●	●			
(16)	混凝土抗渗试验报告	●	●			●
(17)	混凝土碱总量计算书	●	●			
(18)	饰面砖粘结强度试验报告	●	●			
(19)	后置埋件拉拔试验报告	●	●			
(20)	超声波探伤报告	●	●			
(21)	超声波探伤记录	●	●			
(22)	钢构件射线探伤报告	●	●			
(23)	磁粉探伤报告	●	●			
(24)	高强螺栓抗滑移系数检测报告	●	●			●

续表

序号	归档文件	保管单位				
		建设单位	施工单位	设计单位	监理单位	城建档案馆
(25)	钢结构焊接工艺评定	●	●			●
(26)	网架节点承载力试验报告	●	●			
(27)	钢结构涂料厚度检测报告	●	●			
(28)	木结构胶缝试验报告	●	●			
(29)	木结构构件力学性能试验报告	●	●			
(30)	木结构防护剂试验报告	●	●			
(31)	幕墙双组分硅酮结构胶混匀性及拉断试验报告	●	●			
(32)	接地网检测报告、防雷检测	●	●			
2	建筑电气工程					
(1)	电气接地电阻测试记录	●	●			●
(2)	电气防雷接地装置隐检与平面示意图	●	●			●
(3)	电气绝缘电阻测试记录	●	●			●
(4)	电气器具通电安全检查记录	●	●			
(5)	电气设备空载试运行记录	●	●			●
(6)	建筑物照明通电试运行记录	●	●			●
(7)	大型照明灯具承载试验记录	●	●			
(8)	高压部分试验记录	●	●			
(9)	漏电开关模拟试验记录	●	●			
(10)	电度表检定记录	●	●			
(11)	大容量电气线路结点测温记录	●	●			
(12)	避雷带支架拉力测试记录	●	●			
3	智能建筑工程（执行相关标准、规范）					
4	交通工程					
(1)	线路要素汇总（水准点表、控制桩表、平交道表、曲线表、坡度表、断链表）	●	●			●
(2)	测量复核记录	●	●			
(3)	线路中桩复测表	●	●			●
(4)	基桩高程表	●	●			●
(5)	控制基标竣工测量成果	●	●			●
(6)	标高测量表	●	●			●
(7)	长轨防爬桩设置、观测记录	●	●			
(8)	钢轨焊接检验报告（超声波探测）	●	●			●

续表

序号	归档文件	保管单位				
		建设单位	施工单位	设计单位	监理单位	城建档案馆
5	声屏障					
6	声屏障降噪效果测试	●	●			
(八)	施工质量验收记录					
1	结构实体混凝土强度验收记录	●	●		●	
2	结构实体钢筋保护层厚度验收记录	●	●		●	●
3	检验批质量验收记录	○	●		●	
4	分项工程质量验收记录表	○	●		●	
5	分部（子分部）工程验收记录表	●	●		●	●
四	机电设备施工文件					
(一)	综合管理文件					
1	开工、竣工报告	●	●			
2	施工组织设计及审批	●	●			
3	图纸会审、设计交底记录	●	●			
4	技术交底记录	●	●			
5	设计变更通知单	●	●		●	
6	工程洽商记录	●	●		●	
7	施工现场质量管理检查记录	●	●			
8	现场管理制度、质量责任制	●	●			
9	企业资质及主要专业操作上岗证书	●	●			
10	工程质量事故处理记录	●	●		●	
11	施工安全、环保措施	●	●			
12	单位（子单位）工程质量竣工验收记录	●	●		●	
13	施工日记		●			
14	施工大事记	●				
15	施工总结	●				●
(二)	施工文件					
1	通信系统					
(1)	设备开箱检查记录、装箱单、工具单、备品备件单	●				
(2)	设备及材料出厂合格证、检验报告、测试报告等	●	●			
(3)	用户手册（产品说明书、操作手册、维护手册等）	●				
(4)	设备出厂工艺图、流程图、线路图等技术图纸、设备图纸	●				

续表

序号	归档文件	保管单位				
		建设单位	施工单位	设计单位	监理单位	城建档案馆
（5）	材料和设备进场检验记录	●	●			
（6）	与土建、装修交接记录	●	●			
（7）	子系统设备、材料安装记录	●	●			
（8）	子系统设备、材料测试记录	●	●			
（9）	隐蔽工程检查验收记录	●	●			●
（10）	功能性试验及检测报告	●	●			
（11）	设备、网络调试记录	●	●			
（12）	系统调试、试运行记录	●	●			
（13）	通信系统安装完成测试报告、验收报告	●	●			●
（14）	分部工程质量验收记录	●	●			
（15）	通信管线安装	●	●			●
（16）	通信光、电缆线路及终端	●	●			●
（17）	光电传输系统	●	●			●
（18）	公务电话系统	●	●			●
（19）	专用电话系统	●	●			●
（20）	无线通信系统	●	●			●
（21）	电视监控系统	●	●			●
（22）	广播系统	●	●			●
（23）	时钟系统	●	●			●
（24）	电源及接地系统	●	●		●	
（25）	分项工程质量验收记录、检验批质量验收记录	○	●			
（26）	其他应归档的文件	●	●			
2	信号系统					
（1）	设备开箱检查记录、装箱单、工具单、备品备件单	●				
（2）	设备及材料出厂合格证、检验报告、测试报告等	●	●			
（3）	用户手册（产品说明书、操作手册、维护手册等）	●				
（4）	设备出厂工艺图、流程图、线路图等技术图纸、设备图纸	●				
（5）	材料和设备进场检验记录	●				
（6）	与土建、装修交接记录	●	●			
（7）	设备、材料安装记录	●	●			
（8）	设备、材料测试记录	●	●			

续表

序号	归档文件	建设单位	施工单位	设计单位	监理单位	城建档案馆
(9)	隐蔽工程检查验收记录	●	●			●
(10)	功能性试验及检测报告	●	●			
(11)	设备、网络调试记录	●	●			
(12)	系统调试、试运行记录	●	●			
(13)	信号系统安装完成测试报告、验收报告	●	●			●
(14)	分部工程质量验收记录					
(15)	列车自动控制（ATS）	●	●			●
(16)	列车自动防护（ATP）	●	●			●
(17)	计算机联锁（CI）	●	●			●
(18)	列车自动驾驶（ATO）	●	●			●
(19)	数据传输系统	●	●			
(20)	电缆线路	●	●			
(21)	电源（UPO设备）	●	●			
(22)	单项测试及系统调试	●	●			
(23)	分项工程质量验收记录、检验批质量验收记录	○	●			
(24)	其他应归档的文件	●				
3	供电系统					
(1)	设备开箱检查记录、装箱单、工具单、备品备件单	●				
(2)	设备及材料出厂合格证、检验报告、测试报告等	●	●			
(3)	用户手册（产品说明书、操作手册、维护手册等）	●				
(4)	设备出厂工艺图、流程图、线路图等	●				
(5)	材料和设备进场检验记录	●				
(6)	与土建、装修交接记录	●	●			
(7)	设备、材料安装检查记录	●	●			
(8)	设备、材料试验记录	●				
(9)	隐蔽工程检查验收记录	●	●			●
(10)	功能性试验及检测报告	●	●			
(11)	设备、网络调试记录	●	●			
(12)	供电系统安装完成测试报告、验收报告	●	●			●
(13)	分部工程质量验收记录					
(14)	电气动力系统	●	●			●
(15)	变电所	●	●			●

续表

序号	归档文件	建设单位	施工单位	设计单位	监理单位	城建档案馆
(16)	接触轨	●	●			●
(17)	接触网	●	●			●
(18)	电缆线路与接地装置	●	●			●
(19)	电力监控	●	●			
(20)	杂散电流防护	●	●			●
(21)	分项工程质量验收记录、检验批质量验收记录		●			
(22)	其他应归档的文件	●	●			
4	防灾与报警系统					
(1)	设备开箱检查记录、装箱单、工具单、备品备件单	●				
(2)	设备及材料出厂合格证、检验报告、测试报告等	●	●			
(3)	设备出厂图、流程图、线路图等技术图纸设备图纸	●				
(4)	材料和设备进场检验记录		●			
(5)	与土建、装修交接记录	●	●			
(6)	设备、材料安装记录	●	●			
(7)	隐蔽工程检查验收记录					●
(8)	功能性试验及检测记录	●	●			
(9)	设备、网络调试记录	●	●			
(10)	各系统调试记录	●	●			
(11)	消防联动系统调试记录、验收报告	●	●			
(12)	防灾报警系统安装完成测试报告、验收报告	●	●			●
(13)	分部工程质量验收记录					
(14)	消防水系统	●	●			
(15)	气体灭火	●	●			●
(16)	防火封堵	●	●			●
(17)	分项工程质量验收记录、检验批质量验收记录	○	●			
(18)	其他应归档的文件	●	●			
5	自动售检票系统					
(1)	设备开箱检查记录、装箱单、工具单、备品备件单	●				
(2)	设备及材料出厂合格证、检验报告、测试报告等	●	●			
(3)	用户手册（产品说明书、操作手册、维护手册等）	●				
(4)	设备出厂工艺图、流程图、线路图等技术图纸、设备图纸	●				

续表

序号	归档文件	保管单位				
		建设单位	施工单位	设计单位	监理单位	城建档案馆
(5)	材料和设备进场检验记录	●	●			
(6)	与土建、装修交接记录	●	●			
(7)	设备、材料安装记录	●	●			
(8)	设备、材料测试记录	●	●			
(9)	隐蔽工程检查验收记录	●	●			●
(10)	终端设备、计算机系统、票务清分系统功能检测	●	●			
(11)	自动售检票系统调试记录、验收报告	●	●			●
(12)	分部工程质量验收记录					
(13)	管槽预埋及安装	●	●			●
(14)	线缆敷设	●	●			●
(15)	车站终端设备	●	●			●
(16)	车站计算机系统	●	●			●
(17)	线路中央计算机系统	●	●			●
(18)	票务清分中心系统	●	●			●
(19)	电源与接地	●	●			●
(20)	分项工程质量验收记录、检验批质量验收记录	○	●			
(21)	其他应归档的文件	●	●			
6	环境与设备监控系统					
(1)	设备开箱检查记录、装箱单、工具单、备品备件单	●				
(2)	设备及材料出厂合格证、检验报告、测试报告等	●	●			
(3)	用户手册(产品说明书、操作手册、维护手册等)	●				
(4)	设备出厂工艺图、流程图、线路图等技术图纸、设备图纸	●				
(5)	材料和设备进场检验记录	●				
(6)	土建交接预检记录	●	●			
(7)	设备、材料安装记录	●	●			
(8)	设备、材料测试记录	●	●			
(9)	隐蔽工程检查验收记录	●	●			●
(10)	功能性测试报告	●	●			
(11)	系统、网络调试记录	●	●			
(12)	环境与设备监控系统安装完成测试报告、验收报告	●	●			●
(13)	分部工程质量验收记录					

续表

序号	归档文件	保管单位				
		建设单位	施工单位	设计单位	监理单位	城建档案馆
(14)	车站监控系统	●	●			●
(15)	中心监控系统	●	●			●
(16)	电源与接地	●	●			●
(17)	分项工程质量验收记录、检验批	○	●			
(18)	其他应归档的文件	●	●			
7	给水排水及采暖系统					
(1)	设备开箱检查记录、装箱单、工具单、备品备件单	●				
(2)	设备及材料出厂合格证、检验报告、测试报告等	●	●			
(3)	用户手册（产品说明书、操作手册、维护手册等）	●				
(4)	设备出厂工艺图、流程图、线路图等技术图纸、设备图纸	●				
(5)	材料和设备进场检验记录	●				
(6)	与土建、装修交接记录	●	●			
(7)	设备、材料安装记录	●	●			
(8)	设备、材料试验记录	●	●			
(9)	隐蔽工程检查验收记录	●	●			●
(10)	功能性试验及检测报告	●	●			
(11)	系统调试、试运行记录	●	●			
(12)	给水排水与采暖系统安装完成测试报告、验收报告	●	●			●
(13)	分部工程质量验收记录					
(14)	给水系统	●	●			●
(15)	排水系统	●	●			●
(16)	供热系统	●	●			●
(17)	卫生器具安装系统	●	●			●
(18)	采暖系统	●	●			●
(19)	分项工程质量验收记录、检验批质量验收记录	○	●			
(20)	其他应归档的文件	●	●			
8	通风与空调系统					
(1)	设备开箱检查记录、装箱单、工具单、备品备件单	●				
(2)	设备及材料出厂合格证、检验报告、测试报告等	●	●			
(3)	用户手册（产品说明书、操作手册、维护手册等）	●				

续表

序号	归档文件	保管单位				
		建设单位	施工单位	设计单位	监理单位	城建档案馆
(4)	设备出厂工艺图、流程图、线路图等技术图纸、设备图纸	●				
(5)	材料和设备进场检验记录	●				
(6)	与土建、装修交接记录	●	●			
(7)	设备、材料安装记录	●				
(8)	设备性能测试记录	●				
(9)	各系统调试及试运行记录	●				
(10)	隐蔽工程检查验收记录	●	●			●
(11)	通风与空调系统安装完成测试报告、验收报告	●	●			●
(12)	分部工程质量验收记录	●				
(13)	送风、排风系统	●	●			●
(14)	防风、排风系统	●	●			●
(15)	除尘系统	●	●			●
(16)	空调系统	●	●			●
(17)	净化空调系统	●	●			●
(18)	制冷系统	●	●			●
(19)	空调水系统	●	●			●
(20)	分项工程质量验收记录、检验批质量验收记录	○	●			
(21)	其他应归档的文件	●				
9	电梯与自动扶梯系统					
(1)	设备开箱检查记录、装箱单、工具单、备品备件单	●				
(2)	设备及材料出厂合格证、检验报告、测试报告等	●	●			
(3)	用户手册（产品说明书、操作手册、维护手册等）	●				
(4)	设备出厂工艺图、流程图、线路图等技术图纸、设备图纸	●				
(5)	材料和设备进场检验记录	●				
(6)	与土建、装修交接记录	●	●			
(7)	设备安装、检查记录	●	●			
(8)	设备、材料测试记录	●	●			
(9)	主要功能检验记录	●				
(10)	安全装置检测报告	●	●			
(11)	隐蔽工程检查验收记录	●	●			●

续表

序号	归档文件	保管单位				
		建设单位	施工单位	设计单位	监理单位	城建档案馆
(12)	电梯、扶梯整机性能检验记录	●	●			
(13)	电梯、电扶梯空、满载试运行记录	●	●			●
(14)	分部工程质量验收记录					
(15)	自动扶梯	●	●			●
(16)	电梯	●	●			●
(17)	分项工程质量验收记录、检验批质量验收记录	○	●			
(18)	其他应归档的文件	●	●			
10	屏蔽门系统					
(1)	设备开箱检查记录、装箱单、工具单、备品备件单	●				
(2)	设备及材料出厂合格证、检验报告、测试报告等	●	●			
(3)	产品说明书、安装技术文件	●				
(4)	材料和设备进场检验记录	●				
(5)	与土建交接记录	●	●			
(6)	设备、材料安装记录	●	●			
(7)	设备、材料测试记录	●	●			
(8)	隐蔽工程检查验收记录	●	●			●
(9)	系统功能性测试记录	●	●			
(10)	屏蔽门系统安装完成测试报告、验收报告	●	●			●
(11)	分部工程质量验收记录					
(12)	门体	●	●			●
(13)	门机	●	●			●
(14)	电源系统	●	●			
(15)	控制系统	●	●			●
(16)	分项工程质量验收记录、检验批质量验收记录	○	●			
(17)	其他应归档的文件	●	●			
11	车辆及检修工艺设备					
(1)	设备开箱检查记录、装箱单、工具单、备品备件单	●				
(2)	设备及材料出厂合格证、检验报告、测试报告等	●	●			
(3)	用户手册(产品说明书、操作手册、维护手册等)	●				
(4)	设备出厂工艺图、流程图、线路图等技术图纸、设备图纸	●				
(5)	材料和设备进场检验记录	●				

续表

序号	归档文件	保管单位				
		建设单位	施工单位	设计单位	监理单位	城建档案馆
(6)	车辆调试、测定数据、性能鉴定记录	●	●			
(7)	车辆试运行记录	●	●			
(8)	检修工艺设备、材料安装记录	●	●			
(9)	隐蔽工程检查验收记录	●	●			●
(10)	设备试运转和试验记录	●	●			●
(11)	分部工程质量验收记录	●	●			
(12)	分项工程质量验收记录、检验批质量验收记录	○	●			
(13)	其他应归档的文件	●	●			
五	全线测量、竣工测量文件					
1	全线控制测量文件、成果	●	●			●
2	竣工测量委托书及测量成果	●	●			●
六	竣工图					
1	建筑竣工图	●	●			●
2	结构竣工图	●	●			●
3	附属建筑、结构竣工图	●	●			●
4	人防建筑、结构竣工图	●	●			●
5	杂散电流防护竣工图	●	●			●
6	接地装置竣工图	●	●			●
7	站场室外工程竣工图	●	●			●
8	车站装修竣工图	●	●			●
9	给水排水工程竣工图	●	●			●
10	电气安装竣工图	●	●			●
11	各设备系统安装竣工图	●	●			●
12	综合管线图	●	●			●
13	其他应归档的竣工图	●	●			●
七	竣工验收文件					
1	建设工程竣工验收备案资料	●	●			●
2	建设工程竣工验收报告	●	●			●
3	工程质量保证书	●	●			
4	工程质量保修书	●	●			●
5	建设工程规划验收合格证书	●				●

续表

序号	归档文件	保管单位				
		建设单位	施工单位	设计单位	监理单位	城建档案馆
6	规划、质量安全监督、消防、环保、人防、卫生防疫、劳动安全、档案等专项验收认可文件	●				●
7	建设工程项目验收文件	●	●			●
8	工程结算书	●	●			
9	工程决算文件	●				●
10	交付使用固定资产清单	●	●			●

注：划"●"为必须归档，划"○"为可选择归档。

轨道交通工程声像资料内容及范围　　　　　　　　　表22-2

序号	归档内容和范围	保管单位				
		建设单位	施工单位	设计单位	监理单位	城建档案馆
一	工程准备阶段					
1	立项、可行性研究相关会议	●		○		●
2	重要的勘测设计、方案评审会	●		●		●
3	线路定位、车站选址	●		●		●
4	工程原址、原貌和周边状况	●	●			●
5	原重要建筑（构）物、古建古迹	●	●			●
6	拆迁、移民情况	●				●
二	施工阶段					
1	工程奠基典礼	●	●			●
2	主体结构、布局、隐蔽工程施工情况	●	●			●
3	施工中重点部位、重要施工工艺、四新技术应用	●	●			●
4	施工中主要的质量检查、验收	●	●		●	●
5	重要试验、测试	●	●			●
6	工程事故和处理情况	●	●		●	●
7	施工中文物保护	●	●			●
8	车站及附属工程装修、绿化景观	●	●			●
9	设备开箱检验、随机声像资料	●	●			●
10	各设备系统的安装与调试	●	●			●
三	竣工验收阶段					
1	省、市、国家级工程竣工验收会议	●			●	●

续表

序号	归档内容和范围	保管单位				
		建设单位	施工单位	设计单位	监理单位	城建档案馆
2	隧道贯通、通车仪式、竣工典礼	●			●	●
3	工程竣工全貌	●				●
4	重点单项工程外形及内部功能	●				●
5	工程获国优、部优、市优奖项	●				●
四	工程全过程					
1	省市级以上领导视察、讲话	●				●
2	科研试验、鉴定会议及成果奖状	●				●
3	反映工程建设情况的电视专题片	●				●

注：划"●"为必须归档，划"○"为可选择归档。

第23章 危大工程安全监理日巡视检查表

危大工程安全监理日巡视检查表 表23-1

危大分项工程名称：基坑工程　　　　　　　　　　　　　　　年　　月　　日

项目名称				
巡视工程部位				
执行标准	《建筑基坑工程监测技术标准》GB 50497-2019； 《建筑基坑支护技术规程》JGJ 120-2012； 《建筑施工土石方工程安全技术规范》JGJ 180-2009； 《建筑深基坑工程施工安全技术规范》JGJ 311-2013			
天气情况	□晴　□阴　□大雨　□小雨　□大风　□大雾　□大雪　□小雪			

序号	检查项目	检查内容	检查结果是否合格		备注
1	方案与交底	1) 基坑施工前是否编制专项施工方案，基坑支护结构是否经设计确定	□是	□否	
		2) 专项施工方案是否进行审核、审批	□是	□否	
		3) 超过一定规模的深基坑工程，其专项施工方案是否组织专家论证	□是	□否	
		4) 专项施工方案实施前，是否进行安全技术交底，并应有文字记录	□是	□否	
2	地下水控制	1) 基坑开挖深度范围内有地下水时，是否采取有效的降排水措施，并应有防止临近建（构）筑物沉降、倾斜的措施	□是	□否	
		2) 基坑边沿周边地面是否按专项施工方案要求设置截、排水沟和防止地表水冲刷基坑侧壁的措施；放坡开挖时，是否对坡顶、坡面、坡脚采取降排水措施	□是	□否	
		3) 基坑底周边是否按专项施工方案要求设置排水沟和集水井，并应及时排除积水	□是	□否	
		4) 基坑围护结构不得漏水、漏砂，基坑坑底不得积水、涌水或涌砂	□是	□否	
3	基坑支护	1) 地质条件良好、土质均匀且无地下水的自然放坡的坡率是否符合设计和标准要求	□是	□否	

续表

3	基坑支护	2）当开挖深度较大并存在边坡塌方危险时，是否按设计要求进行支护	□是	□否	
		3）采取内支撑的基坑工程，钢支撑与围护结构的连接、预应力施加是否符合设计和专项施工方案要求	□是	□否	
		4）钢支撑吊装就位时，吊车及钢支撑下方严禁人员入内，是否采取有效的防下坠措施	□是	□否	
		5）喷射混凝土支护时，喷嘴不得面对有人方向	□是	□否	
		6）锚杆或锚索施工前是否进行现场抗拉拔试验，施工完成后应进行验收	□是	□否	
4	基坑开挖	1）基坑支护面上方的锚杆或锚索、土钉、支撑必须在达到设计要求后，方可开挖下层土方，严禁提前开挖和超挖	□是	□否	
		2）基坑开挖是否按设计和专项施工方案要求分层、分段、限时、均衡、对称开挖	□是	□否	
		3）基坑开挖是否有防止碰撞支护结构、工程桩或扰动基底原状土土层的有效措施	□是	□否	
		4）当挖土机械、运输车辆进入基坑作业时，坡道坡度不应大于1:7，坡道宽度是否满足行车要求，且是否有防滑措施	□是	□否	
		5）机械操作人员是否取得操作资格证书	□是	□否	
		6）机械在软土场地作业时，是否采取铺设渣土或砂石等硬化措施	□是	□否	
		7）有内支撑的基坑开挖，挖土机械不得停留在水平支撑上方进行挖土作业	□是	□否	
		8）基坑开挖应根据基坑及周边环境的监测数据，及时调整开挖的施工顺序和施工方法	□是	□否	
5	施工荷载控制	1）基坑边堆置土、料具等荷载不得超出基坑支护设计允许范围	□是	□否	
		2）机械设备施工与坑边的安全距离是否符合相关标准要求	□是	□否	
		3）当利用支撑兼做施工作业平台时，上部机械设备的荷载是否在设计允许范围内	□是	□否	
6	基坑监测	1）基坑工程施工前是否编制监测方案，明确监测项目、监测报警值、监测方法和监测点的布置、监测周期等内容，并应按监测方案实施施工监测	□是	□否	
		2）监测的时间间隔是否根据监测方案及施工进度确定，当监测结果变化速率较大时，是否加大观测频率	□是	□否	
		3）基坑开挖监测过程中，是否根据监测方案提交阶段性监测报告	□是	□否	

续表

6	基坑监测	4）当监测值达到所规定的报警值时，是否停止施工，查明原因，采取补救措施	□是	□否	
7	安全防护	1）开挖深度2m及以上的基坑周边是否按临边作业要求设置防护栏杆	□是	□否	
		2）基坑内是否设置作业人员上下通道，通道数量不应少于2处，宽度不应小于1m，且应保证通道畅通	□是	□否	
		3）降水井口是否设置防护盖板或围栏，并应设置明显的警示标志	□是	□否	
8	支护结构拆除	1）采用锚杆或支撑的支护结构，在未达到设计规定的拆除条件时，严禁拆除锚杆或支撑	□是	□否	
		2）基坑支护结构拆除或换撑顺序、预加力卸载程序是否符合设计和专项施工方案要求	□是	□否	
		3）当采用机械拆除时，施工荷载是否小于支撑结构承载力	□是	□否	
		4）人工拆除时，是否有可靠防护设施	□是	□否	
		5）当采用爆破拆除、静力破碎等拆除方式时，是否符合相关标准要求	□是	□否	
9	作业环境	1）基坑内土方机械、施工人员的安全距离是否符合相关标准要求	□是	□否	
		2）上下垂直作业是否采取有效的防护措施	□是	□否	
		3）在电力、通信、燃气管线2m范围内及给水排水管道1m范围内挖土时，是否采取安全保护措施，并设专人监护	□是	□否	
		4）施工作业区域应采光良好，当光线较弱时应设置足够照度的光源	□是	□否	
监理对存在问题处理意见：					

监理巡视人员（签字）	总包单位专职安全管理人员（签字）
日期：	日期：

表由监理人员填写建档留存。

危大工程安全监理日巡视检查表

表 23-2

危大分项工程名称：钢管满堂模板支撑架　　　　　　　　　　　　　年　　月　　日

项目名称	
巡视工程部位	
执行标准	《建筑施工扣件式钢管脚手架安全技术规范》JGJ 130-2011； 《建筑施工门式钢管脚手架安全技术标准》JGJ/T 128-2019； 《建筑施工碗扣式钢管脚手架安全技术规范》JGJ 166-2016； 《建筑施工承插型盘扣式钢管脚手架安全技术标准》JGJ/T 231-2021
天气情况	□晴　□阴　□大雨　□小雨　□大风　□大雾　□大雪　□小雪

序号	检查项目	检查内容	检查结果是否合格		备注
1	方案与交底	1）钢管满堂模板支撑架搭设前是否编制专项施工方案，架体结构和立杆地基承载力应进行设计	□是	□否	
		2）专项施工方案是否进行审核、审批	□是	□否	
		3）超过一定规模的钢管满堂模板支撑架，其专项施工方案是否组织专家论证	□是	□否	
		4）专项施工方案实施前，是否进行安全技术交底，并应有文字记录	□是	□否	
2	构配件和材质	1）进场的钢管及构配件应有质量合格证、产品性能检验报告，其规格、型号、材质及产品质量是否符合相关标准要求	□是	□否	
		2）钢管壁厚是否进行抽检，且壁厚是否符合相关标准要求	□是	□否	
		3）所采用的扣件是否进行复试且技术性能是否符合相关标准要求	□是	□否	
		4）杆件的弯曲、变形、锈蚀量是否在标准允许范围内，各部位焊缝应饱满	□是	□否	
3	地基基础	1）基础处理方式和承载力是否符合专项施工方案要求，地基应坚实、平整	□是	□否	
		2）立杆底部是否按专项施工方案要求设置底座、垫板或混凝土垫层	□是	□否	
		3）立杆和基础是否接触紧密	□是	□否	
		4）基础排水设施是否完善，且排水应畅通	□是	□否	
		5）当支撑架设在既有结构上时，是否对既有结构的承载力进行验算，必要时应采取加固措施	□是	□否	
4	架体搭设	1）立杆纵、横向间距和水平杆步距是否符合专项施工方案要求	□是	□否	
		2）立杆垂直度和水平杆水平度、直线度是否满足相关标准规定	□是	□否	
		3）水平杆和扫地杆是否纵、横向连续设置，不得缺失	□是	□否	

续表

4	架体搭设	4）顶部施工荷载是否通过可调托撑向立杆轴心传力	□是	□否	
		5）起重设备、混凝土输送管、作业脚手架、物料周转平台等设施不得与支撑架相连接	□是	□否	
5	架体稳定	1）支撑架扫地杆离地间距是否符合相关标准要求	□是	□否	
		2）立杆伸出顶层水平杆中心线至支撑点的长度是否符合相关标准要求	□是	□否	
		3）架体竖向和水平剪刀撑或专用斜撑杆的位置、数量、间距是否符合相关标准和专项施工方案要求	□是	□否	
		4）当支撑架高宽比超过相关标准要求时，是否将架体与既有结构连接或采用增加架体宽度等加强措施	□是	□否	
6	支撑架拆	1）支撑架拆除前，是否确认混凝土达到拆模强度要求，并应填写拆模申请单，履行拆模审批手续；预应力混凝土结构的支撑架是否在建立预应力后拆除	□是	□否	
		2）拆除作业是否按专项施工方案规定的顺序，并按分层、分段、由上至下的顺序进行	□是	□否	
		3）支撑架拆除前，是否设置警戒区，是否设专人监护	□是	□否	
7	使用与监测	1）混凝土浇筑顺序是否符合专项施工方案要求	□是	□否	
		2）作业层施工均布荷载、集中荷载是否在设计允许范围内	□是	□否	
		3）支撑架应编制监测监控措施，架体搭设、钢筋安装、混凝土浇捣过程中及混凝土终凝前后是否对基础沉降、模板支撑体系的位移进行监测监控	□是	□否	
		4）监测监控应记录监测点、监测时间、工况、监测项目和报警值	□是	□否	
8	杆件连接	1）节点组装时，扣件的扭紧力矩不应小于40N·m，碗扣节点上碗扣是否通过限位销锁紧水平杆，承插型盘扣节点的插销应楔紧	□是	□否	
		2）扣件式钢管模板支撑架的水平杆采用搭接连接时，其搭接长度不应小于1m，并应不少于3处扣接点	□是	□否	
		3）扣件式钢管模板支撑架立杆应采用对接扣件连接，不得采用搭接接长	□是	□否	
		4）钢管扣件剪刀撑杆件的接长应符合相关标准规定	□是	□否	
		5）专用斜撑杆的两端应固定在纵、横向水平杆与立杆交汇的节点处	□是	□否	
		6）钢管扣件剪刀撑杆件的连接点距离架体主节点不应大于150mm	□是	□否	
		7）架体与既有结构连接件的连接点距离架体主节点不应大于300m	□是	□否	

续表

9	安全防护	1）当无外脚手架时，架体顶面四周是否设置宽度不小于900mm的作业平台，并应设置脚手板、挡脚板、安全立网、防护栏杆	□是	□否
		2）架体是否设置供人员上下的专用通道，通道应与既有结构进行可靠连接	□是	□否
		3）车行门洞通道顶部是否设置全封闭硬防护，并应设置导向、限高、限宽、减速、防撞设施及标识	□是	□否
		4）当支撑架可能受水流影响时，应采取防冲（撞）击的安全措施	□是	□否
10	底座托撑与主次楞	1）可调底座、托撑螺杆直径是否与立杆内径匹配，配合间隙应小于2.5mm	□是	□否
		2）螺杆与螺母的啮合长度不应少于5扣，螺杆插入立杆内的长度不得小于150mm，外露长度不得大于300mm	□是	□否
		3）可调托撑顶部主次楞规格、型号及接长方式是否符合相关标准要求	□是	□否
11	检查验收	1）在构配件进场、基础完工、架体搭设完毕、安全设施安装完成各阶段是否进行检查验收，并应形成记录	□是	□否
		2）当需要进行预压时，基础和架体预压是否符合相关标准要求	□是	□否
		3）在支撑架搭设完毕、浇筑混凝土前，是否办理完工验收手续并形成验收记录	□是	□否
		4）检查验收内容和指标是否有量化内容，并应由责任人签字确认	□是	□否
		5）验收合格后是否在明显位置悬挂验收合格牌	□是	□否
监理对存在问题处理意见：				
监理巡视人员（签字） 日期：		总包单位专职安全管理人员（签字） 日期：		

本表由监理人员填写建档留存。

危大工程安全监理日巡视检查表

表 23-3

危大分项工程名称：碗扣式钢管脚手架　　　　　　　　　　　　　年　　月　　日

项目名称	
巡视工程部位	
执行标准	《建筑施工碗扣式钢管脚手架安全技术规范》JGJ 166-2016
天气情况	□晴　□阴　□大雨　□小雨　□大风　□大雾　□大雪　□小雪

序号	检查项目	检查内容	检查结果是否合格		备注
1	施工方案	1）是否编制专项施工方案或是否进行设计计算	□是	□否	
		2）专项施工方案是否按规定审核、审批	□是	□否	
		3）架体搭设超过规范允许高度，专项施工方案是否组织专家论证	□是	□否	
2	交底与验收	1）架体搭设前是否进行交底或交底是否有文字记录	□是	□否	
		2）架体分段搭设、分段使用是否办理分段验收	□是	□否	
		3）架体搭设完毕是否办理验收手续	□是	□否	
		4）验收内容是否经负责人签字确认	□是	□否	
3	架体基础	1）基础处理方式和承载力是符合专项施工方案要求，地基应坚实、平整	□是	□否	
		2）立杆底部是否按专项施工方案要求设置底座、垫板或混凝土垫层	□是	□否	
		3）架体底部是否按规范要求设置扫地杆	□是	□否	
		4）立杆和基础是否接触紧密	□是	□否	
		5）基础排水设施是否完善，且排水应畅通	□是	□否	
		6）当支撑架设在既有结构上时，是否对既有结构的承载力进行验算，必要时应采取加固措施	□是	□否	
4	架体稳定	1）架体与建筑结构是否按规范要求拉结	□是	□否	
		2）架体底层第一步水平杆处是否按规范要求设置连墙件或采用其他可靠措施固定	□是	□否	
		3）连墙件是否采用刚性杆件	□是	□否	
		4）是否按规范要求设置专用斜杆或"八"字形斜撑	□是	□否	
		5）专用斜杆两端是否固定在纵、横向水平杆与立杆交汇的碗扣结点处	□是	□否	
		6）专用斜杆或八字形斜撑是否沿脚手架高度连续设置或角度不符合要求	□是	□否	
5	杆件锁件	1）立杆间距、水平杆步距未超过设计或规范要求	□是	□否	
		2）是否按专项施工方案设计的步距在立杆连接碗扣结点处设置纵、横向水平杆	□是	□否	

续表

5	杆件锁件	3）架体搭设高度超过24m时，顶部24m以下的连墙件层是否按规定设置水平斜杆	□是	□否	
		4）架体组装是否牢固，上碗扣紧固是否符合要求	□是	□否	
6	脚手板	1）脚手板是否满铺或铺设牢固、稳定	□是	□否	
		2）脚手板规格或材质是否符合要求	□是	□否	
		3）采用挂扣式钢脚手板时挂钩是否挂扣在横向水平杆上或挂钩是否处于锁住状态	□是	□否	
7	架体防护	1）架体外侧是否采用密目式安全网封闭，网间连接是否严密	□是	□否	
		2）作业层防护栏杆是否符合规范要求	□是	□否	
		3）作业层外侧是否设置规定高度的挡脚板	□是	□否	
		4）作业层脚手板下是否采用安全平网兜底，作业层以下每隔10m是否用安全平网封闭	□是	□否	
8	构配件材质	1）杆件不得出现弯曲、变形、锈蚀严重的情况	□是	□否	
		2）钢管、构配件的规格、型号、材质或产品质量是否符合规范要求	□是	□否	
9	荷载	1）施工荷载是否符合设计规定	□是	□否	
		2）荷载是否堆放均匀	□是	□否	
10	通道	1）是否设置人员上下专用通道	□是	□否	
		2）通道设置是否符合要求	□是	□否	
监理对存在问题处理意见：					

监理巡视人员（签字）	总包单位专职安全管理人员（签字）
日期：	日期：

本表由监理人员填写建档留存。

危大工程安全监理日巡视检查表　　　　表23-4

危大分项工程名称：承插型盘扣式钢管脚手架　　　　　　　　　　年　月　日

项目名称		
巡视工程部位		
执行标准	《建筑施工承插型盘扣式钢管脚手架安全技术标准》JGJ/T 231-2021	
天气情况	□晴　□阴　□大雨　□小雨　□大风　□大雾　□大雪　□小雪	

序号	检查项目	检查内容	检查结果是否合格		备注
1	施工方案	1）是否编制专项施工方案或是否进行设计计算	□是	□否	
		2）专项施工方案是否按规定审核、审批	□是	□否	
		3）架体搭设超过规范允许高度时，专项施工方案是否组织专家论证	□是	□否	
2	交底与验收	1）架体搭设前是否进行交底或交底是否有文字记录	□是	□否	
		2）架体分段搭设、分段使用是否办理分段验收	□是	□否	
		3）架体搭设完毕是否办理验收手续	□是	□否	
		4）验收内容未进行量化，或是否经负责人签字确认	□是	□否	
3	架体基础	1）基础处理方式和承载力是否符合专项施工方案要求，地基是否坚实、平整	□是	□否	
		2）立杆底部是否按专项施工方案要求设置底座、垫板或混凝土垫层	□是	□否	
		3）架体底部是否按规范要求设置扫地杆	□是	□否	
		4）立杆和基础是否接触紧密	□是	□否	
		5）基础排水设施是否完善，且排水应畅通	□是	□否	
		6）当支撑架设在既有结构上时，是否对既有结构的承载力进行验算，必要时应采取加固措施	□是	□否	
4	架体稳定	1）架体与建筑结构是否按规范要求拉结	□是	□否	
		2）架体底层第一步水平杆处是否按规范要求设置连墙件或采用其他可靠措施固定	□是	□否	
		3）连墙件是否采用刚性杆件	□是	□否	
		4）是否按规范要求设置竖向斜杆或剪刀撑	□是	□否	
		5）竖向斜杆两端是否固定在纵、横向水平杆与立杆交汇的盘扣结点处	□是	□否	
		6）斜杆或剪刀撑是否沿脚手架高度连续设置或角度是否符合要求	□是	□否	
5	杆件设置	1）架体立杆间距、水平杆步距是否符合设计或及规范要求	□是	□否	
		2）是否按专项施工方案及设计的步距在立杆连接插盘处设置纵、横向水平杆	□是	□否	

续表

5	杆件设置	3）双排脚手架的每步水平杆层，当无挂扣钢脚手板时是否按规范要求设置水平斜杆	□是	□否
6	脚手板	1）脚手板是否满铺，铺设是否牢固、稳定	□是	□否
		2）脚手板规格或材质是否符合要求	□是	□否
		3）采用挂扣式钢脚手板时，挂钩是否挂扣在横向水平杆上或挂钩是否处于锁住状态	□是	□否
7	架体防护	1）架体外侧是否采用密目式安全网封闭或网间连接严密	□是	□否
		2）作业层防护栏杆是否符合规范要求	□是	□否
		3）作业层外侧是否设置规定高度的挡脚板	□是	□否
		4）作业层脚手板下是否采用安全平网兜底，作业层以下每隔10m是否采用安全平网封闭	□是	□否
8	杆件连接	立杆竖向接长位置是否符合要求	□是	□否
		剪刀撑的斜杆接长是否符合要求	□是	□否
9	构配件材质	1）杆件不得出现弯曲、变形、锈蚀严重的情况	□是	□否
		2）钢管、构配件的规格、型号、材质或产品质量是否符合规范要求	□是	□否
10	通道	1）是否设置人员上下专用通道	□是	□否
		2）通道设置是否符合要求	□是	□否

监理对存在问题处理意见：	
监理巡视人员（签字）	总包单位专职安全管理人员（签字）
日期：	日期：

本表由监理人员填写建档留存。

危大工程安全监理日巡视检查表

表 23-5

危大分项工程名称：满堂式脚手架　　　　　　　　　　　　　　　　年　　月　　日

项目名称	
巡视工程部位	
执行标准	《建筑施工扣件式钢管脚手架安全技术规范》JGJ 130-2011； 《建筑施工门式钢管脚手架安全技术标准》JGJ/T 128-2019； 《建筑施工碗扣式钢管脚手架安全技术规范》JGJ 166-2016； 《建筑施工承插型盘扣式钢管脚手架安全技术标准》JGJ/T 231-2021
天气情况	□晴　□阴　□大雨　□小雨　□大风　□大雾　□大雪　□小雪

序号	检查项目	检查内容	检查结果是否合格		备注
1	施工方案	1）是否编制专项施工方案或是否进行设计计算	□是	□否	
		2）专项施工方案是否按规定审核、审批	□是	□否	
		3）架体搭设超过规范允许高度时，专项施工方案是否组织专家论证	□是	□否	
2	交底与验收	1）架体搭设前是否进行交底，交底是否有文字记录	□是	□否	
		2）架体分段搭设、分段使用是否办理分段验收	□是	□否	
		3）架体搭设完毕是否办理验收手续	□是	□否	
		4）验收内容是否经负责人签字确认	□是	□否	
3	架体基础	1）基础处理方式和承载力是否符合专项施工方案要求，地基是否坚实、平整	□是	□否	
		2）立杆底部是否按专项施工方案要求设置底座、垫板或混凝土垫层	□是	□否	
		3）架体底部是否按规范要求设置扫地杆	□是	□否	
		4）立杆和基础是否接触紧密	□是	□否	
		5）基础排水设施是否完善，且排水应畅通	□是	□否	
		6）当支撑架设在既有结构上时，是否对既有结构的承载力进行验算，必要时应采取加固措施	□是	□否	
4	架体稳定	1）架体四周与中间是否按规范要求设置竖向剪刀撑或专用斜杆	□是	□否	
		2）是否按规范要求设置水平剪刀撑或专用水平斜杆	□是	□否	
		3）架体高宽比超过规范要求时是否采取与结构拉结或其他可靠的稳定措施	□是	□否	
5	杆件锁件	1）架体立杆间距、水平杆步距是否符合设计及规范要求	□是	□否	
		2）杆件接长是否符合要求	□是	□否	
		3）架体搭设是否牢固，杆件节点紧固是否符合要求	□是	□否	

续表

6	脚手板	1）脚手板是否满铺，铺设是否牢固、稳定	□是	□否	
		2）脚手板规格或材质是否符合要求	□是	□否	
		3）采用挂扣式钢脚手板时挂钩是否挂扣在横向水平杆上，挂钩是否处于锁住状态	□是	□否	
7	架体防护	1）架体外侧是否采用密目式安全网封闭，网间连接是否严密	□是	□否	
		2）作业层防护栏杆是否符合规范要求	□是	□否	
		3）作业层外侧是否设置规定高度的挡脚板	□是	□否	
		4）作业层脚手板下是否采用安全平网兜底，作业层以下每隔10m是否用安全平网封闭	□是	□否	
8	构配件材质	1）杆件不得出现弯曲、变形、锈蚀严重的情况	□是	□否	
		2）钢管、构配件的规格、型号、材质或产品质量是否符合规范要求	□是	□否	
9	荷载	1）施工荷载是否符合设计规定	□是	□否	
		2）荷载是否堆放均匀	□是	□否	
10	通道	1）是否设置人员上下专用通道	□是	□否	
		2）通道设置是否符合要求	□是	□否	

监理对存在问题处理意见：	
监理巡视人员（签字）	总包单位专职安全管理人员（签字）
日期：	日期：

本表由监理人员填写建档留存。

危大工程安全监理日巡视检查表 表23-6

危大分项工程名称：塔式起重机（安装、使用、拆卸）　　　　　　　年　　月　　日

项目名称				
巡视工程部位				
执行标准	《塔式起重机安全规程》GB 5144-2006；《建筑施工塔式起重机安装、使用、拆卸安全技术规程》JGJ 196-2010			
天气情况	□晴　□阴　□大雨　□小雨　□大风　□大雾　□大雪　□小雪			

序号	检查项目	检查内容	检查结果是否合格		备注
1	方案与交底	1）塔式起重机安装、拆卸前是否编制专项施工方案，并应对地基基础进行设计	□是	□否	
		2）多塔作业是否制定《群塔作业专项方案》	□是	□否	
		3）专项施工方案是否进行审核、审批	□是	□否	
		4）超过一定规模的塔式起重机的安装和拆卸工程专项施工方案是否组织专家论证	□是	□否	
		5）专项施工方案实施前，是否进行安全技术交底，是否有文字记录	□是	□否	
2	安全装置	1）塔式起重机是否安装起重重量限制器，起重重量限制器是否灵敏、可靠	□是	□否	
		2）塔式起重机是否安装起重力矩限制器，起重力矩限制器是否灵敏、可靠	□是	□否	
		3）塔式起重机是否安装起升高度限位器，起升高度限位器是否灵敏、可靠，其安全越程是否符合相关标准规定要求	□是	□否	
		4）小车变幅的塔式起重机是否安装小车行程限位开关，小车行程限位开关是否灵敏、可靠	□是	□否	
		5）动臂变幅的塔式起重机是否安装臂架幅度限位开关，臂架幅度限位开关是否灵敏、可靠	□是	□否	
		6）回转部分不设集电器的塔式起重机应安装回转位器，回转位器是否灵敏、可靠	□是	□否	
		7）行走式塔式起重机应安装行走限位器和夹轨器，行走限位器和夹轨器是否灵敏、可靠	□是	□否	
3	保护装置	1）小车变幅的塔式起重机是否安装断绳保护装置和断轴保护装置	□是	□否	
		2）塔机行走和小车变幅轨道行程末端是否装缓冲器和止挡装置	□是	□否	
		3）塔式起重机顶部高度大于30m且高于周围建筑物时，是否在塔顶和臂架端部安装红色障碍指示灯	□是	□否	
		4）起重臂架根部铰点高度大于50m的塔式起重机是否安装风速仪，并应灵敏可靠	□是	□否	

续表

4	吊钩滑轮钢丝绳与索具	1）吊钩规格、型号是否符合产品说明书要求，其磨损、变形是否在相关标准允许范围内	□是	□否	
		2）滑轮、卷筒的磨损是否在相关标准允许范围内	□是	□否	
		3）吊钩、滑轮、卷筒是否设置钢丝绳防脱装置，并应完好可靠	□是	□否	
		4）钢丝绳磨损、断丝、变形、锈蚀是否在相关标准允许范围内	□是	□否	
		5）钢丝绳的规格、型号、穿绕是否符合产品说明书要求，端部固接方式是否符合相关标准要求	□是	□否	
		6）当吊钩处于最低位置时，卷筒上钢丝绳不应少于3圈	□是	□否	
		7）卷筒上钢丝绳尾端固定方式是否符合产品说明书要求，并应设置安全可靠的固定装置	□是	□否	
		8）索具安全系数和端部固接方式是否符合相关标准要求	□是	□否	
5	塔身附着装置	1）塔式起重机是否按使用说明书要求安装附着装置	□是	□否	
		2）附着装置水平距离是否符合产品说明书要求，并应进行设计	□是	□否	
		3）附着前、附着后塔身垂直度是否符合相关标准规定要求	□是	□否	
		4）当采用内爬式塔式起重机时，是否对承载结构进行承载力验算	□是	□否	
6	安装拆卸与验收	1）塔式起重机是否有制造许可证、产品合格证、备案证明和产品说明书	□是	□否	
		2）安装、拆卸单位是否取得起重设备安装工程专业承包资质和安全生产许可证	□是	□否	
		3）安装、拆卸作业人员是否取得特种作业操作证	□是	□否	
		4）恶劣气候条件下不得进行塔式起重机安装和拆除	□是	□否	
		5）塔式起重机安装完成后是否履行验收程序，填写安装验收表，并经责任人签字，验收后应办理使用登记，否则不得使用	□是	□否	
7	顶升	1）塔式起重机顶升加节是否符合使用说明书要求	□是	□否	
		2）顶升前，是否将回转下支座与顶升套架可靠连接，并应将塔式起重机配平	□是	□否	
		3）顶升时，不得进行起升、回转、变幅等操作	□是	□否	
		4）顶升结束后是否将标准节与回转下支座可靠连接	□是	□否	
		5）塔式起重机加节后需进行附着时，是否按先装附着装置、后顶升加节的顺序进行	□是	□否	
		6）拆除作业时，是否先降节，后拆除附着装置	□是	□否	

续表

8	轨道与基础	1）塔式起重机基础形式、材料、尺寸是否符合产品说明书要求，并应履行验收程序	□是	□否	
		2）基础是否设置防、排水设施	□是	□否	
		3）行走式塔式起重机的轨道、路基箱、枕木、道钉、压板等设施是否符合产品说明书要求	□是	□否	
9	结构设施	1）主要受力结构件变形、锈蚀是否在相关标准允许范围内	□是	□否	
		2）平台、起重臂走道、梯子、护栏、护圈设置是否符合产品说明书要求	□是	□否	
		3）高强螺栓、销轴、紧固件的紧固、连接是否符合产品说明书要求，高强螺栓是否使用力矩扳手或专用工具紧固	□是	□否	
		4）司机室设置是否符合相关标准要求	□是	□否	
10	安全使用	1）起重司机、信号司索工是否取得特种作业操作证	□是	□否	
		2）行走式塔式起重机停止作业时，是否锁紧夹轨器	□是	□否	
		3）每班作业前是否进行例行检查，并应填写检查记录	□是	□否	
		4）实行多班作业，是否填写交接班记录	□是	□否	
		5）多台塔式起重机作业时，两台塔式起重机之间的最小架设距离是否符合相关标准规定	□是	□否	
		6）塔式起重机严禁采用吊具载运人员	□是	□否	
		7）吊运易散落物件时，是否使用专用吊笼；严禁吊运易燃易爆物品	□是	□否	
		8）遇5级大风等恶劣气候条件下不得进行吊装作业	□是	□否	
11	电气安全	1）塔式起重机是否采用TN-S接零保护系统供电	□是	□否	
		2）电缆使用及固定是否符合相关标准要求	□是	□否	
		3）塔式起重机是否设置非自动复位型紧急断电开关，并灵敏可靠	□是	□否	
		4）塔式起重机是否按相关标准要求设置避雷装置	□是	□否	
		5）塔式起重机与架空线路的安全距离是否符合相关标准规定	□是	□否	

监理对存在问题处理意见：	
监理巡视人员（签字）	总包单位专职安全管理人员（签字）
日期：	日期：

本表由监理人员填写建档留存。

危大工程安全监理日巡视检查表

表 23-7

危大分项工程名称：门式起重机　　　　　　　　　　　　　年　　月　　日

项目名称	
巡视工程部位	
执行标准	《起重机械安全规程 第5部分：桥式和门式起重机》GB/T 6067.5-2014
天气情况	□晴　□阴　□大雨　□小雨　□大风　□大雾　□大雪　□小雪

序号	检查项目	检查内容	检查结果是否合格		备注
1	方案与交底	1）门式起重机安装、拆卸前是否编制专项施工方案	□是	□否	
		2）专项施工方案是否进行审核、审批	□是	□否	
		3）起重量300kN及以上的门式起重机安装和拆卸工程，其专项施工方案是否组织专家论证	□是	□否	
		4）专项施工方案实施前，是否进行安全技术交底，并应有文字记录	□是	□否	
2	安全装置	1）门式起重机是否安装起重重量限制器，并灵敏可靠	□是	□否	
		2）门式起重机是否安装起升高度限位器，并灵敏可靠，其安全越程是否符合相关标准规定	□是	□否	
		3）门式起重机和起重小车是否安装运行行程限位器，并灵敏可靠	□是	□否	
3	保护装置	1）同轨运行的门式起重机之间是否安装防碰撞装置	□是	□否	
		2）门式起重机和小车行走轨道行程末端是否安装缓冲器和止挡装置	□是	□否	
		3）起升高度大于12m时是否安装风速风级报警器，并灵敏可靠	□是	□否	
		4）在主梁一侧落钩的单梁起重机是否设置防倾覆安全钩，并有效	□是	□否	
		5）门式起重机是否安装连锁保护安全装置，并灵敏可靠	□是	□否	
		6）门式起重机是否安装有效的抗风防滑装置，并固定牢固	□是	□否	
4	吊钩、滑轮、钢丝绳	1）吊钩规格、型号是否符合产品说明书要求，其磨损、变形是否在相关标准允许范围内	□是	□否	
		2）滑轮、卷筒的磨损是否在相关标准允许范围内	□是	□否	
		3）吊钩、滑轮、卷筒是否设置钢丝绳防脱装置，并应完好可靠	□是	□否	
		4）钢丝绳磨损、断丝、变形、锈蚀是否在相关标准允许范围内	□是	□否	
		5）钢丝绳的规格、型号、穿绕是否符合产品说明书要求，端部固接方式是否符合相关标准要求	□是	□否	

续表

4	吊钩、滑轮、钢丝绳	6）当吊钩处于最低位置时，卷筒上钢丝绳不应少于3圈	□是	□否	
		7）卷筒上钢丝绳尾端固定方式是否符合产品说明书要求，并应设置安全可靠的固定装置	□是	□否	
		8）索具安全系数和端部固接方式是否符合相关标准规定要求	□是	□否	
5	轨道与基础	1）地基承载力应符合产品说明书要求，基础是否坚实稳固，满足承载力要求，并是否设置防、排水设施	□是	□否	
		2）基础与轨道的固定方式是否符合产品说明书要求，并应固定牢固	□是	□否	
		3）轨道铺设公差是否符合产品说明书要求	□是	□否	
		4）轨道不应有明显扭度，接头处间隙不应过大	□是	□否	
		5）轨道顶面或侧面不应有过大磨损量	□是	□否	
		6）路基箱、枕木、道钉、压板等设施是否符合产品说明书要求	□是	□否	
		7）当门式起重机支撑在既有结构上时，是否对既有结构的承载力进行确认或验算	□是	□否	
6	安装、拆卸与验收	1）门式起重机是否有制造许可证、产品合格证、备案证明和产品说明书	□是	□否	
		2）安装、拆卸单位是否取得起重设备安装工程专业承包资质和安全生产许可证	□是	□否	
		3）安装、拆卸作业人员是否取得特种作业操作证	□是	□否	
		4）当遇恶劣气候不能继续安拆时，是否对已安装或尚未拆除部分采取固定措施	□是	□否	
		5）门式起重机安装完成后是否履行验收程序，安装验收表是否经责任人签字，验收后应办理使用登记，否则不得使用	□是	□否	
7	安全使用	1）门式起重机安装完毕后是否进行调试和试运行，试吊荷载不应小于现场实际起重量	□是	□否	
		2）起重司机、信号司索工是否取得特种作业操作证	□是	□否	
		3）门式起重机使用期间是否进行交接班检查、日常检查和周期检查，并应形成检查记录	□是	□否	
		4）起重机停止作业时，应锁紧夹轨器	□是	□否	
8	安全防护及警示标识	1）门式起重机是否在明显位置设置主要性能标志和安全警示标志	□是	□否	
		2）门式起重机是否在其端部和顶部安装红色障碍警示灯	□是	□否	
		3）安拆及使用场地安全区域位置是否设置围栏或警戒线	□是	□否	

续表

9	结构设施	1）门式起重机主要受力结构件应无明显变形、开焊、裂缝及严重锈蚀等现象	□是	□否	
		2）平台、通道、梯子、护栏设置是否符合产品说明书要求	□是	□否	
		3）高强螺栓、销轴、紧固件的紧固、连接是否符合产品说明书要求，高强螺栓应使用力矩扳手或专用工具紧固	□是	□否	
10	电气控制与保护	1）门式起重机是否设置非自动复位型紧急断电开关，并应灵敏可靠	□是	□否	
		2）门式起重机在其他防雷保护范围以外时，是否按相关标准要求设置避雷装置	□是	□否	
		3）门式起重机的金属结构和所有电气设备系统金属外壳是否进行可靠接地	□是	□否	
		4）门式起重机与架空线路的安全距离或防护措施是否符合相关标准要求	□是	□否	
		5）工作电缆设置是否采取有效保护措施	□是	□否	
		6）门式起重机电气绝缘是否符合相关标准规定要求	□是	□否	

监理对存在问题处理意见：	
监理巡视人员（签字） 日期：	总包单位专职安全管理人员（签字） 日期：

本表由监理人员填写建档留存。

危大工程安全监理日巡视检查表　　　表23-8

危大分项工程名称：流动式起重机（汽车起重机）　　　　　　　　　年　　月　　日

项目名称	
巡视工程部位	
执行标准	《起重机械安全规程 第1部分：总则》GB/T 6067.1-2010； 《建筑施工起重吊装工程安全技术规范》JGJ 276-2012
天气情况	□晴　□阴　□大雨　□小雨　□大风　□大雾　□大雪　□小雪

序号	检查项目	检查内容	检查结果是否合格		备注
1	起重机械	1）流动式起重机进入施工现场时，是否有特种设备制造许可证、产品合格证、备案证明和安装使用说明书	□是	□否	
		2）起重扒杆组装是否符合设计要求	□是	□否	
		3）起重扒杆组装后是否履行验收程序，安装验收表是否有责任人签字			
		4）起重机是否安装荷载限制器及行程限位装置，并应灵敏可靠	□是	□否	
2	钢丝绳与索具	1）钢丝绳磨损、断丝、变形、锈蚀是否在标准允许范围内	□是	□否	
		2）钢丝绳的规格、型号、穿绕是否符合产品说明书要求	□是	□否	
		3）吊钩、卷筒、滑轮磨损是否在相关标准允许范围内	□是	□否	
		4）吊钩、卷筒、滑轮是否设置钢丝绳防脱装置	□是	□否	
		5）起重扒杆的缆风绳、地锚是否符合设计要求	□是	□否	
		6）钢丝绳、索具端部固接方式是否符合相关标准要求	□是	□否	
		7）索具安全系数是否符合相关标准规定要求	□是	□否	
		8）吊索规格是否相互匹配，机械性能是否符合设计要求	□是	□否	
3	作业环境	1）起重机行走、作业处地面承载能力是否符合产品说明书要求	□是	□否	
		2）当起重机支承在既有结构上时，是否对既有结构的承载力进行确认或验算	□是	□否	
		3）地面铺垫措施是否符合产品说明书及相关标准要求，支腿是否伸展到位	□是	□否	
		4）起重机与架空线路安全距离是否符合相关标准要求	□是	□否	
		5）夜间作业时，作业现场照明是否充足	□是	□否	
		6）遇5级大风等恶劣气候条件下不得进行吊装作业	□是	□否	

续表

4	资质与人员	1）起重机械安装、拆卸单位是否取得起重设备安装工程专业承包资质和安全生产许可证	□是	□否	
		2）起重机械安装拆卸工、起重机械司机、起重信号司索工是否取得特种作业资格证书	□是	□否	
		3）起重司机操作证是否与操作机型相符	□是	□否	
		4）起重机作业是否设专职信号指挥和司索人员，一人不得同时兼顾信号指挥和司索作业	□是	□否	
5	起重吊装作业	1）吊索具系挂点位置和系挂方式是否符合专项施工方案要求	□是	□否	
		2）起重重量不得超过起重机的额定起重量	□是	□否	
		3）双机协作起吊作业时，单机荷载不应超过额定起重量的80%	□是	□否	
		4）起重机作业时，严禁起重臂架及吊物下有人员作业、停留或通行	□是	□否	
		5）起重机严禁采用吊具载运人员，被吊物体上不得有人、浮置物、悬挂物件	□是	□否	
		6）吊运易散落物件时，是否使用专用吊笼；严禁吊运易燃易爆物品	□是	□否	
		7）起重机械不应吊装重量不明、埋于地下或粘结在地面的物件	□是	□否	
		8）被吊重物应确保在起重臂架的正下方，严禁斜拉、斜吊	□是	□否	
6	操作控制	1）吊运重物起升或下降速度是否平稳、均匀	□是	□否	
		2）起重机主、副钩不应同时作业	□是	□否	
		3）大型构件吊装是否设置牵引绳，作业人员不得直接推、拉被吊运物	□是	□否	
		4）双机同步提升时，是否采取同步措施	□是	□否	
		5）起重机在松软不平的地面起吊时，不应同时进行两个动作	□是	□否	
		6）起重机在满负荷或接近满负荷时，严禁降落臂架或同时进行两个动作	□是	□否	
		7）起重机回转未停稳时，不得反向动作	□是	□否	
7	悬空作业	1）结构吊装是否设置牢固可靠的高处作业操作平台	□是	□否	
		2）操作平台外围是否按临边作业要求设置防护栏杆	□是	□否	
		3）操作平台面是否满铺脚手板，并应固定牢固	□是	□否	
		4）人员上下高处作业面是否设置爬梯	□是	□否	
		5）高处作业人员是否系挂安全带，安全带应有牢靠悬挂点，安全带应高挂低用	□是	□否	

续表

8	构件码放	1）构件码放荷载是否在作业面承载能力允许范围内	□是	□否
		2）构件码放高度是否满足防倾覆要求	□是	□否
		3）大型构件码放是否有保证稳定的措施	□是	□否
9	警戒监护	1）起重吊装作业是否设置警戒区	□是	□否
		2）起重吊装作业是否有专人监护	□是	□否
监理对存在问题处理意见：				

监理巡视人员（签字）	总包单位专职安全管理人员（签字）
日期：	日期：

本表由监理人员填写建档留存。

危大工程安全监理日巡视检查表　　　　　　　表23-9

危大分项工程名称：施工升降机（施工电梯）　　　　　　　　年　月　日

项目名称	
巡视工程部位	
执行标准	《建筑施工升降机安装、使用、拆卸安全技术规程》JGJ 215-2010
天气情况	□晴　□阴　□大雨　□小雨　□大风　□大雾　□大雪　□小雪

序号	检查项目	检查内容	检查结果是否合格		备注
1	安全装置	1）施工升降机是否安装起重重量限制器，并灵敏可靠	□是	□否	
		2）施工升降机是否安装渐进式防坠安全器并灵敏可靠，防坠器是否在有效的标定期内	□是	□否	
		3）对重钢丝绳是否安装防松绳装置，并灵敏可靠	□是	□否	
		4）底架应安装吊笼和对重缓冲器，缓冲器是否符合相关标准要求	□是	□否	
		5）SC施工升降机是否安装一对以上安全钩	□是	□否	
2	限位装置	1）施工升降机是否安装非自动复位型极限开关，并灵敏可靠	□是	□否	
		2）施工升降机是否安装自动复位型上、下限位开关，并灵敏可靠	□是	□否	
		3）上极限开关与上限位开关之间的安全越程是否符合相关标准要求	□是	□否	
		4）极限开关、限位开关是否设置独立的触发元件	□是	□否	
3	防护设施	1）吊笼和对重升降通道周围是否设置高度不小于2m的防护围栏	□是	□否	
		2）围栏门、吊笼门是否安装机电连锁装置，并灵敏可靠	□是	□否	
		3）停层平台两侧是否按临边作业要求设置防护栏杆、挡脚板和安全立网，平台面应满铺脚手板，并牢固固定	□是	□否	
		4）停层处是否设置具有防外开装置的层门，并应定型化	□是	□否	
		5）层门高度是否符合相关标准要求，并是否安装牢固，具有足够的承载力	□是	□否	
		6）地面进出口是否设置防护棚	□是	□否	
4	附墙架设置	1）附墙架应采用配套标准产品，当标准附墙架产品不满足施工现场要求时，应对附墙架另行设计，附墙架的设计是否满足构件刚度、承载力、稳定性等要求，制作是否符合设计要求	□是	□否	
		2）附墙架与结构物连接方式、角度是否符合产品说明书要求，连接处应牢固可靠	□是	□否	

续表

4	附墙架设置	3）附墙架间距、最高附着点以上导轨架的自由高度是否符合产品说明书要求	□是	□否	
5	钢丝绳、滑轮与对重	1）对重钢丝绳数不得少于2根并应相对独立	□是	□否	
		2）钢丝绳磨损、断丝、变形、锈蚀是否在相关标准允许范围内	□是	□否	
		3）钢丝绳的规格、型号、穿绕是否符合产品说明书要求，端部固接是否符合相关标准要求	□是	□否	
		4）滑轮是否设置钢丝绳防脱装置	□是	□否	
		5）对重重量、固定方式是否符合产品说明书要求	□是	□否	
		6）对重除导向轮或滑轮外是否设置防脱轨保护装置	□是	□否	
6	安装拆卸与验收	1）施工升降机是否有制造许可证、产品合格证、备案证明和产品说明书	□是	□否	
		2）安装、拆卸单位是否取得起重设备安装工程专业承包资质和安全生产许可证	□是	□否	
		3）安装、拆卸作业人员是否取得特种作业操作证	□是	□否	
		4）安装、拆卸作业是否编制专项施工方案，并进行审核、审批	□是	□否	
		5）施工升降机安装完成后应履行验收程序，填写安装验收表，并经责任人签字，验收后应办理使用登记	□是	□否	
7	安全使用	1）司机是否取得特种作业操作证书，并是否在有效期内	□是	□否	
		2）每班作业前是否进行例行检查，并应填写检查记录	□是	□否	
		3）每日作业结束后，是否将吊笼返回最底层停放	□是	□否	
		4）实行多班作业，是否填写交接班记录	□是	□否	
		5）施工升降机是否安装信号联络装置（呼叫器），并应清晰、完好有效	□是	□否	
		6）施工升降机是否按规定的时间间隔进行超载试验和额定载重量坠落试验	□是	□否	
8	导轨架	1）导轨架垂直度是否符合相关标准要求	□是	□否	
		2）标准节质量是否符合产品说明书要求	□是	□否	
		3）对重导轨材质及接头是否符合相关标准要求	□是	□否	
		4）标准节连接螺栓使用应符合产品说明书要求	□是	□否	
9	基础	1）基础形式、材料、尺寸是否符合产品说明书要求，并应履行验收手续	□是	□否	
		2）基础设置在既有结构上时，是否对其支承结构进行承载力验算	□是	□否	
		3）基础是否设置防水、排水设施	□是	□否	

续表

10	电气安全	1）吊笼是否安装非自动复位型急停开关，任何时候均可切断控制电路停止吊笼运行	□是	□否
		2）施工升降机在其他避雷装置保护范围以外时，是否按相关标准要求设置避雷装置	□是	□否
		3）施工升降机的金属结构和所有电气设备系统金属外壳应进行可靠接地	□是	□否
		4）施工升降机与架空线路安全距离或防护措施是否符合相关标准要求	□是	□否
		5）电缆导向架设置是否符合产品说明书要求	□是	□否
		6）吊笼顶窗是否安装电气安全开关，并灵敏可靠	□是	□否
监理对存在问题处理意见：				
监理巡视人员（签字） 日期：		总包单位专职安全管理人员（签字） 日期：		

本表由监理人员填写建档留存。

危大工程安全监理日巡视检查表　　　　　表 23-10

危大分项工程名称：钢管双排脚手架（搭设高度24m及以上）　　　　　年　　月　　日

项目名称	
巡视工程部位	
执行标准	《建筑施工扣件式钢管脚手架安全技术规范》JGJ 130-2011； 《建筑施工门式钢管脚手架安全技术标准》JGJ/T 128-2019； 《建筑施工碗扣式钢管脚手架安全技术规范》JGJ 166-2016； 《建筑施工承插型盘扣式钢管脚手架安全技术标准》JGJ/T 231-2021
天气情况	□晴　□阴　□大雨　□小雨　□大风　□大雾　□大雪　□小雪

序号	检查项目	检查内容	检查结果是否合格		备注
1	方案与交底	1）钢管双排脚手架搭设前是否编制专项施工方案	□是	□否	
		2）架体结构和连墙件、立杆地基承载力是否进行设计	□是	□否	
		3）专项施工方案是否进行审核、审批	□是	□否	
		4）当双排钢管脚手架搭设高度在50m及以上时，其专项施工方案是否组织专家论证	□是	□否	
		5）专项施工方案实施前，是否进行安全技术交底，并有文字记录	□是	□否	
2	构配件和材质	1）进场的钢管及构配件是否有产品质量合格证、性能检验报告	□是	□否	
		2）其规格、型号、材质及产品质量是否符合相关标准要求	□是	□否	
		3）钢管是否未有严重的弯曲、变形、锈蚀，且各部位焊缝饱满	□是	□否	
		4）所采用的扣件是否进行复试，且技术性能符合相关标准要求	□是	□否	
3	地基基础	1）立杆基础是否按专项施工方案要求进行整平、夯实，并采取排水措施	□是	□否	
		2）立杆底部是否设置底座、垫板，垫板的规格应符合相关标准要求	□是	□否	
		3）立杆和基础是否接触紧密	□是	□否	
		4）当脚手架搭设在既有结构上时，是否对既有结构的承载力进行验算，且必要时采取加固措施	□是	□否	
4	架体搭设	1）立杆纵、横向间距和水平杆步距是否符合专项施工方案要求	□是	□否	
		2）立杆垂直度和纵向水平杆水平度、直线度是否符合相关标准要求	□是	□否	
		3）纵向水平杆和扫地杆是否连续设置，不得缺失	□是	□否	
		4）主节点处的横向水平杆是否漏设	□是	□否	

续表

4	架体搭设	5) 非主节点处的水平杆设置方向是否与脚手板的类型相匹配，并按专项施工方案规定的数量要求设置	□是	□否	
		6) 门洞设置是否符合相关标准的构造加强要求	□是	□否	
		7) 起重设备、混凝土输送管、模板支撑架、物料周转平台等设施是否未与脚手架相连接	□是	□否	
5	架体稳定	1) 扫地杆离地间距是否符合相关标准要求	□是	□否	
		2) 架体外立面是否按专项施工方案规定的位置、数量、间距设置竖向剪刀撑或专用斜撑杆	□是	□否	
		3) 架体是否按专项施工方案规定的竖向和水平间距设置连墙件	□是	□否	
		4) 连墙件是否采用能可靠传递拉力和压力的刚性杆件，且拉结点牢固可靠	□是	□否	
		5) 连墙件或等效支撑件是否从架体第一道水平杆处开始设置	□是	□否	
		6) 竖向剪刀撑杆件与地面的夹角是否为45°～60°	□是	□否	
6	作业层脚手板设置	1) 脚手板材质、规格是否符合相关标准要求	□是	□否	
		2) 作业层脚手板是否铺满、铺稳、铺实	□是	□否	
		3) 采用工具式钢脚手板时，脚手板两端是否有挂钩，并带有自锁装置与作业层横向水平杆锁紧，严禁浮放	□是	□否	
		4) 采用木脚手板、竹串片脚手板、竹笆脚手板时，脚手板两端是否与水平杆绑牢	□是	□否	
		5) 脚手板探头长度是否不大于150mm	□是	□否	
7	检查验收	1) 在构配件进场、基础完工、分段搭设、分段使用时，是否分阶段进行检查验收，并形成记录	□是	□否	
		2) 脚手架搭设完毕、投入使用前，是否办理完工验收手续并形成验收记录	□是	□否	
		3) 检查验收内容和指标是否有量化内容，并由责任人签字确认	□是	□否	
		4) 验收合格后是否在明显位置悬挂验收合格牌	□是	□否	
8	杆件连接	1) 节点组装时，扣件的扭紧力矩是否不小于40N·m	□是	□否	
		2) 碗扣节点上碗扣是否通过限位销锁紧水平杆，承插型盘扣节点的插销应楔紧	□是	□否	
		3) 相邻立杆接头是否不在同一步距内	□是	□否	
		4) 扣件式钢管脚手架的纵向水平杆是否采用搭接连接时，其搭接长度不小于1m，并不少于3处扣接点	□是	□否	
		5) 扣件式钢管脚手架立杆除顶层顶步外，是否未采用搭接接长	□是	□否	

续表

8	杆件连接	6）钢管扣件剪刀撑杆件的接长是否符合相关标准要求	□是	□否	
		7）专用斜撑杆的两端是否固定在纵、横向水平杆与立杆交汇的节点处	□是	□否	
		8）钢管扣件剪刀撑杆件的连接点距架体主节点距离是否不大于150mm	□是	□否	
		9）架体与连墙件的连接点距架体主节点距离是否不大于300mm	□是	□否	
9	安全防护	1）架体作业层是否按相关标准要求在外立杆侧设置上、中两道防护栏杆	□是	□否	
		2）作业层是否在外立杆内侧设置高度不低于180mm的挡脚板	□是	□否	
		3）作业层脚手板下是否采用安全平网兜底，以下每隔10m是否采用安全平网封闭	□是	□否	
		4）架体外侧是否采用阻燃密目安全网进行全封闭，且网间连接严密	□是	□否	
		5）当内立杆与构筑物距离大于150mm时，是否采用脚手板或安全平网封闭	□是	□否	
		6）架体是否设置供人员上下专用梯道或坡道	□是	□否	
10	使用与监测	1）作业层施工均布荷载、集中荷载是否在方案设计允许范围内	□是	□否	
		2）使用过程中是否未任意拆除架体构配件	□是	□否	
		3）使用过程中，是否对地基排水性能、架体结构的完整性和连接牢固性、基础沉降、立杆垂直度和使用工况进行定期巡视检查与监测，并形成记录	□是	□否	

监理对存在问题处理意见：	
监理巡视人员（签字）	总包单位专职安全管理人员（签字）
日期：	日期：

本表由监理人员填写建档留存。

危大工程安全监理日巡视检查表　　　　　表23-11

危大分项工程名称：附着式升降脚手架（安装、使用、拆除）　　　　　年　月　日

项目名称	
巡视工程部位	
执行标准	《建筑施工工具式脚手架安全技术规范》JGJ 202-2010
天气情况	□晴　□阴　□大雨　□小雨　□大风　□大雾　□大雪　□小雪

序号	检查项目	检查内容	检查结果是否合格		备注
1	施工方案	1）附着式升降脚手架搭设作业是否编制专项施工方案，结构设计应进行计算	□是	□否	
		2）专项施工方案是否按规定进行审核、审批	□是	□否	
		3）脚手架提升超过规定允许高度，其专项施工方案是否组织专家进行论证	□是	□否	
2	安全装置	1）附着式升降脚手架应安装防坠落装置，技术性能是否符合规范要求	□是	□否	
		2）防坠落装置与升降设备应分别独立固定在建筑结构上	□是	□否	
		3）防坠落装置是否设置在竖向主框架处，与建筑结构附着	□是	□否	
		4）附着式升降脚手架是否安装防倾覆装置，技术性能是否符合规范要求	□是	□否	
		5）升降和使用工况时，最上和最下两个防倾装置之间最小间距是否符合规范要求	□是	□否	
		6）附着式升降脚手架是否安装同步控制装置，并应符合规范要求	□是	□否	
3	架体构造	1）架体高度不应大于5倍楼层高度，宽度不应大于1.2m	□是	□否	
		2）直线布置的架体支承跨度不应大于7m，折线、曲线布置的架体支撑点处的架体外侧距离不应大于5.4m	□是	□否	
		3）架体水平悬挑长度不应大于2m，且不应大于跨度的1/2	□是	□否	
		4）架体悬臂高度不应大于架体高度的2/5，且不应大于6m	□是	□否	
		5）架体高度与支承跨度的乘积不应大于110m²	□是	□否	
4	附着支座	1）附着支座数量、间距是否符合规范要求	□是	□否	
		2）使用工况是否将竖向主框架与附着支座固定	□是	□否	
		3）升降工况是否将防倾、导向装置设置在附着支座上	□是	□否	
		4）附着支座与建筑结构连接固定方式是否符合规范要求	□是	□否	
5	架体安装	1）主框架和水平支承桁架的节点是否采用焊接或螺栓连接，各杆件的轴线应汇交于节点	□是	□否	
		2）内外两片水平支承桁架的上弦和下弦之间是否设置水平支撑杆件，各节点是否采用焊接或螺栓连接	□是	□否	

续表

5	架体安装	3）架体立杆底端是否设在水平桁架上弦杆的节点处	□是	□否	
		4）竖向主框架组装高度应与架体高度相等	□是	□否	
		5）剪刀撑是否沿架体高度连续设置，并是否将竖向主框架、水平支承桁架和架体构架连成一体，剪刀撑斜杆水平夹角应为45°～60°	□是	□否	
6	架体升降	1）两跨以上架体同时升降是否采用电动或液压动力装置，不得采用手动装置	□是	□否	
		2）升降工况附着支座处建筑结构混凝土强度是否符合设计和规范要求	□是	□否	
		3）升降工况架体上不得有施工荷载，严禁人员在架体上停留	□是	□否	
7	检查验收	1）动力装置、主要结构配件进场是否按规定进行验收	□是	□否	
		2）架体分区段安装、分区段使用时，是否进行分区段验收	□是	□否	
		3）架体安装完毕是否按规定进行整体验收，验收内容应有责任人签字确认	□是	□否	
		4）架体每次升、降前是否按规定进行检查，并应填写检查记录	□是	□否	
8	脚手板	1）脚手板是否铺设严密、平整、牢固	□是	□否	
		2）作业层里排架体与建筑物之间是否采用脚手板或安全平网封闭	□是	□否	
		3）脚手板材质、规格是否符合规范要求	□是	□否	
9	架体防护	1）架体外侧是否采用密目式安全网封闭，网间连接应严密	□是	□否	
		2）作业层是否按规范要求设置防护栏杆	□是	□否	
		3）作业层外侧是否设置高度不小于180mm的挡脚板	□是	□否	
10	架体拆除	1）拆除前是否对作业人员进行安全技术交底，并应有文字记录	□是	□否	
		2）作业人员是否经岗前培训和安全教育	□是	□否	
		3）安装拆除单位资质是否符合要求，特种作业人员是否持证上岗	□是	□否	
		4）架体拆除时是否设置安全警戒区，并设置专人监护	□是	□否	

监理对存在问题处理意见：

监理巡视人员（签字）	总包单位专职安全管理人员（签字）
日期：	日期：

本表由监理人员填写建档留存。

危大工程安全监理日巡视检查表　　　　　　　　　表 23-12

危大分项工程名称：悬挑式钢管脚手架（安装、使用、拆除）　　　　　年　月　日

项目名称	
巡视工程部位	
执行标准	《建筑施工扣件式钢管脚手架安全技术规范》JGJ 130-2011； 《建筑施工门式钢管脚手架安全技术标准》JGJ/T 128-2019； 《建筑施工碗扣式钢管脚手架安全技术规范》JGJ 166-2016； 《建筑施工承插型盘扣式钢管脚手架安全技术标准》JGJ/T 231-2021
天气情况	□晴　□阴　□大雨　□小雨　□大风　□大雾　□大雪　□小雪

序号	检查项目	检查内容	检查结果是否合格		备注
1	施工方案	1）架体搭设是否编制专项施工方案，结构设计应进行计算	□是	□否	
		2）架体搭设超过规范允许高度，专项施工方案是否按规定组织专家论证	□是	□否	
		3）专项施工方案是否按规定进行审核、审批	□是	□否	
2	悬挑钢梁	1）钢梁截面尺寸应经设计计算确定，且截面形式是否符合设计和规范要求	□是	□否	
		2）钢梁锚固端长度是否不小于悬挑长度的1.25倍	□是	□否	
		3）钢梁锚固处结构强度、锚固措施是否符合设计和规范要求	□是	□否	
		4）钢梁外端是否设置钢丝绳或钢拉杆与上层建筑结构拉结	□是	□否	
		5）钢梁间距是否按悬挑架体立杆纵距设置	□是	□否	
3	架体稳定	1）立杆底部是否与钢梁连接柱固定	□是	□否	
		2）承插式立杆接长是否采用螺栓或销钉固定	□是	□否	
		3）纵横向扫地杆的设置是否符合规范要求	□是	□否	
		4）剪刀撑是否沿悬挑架体高度连续设置，角度应为45°～60°	□是	□否	
		5）架体是否按规定设置横向斜撑	□是	□否	
		6）架体是否采用刚性连墙件与建筑结构拉结，设置的位置、数量是否符合设计和规范要求	□是	□否	
4	脚手板	1）脚手板材质、规格是否符合规范要求	□是	□否	
		2）脚手板铺设是否严密、牢固，探出横向水平杆长度不应大于150mm	□是	□否	
5	荷载	架体上施工荷载均匀是否设计和规范要求	□是	□否	
6	交底与验收	1）架体搭设前是否进行安全技术交底，并应有文字记录	□是	□否	
		2）架体分段搭设、分段使用时，是否进行分段验收	□是	□否	

续表

6	交底与验收	3）搭设完毕是否办理验收手续，验收内容应由具备资格的责任人签字确认	□是	□否	
7	杆件间距	1）立杆纵、横向间距、纵向水平杆步距是否符合设计和规范要求	□是	□否	
		2）作业层是否按脚手板铺设的需要增加横向水平杆	□是	□否	
8	架体防护	1）作业层是否按规范要求设置防护栏杆	□是	□否	
		2）作业层外侧是否设置高度不小于180mm的挡脚板	□是	□否	
		3）架体外侧是否采用密目式安全网封闭，网间连接应严密	□是	□否	
9	层间防护	1）架体作业层脚手板下是否采用安全平网兜底，以下每隔10m是否采用安全平网封闭	□是	□否	
		2）作业层里排架体与建筑物之间是否采用脚手板或安全平网封闭	□是	□否	
		3）架体底层沿建筑结构边缘在悬挑钢梁与悬挑钢梁之间是否采取措施封闭	□是	□否	
		4）架体底层是否进行封闭	□是	□否	
10	构配件材质	1）型钢、钢管、构配件规格材质是否符合规范要求	□是	□否	
		2）型钢、钢管弯曲、变形、锈蚀是否在规范允许范围内	□是	□否	
11	架体拆除	1）拆除前是否对作业人员进行安全技术交底，并应有文字记录	□是	□否	
		2）作业人员是否经岗前培训和安全教育	□是	□否	
		3）安装拆除单位资质是否符合要求，特种作业人员是否持证上岗	□是	□否	
		4）架体拆除时是否设置安全警戒区，并设置专人监护	□是	□否	

监理对存在问题处理意见：	
监理巡视人员（签字）	总包单位专职安全管理人员（签字）
日期：	日期：

本表由监理人员填写建档留存。

危大工程安全监理日巡视检查表　　　　　　　　　　表23-13

危大分项工程名称：高处作业吊篮　　　　　　　　　　　　年　　月　　日

项目名称	
巡视工程部位	
执行标准	《高处作业吊篮安装、拆卸、使用技术规程》JB/T 11699-2013
天气情况	□晴　□阴　□大雨　□小雨　□大风　□大雾　□大雪　□小雪

序号	检查项目	检查内容	检查结果是否合格		备注
1	方案与交底	1）吊篮安装、拆卸作业前是否编制专项施工方案，吊篮支架支撑处结构的承载力是否经过验算	□是	□否	
		2）专项施工方案是否进行审核、审批	□是	□否	
		3）对于特殊结构施工所采用的非标准吊篮（异型），是否进行设计，并组织专家论证	□是	□否	
		4）专项施工方案实施前，是否进行安全技术交底，并应有文字记录	□是	□否	
2	安全装置	1）吊篮是否安装防坠安全锁，并应灵敏可靠	□是	□否	
		2）防坠安全锁是否在有效期内	□是	□否	
		3）吊篮应为作业人员是否设置安全带专用的安全绳和安全锁扣，安全绳应固定在结构物可靠位置上，不得与吊篮上的任何部位连接	□是	□否	
		4）吊篮是否安装上限位装置，并灵敏可靠	□是	□否	
3	悬挂机构	1）悬挂机构前支架支撑处结构是否有足够的承载力，当悬挂机构的荷载由预埋件承受时，预埋件的安全系数不应小于3	□是	□否	
		2）悬挂机构前梁外伸长度和中梁长度配比、使用高度是否符合产品说明书或吊篮设计要求	□是	□否	
		3）前支架应与支撑面垂直，且脚轮不应受力	□是	□否	
		4）上支架是否固定在前支架调节杆与悬挑梁连接的节点处	□是	□否	
		5）吊篮严禁使用破损的配重块或其他替代物	□是	□否	
		6）配重块固定可靠，重量是否符合使用说明书或吊篮设计要求	□是	□否	
4	钢丝绳	1）钢丝绳磨损、断丝、变形、锈蚀是否在标准允许范围内	□是	□否	
		2）安全钢丝绳是否单独设置，其规格、型号是否与工作钢丝绳一致	□是	□否	
		3）钢丝绳端部绳夹设置是否符合相关标准要求	□是	□否	
		4）吊篮运行时安全钢丝绳是否张紧悬垂	□是	□否	
		5）电焊作业时是否对钢丝绳采取保护措施	□是	□否	

续表

5	悬吊平台	1）悬吊平台是否有足够的承载力，不得出现焊缝开裂、螺栓铆钉松动、变形过大等现象	□是	□否	
		2）悬吊平台的组装长度是否符合产品说明书或吊篮设计要求	□是	□否	
		3）悬吊平台是否设有导向装置或缓冲装置	□是	□否	
6	吊篮安装与拆卸	1）吊篮的安装、拆卸人员是否取得特种作业操作证	□是	□否	
		2）吊篮组装采用的构配件是否是同一生产厂家的产品	□是	□否	
		3）吊篮拆卸分解后的构配件不得放置在构筑物边缘，并是否采取防止坠落的措施，不得将吊篮任何部件从高处抛下	□是	□否	
		4）吊篮维修、拆卸作业时，是否设置警戒区及警示牌，禁止无关人员进入	□是	□否	
7	升降作业	1）吊篮升降操作人员必须经培训合格	□是	□否	
		2）吊篮内的作业人员数量严禁超过2人	□是	□否	
		3）吊篮内作业人员应将安全带用安全锁扣正确挂置在独立设置的专用安全绳上	□是	□否	
		4）作业人员应从地面进出吊篮	□是	□否	
		5）吊篮提升机手动释放装置应完好有效	□是	□否	
		6）吊篮作业时，下方严禁站人	□是	□否	
		7）遇5级大风等恶劣气候时应停止升降（施工）作业			
8	检查验收	1）吊篮安装完毕，是否履行验收程序，填写安装验收表，并应有责任人签字确认	□是	□否	
		2）班前、班后是否对吊篮进行检查	□是	□否	
9	安全防护	1）悬吊平台面是否满铺防滑板，并应固定牢固，操作人员不得穿拖鞋或易滑鞋作业	□是	□否	
		2）悬吊平台周边是否按相关标准要求设置防护栏杆、踢脚板	□是	□否	
		3）上下立体交叉作业时吊篮是否设置顶部防护板	□是	□否	
		4）电焊作业时是否采取有效防火措施，下方严禁有易燃易爆物品			
10	荷载	1）吊篮施工荷载是否符合使用说明或吊篮设计要求	□是	□否	
		2）吊篮施工荷载是否均匀分布	□是	□否	
		3）吊篮是否有重量限载的警示标志	□是	□否	
监理对存在问题处理意见：					
监理巡视人员（签字） 日期：		总包单位专职安全管理人员（签字） 日期：			

本表由监理人员填写建档留存。

危大工程安全监理日巡视检查表 表23-14

危大分项工程名称：卸料平台（安装、使用、拆除）　　　　　　　　　年　　月　　日

项目名称	
巡视工程部位	
执行标准	《危险性较大的分部分项工程安全管理规定》（住房和城乡建设部令第37号）
天气情况	□晴　□阴　□大雨　□小雨　□大风　□大雾　□大雪　□小雪

序号	检查项目	检查内容	检查结果是否合格		备注
1	方案审查	1）是否编制专项施工方案或对卸料平台支撑处结构的承载力进行验算，专项施工方案是否按规定审核、审批	□是	□否	
		2）是否与工程结构进行刚性连接或加设防倾措施，不得与脚手架连接，立杆间距和布距是否符合设计要求，立杆下部设置底座或垫板，纵向与横向扫地杆、外侧剪刀撑或斜撑等是否符合规范要求	□是	□否	
		3）平台台面铺板是否平整严密，下方是否按规范设置安全平网，临边是否设置防护栏杆	□是	□否	
		4）是否有卸料平台安装、使用前安全技术交底	□是	□否	
		5）卸料平台搭设材质是否符合规范和方案要求，搭设完成后是否经监理验收合格后挂牌使用	□是	□否	
2	现场管理	1）在使用过程中，施工单位是否安排专人检查、维护，安全巡视人员是否到位	□是	□否	
		2）卸料平台是否在明显位置设置限定荷载标牌，严禁堆物超载	□是	□否	
		3）是否安装固定件，固定件是否牢固，是否设置有挂设主钢丝绳、安全绳（副绳），安全绳是否固定在建筑物可靠位置	□是	□否	
		4）前支撑位置是否符合规程要求，外伸长度是否符合规定，前支撑与支撑面是否垂直，前支架固定件是否预埋在结构内，并应牢固可靠	□是	□否	
		5）严禁使用磨损、断丝、变形、锈蚀严重的钢丝绳，安全绳规格、型号与工作钢丝绳不应相同，应独立悬挂，安全绳是否牢固地固定在结构上	□是	□否	
		6）卸料平台操作人员是否经培训合格，卸料平台内是否清理干净，卸料平台操作人员是否将安全带使用安全锁扣正确挂置在独立设置的专用部位	□是	□否	
		7）标识标牌是否齐全；堆放荷载是否符合规定要求	□是	□否	
		8）卸料平台周边的防护栏杆或挡脚板的设置是否符合规范要求	□是	□否	
		9）五级以上大风或雷雨天气严禁在卸料平台上作业	□是	□否	

续表

3	平台拆除	1）卸料平台拆除前，施工前班组长是否对操作工人进行班前安全技术交底，严禁非本工种作业	□是	□否
		2）拆除的高处作业人员，是否戴安全帽，系安全带，扎裹脚，穿软底防滑鞋	□是	□否
		3）拆除时是否划分作业区，周围设围栏或设置警戒标志，地面设有专人指挥，严禁非作业人员入内	□是	□否
		4）拆除平台架前指派专人检查平台架上的材料杂物等是否清理干净，拆除时应按规范程序拆除	□是	□否
		5）是否严格遵守拆除顺序，由上而下，后搭者先拆，先搭者后拆的要求	□是	□否
		6）拆下的材料，严禁抛掷，运至地面的材料应按指定地点，随拆随运，分类堆放，当天拆当天清	□是	□否
		7）拆下的扣件或铁丝是否集中回收处理	□是	□否
		8）拆下的钢管使用施工电梯往下运输时，严禁超载	□是	□否
		9）在拆架过程中，不得中途换人，如必须换人时，应将拆除情况交代清楚后离开	□是	□否
		10）施工作业人员不得疲劳和带病作业，严禁酒后作业	□是	□否

监理对存在问题处理意见：	
监理巡视人员（签字） 日期：	总包单位专职安全管理人员（签字） 日期：

本表由监理人员填写建档留存。

危大工程安全监理日巡视检查表　　　　表23-15

危大分项工程名称：移动式操作平台			年　　月　　日		
项目名称					
巡视工程部位					
执行标准	《危险性较大的分部分项工程安全管理规定》（住房和城乡建设部令第37号）				
天气情况	□晴　□阴　□大雨　□小雨　□大风　□大雾　□大雪　□小雪				
序号	检查项目	检查内容	检查结果是否合格		备注
1	方案审查	1）是否依据规范、设计要求，编制移动式操作平台专项施工方案，并报监理审批	□是	□否	
		2）移动式操作平台高度不得超过5m，面积不得超过10m^2，荷载不得超过1.5kN/m^2，并应进行稳定性验算，严禁操作平台的面积或高度超过以上规定值	□是	□否	
		3）操作平台架体四个立面是否设置剪刀撑，轮子与平台的连接是否牢固可靠，立柱底端离地面不应大于80mm，行走轮和导向轮是否配有制动器或刹车闸等制动措施	□是	□否	
		4）操作平台的架体结构采用钢管、型钢及其他材料组装，是否符合《钢结构设计标准》GB 50017-2017及有关脚手架标准的规定	□是	□否	
2	现场管理	1）安全员是否到位，周边的警戒防护是否到位，是否有专人看守	□是	□否	
		2）平台面铺设的钢、木或竹胶合板等材质的脚手板，是否符合材质和承载力要求，是否平整满铺及可靠固定	□是	□否	
		3）操作平台的临边是否设置防护栏杆，单独设置的操作平台是否设置供人上下、踏步间距不大于400mm的扶梯	□是	□否	
		4）操作平台的材质和构造是否满足相关标准的规定	□是	□否	
		5）搭设完成是否经监理验收合格后挂牌使用，施工单位是否安排专人检查、维护	□是	□否	
		6）在移动式操作平台上操作人员应挂好安全带	□是	□否	
		7）在移动式操作平台上进行电焊作业时应有可靠的防火措施	□是	□否	
		8）移动式操作平台应优先选用合格的装配式（定制化）门式脚手架，是否对其整体稳定性、防护完整性及行走脚轮、导向脚轮的制动有效性进行验收，是否经监理验收合格后悬挂验收合格牌	□是	□否	
		9）移动式操作平台移动时，操作平台上不得站人	□是	□否	

	续表
监理对存在问题处理意见:	
监理巡视人员(签字) 日期:	总包单位专职安全管理人员(签字) 日期:

本表由监理人员填写建档留存。

危大工程安全监理日巡视检查表 表23-16

危大分项工程名称：建筑幕墙安装　　　　　　　　　　　　　　　　年　　月　　日

项目名称	
巡视工程部位	
执行标准	《危险性较大的分部分项工程安全管理规定》（住房和城乡建设部令第37号）
天气情况	□晴　□阴　□大雨　□小雨　□大风　□大雾　□大雪　□小雪

序号	检查项目	检查内容	检查结果是否合格		备注
1	方案审查	1）有专项施工方案（H＜50m）	□是	□否	
		2）经施工单位技术负责人审核	□是	□否	
		3）经总监理工程师审查	□是	□否	
		4）方案经专家论证（H≥50m）	□是	□否	
		5）专家论证审查意见已回复并经专家组组长签字确认	□是	□否	
		6）辅助工具是否报验、验收（如：塔式起重机、吊篮等）	□是	□否	
		7）需要检测或备案的工器具是否办理了相关手续	□是	□否	
		8）作业前是否开展安全技术交底；交底内容是否有针对性和时效性	□是	□否	
		9）安装幕墙用的施工机具在使用前，应进行严格检查，电动工具应进行绝缘电压试验，手持玻璃吸盘及玻璃吸盘机应进行吸附重量和吸附持续时间试验，符合规定后方可使用	□是	□否	
2	作业安全	1）采用外脚手架施工时，脚手架应经过设计，并应与主体结构可靠连接，采用落地式钢管脚手架时，应双排布置。幕墙施工时，不得存在私自拆除脚手架相关重要杆件，脚手架作业层物品摆放是否存在坠物危险	□是	□否	
		2）采用吊篮施工时，应固定好安全绳，吊篮不应作为竖向运输工具，吊篮上不得超过二人，不应在空中进行吊篮维修，作业人员应佩戴安全帽，系好安全带	□是	□否	
		3）采用异型吊篮施工时，吊篮应经过专家论证通过后方可使用	□是	□否	
		4）施工人员作业时是否有可靠的安装操作平台，固定好安全绳，佩戴安全帽，系好安全带且有可靠的挂靠点，并配备工具袋	□是	□否	
		5）现场焊接作业时，应采取防火措施，下方易燃易爆物品是否清理干净，动火令、监火人、灭火器、接火斗等是否符合规定要求	□是	□否	
		6）地面警戒线是否设置到位，地面及安装层是否有指挥及监护人员	□是	□否	

续表

2	作业安全	7）当高层建筑的玻璃幕墙安装与主体结构施工交叉作业时，在主体结构的施工层下方应设置可靠的安全防护措施，如：防护网；在距离地面3m高度处，应设置挑出宽度不小于6m的水平防护网	□是	□否
		8）遇5级以上大风等恶劣天气严禁进行作业施工	□是	□否

监理对存在问题处理意见：	
监理巡视人员（签字） 日期：	总包单位专职安全管理人员（签字） 日期：

本表由监理人员填写建档留存。

危大工程安全监理日巡视检查表　　　　　表23-17

危大分项工程名称：钢结构、网架和索膜结构安装　　　　　年　月　日

项目名称	
巡视工程部位	
执行标准	《危险性较大的分部分项工程安全管理规定》(住房和城乡建设部令第37号)
天气情况	□晴　□阴　□大雨　□小雨　□大风　□大雾　□大雪　□小雪

序号	检查项目	检查内容	检查结果是否合格		备注
1	方案审查	1) 有专项施工方案（H＜50m）	□是	□否	
		2) 施工单位技术负责人审核	□是	□否	
		3) 经总监理工程师审查	□是	□否	
		4) 方案经专家论证（跨度大于36m钢结构安装或者跨度大于60m网架/索膜结构安装）	□是	□否	
		5) 专家论证审查意见是否已回复并经专家组组长签字确认	□是	□否	
		6) 辅助工具是否报验、验收（如：塔式起重机、吊篮等）	□是	□否	
		7) 需要检测或备案的工器具是否办理了相关手续	□是	□否	
		8) 作业前是否开展安全技术交底；交底内容是否有针对性和时效性	□是	□否	
		9) 作业人员是否配备有劳动保护用品，劳动保护用品是否合格，是否正确使用	□是	□否	
2	现场管理	1) 采用汽车吊的起重司机、信号工是否持证上岗，汽车起重机是否经过经常验收并粘贴验收合格牌	□是	□否	
		2) 吊装过程中起重指挥是否到位，起重机司机及指挥是否违反"十不吊"	□是	□否	
		3) 起重设备安全限位装置是否到位，起重吊索具是否完好、与吊物是否匹配。吊索具绑扎、挂钩吊物的方式是否正确。汽车吊支腿是否全部完全伸展并设坚固平整的坠板，汽车吊支设位置是否坚固平整	□是	□否	
		4) 构件吊装松钩时，施工人员宜通过钢挂梯登高，是否采用防坠器进行人身保护。钢挂梯是否预先与构件进行可靠连接并随构件起吊	□是	□否	
		5) 钢结构安装所需的平面安全通道是否分层平面连续搭设，宽度不宜小于600m，且两侧是否设置安全护栏或防护钢丝绳	□是	□否	
		6) 在钢梁或钢桁架上行走的作业人员是否佩戴双钩安全带	□是	□否	
		7) 建筑物楼层钢梁吊装完毕后，是否及时分区铺设安全网，安全网的垂直高度和间隔距离是否满足相关标准的规定	□是	□否	

续表

2	现场管理	8）楼层周边钢梁吊装完成后，是否在每层临边设置防护栏，且防护栏高度不低于1.2m	□是	□否
		9）搭拆临边脚手架、操作平台、安全挑网等是否可靠固定在结构上	□是	□否
		10）吊装作业距离高压电线安全距离是否满足要求	□是	□否
		11）吊装作业是否建立警戒区，是否有无关人员擅自进入起重吊装作业警戒区域	□是	□否
		12）遇有六级以上大风或大雨、大雪、大雾等恶劣天气时，是否停止露天起重吊装作业	□是	□否

监理对存在问题处理意见：

监理巡视人员（签字）	总包单位专职安全管理人员（签字）
日期：	日期：

本表由监理人员填写建档留存。

危大工程安全监理日巡视检查表 表 23-18

危大分项工程名称：装配式建筑（混凝土预制构件）安装　　　　　　　　　　年　月　日

项目名称	
巡视工程部位	
执行标准	《危险性较大的分部分项工程安全管理规定》（住房和城乡建设部令第37号）
天气情况	□晴　□阴　□大雨　□小雨　□大风　□大雾　□大雪　□小雪

序号	检查项目	检查内容	检查结果是否合格		备注
1	方案与技术交底	1）有专项施工方案	□是	□否	
		2）吊装设备、吊具、吊索、支撑、支架等是否经过安全验算	□是	□否	
		3）专项施工方案是否经施工单位技术负责人审核	□是	□否	
		4）专项施工方案是否经总监理工程师审批	□是	□否	
		5）人员：对从事预制构件吊装作业及相关人员进行安全培训与交底（有安全技术培训交底资料）	□是	□否	
2	现场管理	1）构件运输和存放对已完成结构、基坑有影响时，应经计算复核。现场运输道路和存放场地应坚实平整，并应有排水措施；施工现场内道路应按照构件运输车辆的要求合理设置转弯半径及道路坡度	□是	□否	
		2）预制构件运送到现场后，应按规格、品种、使用部位，吊装顺序分别设置存放场地。存放场地应设置在吊装设备的有效起重范围内，且应在堆垛之间设置通道。构件存放架应具有足够的抗倾覆性能	□是	□否	
		3）安装作业前，应对安装作业区进行维护并做出明显标识，拉警戒线，严禁无关的人员进入	□是	□否	
		4）检查复核吊装设备及吊具处于安全操作状态，并核实现场环境、天气、道路状况等满足吊装施工要求（遇到雨、雪、雾天气，或者风力大于5级时，不得进行吊装作业）。吊机吊装区域内，非作业人员严禁进入；吊运预制构件时，构件下方严禁站人，应待预制构件降落至距地面1m以内方准作业人员靠近，就位固定后方可脱钩	□是	□否	
		5）防护系统应按照施工方案进行搭设、验收，并应符合下列规定： （1）工具式外防护架应试组装并全面检查，附着在构件上的防护系统应复核其与吊装系统的协调； （2）高处作业人员应正确使用安全防护用品	□是	□否	
		6）高空应通过缆风绳改变预制构件方向，严禁高空直接用手扶预制构件	□是	□否	

续表

2	现场管理	7）构件安装就位后临时固定措施、临时支撑系统应具有足够的强度、刚度和整体稳固性，应按《混凝土结构工程施工规范》GB 50666-2011的有关规定进行验算	□是	□否
		8）竖向预制构件安装采用临时支撑时，应符合下列规定： （1）预制构件的临时支撑不宜少于2道； （2）对预制柱、墙板构件的上部斜支撑，其支撑点距离板底的距离不宜小于构件高度的2/3，且不应小于构件高度的1/2，斜支撑应与构件可靠连接	□是	□否
		9）水平预制构件安装采用临时支撑时，应符合下列规定： （1）首层支撑架体的地基应平整坚实，宜采取硬化措施； （2）临时支撑的间距及其与墙、柱、梁边的净距应经设计计算稳定，竖向连接支撑层数不宜小于2层且上下层支撑宜对准； （3）叠合板预制底板下部支架宜选用定型独立钢支柱，竖向支撑间距应经计算确定	□是	□否
		10）叠合梁、叠合板、预制阳台板及空调板安装等的临时支撑，应在后浇混凝土强度达到设计要求后方可拆除	□是	□否
		11）部品吊装应采用专用吊具，起吊和就位应平稳，避免磕碰	□是	□否
		12）预制构件运输过程中，应保持车辆整洁，防止对场内道路的污染，并减少扬尘	□是	□否

监理对存在问题处理意见：	
监理巡视人员（签字） 日期：	总包单位专职安全管理人员（签字） 日期：

本表由监理人员填写建档留存。

危大工程安全监理日巡视检查表

表 23-19

危大分项工程名称：施工机具　　　　　　　　　　　　　　　　年　　月　　日

项目名称	
巡视工程部位	
执行标准	《建筑机械使用安全技术规程》JGJ 33-2012； 《施工现场机械设备检查技术规范》JGJ 160-2016
天气情况	□晴　□阴　□大雨　□小雨　□大风　□大雾　□大雪　□小雪

序号	检查项目	检查内容	检查结果是否合格		备注
1	平刨使用	1）平刨使用前是否履行验收程序，并应由责任人签字确认	□是	□否	
		2）平刨是否设置护手及防护罩等安全装置	□是	□否	
		3）平刨是否单独设置保护零线，并应安装漏电保护装置	□是	□否	
		4）平刨是否设置作业棚，并应具有防雨、防晒等功能	□是	□否	
		5）不得使用同台电机驱动多种刃具、钻具的多功能木工机	□是	□否	
		6）平刨旁明显位置是否悬挂使用操作规程	□是	□否	
2	圆盘锯使用	1）圆盘锯使用前是否履行验收程序，并由责任人签字确认	□是	□否	
		2）圆盘锯是否设置防护罩、分料器、防护挡板等安全装置	□是	□否	
		3）圆盘锯单独设置保护零线，并应安装漏电保护装置	□是	□否	
		4）圆盘锯单独设置作业棚，并应具有防雨、防晒等功能	□是	□否	
		5）不得使用同台电机驱动多种刃具、钻具的多功能木工	□是	□否	
		6）圆盘锯旁明显位置是否悬挂使用操作规程	□是	□否	
3	手持电动工具使用	1）使用手持电动工具时，是否穿戴劳动防护用品	□是	□否	
		2）I类手持电动工具是否单独设置保护零线，并安装漏电保护装置	□是	□否	
		3）负荷线是否采用耐气候型橡胶护套铜芯软电缆，且不得有接头	□是	□否	
4	钢筋机械使用	1）钢筋机械使用前是否履行验收程序，并由责任人签字确认	□是	□否	
		2）钢筋机械是否单独设置保护零线，并安装漏电保护装置	□是	□否	
		3）钢筋加工区是否设置作业棚，并具有防雨、防晒等功能	□是	□否	

续表

4	钢筋机械使用	4）钢筋对焊作业区是否有防火花飞溅的措施	□是	□否	
		5）钢筋冷拉作业是否设置防护栏	□是	□否	
		6）机械传动部位是否设置防护罩	□是	□否	
		7）钢筋机械旁明显位置是否悬挂使用操作规程	□是	□否	
5	电焊机使用	1）电焊机使用前是否履行验收程序，并由责任人签字确认	□是	□否	
		2）电焊机是否单独设置保护零线，并安装漏电保护装置	□是	□否	
		3）电焊机是否设置二次空载降压保护器	□是	□否	
		4）电焊机一次侧电源线长度不应大于5m，并且是否穿管保护	□是	□否	
		5）电焊机二次侧线是否采用防水橡皮护套铜芯软电缆	□是	□否	
		6）二次侧线长度不应大于30m，二次侧线绝缘层是否符合相关标准要求	□是	□否	
		7）电焊机是否设置防雨罩	□是	□否	
		8）接线柱是否设置防护罩	□是	□否	
		9）交流电焊机是否安装防二次侧触电保护装置	□是	□否	
		10）电焊机旁明显位置是否悬挂使用操作规程	□是	□否	
6	搅拌机使用	1）搅拌机使用前是否履行验收程序，并由责任人签字确认	□是	□否	
		2）搅拌机是否单独设置保护零线，并安装漏电保护装置	□是	□否	
		3）离合器、制动器是否灵敏有效	□是	□否	
		4）料斗钢丝绳的磨损、锈蚀、变形量是否在标准允许范围内	□是	□否	
		5）上料斗是否设置安全挂钩或止挡装置	□是	□否	
		6）传动部位是否设置防护罩	□是	□否	
		7）搅拌机是否设置作业棚，并具有防雨、防晒等功能	□是	□否	
		8）作业平台是否平稳可靠	□是	□否	
		9）搅拌机旁明显位置是否悬挂使用操作规程	□是	□否	
7	气瓶使用	1）气瓶使用时是否安装减压器	□是	□否	
		2）乙炔瓶是否安装回火防止器，并灵敏可靠	□是	□否	
		3）气瓶是否设置防振圈、防护帽，并分类存放	□是	□否	
		4）乙炔瓶与氧气瓶之间的距离不得少于5m，气瓶与明火之间的距离不得小于10m	□是	□否	
		5）严禁有气瓶暴晒或倾倒放置，应竖向存放于防护棚内，旁边应放置有效期的灭火器	□是	□否	

续表

7	气瓶使用	6）同时使用两种气体作业时，不同气瓶是否均安装单向阀	□是	□否	
8	潜水泵使用	1）潜水泵是否单独设置保护零线，并安装漏电保护装置	□是	□否	
		2）负荷线是否采用专用防水橡皮电缆，不得有接头	□是	□否	
9	振捣器使用	1）振捣器是否单独设置保护零线，并安装漏电保护装置	□是	□否	
		2）振捣器作业时是否使用移动式配电箱，电缆线长度不应超过30m	□是	□否	
		3）操作人员是否正确穿戴绝缘手套、绝缘靴	□是	□否	
10	桩工机械使用	1）桩工机械使用前是否履行验收程序，并由责任人签字确认	□是	□否	
		2）作业前，是否向作业人员进行安全技术交底，并有文字记录	□是	□否	
		3）桩工机械是否安装安全装置，并灵敏可靠	□是	□否	
		4）桩工机械作业区域地面承载力是否符合机械说明书要求	□是	□否	
		5）桩工机械与输电线路安全距离是否符合相关标准要求	□是	□否	
		6）桩工机械是否设置标示牌，标示牌内容应全面	□是	□否	
11	施工运输车辆使用	1）车辆转向、制动和灯光装置是否灵敏可靠	□是	□否	
		2）运输车辆手续是否齐全	□是	□否	
		3）司机是否经专门培训、持证上岗	□是	□否	
		4）行车时车斗内不得载人	□是	□否	
12	空压机使用	1）空压机使用前是否履行验收程序，并由责任人签字确认	□是	□否	
		2）固定式空压机是否设置独立站房	□是	□否	
		3）设备基础是否平整、坚固	□是	□否	
		4）电动空压机是否单独设置保护零线，并安装漏电保护装置	□是	□否	
		5）空压机传动部位是否设置防护罩	□是	□否	
		6）空压机是否安装压力表、安全阀，并应灵敏可靠	□是	□否	
		7）储气罐不得有明显锈蚀和损伤	□是	□否	
		8）空压机周围是否设置防护栏	□是	□否	
13	预应力张拉机具使用	1）预应力张拉机械设备是否定期、定量进行标定校验，并有校验记录	□是	□否	
		2）压力表与千斤顶是否配套使用	□是	□否	

续表

13	预应力张拉机具使用	3）操作人员是否培训合格后，持证上岗	□是	□否	
		4）张拉时顺梁方向梁端不得有人员停留	□是	□否	
		5）预应力张拉时，是否搭设供操作人员站立和摆放张拉设备的操作平台，并牢固可靠	□是	□否	
		6）张拉钢筋两端是否设置材料强度足够的挡板，挡板距拉钢筋的端部不应小于1.5m，且高出最上一组张拉钢筋0.5m，其宽度距拉钢筋两外侧不应小于1m	□是	□否	
		7）预应力张拉区域是否设置明显的安全标志，禁止非操作人员进入	□是	□否	
14	小型起重机具使用	1）小型起重机具使用前是否履行验收程序，并由责任人签字确认	□是	□否	
		2）电动葫芦是否设缓冲器，严禁两台及以上手拉葫芦同时起吊重物	□是	□否	
		3）承载机具的基础或载体是否牢固可靠	□是	□否	
		4）滑轮、吊钩、卷筒磨损变形是否在标准允许范围内	□是	□否	
		5）钢丝绳磨损、断丝、变形、锈蚀是否在标准允许范围内	□是	□否	
		6）滑轮、吊钩、卷筒是否按相关标准要求设置防脱装置	□是	□否	
15	挖掘机使用	1）驾驶员是否持证上岗	□是	□否	
		2）挖掘机工作回旋半径范围内禁止任何人停留或通过	□是	□否	
		3）夜间作业时，工作场地是否有充分的照明设备	□是	□否	
		4）驾驶员离开操作室时，是否将铲斗或炮头放落地面	□是	□否	
		5）挖掘机工作时，工作面的高度不得超过机身高度的1.5倍	□是	□否	
		6）挖掘机往运泥车装泥石时，严禁铲斗从汽车驾驶室越过	□是	□否	
		7）挖掘机是否按操作规程进行保养，并有保养记录	□是	□否	
监理对存在问题处理意见：					
监理巡视人员（签字） 日期：		总包单位专职安全管理人员（签字） 日期：			

本表由监理人员填写建档留存。

危大工程安全监理日巡视检查表 表23-20

危大分项工程名称：降水工程　　　　　　　　　　　　　　　　　年　月　日

项目名称	
巡视工程部位	
执行标准	《危险性较大的分部分项工程安全管理规定》（住房城乡建设部令第37号）；《市政工程施工安全检查标准》CJJ/T 275—2018
天气情况	□晴　□阴　□大雨　□小雨　□大风　□大雾　□大雪　□小雪

序号	检查项目	检查内容	检查结果是否合格		备注
1	降水方案	1）基坑降水井施工是否编制降水专项方案，是否按程序审批、签认	□是	□否	
		2）降水专项方案是否经专家论证	□是	□否	
2	集水井布设	1）降水井应沿基坑或暗挖隧道布设，并应形成封闭形	□是	□否	
		2）集水井大小和数量应根据基坑涌水量和渗漏水量、积水量确定，且直径（或宽度）不宜小于 0.6m，底面应比排水沟底深 0.5m，间距不宜大于 30m	□是	□否	
		3）集水井壁应有防护结构，并应设置碎石滤水层、泵端纱网	□是	□否	
3	降水试运行	降水系统应进行试运行，试运行之前应测定各井口和地面标高、静止水位，检查抽水设备、抽水与排水系统；试运行抽水控制时间为 1d，并应检查出水效果	□是	□否	
4	地下水位	地下水位的降低应符合开挖要求，开挖时应保证地下水位稳定在开挖面 0.5m 以下	□是	□否	
5	降水运行巡查	降水运行阶段应有专人值班，应对降排水系统进行定期或不定期巡查，做好降水记录，防止停电或其他因素影响降排水系统正常运行	□是	□否	
6	水位监测	监测点布置、信息采集的频率应符合设计文件要求；监测点应妥善保护，当监测点失效或被破坏时，应及时补充	□是	□否	
7	处理措施	当降水工程影响范围内的既有建（构）筑物、地下管线等对地面沉降有严格要求，或降水对地下水资源有较大影响时，宜采用回灌法控制地下水对环境的影响。如地面出现裂缝，应及时灌浆修补，防止地表水渗入	□是	□否	

监理对存在问题处理意见：

监理巡视人员（签字）	总包单位专职安全管理人员（签字）
日期：	日期：

本表由监理人员填写建档留存。

危大工程安全监理日巡视检查表　　　　　表 23-21

危大分项工程名称：矿山法（隧道）　　　　　　　　　　　　　　　年　　月　　日

项目名称	
巡视工程部位	
执行标准	《市政工程施工安全检查标准》CJJ/T 275—2018
天气情况	□晴　□阴　□大雨　□小雨　□大风　□大雾　□大雪　□小雪

序号	检查项目	检查内容	检查结果是否合格		备注
1	方案与交底	1）编制专项施工方案前是否对工程周边环境进行核查，并进行安全评估	□是	□否	
		2）施工前是否编制专项施工方案，并对模板台车、作业架进行设计	□是	□否	
		3）钻爆作业是否编制爆破专项施工方案，进行爆破设计	□是	□否	
		4）针对特殊地质地段，有毒气体地层，穿越既有管线或结构物，降水，洞口、横通道、竖井或正洞连接处，断面尺寸变化处，工程周边环境保护等特殊部位、工序，是否制定专项施工方案或专项措施	□是	□否	
		5）专项施工方案或专项措施是否进行审核、审批	□是	□否	
		6）矿山法专项施工方案、爆破专项施工方案、超规模的非标准段支模体系专项施工方案，是否组织专家论证	□是	□否	
		7）专项施工方案实施前，是否进行安全技术交底，并有文字记录	□是	□否	
2	洞口及交叉口工程	1）洞口是否按专项施工方案要求采取加固措施	□是	□否	
		2）洞口边坡和仰坡是否按设计要求施工，并按自上而下顺序进行，截水、排水系统应完善	□是	□否	
		3）横通道、竖井与正洞连接处是否按设计要求进行加固	□是	□否	
		4）进出洞、上下井是否建立登记管理制度，并形成登记后进行加固作业	□是	□否	
		5）洞口邻近建（构）筑物时是否按设计要求采取防护措施	□是	□否	
3	地层超前支护加固	1）超前支护、加固是否符合设计要求，并对地下管线等周边环境进行保护	□是	□否	
		2）超前加固前，掌子面是否按设计要求进行封闭	□是	□否	
		3）超前支护的大管棚或小导管的材质、规格、长度、间距、外插角等是否符合设计要求	□是	□否	
		4）管棚、超前小导管或开挖面深孔等部位注浆参数是否符合设计要求	□是	□否	

续表

3	地层超前支护加固	5）注浆完成后，是否在注浆体强度达到设计要求后再进行开挖	□是	□否	
		6）浆液配置或存放过程中是否设专人管理	□是	□否	
		7）浅埋地段是否按设计要求进行地面注浆加固	□是	□否	
4	降水工程	降水井施工严格按照设计及施工方案进行。降水井应沿基坑或暗挖隧道布设，并应形成封闭形。暗挖隧道如地面无条件布设井点时，宜在隧道内设置水平井点或采取其他隔水措施	□是	□否	
5	隧道开挖	1）开挖前是否进行开挖面地质描述，并按专项施工方案进行地质超前预报	□是	□否	
		2）开挖是否控制每循环进尺、相邻隧道作业面纵向间距	□是	□否	
		3）当围岩地质情况发生变化时，是否及时调整开挖方法	□是	□否	
		4）作业面周围是否支护牢固	□是	□否	
		5）松动石块是否及时清理	□是	□否	
		6）核心土留置、台阶长度、导洞间距是否符合设计要求	□是	□否	
		7）不良地质地段掌子面是否及时支护、封闭	□是	□否	
		8）支护参数是否根据地质变化及时进行调整	□是	□否	
		9）双向开挖面相距15~30m时，是否改为单向开挖	□是	□否	
		10）开挖过程中降水作业是否按专项施工方案实施	□是	□否	
6	爆破	1）爆破器材是否具有检验合格证、技术指标和说明书	□是	□否	
		2）爆破器材的存储、运输和处置是否符合相关规定	□是	□否	
		3）起爆设备或检测仪表是否定期标定	□是	□否	
		4）装药量是否符合设计要求	□是	□否	
		5）工作面爆破后，是否对爆破面进行检查，全面找顶，盲炮处理是否符合有关安全规定	□是	□否	
		6）爆破作业是否在上一循环喷射混凝土终凝时间大于4h后进行	□是	□否	
		7）爆破时人员、设备与爆破点的距离是否大于爆破安全距离，不满足要求时，是否有安全防护措施	□是	□否	
7	初期支护	1）型钢、钢格栅、混凝土、锚杆、钢筋网等支护材料的材质、规格是否符合设计要求	□是	□否	
		2）钢架间距是否符合设计要求	□是	□否	
		3）钢架与围岩之间是否顶紧密贴	□是	□否	
		4）钢架节段间接长是否按设计要求连接	□是	□否	

续表

7	初期支护	5）钢架底脚基础是否坚实、牢固、无悬空，不得有积水浸泡	□是	□否	
		6）钢架之间是否采用纵向钢筋连成整体	□是	□否	
		7）连接钢筋直径、间距是否符合设计要求	□是	□否	
		8）钢筋网的钢筋间距、搭接长度是否符合设计要求，且与锚杆连接牢固	□是	□否	
		9）锚杆及锁脚锚管材质、规格、长度及花眼布置是否符合设计要求	□是	□否	
		10）锚管是否按设计要求注浆	□是	□否	
		11）初期支护是否按设计要求及时封闭成环	□是	□否	
		12）支护结构变形、损坏是否及时进行处理	□是	□否	
		13）初期支护是否及时进行背后回填注浆	□是	□否	
		14）喷射混凝土外观是否完好，不应有裂缝、脱落或钢筋、锚杆外露现象	□是	□否	
		15）喷射混凝土厚度、强度是否符合设计要求	□是	□否	
		16）初期支护断面侵限处理（换拱）是否符合专项施工方案要求	□是	□否	
8	隧道施工监测	1）隧道施工是否按监测方案实施施工监测，并明确监测项目、监测报警值、监测方法和监测点的布置、监测周期等内容	□是	□否	
		2）监测的时间间隔是否根据施工进度确定	□是	□否	
		3）当监测结果变化速率较大时，是否加密观测次数	□是	□否	
		4）隧道施工监测过程中，是否按设计及工程实际及时处理监测数据，并按设计要求提交阶段性监测报告，及时反馈、指导施工	□是	□否	
		5）当监测值达到所规定的报警值时，是否停止施工，查明原因，采取补救措施	□是	□否	
9	防水工程	1）施工现场是否配备消防器材	□是	□否	
		2）施工现场是否采取措施防止电焊焊渣飘落到防水材料上	□是	□否	
		3）热风口、射钉枪枪口严禁对着人	□是	□否	
		4）防水板、土工布等易燃材料、余料是否妥善管理、及时清理	□是	□否	
10	二次衬砌	1）二次衬砌是否及时施工作业	□是	□否	
		2）二次衬砌与掌子面距离是否符合设计规定的安全距离	□是	□否	
		3）模板台车的工作平台面是否满铺防滑板，并固定牢固，四周按临边作业要求设置防护栏杆	□是	□否	

续表

10	二次衬砌	4）模板台车是否设置登高扶梯，并设置栏杆和扶手	□是	□否	
		5）厂家生产的模板台车是否提供合格证明	□是	□否	
		6）模板台车使用前是否进行验收	□是	□否	
		7）模板台车移动时是否统一指挥	□是	□否	
		8）设备、电线、管路是否撤除，并采取保护措施	□是	□否	
		9）模板台车堵头拆除是否采取防护措施	□是	□否	
		10）模板台车是否设置安全警示标志	□是	□否	
		11）非标准段采用支模施工时是否编制专项施工方案，并对支撑体系进行设计	□是	□否	
11	作业架	1）作业架的工作平台面是否满铺防滑板，并固定牢固，四周按临边作业要求设置防护栏杆	□是	□否	
		2）作业架是否设置登高扶梯，并设置栏杆和扶手	□是	□否	
		3）厂家生产的作业架是否提供合格证明	□是	□否	
		4）作业架使用前是否进行验收	□是	□否	
12	隧道施工运输	1）竖井垂直运输材料过程中，井下作业人员是否撤离至安全地带	□是	□否	
		2）运输车辆是否有产品合格证明	□是	□否	
		3）洞内运输车辆是否制动有效，不得人料混载、超载、超宽、超高运输	□是	□否	
		4）洞内车辆照明、信号系统是否完善	□是	□否	
		5）洞内是否设置交通引导标志和车辆限速标志，车辆严禁超速行驶	□是	□否	
		6）隧道内车辆行驶道路是否畅通，不得有堆积物料、积泥（水）等影响车辆通行	□是	□否	
13	作业环境	1）施工前是否编制通风、防尘专项方案，并对通风量进行计算	□是	□否	
		2）施工前是否进行职业危害安全技术措施交底	□是	□否	
		3）隧道施工前是否按时测定粉尘和有害气体的浓度，浓度超限时是否采取有效处理措施	□是	□否	
		4）作业面应通风良好，风速、送风量是否满足施工要求	□是	□否	
		5）风管是否完好，未有破损、漏风，吊挂是否平直	□是	□否	
		6）爆破后是否通风，通风时间不少于15min	□是	□否	
		7）凿岩、放炮、喷射混凝土等扬尘作业，是否采取喷雾、洒水净化等防尘措施	□是	□否	
		8）作业人员在粉尘较大场所是否戴防尘口罩	□是	□否	
		9）在凿岩等噪声较大场所是否戴防噪声护具	□是	□否	

续表

13	作业环境	10）风、水、电线路是否按专项施工方案要求布设	□是	□否	
		11）作业面、运输道路是否无积水、泥泞	□是	□否	
		12）洞内光线不足时是否设置足够照明	□是	□否	
		13）洞内是否设置警示、应急避险、通信、排水设施	□是	□否	
监理对存在问题处理意见：					
监理巡视人员（签字） 日期：		总包单位专职安全管理人员（签字） 日期：			

本表由监理人员填写建档留存。

危大工程安全监理日巡视检查表

表23-22

危大分项工程名称：液压爬升模板　　　　　　　　　　　　年　　月　　日

项目名称	
巡视工程部位	
执行标准	《危险性较大的分部分项工程安全管理规定》（住房和城乡建设部令第37号）；《液压爬升模板工程技术标准》JGJ/T 195-2018
天气情况	□晴　□阴　□大雨　□小雨　□大风　□大雾　□大雪　□小雪

序号	检查项目	检查内容	检查结果是否合格		备注
1	方案与交底	1）液压爬升模板施工是否编制专项施工方案	□是	□否	
		2）结构设计是否进行计算	□是	□否	
		3）专项施工方案是否进行审核、审批	□是	□否	
		4）专项施工方案是否组织专家论证	□是	□否	
		5）专项施工方案实施前，是否进行安全技术交底，并有文字记录	□是	□否	
2	承载体	1）锥形承载接头的安装位置是否符合爬升模板设计要求，其定位中心允许偏差应为±5mm	□是	□否	
		2）挂钩连接座是否采用专用承载螺栓固定，并与结构物表面有效接触	□是	□否	
		3）锥体螺母长度应不小于承载螺栓外径的3倍	□是	□否	
		4）预埋件和承载螺栓拧入锥体螺母的深度均应不小于承载螺栓外径的1.5倍	□是	□否	
		5）承载螺栓螺杆露出螺母长度应不小于3扣，垫板尺寸应不小于100mm×100mm×10mm	□是	□否	
		6）承载螺栓是否与锥体螺母扭紧	□是	□否	
3	防倾与防坠装置	1）导轨的垂直度偏差应不大于导轨高度的5/1000，且不得大于30mm	□是	□否	
		2）工作状态中的最大挠度应不大于5mm	□是	□否	
		3）防倾装置的导向间隙应不大于5mm	□是	□否	
		4）防坠装置必须灵敏可靠，其下坠制动距离应不大于50mm	□是	□否	
		5）液压系统是否具有超载和油缸油管破裂时的液压保护功能	□是	□否	
		6）油缸不同步时是否能启动调节功能	□是	□否	
4	爬升机构	1）导轨的梯挡是否与油缸行程相匹配，并能满足与防坠爬升器相互运动要求	□是	□否	
		2）导轨顶部是否与挂钩连接座可靠挂接或销接，中部穿入架体防倾调节支腿中	□是	□否	

续表

4	爬升机构	3）上、下防坠爬升器的定位销、限位器、导向板、承力块等组装件是否转动灵活，定位正确可靠	□是	□否	
		4）防坠爬升器换向是否灵敏可靠，并能确保棘爪支承在导轨的梯挡上，有效防止架体坠落	□是	□否	
		5）油缸机位间距是否符合爬模设计要求	□是	□否	
		6）油缸选用的额定荷载是否不小于工作荷载的2倍	□是	□否	
5	架体爬升	1）爬模装置爬升时，承载体受力处混凝土的强度应不小于10MPa，并满足爬模设计要求	□是	□否	
		2）架体爬升前，是否解除下层附墙连接装置及相邻分段架体之间、架体与构筑物之间的连接	□是	□否	
		3）架体爬升前，是否清除操作平台上的堆料	□是	□否	
		4）防坠爬升器的工作状态是否与导轨或架体的爬升状态相一致	□是	□否	
		5）导轨爬升前，导轨锁定销键和导轨底部调节支腿是否处于松开状态	□是	□否	
		6）架体爬升前，架体防倾调节支腿应退出，挂钩锁定销是否处于拔出状态	□是	□否	
		7）架体爬升到位后，挂钩连接座是否及时插入承力销和挂钩锁定销，并确保防倾调节支腿紧密顶撑在混凝土结构上	□是	□否	
		8）架体爬升到位后，是否及时建立下层附墙连接装置及相邻分段架体之间、架体与构筑物之间的连接	□是	□否	
		9）架体爬升过程是否设专人检查防坠爬升器，确保棘爪处于正常工作状态	□是	□否	
6	检查验收	1）承载体、爬升装置、防倾和防坠装置以及架体结构的主要构配件进场是否进行验收	□是	□否	
		2）是否提供至少两个机位的出厂前爬模装置的安装试验、爬升性能试验和承载试验检验报告	□是	□否	
		3）爬模装置安装完毕是否办理完工验收手续，并形成验收记录	□是	□否	
		4）架体每次爬升前是否组织安全检查，并形成安全检查记录	□是	□否	
		5）检查验收内容和指标是否有量化内容，并由责任人签字确认	□是	□否	
7	架体构造	1）上架体高度、宽度是否能满足支模、脱模、绑扎钢筋和浇筑混凝土的操作需要	□是	□否	
		2）下架体高度是否能满足油缸、导轨、挂钩连接座和吊装平台的安装和施工要求	□是	□否	

续表

7	架体构造	3）宽度是否能满足上架体模板水平移动400～600mm的空间需要，并能满足导轨爬升、模板清理和涂刷脱模剂要求	□是	□否	
		4）上架体和下架体均是否采用纵向连系梁将平面架体连成整体	□是	□否	
		5）架体主框架水平支承跨度应不大于6m	□是	□否	
		6）架体的水平悬臂长度应不大于水平支承跨度的1/3	□是	□否	
		7）在爬升和使用工况下，架体竖向悬臂高度应不大于架体高度的2/5，且不大于6m	□是	□否	
8	安全防护	1）上下操作平台间是否设置专用通行梯道	□是	□否	
		2）梯道是否牢固，保持畅通	□是	□否	
		3）上下操作平台是否满铺脚手板，牢固固定	□是	□否	
		4）上下架体全高范围及吊平台底部是否按临边作业要求设置安全防护栏杆和安全立网	□是	□否	
		5）操作层是否在外侧设置有高度不低于180mm的挡脚板	□是	□否	
		6）下操作平台及吊平台与结构表面之间是否设置翻板和兜网	□是	□否	
		7）操作平台上是否按消防要求设置消防设施	□是	□否	
9	安全作业	1）爬模操作人员是否经培训并定岗作业	□是	□否	
		2）操作平台上的施工荷载是否均匀，并在设计允许范围内	□是	□否	
		3）爬模装置安装、爬升、拆除时是否设置安全警戒，并设置专人监护	□是	□否	
		4）操作平台与地面之间是否有可靠的通信联络，并统一指挥	□是	□否	
监理对存在问题处理意见：					
监理巡视人员（签字） 日期：			总包单位专职安全管理人员（签字） 日期：		

本表由监理人员填写建档留存。

危大工程安全监理日巡视检查表   表23-23

危大分项工程名称：盾构法（隧道）　　　　　　　　　　　　　年　　月　　日

项目名称	
巡视工程部位	
执行标准	《盾构法隧道施工及验收规范》GB 50446-2017； 《盾构法开仓及气压作业技术规范》CJJ 217-2014
天气情况	□晴　□阴　□大雨　□小雨　□大风　□大雾　□大雪　□小雪

序号	检查项目	检查内容	检查结果是否合格		备注
1	方案与交底	1）施工前是否编制专项施工方案	□是	□否	
		2）针对盾构机始发、接收、解体、调头、过站，端头加固，围护结构破除，负环及洞门管片拆除，穿越既有管线、铁路或轨道线、结构物，盾构开仓与换刀，联络通道等重要部位、工序，是否制定专项施工方案	□是	□否	
		3）盾构法隧道专项施工方案及重要部位、工序的专项施工方案是否进行审核、审批	□是	□否	
		4）盾构法隧道专项施工方案以及穿越既有设施、首次盾构开仓与换刀、联络通道等工序的专项施工方案是否组织专家论证	□是	□否	
		5）专项施工方案实施前，是否进行安全技术交底，并有文字记录	□是	□否	
2	盾构机选型安全调试	1）盾构机始发前是否组织选型论证	□是	□否	
		2）经改造的盾构机是否组织适用性验收	□是	□否	
		3）盾构及其配套设备制造完成后是否经组装调试合格后出厂，并出具质量合格证明文件	□是	□否	
		4）新造或改造盾构机出厂是否进行验收	□是	□否	
		5）盾构机维修后，液压系统、集中润滑系统、电气系统、PLC系统、人闸、密封等主要系统是否经测试或检测，并形成记录	□是	□否	
		6）安装调试完成后是否组织现场验收	□是	□否	
		7）盾构机是否按吊装安全专项方案和安全操作规程进行吊装	□是	□否	
3	始发与接收	1）始发前是否对地勘资料进行详细复核，做好前期准备工作	□是	□否	
		2）始发前是否按专项施工方案要求对始发与接收井端头进行加固	□是	□否	
		3）洞门凿除前，是否对端头加固改良后土体进行抽芯检测	□是	□否	
		4）洞门凿除是否对掌子面进行钻孔探测地质情况	□是	□否	
		5）盾构洞门是否按设计要求制作洞圈和密封装置	□是	□否	

续表

3	始发与接收	6）始发与接收前是否对盾构机姿态进行复核	□是	□否	
		7）始发前是否对反力架、托架受力进行验算，并对反力架、托架进行安装质量及焊缝检测，确认合格	□是	□否	
		8）始发时是否按专项施工方案要求对负环管片采取限位、固定措施	□是	□否	
		9）始发与接收时是否对管片采取限位、固定措施，并对管片螺栓进行复紧	□是	□否	
		10）盾构机司机上岗前是否经实际操作培训，并考核合格	□是	□否	
4	掘进施工	1）正式掘进前是否进行试掘进，并根据结果优化掘进参数	□是	□否	
		2）出现掘进参数异常、姿态异常、地面沉降超限等现象时，是否及时采取有效纠正措施	□是	□否	
		3）施工过程中是否对掘进参数、注浆量、出土量、豆砾石填充量等进行详细记录	□是	□否	
		4）同步注浆、二次注浆是否符合设计要求，并及时注浆到位	□是	□否	
		5）出土过量时，是否采取有效控制措施	□是	□否	
		6）穿越既有结构物、既有轨道线路或铁路和特殊地段前是否对设备和刀具进行检查，确保连续掘进作业要求	□是	□否	
		7）盾构机长期停滞在地质软弱地层，是否制定并采取防止沉降、坍塌、渗漏的措施	□是	□否	
		8）掘进施工过程中，是否对盾构机进行维修保养，并对盾构机维修和保养进行详细记录	□是	□否	
		9）盾构机长期停滞，再次使用前是否对盾构机的安全性能进行检查验收	□是	□否	
5	开仓与刀具更换	1）开仓作业是否制定开仓操作规程，严禁作业人员违规操作	□是	□否	
		2）开仓是否办理审批手续，手续签认应齐全	□是	□否	
		3）进仓作业时，是否经气体检测合格，并按专项施工方案进行地层加固	□是	□否	
		4）常压开仓过程中是否安排专人观察土仓内掌子面地质情况	□是	□否	
		5）盾构气压作业人员是否经培训，持证上岗，并配备劳动防护用品	□是	□否	
		6）盾构气压作业前是否对作业人员、控制室内气压或闸门管理员进行专门的培训、教育、安全技术交底	□是	□否	
		7）盾构气压环境内是否未有易燃易爆物品	□是	□否	

续表

5	开仓与刀具更换	8）气压作业用电是否使用安全电压	□是	□否	
		9）照明灯具是否有防爆措施	□是	□否	
		10）盾构气压作业是否采取两种不同动力空压机保证不间断供气	□是	□否	
		11）作业人员气压作业时间和加、减压时间是否符合带压进仓作业规定	□是	□否	
		12）气压作业区与常压作业区之间以及隧道与外部均是否配备通信设施	□是	□否	
		13）开仓作业全过程是否做好记录，开仓审批、作业时间、刀具更换等应做详细记录	□是	□否	
6	洞门及联络通道施工	1）洞门、联络通道施工前，是否按专项施工方案要求对通道周围地层进行加固，并对加固改良后土体进行抽芯检测	□是	□否	
		2）联络通道管片拆除前，是否进行钻孔探测地质情况	□是	□否	
		3）洞门、联络通道施工现场是否按应急预案准备抢险物资	□是	□否	
		4）负环及洞门、联络通道管片拆除是否按专项施工方案要求实施	□是	□否	
		5）负环及洞门、联络通道管片拆除现场是否设立专人进行安全管理	□是	□否	
		6）联络通道施工前后一定范围内管片是否按专项施工方案要求进行支撑保护	□是	□否	
		7）洞门或联络通道管片拆除后，是否及时封闭，避免出现渗漏、掉渣等	□是	□否	
7	监测	1）隧道施工是否按监测方案实施施工监测，并明确监测项目、监测报警值、监测方法和监测点的布置、监测周期等内容	□是	□否	
		2）监测的时间间隔是否根据施工进度确定	□是	□否	
		3）当监测结果变化速率较大时，是否加密观测次数	□是	□否	
		4）隧道施工监测过程中，是否按设计及工程实际及时处理监测数据，并按设计要求提交阶段性监测报告，及时反馈、指导施工	□是	□否	
		5）当监测值达到所规定的报警值时，是否停止施工，查明原因，采取补救措施	□是	□否	
		6）盾构机通过后是否对地层空洞隐患进行探测	□是	□否	
8	管片堆放与拼装	1）管片堆放场地是否坚实、平整	□是	□否	
		2）排水设施是否完善，排水是否畅通	□是	□否	
		3）管片堆放场地的通道是否保持通畅	□是	□否	

续表

8	管片堆放与拼装	4）管片堆放高度、堆放纵横间距、支撑垫块是否符合专项施工方案要求	□是	□否	
		5）拼装机旋转时，旋转范围内是否设置隔离设施，做好防护，清除障碍物	□是	□否	
		6）管片吊运、拼装过程中是否连接牢固，并采取防滑脱装置	□是	□否	
		7）管片翻转、吊运、拼装设备是否进行定期检查和保养，并形成保养记录	□是	□否	
9	隧道施工运输	1）运输设备是否有产品合格证	□是	□否	
		2）牵引力是否进行计算，并满足最大纵坡和载重要求	□是	□否	
		3）车辆停驶时是否采取防溜车措施	□是	□否	
		4）车辆是否处于安全状态	□是	□否	
		5）警示装置是否齐全，动力和制动功能等应良好	□是	□否	
		6）施工场地内或隧道内是否设置交通引导标志和车辆限速标志，车辆严禁超速行驶	□是	□否	
		7）平板车是否未搭载人员	□是	□否	
		8）车辆是否连接可靠，并设置保险链，严禁超载、超限	□是	□否	
		9）轨道端头应设车挡	□是	□否	
		10）运输是否有联络信号，且信号合理、准确	□是	□否	
		11）隧道内车辆行驶道路是否畅通，不得有堆积物料、积泥（水）等影响车辆通行	□是	□否	
		12）车辆、轨道是否进行日常保养，并形成记录	□是	□否	
		13）隧道内是否采取人车分行措施	□是	□否	
		14）行车区域内施工作业是否采取有效的安全防护措施	□是	□否	
10	安全防护与保护措施	1）施工前是否编制通风、防尘专项方案，并对通风量进行计算	□是	□否	
		2）施工前是否进行职业危害安全技术措施交底	□是	□否	
		3）施工前是否进行氧气及瓦斯、沼气等有毒有害气体、粉尘浓度等检测	□是	□否	
		4）有毒有害气体浓度超限时是否采取有效处理措施	□是	□否	
		5）作业面是否通风良好，风速、新风量是否满足施工要求	□是	□否	
		6）风管是否完好，不得有破损、漏风，吊挂是否平直	□是	□否	
		7）风、水、电线路是否按专项施工方案要求布设	□是	□否	
		8）洞内光线不足时是否设置足够照明	□是	□否	

续表

10	安全防护与保护措施	9）洞内是否设置警示、通信、排水设施及消防器材	□是	□否	
		10）压力软管耐压强度是否符合设计要求	□是	□否	
		11）布置于作业区及人行道范围的压力软管是否采取防脱、限位措施	□是	□否	
		12）竖井人员上下是否设置登高扶梯，并应设置栏杆和扶手	□是	□否	

监理对存在问题处理意见：	
监理巡视人员（签字） 日期：	总包单位专职安全管理人员（签字） 日期：

本表由监理人员填写建档留存。

危大工程安全监理日巡视检查表

表 23-24

危大分项工程名称：顶管　　　　　　　　　　　　　　　　　　　　年　　月　　日

项目名称	
巡视工程部位	
执行标准	《给水排水管道工程施工及验收规范》GB 50268-2008
天气情况	□晴　□阴　□大雨　□小雨　□大风　□大雾　□大雪　□小雪

序号	检查项目	检查内容	检查结果是否合格		备注
1	方案与交底	1）顶管施工前是否编制专项施工方案	□是	□否	
		2）专项施工方案是否进行审核、审批	□是	□否	
		3）专项施工方案是否组织专家论证	□是	□否	
		4）专项施工方案实施前，是否进行安全技术交底，并有文字记录	□是	□否	
2	顶管设备	1）顶管设备、配套设备和辅助系统是否有产品合格证	□是	□否	
		2）顶管设备的型号是否与管道的型号和水文地质条件相适应	□是	□否	
		3）顶管设备安装完成后是否进行试车，确认安全可靠后方可进行作业	□是	□否	
		4）顶管设备安装、拆卸是否按操作规程进行	□是	□否	
		5）所有设备、装置在使用中是否定期检查、维修和保养	□是	□否	
3	起重吊装	1）起重机械设备是否有制造许可证、产品合格证、备案证明和安装使用说明书	□是	□否	
		2）起重设备使用前是否进行验收	□是	□否	
		3）验收合格后是否办理起重机械使用登记	□是	□否	
		4）起重设备的各种安全装置是否符合相关标准要求，并灵敏可靠	□是	□否	
		5）起重机械的钢丝绳磨损、断丝、变形、锈蚀和吊钩、卷筒、滑轮磨损是否在标准允许范围内	□是	□否	
		6）起重作业前是否试吊，确认安全后方可起吊	□是	□否	
		7）起重机械与架空线路安全距离是否符合相关标准要求	□是	□否	
		8）起重司机、信号司索工等操作人员是否取得特种作业操作证；起重机械的提升荷载不得超过额定荷载	□是	□否	
		9）起重机械的提升荷载不得超过额定荷载	□是	□否	
		10）严禁起重臂及吊物下有人员作业、停留或通行	□是	□否	
4	工作井	1）工作井结构是否符合设计要求，是否能满足井壁支护及承受顶管推进后坐力要求	□是	□否	

续表

4	工作井	2）工作井施工是否按先支护后开挖的顺序进行开挖	□是	□否	
		3）工作井周边堆载是否在支护设计允许范围内	□是	□否	
		4）机械设备与井边的距离是否符合设计安全距离要求	□是	□否	
		5）后背墙的尺寸、材料和构造是否符合设计要求，其承载力和刚度是否满足顶管最大允许顶力和设计要求	□是	□否	
		6）后背墙平面是否与掘进轴线保持垂直，表面是否平整坚实	□是	□否	
		7）顶管进出洞口的土体是否根据地质情况、顶管机选型、管道直径、埋深和周围环境按设计要求进行加固处理	□是	□否	
5	顶进	1）顶管施工前是否对施工沿线进行踏勘，了解结构物、地下管线和地下障碍物的情况	□是	□否	
		2）施工前是否对后背土体进行允许抗力验算	□是	□否	
		3）验算不满足要求时是否对后背土体加固，以满足施工安全、周围环境保护要求	□是	□否	
		4）顶进装置安装轴线是否与管道轴线平行、对称	□是	□否	
		5）顶铁在导轨上滑动应平稳、无阻滞现象	□是	□否	
		6）顶进作业时，作业人员不得在顶铁上方及侧面停留，并随时观察顶铁不得有异常现象	□是	□否	
		7）千斤顶和油表是否配套使用，不得混用	□是	□否	
		8）顶进中如发现油压突然增高，是否立即停止顶进，检查原因并经处理后方可继续顶进	□是	□否	
		9）千斤顶活塞退回时，油压是否根据操作规程控制	□是	□否	
		10）手掘式顶管时，是否严禁挖土人员走出工具管进行作业	□是	□否	
		11）一次顶进距离大于100m时，是否采用中继间技术	□是	□否	
		12）顶管作业是否建立交接班制度，并有文字记录	□是	□否	
6	监测	1）顶管施工是否进行监测	□是	□否	
		2）监测项目是否包括工作井基坑和管道沿线影响范围内的地表、临近结构物、地下管线，并明确监测项目、监测报警值、监测方法和监测点的布置、监测周期等内容	□是	□否	
		3）监测的时间间隔是否根据施工进度确定	□是	□否	
		4）当监测结果变化速率较大、变形量或变形速率异常变化、建筑本身、周边建筑物及地表出现异常时，是否加大观测频率	□是	□否	
		5）顶管施工过程中，应提交阶段性监测报告	□是	□否	

续表

6	监测	6）当监测值大于所规定的报警值时，应停止施工，查明原因，采取补救措施	□是	□否	
7	检查验收	1）顶管设备、配套设备和辅助系统是否进行验收，并形成记录，合格后方可进场	□是	□否	
		2）工作井施工完毕，是否办理验收手续，并形成验收记录	□是	□否	
		3）检查验收内容和指标是否有责任人签字确认	□是	□否	
		4）验收合格后应在明显位置悬挂验收合格牌	□是	□否	
8	降水、排泥与通风	1）作业深度范围内有地下水时，是否采取有效降水措施	□是	□否	
		2）工作井四周地面是否设置截、排水设施	□是	□否	
		3）工作井底封底前是否设置带盖的集水坑，集水坑内的积水及时排除	□是	□否	
		4）气压平衡、泥水平衡、土压平衡顶管排放的泥浆是否采用管道、排泥泵或运输小车及时有组织外运、排放，采用泥水排放出泥时，是否设置泥浆沉淀池	□是	□否	
		5）管道内是否设置通风装置，通风量宜为每人25～30m³/h	□是	□否	
		6）出口空气质量是否符合环保要求	□是	□否	
		7）管道内是否设置有毒有害气体检测报警装置	□是	□否	
		8）地层中存在有害气体时是否采用封闭式顶管机，并增大通风量	□是	□否	
9	安全防护	1）工作井周边是否设置防护栏杆	□是	□否	
		2）地面井口周围是否设置防汛墙和防雨设施	□是	□否	
		3）作业区是否设置警示标志和警戒区域	□是	□否	
		4）工作井内是否设置人员上下的专用梯道，梯道牢固并保持畅通	□是	□否	
		5）降水井口是否设置防护盖板或围栏，并设置明显的警示标志	□是	□否	
		6）地面与顶管工作面之间应设置联络通信设备	□是	□否	
10	供电	1）顶管施工是否设置备用电源，并能自动切换	□是	□否	
		2）动力、照明应分路供电	□是	□否	
		3）进管电缆是否悬挂于管壁	□是	□否	
		4）顶管距离超过800m时，是否采用调压器配电或将高压电引进管内并增设变压器进行供电	□是	□否	
		5）井内与管内照明应采用不超过36V的低压防爆灯	□是	□否	
		6）管内供电系统是否安装有效漏电保护装置	□是	□否	

续表

11	拆除	1）工作井洞口封门拆除是否符合相关标准规定要求	□是	□否	
		2）顶管施工完成后，提升设备、顶进设备拆除顺序是否符合专项施工方案要求	□是	□否	
		3）机械拆除时，施工载荷不得超过工作井支护结构承载力	□是	□否	

监理对存在问题处理意见：	
监理巡视人员（签字） 日期：	总包单位专职安全管理人员（签字） 日期：

本表由监理人员填写建档留存。

危大工程安全监理日巡视检查表　　　　　　　　　表 23-25

危大分项工程名称：高处作业　　　　　　　　　　　　年　　月　　日

项目名称	
巡视工程部位	
执行标准	《危险性较大的分部分项工程安全管理规定》（住房和城乡建设部令第37号）
天气情况	□晴　□阴　□大雨　□小雨　□大风　□大雾　□大雪　□小雪

序号	检查项目	检查内容	检查结果是否合格		备注
1	安全帽使用	1）进入施工现场的人员是否正确佩戴安全帽	□是	□否	
		2）安全帽的质量是否符合相关标准要求	□是	□否	
2	安全网设置与使用	1）临边防护栏杆是否张挂密目式安全立网，网间连接应紧密	□是	□否	
		2）短边边长≥1500mm的水平洞口位置是否张设安全平网	□是	□否	
		3）当需采用安全平网进行防护时，严禁使用密目式安全立网代替安全平网	□是	□否	
		4）安全网与支撑件的拉结是否牢固	□是	□否	
		5）安全网的质量是否符合相关标准要求	□是	□否	
3	安全带使用	1）高空作业人员是否正确系挂安全带	□是	□否	
		2）安全带的质量是否符合相关标准要求	□是	□否	
4	临边防护	1）坠落高度基准面2m及以上且无外脚手架的临边作业面边缘是否设置连续、严密的临边防护设施	□是	□否	
		2）临边防护设施的构造、承载力是否符合相关标准要求	□是	□否	
		3）临边防护应采用定型化、工具式防护设施	□是	□否	
		4）临边防护栏杆是否设置防物体、火花等坠落的挡脚板或挡脚笆	□是	□否	
5	洞口防护	1）各类竖向和水平洞口，是否采取防护措施	□是	□否	
		2）洞口防护措施、设施的构造是否符合相关标准要求	□是	□否	
		3）洞口防护是否采用定型化、工具式防护设施	□是	□否	
		4）各类井道内是否设置安全平网防护	□是	□否	
		5）洞口是否根据需要在相应部位设置安全警示牌，夜间设红灯警示	□是	□否	
6	通道防护	1）施工现场人员进出的通道口、物料提升机和施工升降机的进出通道口、处于起重设备的起重臂架回转范围之内的通道，其上部是否严密、牢固的安全防护棚	□是	□否	
		2）防护棚两侧是否封闭措施	□是	□否	

续表

6	通道防护	3）防护棚宽度应大于通道口宽度，长度应大于高处作业坠落半径	□是	□否	
		4）防护棚的材质和构造是否相关标准要求	□是	□否	
7	攀登作业	1）严禁单梯垫高使用	□是	□否	
		2）直梯如需接长，接头不得超过1m	□是	□否	
		3）使用折梯时，铰链是否牢固，并有可靠的拉撑措施	□是	□否	
		4）不得两人及以上同时在梯子上作业或上下	□是	□否	
		5）不得在脚手架操作层上使用梯子作业	□是	□否	
		6）直梯攀登高度超过8m时，应设置梯间平台	□是	□否	
		7）人行塔梯顶部和各平台是否满铺防滑板，并固定牢固，四周按临边作业要求设置防护栏杆，高度超过5m时，与既有结构间应设置连墙件	□是	□否	
		8）梯子的材料和制作质量是否符合相关标准要求	□是	□否	
8	悬空作业	1）悬空作业处是否设置牢固的落脚点	□是	□否	
		2）悬空作业处是否设置防护栏杆或采取其他可靠的安全措施	□是	□否	
		3）悬空作业所使用的索具、吊具等应经验收合格后方可使用	□是	□否	
		4）严禁在无固定、无防护的构件及安装中的管道上作业或通行	□是	□否	
		5）悬空作业人员是否系挂安全带、佩戴工具袋	□是	□否	
9	高处水平通道搭设与使用	1）梁式通道承重梁、承载结构应由设计确定，搁置端应固定牢固	□是	□否	
		2）通行面应满铺防滑板，应固定牢固，两侧应按临边作业要求设置防护栏杆	□是	□否	
		3）高空结构物间不得采用简易跳板通行	□是	□否	
		4）当利用已安装的构件或既有的结构构件作为高处水平通道时，临空面是否设置临边防护设施	□是	□否	
10	落地式移动操作平台	1）落地式移动操作平台是否经过设计	□是	□否	
		2）操作平台的面积、高度是否符合相关标准要求	□是	□否	
		3）装设轮子的移动式操作平台，轮子与平台的接合处是否牢固可靠；并有自锁功能，立柱底端距地面距离不得大于80mm	□是	□否	
		4）操作平台是否按设计和产品使用要求进行组装	□是	□否	
		5）操作平台面是否满铺防滑板，并应固定牢固，四周按临边作业要求设置防护栏杆	□是	□否	

续表

10	落地式移动操作平台	6）操作平台是否设置专用登高扶梯	□是	□否	
		7）操作平台构配件的规格、材质是否符合方案设计要求	□是	□否	
		8）操作平台基础处理是否符合设计和产品使用要求	□是	□否	
		9）操作平台上人员和物料的总重量是否在设计允许范围内	□是	□否	
		10）严禁移动式操作平台载人移动	□是	□否	
11	悬挂式移动操作平台	1）悬挂式移动操作平台是否经过设计	□是	□否	
		2）操作平台的承载体和悬挂装置是否牢固、可靠，具有足够的承载力	□是	□否	
		3）操作平台面是否满铺防滑板，并应固定牢固，四周按临边作业要求设置防护栏杆	□是	□否	
		4）操作平台是否设置专用上下扶梯，并应设置栏杆和扶手	□是	□否	
		5）操作平台构配件的规格和材质是否符合方案设计要求	□是	□否	
		6）操作平台杆件连接方式是否符合设计要求，连接牢固、可靠	□是	□否	
		7）平台搭设完毕应办理验收手续后方可投入使用	□是	□否	
		8）操作平台上人员和物料的总重量是否在设计允许范围内	□是	□否	
12	物料钢平台搭设与使用	1）物料钢平台的制作、安装是否编制专项施工方案，其结构应经过设计	□是	□否	
		2）物料钢平台构配件的规格和材质是否符合方案设计要求	□是	□否	
		3）物料钢平台的搭设是否符合专项施工方案要求	□是	□否	
		4）物料钢平台支撑架是否与既有结构可靠连接	□是	□否	
		5）悬挑式物料钢平台的斜拉杆或钢丝绳是否在平台两侧各设置前后两道，并可靠拉结在既有结构上	□是	□否	
		6）物料钢平台台面、平台与结构物间是否满铺防滑板，并固定牢固，台面四周按临边作业要求设置防护栏杆和挡脚板	□是	□否	
		7）物料钢平台搭设完毕是否办理验收手续后方可投入使用	□是	□否	
		8）物料钢平台是否在明显位置设置荷载限定标牌，平台上人员和物料的总重量在设计允许范围内	□是	□否	
13	交叉作业	1）上下立体交叉作业时，下层作业的位置是否处于上层作业坠落半径之外或设置安全防护棚	□是	□否	

续表

13	交叉作业	2）经拆除的各种部件，临时堆放处离临边边沿距离不得小于1m，堆放高度不得超过1m	□是	□否	
监理对存在问题处理意见：					

监理巡视人员（签字）	总包单位专职安全管理人员（签字）
日期：	日期：

本表由监理人员填写建档留存。

危大工程安全监理日巡视检查表　　　　　表23-26

危大分项工程名称：临时用电　　　　　　　　　　　　　　年　月　日

项目名称	
巡视工程部位	
执行标准	《建设工程施工现场供用电安全规范》GB 50194-2014； 《施工现场临时用电安全技术规范》JGJ 46-2005
天气情况	□晴　□阴　□大雨　□小雨　□大风　□大雾　□大雪　□小雪

序号	检查项目	检查内容	检查结果是否合格		备注
1	外电防护	1）当外电线路的正下方有施工作业、作业棚、生活设施或材料物品堆放时，是否保证其安全距离并采取有效防护措施	□是	□否	
		2）当外电线路与在建工程之间的安全距离不符合相关标准要求时，是否采取隔离防护措施并悬挂警示标志	□是	□否	
		3）防护设施与外电线路的安全距离是否符合相关标准要求，并应坚固、稳定	□是	□否	
		4）在外电线路电杆附近开挖作业时，是否会同有关部门采取加固措施	□是	□否	
2	接零保护与防雷	1）施工现场专用的电源中性点直接接地的低压配电系统是否采用TN-S接零保护系统	□是	□否	
		2）施工现场不得同时采用两种配电保护系统	□是	□否	
		3）保护零线是否单独敷设，线路上严禁装设开关或熔断器，严禁通过工作电流，严禁断线	□是	□否	
		4）保护零线的材质、规格和颜色标记是否符合相关标准要求	□是	□否	
		5）电气设备的保护金属外壳必须与保护零线连接，保护零线是否由工作接地线、总配电箱电源侧零线或总漏电保护器电源零线处引出	□是	□否	
		6）接地装置的接地线是否采用2根及以上导体，在不同点与接地体做电气连接，接地体应采用角钢、钢管或光面圆钢，工作接地电阻不得大于4Ω，重复接地电阻不得大于10Ω	□是	□否	
		7）施工现场的施工设施应采取防雷措施，防雷装置的冲击接地电阻值不得大于30Ω	□是	□否	
		8）机械上做防雷接地的电气设备，所连接的保护零线必须同时做重复接地	□是	□否	
3	配电线路	1）线路及接头的机械强度和绝缘强度是否符合相关标准要求	□是	□否	
		2）电缆线路是否采用埋地或架空敷设，严禁沿地面明设	□是	□否	

续表

3	配电线路	3）架空线是否沿电杆或墙设置，并应绝缘固定牢固，严禁架设在树木、脚手架及其他设施上	□是	□否	
		4）架空线路与邻近线路、结构物或设施的距离是否符合相关标准要求	□是	□否	
		5）线路应设短路保护和过载保护，导线截面应符合线路负荷电流要求	□是	□否	
		6）电缆线中必须包含全部工作芯线和用作保护零线的芯线，并应正确接用	□是	□否	
		7）通往水上的岸电应采用绝缘物架设，电缆线应有余量，作业过程中不得挤压或拉拽电缆线	□是	□否	
		8）架空缆线上不得吊挂物品	□是	□否	
4	配电箱与开关箱配置	1）配电系统是否采用三级配电、二级漏电保护系统，用电设备必须设置各自专用开关箱	□是	□否	
		2）配电箱、开关箱及用电设备之间的距离是否符合相关标准要求	□是	□否	
		3）配电箱结构、箱内电器设置及使用是否符合相关标准要求	□是	□否	
		4）箱体安装位置、高度及周边通道设置是否符合相关标准要求	□是	□否	
		5）配电箱的电器安装板上必须分设工作零线端子板和保护零线端子板，并应通过各自的端子板连接	□是	□否	
		6）总配电箱、开关箱是否安装漏电保护器，漏电保护器参数应匹配，并应灵敏可靠	□是	□否	
		7）配电箱与开关箱应有门、锁、遮雨篷，并设置系统接线图、电箱编号及分路标记	□是	□否	
5	配电室与配电装置配置	1）配电室的建筑耐火等级不得低于3级，配电室内应配置可用于扑灭电气火灾的器材	□是	□否	
		2）配电室和配电装置的布设是否符合相关标准要求	□是	□否	
		3）发电机组电源必须与外电线路电源连锁，严禁并列运行	□是	□否	
		4）发电机组并列运行时，必须装设同期装置，是否灵敏可靠	□是	□否	
		5）配电装置中的仪表、电器元件设置是否符合相关标准要求	□是	□否	
		6）配电室是否铺设绝缘垫并保持整洁，不得堆放杂物及易燃易爆物品	□是	□否	
		7）配电室是否采取防止小动物侵入的措施	□是	□否	
		8）配电室是否设置警示标志、供电平面图和系统图	□是	□否	

续表

6	临时用电使用与维护	1）临时用电工程应定期检查、维修，并应形成检查、维修工作记录	□是	□否
		2）电工应取得特种作业操作证	□是	□否
		3）安装、巡检、维修或拆除临时用电设备和线路，必须由电工完成，并应有人监护	□是	□否
		4）暂停使用设备的开关箱应分断电源隔离开关，并应关上门锁	□是	□否
		5）在检查、维修时应正确穿戴绝缘鞋、手套，必须使用电工绝缘工具	□是	□否
7	电气消防安全	1）电气设备应设置过载、短路保护装置	□是	□否
		2）电气线路或设备与可燃易燃材料距离应符合相关标准要求	□是	□否
		3）施工现场应配置适用于电气火灾的灭火器材	□是	□否
8	现场照明	1）照明用电与动力用电是否分开设置	□是	□否
		2）照明线路与安全电压线路的架设是否符合相关标准要求	□是	□否
		3）隧道、人防工程等特殊场所使用的安全特低压照明器材是否符合相关标准要求	□是	□否
		4）照明是否采用专用回路，专用回路应设置漏电保护装置	□是	□否
		5）照明变压器是否采用双绕组安全隔离变压器	□是	□否
		6）照明灯具的金属外壳应与保护零线相连接	□是	□否
		7）灯具与地面、易燃物间的距离是否符合相关标准要求	□是	□否
		8）施工现场是否配备应急照明系统	□是	□否
9	用电档案	1）施工现场应制定临时用电施工组织设计和外电防护专项施工方案	□是	□否
		2）临时用电施工组织设计和专项施工方案应履行审核、审批手续	□是	□否
		3）总包单位与分包单位应订立临时用电管理协议	□是	□否
		4）施工现场临时用电是否建立安全技术档案	□是	□否
		5）用电档案资料是否齐全，并应设专人管理	□是	□否
		6）用电记录是否填写规范，并应真实有效	□是	□否

监理对存在问题处理意见：	
监理巡视人员（签字） 日期：	总包单位专职安全管理人员（签字） 日期：

本表由监理人员填写建档留存。

安全监理日巡视检查表 表23-27

危大分项工程名称：安全管理　　　　　　　　　　　　　　　　年　月　日

项目名称	
巡视工程部位	
执行标准	《建筑施工安全检查标准》JGJ 59-2011
天气情况	□晴　□阴　□大雨　□小雨　□大风　□大雾　□大雪　□小雪

序号	检查项目	检查内容	检查结果是否合格		备注
1	安全生产责任制	1）是否制定安全生产责任制，责任人是否签字确认	□是	□否	
		2）是否制定安全生产管理目标，是否进行安全生产责任目标分解	□是	□否	
		3）是否制定安全生产资金保障制度	□是	□否	
		4）是否编制安全资金使用计划或安全资金使用台账	□是	□否	
		5）是否建立安全生产责任考核制度	□是	□否	
		6）是否定期对项目管理人员进行考核	□是	□否	
		7）是否按规定使用安全文明措施费	□是	□否	
		8）是否建立费用登记台账	□是	□否	
2	施工组织设计及专项施工方案	1）施工组织设计是否编制有安全管理内容	□是	□否	
		2）是否制定有安全技术措施	□是	□否	
		3）危险性较大的分部分项工程是否编制有危大安全专项施工方案	□是	□否	
		4）安全技术措施、危大安全专项施工方案是否有针对性	□是	□否	
		5）对超过一定规模的危险性较大的分部分项工程专项施工方案，是否组织专家论证	□是	□否	
		6）施工组织设计及专项施工方案是否按规定程序进行审核、审批	□是	□否	
3	人员配备	1）是否设置项目安全生产领导小组或项目安全专职管理机构	□是	□否	
		2）施工企业是否与项目经理部管理人员签订劳动合同或为其办理相关保险	□是	□否	
		3）是否按规定配备专职安全生产管理人员	□是	□否	
		4）项目经理或专职安全生产管理人员是否持有安全生产考核合格证书	□是	□否	
		5）特种作业人员是否持有特种作业操作证	□是	□否	
4	安全技术交底	1）是否进行安全技术交底，交底是否签字	□是	□否	

续表

4	安全技术交底	2）安全技术交底是否全面或有针对性	□是	□否	
		3）是否按分部分项进行安全技术交底	□是	□否	
		4）是否制定各工种安全技术操作规程	□是	□否	
		5）是否将操作规程设置在作业场所显著位置	□是	□否	
5	安全教育与班前活动	1）是否建立安全教育培训制度	□是	□否	
		2）施工人员入场时是否进行三级安全教育培训和考核	□是	□否	
		3）采用新技术、新工艺、新设备、新材料四新技术施工时，是否进行安全教育培训	□是	□否	
		4）企业待岗、转岗、换岗的作业人员在重新上岗前是否进行安全教育培训	□是	□否	
		5）项目人员是否每年度进行安全教育培训、培训次数是否符合规定	□是	□否	
		6）是否建立班前安全活动制度	□是	□否	
		7）是否有存档的安全活动记录	□是	□否	
6	应急管理	1）是否进行重大危险源辨识	□是	□否	
		2）是否制定有应急救援预案	□是	□否	
		3）是否对施工现场易发生重大安全事故的部位、环节进行监控	□是	□否	
		4）是否定期组织员工开展应急救援演练	□是	□否	
		5）是否按应急救援预案要求配备应急救援物资、器材及设备	□是	□否	
7	安全检查	1）项目经理是否执行带班检查制度、是否有存档的带班检查记录	□是	□否	
		2）是否建立安全检查制度、事故隐患排查治理制度	□是	□否	
		3）是否开展日常、定期、季节性安全检查和安全专项检查、是否有存档的检查记录	□是	□否	
		4）重大事故隐患整改是否按期整改和复查	□是	□否	
		5）是否建立安全检查档案	□是	□否	
		6）是否按照《危险性较大的分部分项工程安全管理规定》要求建立危大工程施工安全管理档案	□是	□否	
8	生产安全事故处理	1）是否建立安全事故报告和调查处理制度	□是	□否	
		2）安全事故、险情发生后是否及时上报	□是	□否	
		3）是否对安全事故进行调查分析、制定防范措施	□是	□否	
		4）是否建立安全事故档案	□是	□否	
9	分包单位管理	1）分包单位资质、安全生产许可证和相关人员上岗资格是否符合要求	□是	□否	
		2）总包单位是否与分包单位签订安全生产协议书	□是	□否	

续表

9	分包单位管理	3）安全生产协议书是否明确双方的安全责任	□是	□否
		4）分包单位是否建立安全机构或是否按规定配备专职安全生产管理人员	□是	□否
		5）是否定期对分包工程开展安全检查	□是	□否
		6）检查记录是否存档	□是	□否
10	安全标志	1）施工现场是否设置安全标志布置图	□是	□否
		2）施工现场是否设置重大危险源公示牌	□是	□否
		3）施工现场人口及主要施工区域、危险部位是否设置相对应的安全警示标志牌	□是	□否
		4）施工现场安全警示牌移动、损坏是否及时恢复原位	□是	□否

监理对存在问题处理意见：	
监理巡视人员（签字） 日期：	总包单位专职安全管理人员（签字） 日期：

本表由监理人员填写建档留存。

安全监理日巡视检查表　　　　　　　　　　　　　　　表23-28

危大分项工程名称：文明施工　　　　　　　　　　　　　　　　年　月　日

项目名称	
巡视工程部位	
执行标准	《建设工程施工现场消防安全技术规范》GB 50720-2011； 《建设工程施工现场环境与卫生标准》JGJ 146-2013； 《施工现场临时建筑物技术规范》JGJ/T 188-2009
天气情况	□晴　□阴　□大雨　□小雨　□大风　□大雾　□大雪　□小雪

序号	检查项目	检查内容	检查结果是否合格		备注
1	现场围挡	1）市区主要路段围的施工现场是否设封闭围挡	□是	□否	
		2）市区主要路段围挡高度应不低于2.5m	□是	□否	
		3）一般路段的施工现场是否设封闭围挡	□是	□否	
		4）一般路段围挡高度应不低于1.8m	□是	□否	
		5）围挡基础是否坚固	□是	□否	
		6）围挡立面是否符合顺直、整洁、美观要求	□是	□否	
2	封闭管理	1）施工现场出入口是否设置大门	□是	□否	
		2）大门是否设置门卫值班室	□是	□否	
		3）施工现场是否建立门卫值守制度	□是	□否	
		4）是否安排门卫专职值守人员	□是	□否	
		5）施工机械、外来人员是否实行出入登记管理，无随意进出施工现场	□是	□否	
		6）施工人员进入施工现场是否佩戴工作卡或其他有效证件	□是	□否	
3	施工场地	1）施工便道是否畅通	□是	□否	
		2）施工便道路面是否平整坚实	□是	□否	
		3）主要道路、出入口和材料加工区地面是否进行硬化处理	□是	□否	
		4）施工现场是否按规定安装电子监控设施	□是	□否	
		5）施工现场是否有防扬尘措施	□是	□否	
		6）施工现场是否有排水设施或排水是否通畅	□是	□否	
		7）施工现场是否有防止泥浆、污水、废弃物污染环境或堵塞下水道、河道的措施	□是	□否	
		8）裸露场地和集中堆放的土方是否进行覆盖、固化或绿化	□是	□否	
		9）施工现场出入口处是否设置车辆冲洗设施	□是	□否	
		10）施工现场是否设置吸烟区	□是	□否	
		11）建筑垃圾是否及时清理或堆放混乱	□是	□否	

续表

4	材料管理	1）工程材料、构件是否按施工现场平面布置图分类堆放	□是	□否	
		2）材料堆码是否整齐或是否悬挂标志牌	□是	□否	
		3）标志牌是否标明名称、规格	□是	□否	
		4）材料堆码是否有防火、防锈蚀、防雨等措施	□是	□否	
		5）易燃易爆物品是否分类储藏在专用库房内	□是	□否	
		6）库房安全距离是否符合相关标准要求	□是	□否	
		7）库房是否制定防火措施	□是	□否	
5	现场办公与住宿	1）办公区、生活区与作业区是否分开设置或隔离措施	□是	□否	
		2）严禁在伙房、库房及尚未竣工的建筑物兼作宿舍	□是	□否	
		3）宿舍是否设置可开启式窗户	□是	□否	
		4）宿舍是否设置床铺、床铺未超过2层	□是	□否	
		5）宿舍通道宽度不小于1m	□是	□否	
		6）宿舍人均面积或居住人数是否符合规定	□是	□否	
		7）宿舍内不得违章私拉乱接电线或使用大功率（2kW以上）用电设备或明火	□是	□否	
		8）宿舍是否设置冬期保暖、夏季消暑、防煤气中毒、防蚊虫叮咬等措施	□是	□否	
		9）住宿、办公用房使用前是否履行验收程序，办理验收手续	□是	□否	
		10）职工宿舍是否实行集中管理	□是	□否	
		11）住宿人员信息是否实行登记管理	□是	□否	
		12）生活用品是否摆放整洁或环境卫生良好	□是	□否	
6	交通疏导	1）占用、挖掘道路是否设置交通疏解告示、行人绕行提示、文明施工用语等标志	□是	□否	
		2）道路、基坑围墙外侧为道路时，是否设置防止来车碰撞墩或交通警示灯	□是	□否	
		3）基坑上车行便桥是否设置限载、限速和禁止超车、停车等标志	□是	□否	
		4）临时改道是否设置导向、减速设施及标志标线	□是	□否	
7	公示标牌	1）施工现场出入口应布置企业名称或企业标志	□是	□否	
		2）在施工现场大门口处明显位置应设置公示标牌	□是	□否	
		3）公示标牌内容是否全面、符合当地规定要求	□是	□否	
		4）标牌是否规范、整齐、统一	□是	□否	
		5）是否设置禁止标志、警示标志、指令标志、提示标志	□是	□否	

续表

7	公示标牌	6）是否设置相应的安全标语	□是	□否	
		7）办公区和生活区是否设置宣传栏、黑板报	□是	□否	
8	保健急救	1）施工现场是否制定急救措施	□是	□否	
		2）施工现场是否配备保健医药箱和急救器材	□是	□否	
		3）是否配备经培训合格的急救人员	□是	□否	
		4）是否开展卫生防疫宣传教育	□是	□否	
		5）针对当前新冠肺炎疫情，防控措施及消杀物品是否到位	□是	□否	
9	生活设施	1）是否设置文体活动室、职工夜校等设施	□是	□否	
		2）设置淋浴室或淋浴室是否满足现场人员需求	□是	□否	
		3）食堂是否建立卫生责任制和卫生管理制度	□是	□否	
		4）食堂是否有排烟、隔油设施	□是	□否	
		5）燃气罐是否单独设置存放间，存放间通风条件是否良好	□是	□否	
		6）食堂位置设置是否符合规定	□是	□否	
		7）食堂是否有卫生许可证	□是	□否	
		8）炊事人员是否持有身体健康证	□是	□否	
		9）食堂生熟食是否分开存放	□是	□否	
		10）食堂是否有防蝇、蚊、鼠、蟑螂等措施	□是	□否	
		11）生活区是否设置开水炉、电热水器或饮用水保温桶	□是	□否	
		12）厕所内的设施数量、布局、卫生、排放是否符合相关标准要求	□是	□否	
		13）生活垃圾是否装入密闭式容器或及时清理	□是	□否	
10	环境保护	1）施工现场是否制定防粉尘、防噪声、防废气措施	□是	□否	
		2）施工单位是否对古树名木、文物采取保护措施	□是	□否	
		3）施工现场是否制定施工不扰民措施	□是	□否	
		4）施工现场严禁焚烧各类废弃物	□是	□否	

监理对存在问题处理意见：	
监理巡视人员（签字）	总包单位专职安全管理人员（签字）
日期：	日期：

本表由监理人员填写建档留存。

安全监理日巡视检查表

表 23-29

危大分项工程名称：治污减霾（扬尘治理）   年   月   日

项目名称	
巡视工程部位	
执行标准	当地政府部门下发的6个100%、7个到位等治污减霾红头文件
天气情况	□晴 □阴 □大雨 □小雨 □大风 □大雾 □大雪 □小雪

序号	检查项目	检查内容	检查结果是否合格		备注
1	6个100%	1）施工区域是否100%标准围挡	□是	□否	
		2）裸露黄土是否100%覆盖	□是	□否	
		3）施工道路是否100%硬化	□是	□否	
		4）渣土运输车辆是否100%密闭拉运	□是	□否	
		5）施工现场出入车辆是否100%冲洗清洁	□是	□否	
		6）建筑物拆除是否100%湿法作业	□是	□否	
2	7个到位	1）入口道路硬化是否到位	□是	□否	
		2）基坑坡道处理是否到位	□是	□否	
		3）冲洗设备安装是否到位	□是	□否	
		4）清运车辆密闭是否到位	□是	□否	
		5）拆除湿法作业是否到位	□是	□否	
		6）裸露地面是否覆盖到位	□是	□否	
		7）拆迁垃圾覆盖是否到位	□是	□否	
监理对存在问题处理意见：					

监理巡视人员（签字）	总包单位专职安全管理人员（签字）
日期：	日期：

本表由监理人员填写建档留存。

安全监理日巡视检查表 表23-30

危大分项工程名称：消防安全　　　　　　　　　　　　　　　　　　　　年　　月　　日

项目名称	
巡视工程部位	
执行标准	《建筑施工安全检查标准》JGJ 59-2011； 《建设工程施工现场消防安全技术规范》GB 50720-2011
天气情况	□晴　□阴　□大雨　□小雨　□大风　□大雾　□大雪　□小雪

序号	检查项目	检查内容	检查结果是否合格		备注
1	消防防火安全	1）是否制订消防安全教育与培训制度	□是	□否	
		2）是否制订可燃及易燃易爆危险品管理制度	□是	□否	
		3）是否制订用火、用电、用气管理制度	□是	□否	
		4）是否制订消防安全检查制度	□是	□否	
		5）是否制订应急预案演练制度	□是	□否	
		6）消防安全技术交底是否包含施工过程中可能发生火灾的部位或环节	□是	□否	
		7）消防安全技术交底是否包含施工过程采取的防火措施及应配备的临时消防设施	□是	□否	
		8）消防安全技术交底是否包含初起火灾的扑救方法及注意事项	□是	□否	
		9）消防安全技术交底是否包含逃生方法及路线	□是	□否	
		10）消防安全检查可燃物及易燃易爆危险品的管理是否落实	□是	□否	
		11）消防安全检查动火作业的防火措施是否落实	□是	□否	
		12）消防安全检查用火、用电、用气是否存在违章操作，电、气焊及保温防水施工是否执行操作规程	□是	□否	
		13）消防安全检查临时消防设施是否完好有效	□是	□否	
		14）消防安全检查临时消防车道及临时疏散设施是否畅通	□是	□否	
		15）消防应急疏散预案是否包含应急灭火处置机构及各级人员应急处置职责	□是	□否	
		16）消防应急疏散预案是否包含报警、接警处置的程序和通信联络的方法和措施	□是	□否	
		17）消防应急疏散预案是否包含扑救初期火灾的程序和措施	□是	□否	
		18）消防应急疏散预案是否包含应急疏散及救援的程序和措施	□是	□否	
		19）消防应急疏散预案是否包含施工单位定期开展消防应急疏散的演练且会正确使用灭火器	□是	□否	

续表

2	在建工程防火安全	1）动火作业区域的划分方案是否经项目技术负责人审核和报监理批准	□是	□否	
		2）进行电、气焊作业的人员是否经相关部门考核合格，特种作业人员是否持操作资格证书上岗作业	□是	□否	
		3）作业时氧气瓶、乙炔瓶工作间距应不小于5m，气瓶与明火作业距离应不小于10m	□是	□否	
		4）动火申请是否按规定办理动火审批手续	□是	□否	
		5）动火作业现场是否安排有专人监护	□是	□否	
		6）施工现场配备的灭火器材数量是否符合要求，是否在有效期内	□是	□否	
		7）作业场所是否设置明显的疏散指示标志	□是	□否	
		8）易燃可燃材料堆场、仓库、生活区、施工区等重点防火部位或区域是否设置明显的防火警示标志	□是	□否	
		9）防水涂料、涂料稀释剂、用作防水卷材烘烤的液化气、酒精等易燃、易爆材料储存、运输、施工过程是否有防爆、防火管理措施	□是	□否	
		10）施工现场是否设置有临时室外消防给水系统	□是	□否	
		11）施工现场各单位工程楼层内应设置临时室内消防给水系统，管道内是否有足够压力的水源	□是	□否	
		12）在建工程是否在施工现场设置临时贮水池	□是	□否	
		13）临时室外消防给水干管的管径应依据施工现场临时消防用水量和干管内水流速度进行计算确定，且不应小于$DN100$	□是	□否	
		14）室外消火栓应沿在建工程临时用房、可燃材料堆场及其加工场均匀布置，距在建工程临时用房、可燃材料堆场及其加工场的外边线不应小于5m	□是	□否	
		15）消火栓的间距不应大于120m	□是	□否	
		16）消火栓的最大保护半径不应大于150m	□是	□否	
		17）严寒和寒冷地区的施工现场用水及临时消防给水系统，是否采取防冻措施	□是	□否	
3	电气消防安全	1）电器产品、燃气用具的安装、使用及其线路、管路的设计、敷设、维护保养、检测，是否符合消防技术标准和管理规定	□是	□否	
		2）架空线、室内配线导线截面是否满足用电设备荷载要求，是否符合《施工现场临时用电安全技术规范》JGJ 46-2005的规定	□是	□否	
		3）每台电气设备的开关箱内是否装设过载、短路、漏电保护电器，是否按《施工现场临时用电安全技术规范》JGJ 46-2005要求装设隔离开关或具有可见分断点的断路器	□是	□否	

续表

3	电气消防安全	4）现场照明应采用高光效、长寿命的照明光源，严禁使用碘钨灯、金属卤化灯、钠灯等大功率、高热量灯具	□是	□否	
		5）易燃物质储存、使用场所或可燃气体潜在场所是否采取防爆型电气设备	□是	□否	
		6）施工单位是否定期对电气设备、输电线、设备之间的电气接头进行检查，施工单位对检查发现的接头发热或损坏是否及时进行排除更换	□是	□否	
4	危化品使用安全	1）存放于库房内的可燃材料是否采用不燃或难燃材料覆盖	□是	□否	
		2）易燃易爆危险品是否分类专库储存，库房内通风是否良好，是否设置"严禁明火"标志	□是	□否	
		3）可燃材料库房应使用低热灯具，易燃易爆危险品库房内应使用防爆灯具	□是	□否	
		4）施工现场常用瓶装氧气、乙炔、液化气等，贮装、运输、存储、使用是否符合规范要求	□是	□否	
5	临时用房防火安全	1）临时设施办公及宿舍区域内是否按规定设置消防器材；锅炉房、食堂等重点防火区域是否单独设置灭火器材	□是	□否	
		2）宿舍内是否符合严禁使用煤气灶、煤油炉、电饭锅、电炒锅、热得快、电炉、电热毯等大功率器具及使用明火的规定	□是	□否	
		3）临时设施办公及宿舍区域内是否按规定设有消防通道，消防通道宽度不得小于4m，并保持通道畅通不得占用堵塞，临时用房的醒目位置应设置安全疏散示意图	□是	□否	
		4）临时设施办公及宿舍区域是否设置临时室外消防给水系统	□是	□否	
		5）室外消火栓是否沿临时用房均匀布置，距临时用房的外边线不应小于5m	□是	□否	
		6）消火栓的间距不应大于120m	□是	□否	
		7）当外部消防水源不能满足施工现场的临时消防用水量要求时，是否在临时设施办公及宿舍区域设置临时贮水池	□是	□否	
		8）临时贮水池宜设置在便于消防车取水的部位，其有效容积不应小于施工现场火灾延续时间内一次灭火的全部消防用水量	□是	□否	
		9）严寒和寒冷地区的办公及宿舍区域用水、临时消防给水系统，是否采取防冻措施	□是	□否	

续表

监理对存在问题处理意见:	
监理巡视人员(签字) 日期:	总包单位专职安全管理人员(签字) 日期:

本表由监理人员填写建档留存。

安全监理日巡视检查表 表23-31

危大分项工程名称：安全防护				年 月 日	
项目名称					
巡视工程部位					
执行标准	《危险性较大的分部分项工程安全管理规定》（住房和城乡建设部令第37号）				
天气情况	□晴 □阴 □大雨 □小雨 □大风 □大雾 □大雪 □小雪				

序号	检查项目	检查内容	检查结果是否合格		备注
1	方案审查	1）施工单位是否编制安全防护与职业卫生用品管理制度	□是	□否	
		2）专项施工方案是否按规定程序审核、审批	□是	□否	
		3）是否按照《施工企业安全生产管理规范》GB 50656-2011的要求，不同工种应配备不同的劳动防护用品	□是	□否	
		4）梯架选择是否符合《便携式金属梯安全要求》GB 12142-2007和《便携式木折梯安全要求》GB 7059-2007的规定	□是	□否	
		5）施工单位是否编制防护棚搭设专项方案，方案是否符合规范和安全要求	□是	□否	
2	防护用品	1）施工单位是否为从业人员提供和配备合格的劳动防护用品	□是	□否	
		2）安全帽材质是否符合《头部防护 安全帽》GB 2811-2019规定，性能满足耐冲击、耐穿透、耐低温性能、侧向刚性等技术规范标准。帽壳上是否有永久性标志	□是	□否	
		3）安全帽不得缺衬、缺带或破损	□是	□否	
		4）高处作业（高度≥2m）人员是否按规定正确佩戴安全带，高挂低用，后绳的挂钩锁扣点是否安全牢固，超过3m是否加装缓冲器	□是	□否	
		5）施工场所安全带无固定挂处时，是否设置适当强度的钢丝绳或采取其他方法，严禁安全带挂在不牢固的物件上	□是	□否	
		6）安全带是否符合《坠落防护 安全带》GB 6095-2021标准，并有产品检验合格证明。材质是否符合《坠落防护 安全带系统性能测试方法》GB/T 6096-2020	□是	□否	
		7）安全带寿命一般为3～5年，使用2年后施工单位是否做批量抽检保证安全	□是	□否	
		8）安全网的规格、材质是否符合国家标准，力学性能试验符合产品要求，必须使用合格的并通过安检主管部门认可"三证一标志"（生产制造许可证、产品合格证、安全鉴定证、安全标志）的产品	□是	□否	

续表

3	现场防护管理	1）工程外侧是否使用密目式安全网封闭，对高架桥面边等临边防护是否挂设安全网，对钢结构是否设置安全平网，是否经监理验收合格后挂牌使用	□是	□否	
		2）现场洞口是否使用全封闭安全网，安全网外观、尺寸、重量是否符合要求，是否做贯穿试验、冲击试验合格后使用	□是	□否	
		3）施工过程中的安全网是否进行检查、维护，并保持常态化	□是	□否	
		4）施焊人员、设备调试人员是否穿戴安全防护用品（戴绝缘手套、绝缘鞋、防护服护目镜和面罩）	□是	□否	
		5）钻孔、注浆、喷混凝土、切割、打磨及其他扬尘作业等人员是否正确佩戴防尘口罩和面罩等特定的劳动防护用品	□是	□否	
		6）密闭/有限空间作业，是否进行先通风和检测有害气体，并做好环境实时监测	□是	□否	
		7）作业人员是否配备防毒防窒息等个体防护装备	□是	□否	
		8）工作面、上下通道、基坑、沟、槽、竖井、屋面、建筑阳台、楼板、站台、车站中板、顶板临边等部位是否按规范要求设置防护栏杆	□是	□否	
		9）防护栏杆设置是否符合两道横杆、上杆距地面高度为1.2m，下杆在上杆和挡脚板中间设置要求	□是	□否	
		10）防护栏杆间距应不大于2m，内侧是否满挂密目安全网，下设不小于180mm高挡脚板	□是	□否	
		11）基坑临边立杆与基坑边坡的距离应不小于500mm，基坑周边是否根据城市防汛要求砌筑高度满足防汛要求的挡水墙	□是	□否	
		12）坡面大于1:2.2的屋面临边时，防护栏杆设置是否符合上杆离防护面高度不低于1500mm，并增设一道横杆，横杆间距不大于600mm，满挂密目安全网	□是	□否	
		13）防护栏杆内侧是否满挂密目安全网，防护栏杆及挡脚板应刷红白警示漆	□是	□否	
		14）防护栏杆的设置，固定及连接是否牢固，任何部位均能承受任意方向的最小1kN外力作用	□是	□否	
		15）制定的防护措施、设施采用定型化、工具化杆件，杆件的规格及连接固定方式是否符合规范要求	□是	□否	
		16）作业高于2.0m的爬梯是否设置防护笼，并经过专项设计验算，安装完成是否经验收合格后投入使用，梯笼安放位置的地基是否具备相应承载力，且具有防倾倒措施	□是	□否	
		17）临边作业时，是否设置满足施工安全需要的防护栏杆等防护设施	□是	□否	

续表

3	现场防护管理	18）确需在防护设施外从事施工作业或设置防护设施仍无法满足作业中安全生产需要时，施工作业人员是否配置和使用安全带、安全绳等个人安全防护用品，危险部位是否有专人指挥和值守	□是	□否	
		19）基坑的水平通道是否按要求利用第一道混凝土支撑，应在基坑开挖前完成，根据混凝土支撑设计情况应间隔40～60m设置一道水平通道	□是	□否	
		20）通道两侧是否设置临边防护，并保证防护设施的强度、刚度及稳定性	□是	□否	
		21）水平通道防护采用钢管围栏防护，是否设两道横杆，上横杆离地高度应不小于1.2m，下横杆离地高度应为0.6m，立杆间距不宜大于1.8m，挡脚板高度不应低于180mm，并挂设安全网及安全警示牌，涂刷警示漆	□是	□否	
		22）通道内是否禁止存放任何物品及机具设备，并保证通道通畅	□是	□否	
		23）在建工程的预留洞口、楼梯口、风井口等按其大小和性质，是否设置牢固的盖板、防护栏杆、安全网或其他防坠落的防护设施	□是	□否	
		24）现场预留孔洞边长小于500mm时是否采用洞口上部铺木楞，上盖厚木胶合板，用铁钉钉牢，木楞侧面与地面之间的缝隙是否密封严实，面层涂刷安全警示色	□是	□否	
		25）边长在500～1500mm（含1500mm）的预留孔洞，是否采用盖板覆盖的方式进行防护，覆盖必须有可靠的固定措施，防止挪动移位，面层涂刷安全警告色，洞口周边设置防护栏杆，并悬挂安全标志	□是	□否	
		26）现场预留孔洞边长大于1500mm时，四周是否设置防护栏杆，洞口下张设安全平网，并悬挂安全标识标牌	□是	□否	
		27）防护措施、设施是否符合规范要求，是否使用定型化、工具化的防护构件	□是	□否	
		28）施工现场通道附近的各类洞口与坑槽等处，是否除设防护设施与安全标志外，在夜间作业时设置红灯警示	□是	□否	
		29）通道口是否搭设防护棚，防护棚两侧是否采取封闭措施	□是	□否	
		30）通道口防护是否严密、牢固	□是	□否	
		31）防护棚宽度是否和通道口宽度匹配，长度是否满足防护安全要求	□是	□否	
		32）当建筑物高度大于24m时，施工单位是否搭设双层安全棚	□是	□否	

续表

3	现场防护管理	33）双层防护的层间距不应小于700mm，防护棚高度不应小于4m	□是	□否	
		34）防护棚搭设材质是否符合安全规范和要求，是否经监理验收合格后挂牌使用	□是	□否	
		35）当临街通道、场内通道、出入建筑物通道在坠落半径内或起重机起重臂回转围内时，施工单位是否设置防护棚及防护通道	□是	□否	
		36）各类（安全通道防护棚、工具式安全防护棚、工具式钢筋加工防护棚、工具式木工加工防护棚）防护棚是否有单独的支撑体系，固定可靠安全	□是	□否	
		37）移动式梯子的梯脚底部是否坚实，有可靠的立足点，禁止垫高使用	□是	□否	
		38）一字梯的梯面与水平面是否不小于75°夹角，上部挂靠伸出长度是否不小于600mm	□是	□否	
		39）折梯（人字梯）使用时上部夹角是否为35°~45°，折梯是否设置可靠的锁定撑杆	□是	□否	
		40）梯子的制作质量和材质是否符合规范和安全要求	□是	□否	
		41）同一梯子上不得两人同时作业	□是	□否	
		42）在通道处使用梯子作业时，是否安排专人监护或设置围栏，脚手架操作层上严禁搭设梯子作业	□是	□否	
		43）是否从角度、斜度、宽度、高度、连接措施、拉攀措施和受力性能等方面选择攀登作业使用的梯架	□是	□否	
		44）在深基坑施工时，是否设置经过验算的扶梯或梯笼，入坑踏步及专用载人设备或斜道等设施	□是	□否	
		45）悬空作业立足处的防护设施是否牢固，是否配置登高和防坠落装置和设施	□是	□否	
		46）悬空作业时，施工单位是否设置防护栏杆或其他可靠的安全措施，悬空作业人员是否系挂安全带、佩戴工具袋	□是	□否	
		47）悬空作业所使用的索具、吊具、料具等设备是否经过第三方技术鉴定和监理验收合格	□是	□否	
		48）施工作业人员是否在固定、有防护设施的构件及管道上进行作业或通行	□是	□否	
监理对存在问题处理意见：					

监理巡视人员（签字）	总包单位专职安全管理人员（签字）
日期：	日期：

本表由监理人员填写建档留存。

第24章 危大工程安全验收表

危大工程安全验收记录1　　　　　　　　　　　　　　　　　表24-1

危大工程名称：深基坑工程土方开挖

项目名称	
验收部位	
基坑深度	

序号	验收项目名称	实测值	验收结论是否合格	
1	设计、勘察单位就土层物理力学性能、地下水活动特征、设计指标和有关技术参数要求等方面向施工、监理等单位作了交底	/	□是	□否
2	深基坑工程方案通过专家评审，评审意见已落实；工程变更情况已进行核对；应急预案已编制，完成了应急物资的验收	/	□是	□否
3	深基坑工程安全监理实施细则已编制，并通过审批；分包单位资质、特种作业人员资格及机械验收情况通过监理单位审查且符合有关规定	/	□是	□否
4	围护、冠梁、立柱桩、地基处理等完成，各项质量保证资料齐全，满足设计要求；围护结构施工阶段遗留问题按要求解决或已制定相应的方案	/	□是	□否
5	降水、降压井按方案要求进行了布设验收并对降水、降压效果进行了核验且满足开挖要求；坑外排水措施已落实	/	□是	□否
6	完成了对基坑周边建（构）筑物、管线等设施现有状况及其承受变形的能力的调查，制定了周边环境调查报告及保护措施	/	□是	□否
7	周围环境及基坑监测控制按监测方案已布点，且测取初始值；监测仪器经标定且在有效期内	/	□是	□否
8	满足开挖所需人员、机械、支撑等已到场，且通过核验、检测	/	□是	□否
9	施工单位向管理层和作业层进行了安全教育及交底	/	□是	□否
10	设计及规范规定的其他要求	/	□是	□否

验收单位	建设单位代表（签字及公章）　　　年　月　日	监理单位代表（签字及公章）　　　年　月　日	设计单位代表（签字及公章）　　　年　月　日	施工单位代表（签字及公章）　　　年　月　日

注：模板工程工程验收应根据施工方案要求进行分段验收。

危大工程安全验收记录 2　　　　　　　　　　　表 24-2

危大工程名称：超过一定规模的模板工程及支撑体系　　　　　　编号：

项目名称					
验收部位					
搭设规模		高度		施工总荷载	集中线荷载

序号	项目	验收要求	实测值	验收结论是否合格	
1	施工方案	有专项施工方案，方案能正确指导施工；高大模板施工方案应经过专家组论证	/	□是	□否
2	材质	钢管无开裂、压扁、严重锈蚀和弯曲，扣件有出厂合格证，搭设材料有抽样检验报告	/	□是	□否
3	立柱稳定	支撑系统立柱材料符合设计要求，立柱底部用木块铺垫，高大模板支撑系统搭设前，对需要处理或加固的地基、基础进行验收	/	□是	□否
		立柱底部地面200mm高处设纵横向扫地杆，扫地杆与顶部水平杆之间的间距，在满足模板设计所确定的水平拉杆步距要求条件下进行平均分配确定步距后，在每步节点处设纵横向水平杆，按照规范要求设置剪刀撑		□是	□否
		模板结构构件的长细比应符合：受压杆件：支架立柱及桁架不应大于150mm；拉条缀条、斜撑等联系构件不大于200mm；受拉构件：钢杆件不大于350mm		□是	□否
4	施工荷载	模板上施工荷载不超过设计计算要求；模板上堆料及设备分布合理	/	□是	□否
5	模板存放	存放地面平整坚实，有可靠的防倾倒措施，按规格分关存放，堆放高度不超过1.6m		□是	□否
6	支模作业运输道路	支拆模板应对照方案要求进行安全技术交底	/	□是	□否
		泵送支架稳固可靠	/	□是	□否
		小车运送应垫板或搭通道，通道两侧设栏杆及踢脚杆	/	□是	□否
7	作业环境	有可靠立足点，3m以上应搭设脚手架或设操作台		□是	□否
		区域内临边、洞口有防护措施	/	□是	□否
		交叉作业有隔离防护措施，拆模设警戒区域专人监护	/	□是	□否

验收意见	搭设班组（分包单位）（签字及公章）	施工总承包单位（签字及公章）	监理单位（签字及公章）	建设单位（签字及公章）
	年　月　日	年　月　日	年　月　日	年　月　日

注：模板工程工程验收应根据施工方案要求进行分段验收。

危大工程安全验收记录 3　　　　　　　　　　　表 24-3

危大工程名称：落地式钢管扣件脚手架搭设　　　　　　　编号：

项目名称	
验收部位	
搭设高度	

序号	项目	验收要求	实测值	验收结论是否合格	
1	施工方案	有专项施工方案，方案能正确指导施工；50m以上的脚手架搭设方案应经专家组论证		□是	□否
2	材质	无开裂、压扁、严重锈蚀和弯曲，扣件有出厂合格证，并抽样检验，钢管有质保资料并油漆后使用	/	□是	□否
3	基础	基础平整夯实、硬化，有排水措施，垫底脚板或垫块符合规范要求，必须按规范要求设置纵横向扫地杆	/	□是	□否
4	立杆	立杆纵距、横距符合规范或方案要求，接头错开不在同一步距内，一般立杆距墙面20cm，垂直偏差小于H（全高）/200，除顶层顶步外，必须采用对接扣件，顶端高出女儿墙上皮1m，高出檐口上皮1.5m		□是	□否
5	纵横向水平杆	接头平直，互相错开大于50cm，搭接时接头不小于1m，步距符合规范要求横向水平倾斜上，主接点处必须设置一根，靠墙一端的外伸长度不应大于0.4L及不应大50cm		□是	□否
6	连墙拉接	连墙拉接每两步三跨或三步两跨设置；24m以上脚手架符合设计要求，拉撑材料及方法应符合规范要求，采用刚性连接		□是	□否
7	剪刀撑	剪刀撑设置符合规范或设计要求，自下而上连续设置，水平夹角45°～60°，接头用钢管扣件搭接，搭接长度不小于1m，搭接扣件不少于3个		□是	□否
8	脚手板	施工层以下每隔10m应有封闭措施，竹脚手笆操作层应满铺，四周绑扎平整坚固，全高至少满铺4道，不能有探头跳板		□是	□否
9	防护措施	在架体外立杆内侧设置两道防护栏杆，上栏杆高度为1.2m，中栏杆居中设置，作业层设置不小于180mm的挡脚板。脚手架必须高于操作面，转角处封闭不留豁口，双排脚手架横向水平杆靠墙一端至墙装饰面的距离不应大于100mm，脚手架内立杆与墙面距离大于150mm时，应做水平防护，外侧应用合格密目安全网封严		□是	□否
10	接地避雷	架体连续长度不超过50m设防雷接地装置一处，四角设接地保护，接地电阻小于30Ω		□是	□否

续表

11	通道	脚手架应设置符合要求的专用上下通道	/	□是	□否
验收意见	搭设班组（分包单位）（签字及公章） 年 月 日	施工总承包单位（签字及公章） 年 月 日	监理单位（签字及公章） 年 月 日	建设单位（签字及公章） 年 月 日	

注：落地脚手架应按搭设次数分段逐次验收。

危大工程安全验收记录4　　　　　　　　　　　　　　　　　表24-4

危大工程名称：悬挑式脚手架　　　　　　　　　　　　　　编号：

项目名称：
验收部位：
搭设高度：

序号	项目	验收要求	实测值	验收结论是否合格	
1	施工方案	有经过审批的施工方案，悬挑高度大于20m必须经过专家论证	/	□是	□否
2	材质	型钢、杆件、扣件规格应符合设计要求，无开裂、压扁、严重锈蚀和弯曲，扣件有出厂合格证，并抽样检验，钢管有质保资料并油漆后使用	/	□是	□否
3	悬挑梁	悬挑梁必须严格按设计和规范要求选用型钢，并与建筑物的连接牢固可靠符合构造要求。U形压环的数量与间距按照方案设置，符合规范要求。斜拉杆或钢丝绳设置可靠	/	□是	□否
4	立杆	纵向间距符合规范，立杆垂直偏差不大于架高1/300，最大不超过20cm，底部固定牢固可靠		□是	□否
5	步距	步距应符合设计要求	/	□是	□否
6	剪刀撑	每道剪刀撑宽度不小于4m跨且不应小于6m，水平角为45°～60°		□是	□否
7	连墙件	连墙件应采用刚性连接	/	□是	□否
8	脚手板	脚手板材料符合要求，在施工层、悬挑底层脚手等处满铺		□是	□否
9	架体内封闭与防护	施工层脚手架内杆与建筑物间应水平封闭，施工层以下每两步封闭一次，悬挑脚手架首层与墙体间必须全封闭	/	□是	□否
		施工层及顶层栏杆高出作业面及檐口1.5m，架体底设水平挑网或采取其他防范措施		□是	□否
		脚手架外侧设置符合标准的密目式安全网并绑扎严密。并外立杆内侧搭设0.6m、1.2m高度水平防护栏杆，施工层设置不低18cm的挡脚板		□是	□否
10	施工荷载	脚手架上施工荷载不得超出设计计算要求，荷载应均匀堆放	/	□是	□否
11	避雷	脚手架按规定设避雷装置，每隔50m长脚手架设一处，接地电阻不大于30Ω		□是	□否

验收意见	搭设班组（分包单位）（签字及公章）	施工总承包单位（签字及公章）	监理单位（签字及公章）	建设单位（签字及公章）
	年　月　日	年　月　日	年　月　日	年　月　日

注：悬挑脚手架应按搭设次数分段逐次验收。

危大工程安全验收记录 5　　　　　　　　表 24-5

危大工程名称：悬挑式卸料平台　　　　　　　　　　　　编号：

项目名称	
验收部位	
载重量（kg）	

序号	项目	验收要求	实测值	验收结论是否合格	
1	方案	有专项施工方案，方案能正确指导施工	/	□是	□否
2	承重与支撑	搁置点与上部拉结点，必须位于建筑物上，符合设计要求，不得设置在脚手架等施工设施或设备上	/	□是	□否
		斜拉杆或钢丝绳，构造上两边各设前后两道，两道中的每道均应作单道受力计算	/	□是	□否
		设置 4 个经过验算的吊环，用甲类 3 号沸腾钢制作，连接部位应使用卡环，非制作件需有质保书	/	□是	□否
		安装平台采用钢丝绳绳卡固定时绳卡数不得少于 4 个，间距 10～12cm，并设安全弯	/	□是	□否
		建筑物锐角利口围系钢丝绳处应加衬软垫物，平台外口应略高于内口，左右不得晃动	/	□是	□否
		平台梁与建筑物可靠连接。预埋件位置准确有验收记录	/	□是	□否
3	防护	操作平台面铺设材料符合规定，不留孔隙	/	□是	□否
		平台操作位置设置上下两道横杆和栏杆柱，上杆离地 1.2m，下杆离地 0.5～0.6m，栏杆设置警示色，内侧张挂安全网封闭，周围设置挡脚板		□是	□否
4	通道	进入作业面的通道铺设牢固、平整，无明显高低	/	□是	□否
5	限载标志	操作平台内、外两侧均设置限载标志牌	/	□是	□否
6	其他		/	□是	□否

验收意见	搭设班组 （分包单位） （签字及公章） 年　月　日	施工总承包单位 （签字及公章） 年　月　日	监理单位 （签字及公章） 年　月　日	建设单位 （签字及公章） 年　月　日

注：悬挑式钢平台，每移位一次须重新验收。

危大工程安全验收记录6　　　　　　　　　　　　　　　　　表24-6

危大工程名称：塔式起重机固定混凝土基础　　　　　　　编号：

项目名称					
基础位置					
设备型号			备案证号		
基础尺寸			混凝土标号		
序号	项目	验收要求	实测值	验收结论是否合格	
1	基础设计	检查基础施工是否符合基础方案设计图纸或安装使用说明书的设计要求	/	□是	□否
2	基础地槽	检查基底标高，检查基底的土质及地下水的情况，地基承载力是否符合基础设计方案或说明书要求	/	□是	□否
3	钢筋工程	检查钢材型号、直径、根数、位置等是否符合设计要求。检查施工质量，如锚固、搭接的位置和长度。绑扎以及几何尺寸间距等	/	□是	□否
4	预埋件	预埋件规格尺寸是否符合设计要求。预埋件或螺栓是否由专业生产厂制造，并有质量合格的试验证明		□是	□否
5	混凝土工程	混凝土的强度是否符合设计要求（检查混凝土强度检测报告），检查施工质量，其表面水平度应小于1/1000	混凝土强度MPa，水平误差mm	□是	□否
6	接地装置	接地点应在基础周围设置，并不少于2个点；接地装置应使用角钢（钢管），其埋设深度不小于2.5m；接地电阻应不大于4Ω	接地装置点接地电阻Ω	□是	□否
验收意见	设备安装单位（签字及公章）　　年　月　日	施工总承包单位（签字及公章）　　年　月　日	监理单位（签字及公章）　　年　月　日	建设单位（签字及公章）　　年　月　日	

危大工程安全验收记录7 表24-7

危大工程名称：塔式起重机安装　　　　　　　　　　　　　　　　　　编号：

项目名称							
设备安装位置							
塔式起重机	型号		设备编号		起升高度		
	幅度		起重力矩		最大起重量		塔高	
与建筑物水平附着距离				各道附着间距		附着道数	

序号	验收部位	验收要求	实测值	验收结论是否合格	
1	结构件	部件、附件、连接件安装齐全，位置正确	/	□是	□否
		螺栓拧紧力矩达到技术要求，开口销完全撬开	/	□是	□否
		结构件无变形、开焊、疲劳裂纹	/	□是	□否
		压重、配重的重量与位置使用说明要求	/	□是	□否
2	基础与轨道	地基坚实、平整，地基或基础隐蔽工程资料齐全、准确	/	□是	□否
		基础周围有排水措施	/	□是	□否
		路基箱或枕木铺设符合要求，夹板、道钉使用正确	/	□是	□否
		钢轨顶面总、横方向上的倾斜度不大于1/1000		□是	□否
		塔式起重机底架平整度符合使用说明书要求	/	□是	□否
		止挡装置距钢轨两端距离不小于1m		□是	□否
		行走限位装置距止挡装置距离不小于1m		□是	□否
		轨接头间距不大于4m，接头高低差不大于2mm		□是	□否
3	机构及零部件	钢丝绳在卷筒上面缠绕整齐、润滑好	/	□是	□否
		钢丝绳规格正确、断丝和磨损未达到报废标准	/	□是	□否
		钢丝绳固定和编插符合相关标准	/	□是	□否
		各部位滑轮转动灵活、可靠，无卡塞现象	/	□是	□否
		吊钩磨损未达到报废标准、保险装置可靠	/	□是	□否
		各机构转动平稳、无异常响声	/	□是	□否
		各润滑点润滑良好，润滑油牌号正确	/	□是	□否
		制动器动作灵活可靠，联轴器连接良好，无异常	/	□是	□否
4	附着锚固	锚固框架安装位置符合规定要求	/	□是	□否
		塔身与锚固框架固定牢靠	/	□是	□否
		附着框、锚杆、附着装置等各处螺栓、销轴齐全、正确、可靠	/	□是	□否
		垫铁、锲块等零部件齐全可靠	/	□是	□否

续表

4	附着锚固	最高附着点下塔身轴线对支撑面垂直度不得大于相应高度的2/1000		□是	□否
		独立状态或附着状态下最高附着点以上塔身轴线对支撑面垂直度不得大于4/1000		□是	□否
		附着点以上塔式起重机悬臂高度不得大于规定高度	/	□是	□否
5	电气系统	供电系统电压稳定、正常工作、电压380V±10%		□是	□否
		仪表、照明、报警系统完好、可靠	/	□是	□否
		控制、操纵装置动作灵活、可靠	/	□是	□否
		电气按要求设置短路和过流、失压及零位保护,切总电源的紧急开关符合要求	/	□是	□否
		电气系统对地的绝缘电阻不大于0.5MΩ		□是	□否
6	安全装置	起重量限制器灵敏可靠,其综合误差不大于额定值的±5%		□是	□否
		力矩限制器灵敏可靠,其综合误差不大于额定值的±5%		□是	□否
		回转限位器灵敏可靠	/	□是	□否
		行走限位器灵敏可靠	/	□是	□否
		变幅限位器灵敏可靠	/	□是	□否
		顶升横梁防脱装置完好可靠	/	□是	□否
		吊钩上的钢丝绳防股钩装置完好可靠	/	□是	□否
		滑轮、卷筒上的钢丝绳防脱装置完好可靠	/	□是	□否
		小车断绳保护装置灵敏可靠	/	□是	□否
		小车断轴保护装置灵敏可靠	/	□是	□否
7	环境	布设位置合理符合施工组织设计要求		□是	□否
		与架空线最小距离符合规定	/	□是	□否
		塔式起重机的尾部与周围建(构)筑物及其外围施工设施之间的安全距离不小于0.6m		□是	□否
8	其他		/	□是	□否

出租单位验收意见:	安装单位验收意见:
负责人(签字): (盖章) 年 月 日	项目经理(签字): (盖章) 年 月 日
使用单位验收意见:	施工总包单位验收意见:
项目负责人(签字): (盖章) 年 月 日	项目经理(签字): (盖章) 年 月 日

续表

监理单位验收意见:

总监理工程师(签字):(盖章)
年 月 日

注:首次安装及每次附着顶升后,施工总承包单位应组织有关单位按此表对塔式起重机进行验收。

危大工程安全验收记录 8　　　　　　　　　　　　　　　　　　　表 24-8

危大工程名称：起重机械（施工升降机）基础　　　　　　编号：

项目名称			
设备安装位置			
设备型号		备案登记号	

序号	检查项目	实测值	验收结论是否合格	
1	地基承载力	/	□是	□否
2	基础尺寸偏差（长×宽×厚）(mm)		□是	□否
3	基础混凝土强度报告	/	□是	□否
4	基础表面平整度	/	□是	□否
5	基础顶部标高偏差(mm)		□是	□否
6	预埋螺栓、预埋件位置偏差(mm)		□是	□否
7	基础周边排水措施	/	□是	□否
8	基础周边与架空输电线安全距离	/	□是	□否

其他需说明的内容：

使用单位验收意见： 安全负责人（签字）：（盖章） 　　　　　　　　　　　年　月　日	安装单位验收意见： 项目经理（签字）：（盖章） 　　　　　　　　　年　月　日
施工总包单位验收意见： 项目经理（签字）：（盖章） 　　　　　　　　年　月　日	监理单位验收意见： 总监理工程师（签字）：（盖章） 　　　　　　　　　　年　月　日

危大工程安全验收记录 9　　　　　　　　　　表 24-9

危大工程名称：起重机械（施工升降机）安装　　　　　　　编号：

项目名称					
设备安装位置					
设备厂家、型号			备案登记号		
出厂编号			出厂日期		
安装高度			产权登记号		

序号	项目	验收要求	实测值	验收结论是否合格	
1	主要部件	导轨架、附墙架连接安全齐全、牢固，位置正确	/	□是	□否
		螺栓拧紧力矩达到技术要求，开口销完全撬开	/	□是	□否
		导轨架安装垂直度满足要求	/	□是	□否
		结构件无变形、开焊、裂纹	/	□是	□否
		对重导轨符合说明书要求	/	□是	□否
2	传动系统	钢丝绳规格正确，未达到报废标准	/	□是	□否
		钢丝绳固定和编结符合标准要求	/	□是	□否
		各部位滑轮转动灵活、可靠	/	□是	□否
		齿轮、齿条、导向轮、背轮符合要求	/	□是	□否
		各机构转动平稳、无异常响声，润滑点润滑良好	/	□是	□否
		制动器、离合器动作灵敏、可靠	/	□是	□否
3	安全系统	防坠落安全器在有效标定期内使用	/	□是	□否
		超载保护装置灵敏可靠	/	□是	□否
		上、下限位开关灵敏可靠	/	□是	□否
		上、下极限位开关	/	□是	□否
		急停开关灵敏可靠	/	□是	□否
		安全钩完好	/	□是	□否
		额定载重量标牌牢固清晰	/	□是	□否
		地面防护围栏门、吊笼门机电联锁灵敏有效	/	□是	□否
4	电气系统	接触器、继电器接触良好	/	□是	□否
		仪表、照明、报警系统完好可靠	/	□是	□否
		控制、操纵装置动作灵活、可靠	/	□是	□否
		各种电气安全保护装置齐全、可靠	/	□是	□否
		电气系统对导轨架的绝缘电阻应不小于 $0.5M\Omega$，接地电阻不小于 4Ω		□是	□否
5	试运行	空载	/	□是	□否
		额定载重量	/	□是	□否

续表

5	试运行	125%额定载重量	/	□是	□否
6	坠落试验	吊笼制动后，结构及连接件应无任何损坏或永久变形，且制动距离应符合要求	/	□是	□否
7	其他			□是	□否

出租单位验收意见：	安装单位验收意见：
负责人（签字）：（盖章） 年 月 日	项目经理（签字）：（盖章） 年 月 日
使用单位验收意见：	施工总包单位验收意见：
项目负责人（签字）：（盖章） 年 月 日	项目经理（签字）： 机械管理员（签字）： 安全员（签字）：（盖章） 年 月 日
监理单位验收意见： 总监理工程师（签字）：（盖章） 年 月 日	

注：1. 对不符合要求的项目在备注栏具体说明，对要求量化的参数应填写实测值。

2. 每次附着加节后，施工总承包单位应组织有关单位按此表对施工升降机进行验收。

危大工程安全验收记录10　　　　　　　　　　表24-10

危大工程名称：附着式升降脚手架安装　　　　　　　　　　编号：

项目名称	
验收部位	
搭设高度	

序号	项目	验收要求	实测值	验收结论是否合格	
1	资料部分	施工单位应取得附着升降脚手架搭设专业资质，架子工经培训持证上岗，脚手架搭设前必须编制施工方案，有设计算书和审批手续，有安全操作规程及安全技术交底记录，各种材料、设备、工具合格证、材质证明，附着装置有专门的检查方法和管理措施，并附试验报告	/	□是	□否
2	架体几何尺寸	架体高度不应大于5倍层高，架体宽度不大于1.2m，架体支承跨度直线布置不大于7m，折线或曲线布置不大5.4m，架体全高与支承跨度的乘积不大于110m²，架体臂高度不大于6m和2/5架体高度，架体悬挑长度不大于2m且不大于跨度的1/2，单片架不大于水平支承跨度的1/4		□是	□否
3	架体结构	受力主框架采用焊接或螺栓连接，架体水平梁采用焊接或螺栓连接的桁架式结构，局部采用扣件脚手架杆件时，长度不大于2m，架体各节点杆轴线应汇交于一点按要求设置剪刀撑，架体在吊拉点、附着支承点、升降机设置处、防倾、防坠装置设置处、架体转角和断开处采取可靠的加强措施，卸料平台荷载应传递到建筑结构上		□是	□否
4	附着支承机构	穿墙螺栓使用螺母，螺纹露出螺母不少于3扣，在升降和使用情况下，每一架体竖向主框能够承受该跨全部设计荷载的附着支承构造不少于2套		□是	□否
5	防倾防坠装置	同一竖向平面内防倾装置不少于2套，支承点间距不小于架体全高的1/3，每架体竖向主框必须设置一个防坠装置，防坠装置与提升设备必须分别设置在两套附着支承结构上		□是	□否
6	提升装置	提升设备工作性能满足使用要求。升降吊点超过两点不得使用手拉葫芦，升降过程平稳可靠，具有超载和欠载报警停机功能，可分别进行整体和局部提升和下降操作，能有效控制和调整提升设备的同步性，相邻提升点的高差不大于30mm，整体架的高差不大于80mm，电动升降脚手架控制系统电源、电缆及控制柜应符合用电安全要求		□是	□否

续表

7	安全防护	架体外侧用密目安全网封闭，架体底层应满铺脚手板并用平网或密目安全网兜底，并设置可折起的翻板，作业层外侧必须设置1.2m高，上、下两道栏杆，并设挡脚板，架体开口和断开处必须有可靠的防止人员和物品坠落措施		□是	□否

产权单位验收意见：	安装单位验收意见：
负责人（签字）：（盖章） 年 月 日	项目经理（签字）：（盖章） 年 月 日
使用单位验收意见：	施工总包单位验收意见：
安全员与机械管理员（签字）：（盖章） 年 月 日	项目经理（签字）：（盖章） 年 月 日
监理单位验收意见：	
	总监理工程师（签字）：（盖章） 年 月 日

注：首次安装完毕检测合格后应经使用、安装、租赁、施工总包、监理等单位验收再投入使用。

危大工程安全验收记录11 表24-11

危大工程名称：高处作业吊篮安装　　　　　　　　　　　　　编号：

项目名称		建筑物高度	
设备名称		规格型号	
制造单位		出厂日期	
安装位置		备案登记证号	

序号	检查部位	检查标准	实测值	验收结论是否合格	
1	悬挑机构	悬挑机构的连接规格与安装孔相符并用锁定销可靠锁定	/	□是	□否
		悬挑机构稳定，前支架受力点平整，结构强度满足要求	/	□是	□否
		悬挑机构抗倾覆系数大于等于2，配重铁足量稳妥安放，锚固点结构强度满足要求	1	□是	□否
2	吊篮平台	吊篮平台组装符合产品说明书要求	/	□是	□否
		吊篮平台无明显变形和严重锈蚀及大量附着物	/	□是	□否
		连接螺栓无遗漏并拧紧	/	□是	□否
3	操控系统	供电系统符合施工现场临时用电安全技术规范要求	/	□是	□否
		电气控制柜各种安全保护装置齐全、可靠，控制器件灵敏可靠	/	□是	□否
		电缆无破损裸露，收放自如	/	□是	□否
4	安全装置	安全锁灵敏可靠，在标定有效期内，离心触发式制动距离小于等于200mm，摆臂防倾3°～8°锁绳	1	□是	□否
		独立设置锦纶安全绳，锦纶绳直径不小于16mm，锁绳器符合要求，安全绳与结构固定点的连接可靠	1	□是	□否
		行程限位装置是否正确稳固，灵敏可靠	/	□是	□否
		超高限位器止挡安装在距顶端80cm处固定		□是	□否
5	钢丝绳	动力钢丝绳，安全钢丝绳及索具的规格型号符合产品说明书要求	/	□是	□否
		钢丝绳无断丝、断股、松股、硬弯、锈蚀，无油污和附着物	/	□是	□否
		钢丝绳的安装稳妥可靠	/	□是	□否
6	技术资料	吊篮安装和施工组织方案	/	□是	□否
		安装、操作人员的资格证书	/	□是	□否
		防护架钢结构构件产品合格证	/	□是	□否

续表

6	技术资料	产品标牌内容完整(产品名称、主要技术性能、制造日期、出厂编号、制造厂名称)	/	□是	□否
7	防护	施工现场安全防护措施落实,划定安全区、设置安全警示标识	/	□是	□否

产权单位验收意见:	安装单位验收意见:
负责人(签字):(盖章) 年 月 日	项目经理(签字):(盖章) 年 月 日
使用单位验收意见:	施工总包单位验收意见:
项目负责人(签字):(盖章) 年 月 日	项目经理(签字): 机械管理员(签字): 安全员(签字):(盖章) 年 月 日
监理单位验收意见: 总监理工程师(签字):(盖章) 年 月 日	

注:本表只适用于一台设备。由施工单位填报,监理单位、施工单位、产权单位、安拆单位各存一份。

危大工程安全验收记录12　　　　　　　　　　表24-12

危大工程名称：临时用电　　　　　　　　　　　　　　　　　编号：

序号	检查部位	检查标准	实测值	验收结论是否合格	
1	施工方案	有专项安全专项方案并经过审批，针对性强	/	□是	□否
	人员资格	特种作业人员具有相应的资质与资格	/	□是	□否
	方案交底	有专项安全技术交底	/	□是	□否
	方案实施	是否按临时施工用电专项方案要求实施总体布设	/	□是	□否
2	配电系统	施工现场采用三级配电、二级漏电保护系统	/	□是	□否
3	外电防护	外电防护要有可靠的防护措施，防护要严密，达到安全要求	/	□是	□否
4	接零接地	施工现场应按实际情况采用接零或接地保护，严禁接地、接零混用，接地装置应符合规范要求	/	□是	□否
5	线路架设	不准采用竹质电杆，架空线路不得架设在脚手架或树上等处； 电杆应设横担和绝缘子，电杆、横担应符合要求，线路应采用绝缘子固定； 架空线离地按规定有足够的安全距离； 配电箱引入引出线应加绝缘护套，出电线要排列整齐，匹配合理； 严禁使用绝缘差、老化、破皮电线，防止漏电； 电缆线路直接埋地，敷设深度不小于0.7m，引出地面从2m高度至地下0.2m处，必须架设防护套管 电缆敷设应使用五芯电缆，线路过道要有可靠的保护		□是	□否
6	变配电装置	露天变压器设置符合规范要求，配电间安全防护措施和安全用具、警告标志齐全，配电间门要外开，室内装置符合规范要求	/	□是	□否
7	配电箱	配电箱制作要符合规范要求，有防雨措施，门锁齐全，严禁使用木质动力电箱、照明配电箱宜分别设置，合并设置时应分路配电； 配电箱内的电器安装要符合规范要求； 配电箱与开关箱之间距离应控制在30m以内，固定式配电箱的中心点与地面的垂直距离应为1.4～1.6m，移动式配电箱的中心点与地面的垂直距离应为0.8～1.6m		□是	□否
8	开关箱	开关箱要符合一机一闸一漏一箱，箱内无杂物，不积灰； 用电设备与开关箱水平距离不宜超过3m，固定式开关箱的中心点与地面的垂直距离应为1.4～1.6m，移动式开关箱的中心点与地面的垂直距离应为0.8～16m，严禁动力、照明混用		□是	□否

续表

9	现场照明	照明专用回路应有漏电保护，灯具金属外壳应进行接零保护； 灯具安装高度室内不低于2.5m、室外不低于3m； 特殊场所应使用与其危险程度相匹配的安全电压，线路不乱接乱拉； 手持照明灯使用36V以下电源供电	□是	□否
10	电气元件	严禁使用淘汰的电器产品； 电器应按其规定位置紧固在电器安装板上，不得外斜和松动； 总配电箱中漏电保护器的额定漏电动作电流与额定漏电动作时间的乘积不应大于30mA·s；开关箱中漏电保护器的额定漏电动作电流不应大于30mA，额定漏电动作时间不应大于0.1s	□是	□否

验收意见：	验收意见：	验收意见：
建设单位验收人（签字、盖章） 　　　　　年　月　日	施工单位项目经理（签字、盖章） 　　　　　年　月　日	总监理工程师（签字、盖章） 　　　　　年　月　日

注：验收栏目内有数据的，在验收栏目内填写实测数据或文字说明。

参考文献

[1] 中华人民共和国住房和城乡建设部.盾构法隧道施工及验收规范：GB 50446-2017[S].北京：中国建筑工业出版社，2017.

[2] 广州地铁设计研究院有限公司.城市轨道交通结构安全保护技术规范：CJJ/T 202-2013[S].北京：中国建筑工业出版社，2013.

[3] 中华人民共和国住房和城乡建设部.城市轨道交通给水排水系统技术标准：GB/T 51293-2018[S].北京：中国计划出版社，2018.

[4] 中华人民共和国住房和城乡建设部.城市轨道交通通信工程质量验收规范：GB 50382-2016[S].北京：中国计划出版社，2016.

[5] 中华人民共和国住房和城乡建设部.城市轨道交通建设项目管理规范：GB 50722-2011[S].北京：中国建筑工业出版社，2011.

[6] 中华人民共和国住房和城乡建设部.地下铁道工程施工质量验收标准：GB/T 50299-2018[S].北京：中国建筑工业出版社，2018.

[7] 山西建筑工程（集团）总公司，等.地下防水工程质量验收规范：GB 50208-2011[S].北京：中国建筑工业出版社，2012.

[8] 中华人民共和国住房和城乡建设部.危险性较大的分部分项工程安全管理规定.

[9] 中华人民共和国住房和城乡建设部.城市轨道交通工程建设安全生产标准化管理技术指南.

[10] 重庆建工第九建设有限公司，重庆财信建筑工程（集团）有限公司.市政工程施工安全检查标准：CJJ/T 275-2018[S].北京：中国建筑工业出版社，2018.

[11] 中华人民共和国住房和城乡建设部.建筑施工扣件式钢管脚手架安全技术规范：JGJ 130-2011[S].北京：中国建筑工业出版社，2011.

[12] 中华人民共和国住房和城乡建设部.建筑施工门式钢管脚手架安全技术标准：JGJ/T 128-2019[S].北京：中国建筑工业出版社，2019.

[13] 中华人民共和国住房和城乡建设部.建筑施工碗扣式钢管脚手架安全技术规范：JGJ 166-2016[S].北京：中国建筑工业出版社，2019.

[14] 中华人民共和国住房和城乡建设部.建筑施工承插型盘扣式钢管脚手架安全技术标

准：JGJ/T 231-2021[S].北京：中国建筑工业出版社，2021.

[15] 北京建筑机械化研究院，等.塔式起重机安全规程：GB 5144-2006[S].北京：中国标准出版社，2007.

[16] 上海市建工设计研究院有限公司，上海市第四建筑有限公司.建筑施工塔式起重机安装、使用、拆卸安全技术规程：JGJ 196-2010[S].北京：中国建筑工业出版社，2010.

[17] 中华人民共和国住房和城乡建设部.建筑施工升降机安装、使用、拆卸安全技术规程：JGJ 215-2010[S].北京：中国建筑工业出版社，2010.

[18] 中华人民共和国住房和城乡建设.建筑机械使用安全技术规程：JGJ 33-2012[S].北京：中国建筑工业出版社，2012.

[19] 中华人民共和国住房和城乡建设部.施工现场机械设备检查技术规范：JGJ 160-2016[S].北京：中国建筑工业出版社，2017.

[20] 中华人民共和国住房和城乡建设部.建设工程施工现场消防安全技术规范：GB 50720-2011[S].北京：中国计划出版社，2011.

[21] 中华人民共和国住房和城乡建设部.建设工程施工现场环境与卫生标准：JGJ 146-2013[S].北京：中国建筑工业出版社，2014.

[22] 福建建科建筑设计院有限公司，中国建筑第七工程局有限公司.施工现场临时建筑物技术规范：JGJ/T 188-2009[S].北京：中国建筑工业出版社，2010.

[23] 天津市建工工程总承包有限公司，等.建筑施工安全检查标准：JGJ 59-2011[S].北京：中国建筑工业出版社，2012.

[24] 中华人民共和国住房和城乡建设部.城市轨道交通综合监控系统工程技术标准：GB/T 50636-2018[S].北京：中国建筑工业出版社，2018.

[25] 中华人民共和国住房和城乡建设部.城市轨道交通自动售检票系统工程质量验收标准：GB/T 50381-2018[S].北京：中国计划出版社，2018.

[26] 广州市地下铁道总公司.城市轨道交通站台屏蔽门系统技术规范：CJJ 183-2012[S].北京：中国建筑工业出版社，2012.

[27] 方大智创科技有限公司，深圳市地铁集团有限公司，武汉地铁集团有限公司，等.城市轨道交通站台屏蔽门：CJ/T 236-2022[S].北京：中国计划出版社，2022.

[28] 中华人民共和国住房和城乡建设部.城市轨道交通建设工程验收管理暂行办法.